《簡帛》是由武漢大學人文社會科學重點研究基地——武漢大學簡帛研究中心主辦的專業學術集刊，圍繞相關的三個層面，一以戰國文字爲主的古文字研究，二以簡帛爲主的先秦、秦漢出土文獻整理與研究，三以簡帛資料爲主要着眼點的先秦、秦漢史研究，發表論文和動態、評介、資料性文字。集刊實行嚴格的匿名審稿制度，堅持原創性、規範化、國際性，每年上、下半年各出版一輯。

第二十六輯

BAMBOO AND SILK MANUSCRIPTS

武漢大學簡帛研究中心　主辦

上海古籍出版社

目　　次

CONTENTS

雲夢鄭家湖出土六年右工銅鼎爲宋器考*

吴良寶　羅運兵

摘　要： 雲夢鄭家湖戰國墓出土的六年右工銅鼎，從三級監造制度、用字習慣以及“年、乍”等文字寫法來看，這最有可能是一件宋國鑄造的銅器，年代是宋王偃六年（前323年）；以往被推定爲魏國或韓國兵器的十七年、十九年相邦瘠戈也應該是宋王偃時之物。

關鍵詞： 鄭家湖　銘文銅鼎　宋國銅器

2021年發掘的湖北雲夢鄭家湖M277出土一件有銘銅鼎，通體無紋飾，短蹄足，共刻有五處文字（圖一・1—4）：①

> 六年，右工肖、乍工書、冶成。正□八斤四八朱。② 曰：十九。（腹部口沿刻）
>
> 言，亡需=（鼎蓋、鼎耳刻）
>
> 四年，□邑（鼎蓋刻）
>
> 容九升（腹部口沿刻）

内容涉及鑄器、置用等，下面分別加以説明。

---

* 本文是國家社科基金重大項目“出土先秦文獻地理資料整理與研究及地圖編繪”（18ZDA176）、“古文字與中華文明傳承發展工程”規劃項目“戰國文字所見地理資料整理與研究”的階段性成果。

① 羅運兵、趙兵、史德勇：《湖北雲夢鄭家湖墓地》，公衆號“文博中國”2022年2月28日。

② 鼎銘“正□”也可能屬上讀，是與“成”并列的冶工之名。

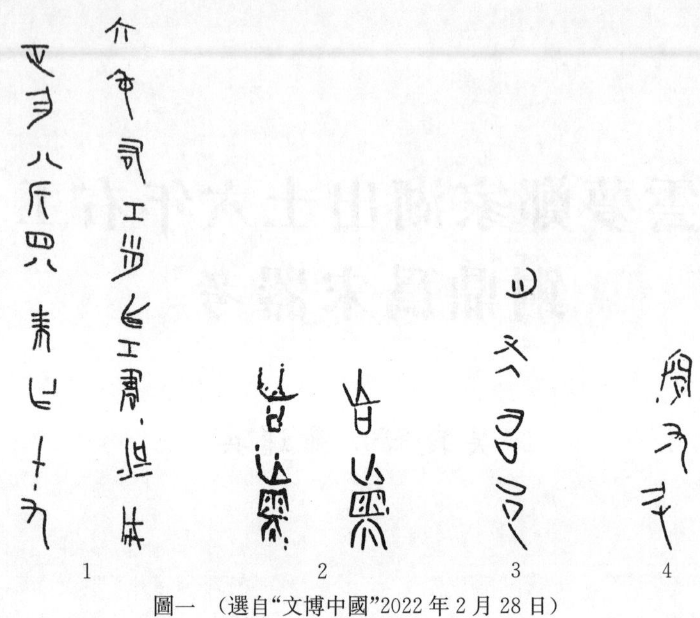

圖一　(選自"文博中國"2022年2月28日)

腹部口沿的那處長銘文,前半部分的"六年,右工肖、乍工書、冶成"屬於"物勒工名"的性質,"冶"字的寫法常見於三晉(韓魏兩國)、齊系文字;後半部分"八斤四八朱"是指鼎的重量,"曰:十九"可能是器物的編號。"朱"這一衡制除了秦國之外,戰國晚期的三晉地區也開始使用。①

鼎蓋刻的"四年,□邑"、鼎腹口沿刻寫的"容九升",②從文字風格、内容來看,最有可能是六國文字。鼎銘"容"的用法也見於東/西周國的公朱左官鼎(《銘像》4・2256)、趙器五年春平相邦葛得鼎(《銘像》5・2387)等。③ 鼎銘"八斤四八朱",如以一

---

① 戰國晚期趙國的銀節約(《銘像》35・19619—19625)、三孔布幣等采用"朱兩"衡制。朱德熙先生將洛陽金村出土記重銅器銘文中的"冢"讀爲"朱(銖)"(轉引自:李家浩:《戰國時代的"冢"字》,《語言學論叢》第7輯,商務印書館1981年),與這些銅器伴出的銀器上刻有用"朱兩"記重的銘文,唐蘭先生認爲其中一件的"三十七年"是周赧王紀年(前288年。說見:《洛陽金村古墓爲東周墓而非韓墓考》,《大公報》1946年10月23日)。河南扶溝縣古城村出土的2號馬蹄金上刻有"二冢四分"文字(河南省博物館、扶溝縣文化館:《河南扶溝古城村出土的楚金銀幣》,《文物》1980年第10期,圖版肆),或以爲幣文是韓國文字(丘光明:《中國物理學史大系・計量史》,湖南教育出版社2002年,第154—155頁)。魏國銅器暫未見到使用"兩朱"的情況。

② 鼎銘"升"字與洛陽金村出土的多件銅方壺銘"斗"字(《銘像》12312—12318等)相同,三晉文字中"升、斗"作爲偏旁時有混同的情況,比如侯馬盟書以"斗"爲"升"(朱德熙、裘錫圭:《關於侯馬盟書的幾點補釋》,《文物》1972年第8期,第48頁注釋1),三晉古璽、陶文中也有同樣的情況(《古璽彙編》0122、1912等)。從實測結果來看,鼎銘記録的也是"九升"。

③ 李學勤:《秦孝公、惠文王時期銘文研究》,《中國社會科學院研究生院學報》1992年第5期,第20頁。

斤 253 克計算，共計 2 056 克，這與實測得到的鼎重 2 113 克基本相符。鼎腹口沿刻寫“容九升”，實測得到的容積數據爲 1 878 毫升（用清水測量），大於韓國陶量一升（益）168—169 毫升、①韓器“隋亩四斗”銅壺一斗 1 685 毫升的數值，②而與韓器少府盉、春成侯盉實測所得一益 191—193 毫升③以及趙器春平相邦葛得鼎一益約 192.5 毫升的數值相當。④ 這可能是記容銅器不如量器那麼精密的緣故。

鼎耳、鼎蓋上的兩處“㐰亡需₌”是由不同書手刻寫的，“亡需”刻寫位置與“㐰”字稍有間隔，且右下角都有“＝”符號。“㐰”也見於二十四年㐰令戈（《銘像》32・17229）、“㐰右庫”鐏⑤等多件魏國兵器銘文，戈銘“㐰”即地名“許”，在今河南許昌市東。⑥ 鼎銘“㐰亡需₌”是否可以連讀，“㐰”“亡需”是地名還是人名，⑦目前尚無善解，待考。

鄭家湖銅鼎的多處銘文中，“六年”那一部分的“物勒工名”文字肯定是最早刻寫的，“㐰亡需₌”“四年，□邑”“容九升”等記容積、置用信息的尚在其次（具體的刻寫順序待定），“八斤四八朱”那一部分文字的刻寫時間大概最晚。

鄭家湖有銘銅鼎的國别與年代，可以從監造制度、文字的特徵性寫法等角度加以推考。“六年，右工肖、乍工書、冶成”這一“物勒工名”的内容，可與十七年、十九年相邦瘠戈銘文相對照：

① 丘光明：《中國物理學史大系・計量史》第 151—153 頁。

② 楊爍：《談陝西博物館藏“隋廩壺”的年代、國别及銘文》，戰國文字研究青年學者論壇，合肥，2022 年 11 月。

③ 唐友波：《春成侯盉與長子盉綜合研究》，《上海博物館集刊》第 8 期，上海書畫出版社 2000 年，第 162 頁。

④ 董珊：《五年春平相邦葛得鼎考》，李宗焜主編《古文字與古代史》第 3 輯，“中研院”歷史語言研究所 2012 年，第 295 頁。

⑤ 遼寧省博物館編著，劉寧主編：《遼寧省博物館藏金石文字集萃》，文物出版社 2021 年，第 179 頁。

⑥ 周波：《戰國文字中的“許”縣和“許”氏》，《古文字研究》第 28 輯，中華書局 2010 年，第 353、354 頁。

⑦ “亡需”如是地名，可能與《戰國策・魏策一》的地名“無疏”（《史記・蘇秦列傳》作“無胥”）有關，在今河南商水縣境内。上古音“亡”“無”音近可通假，例不贅舉。“需”在心母、侯部，“胥”在心母、魚部，聲母相同，侯、魚二部旁轉。古書中“需”與“須”可通假，而“疋”聲之字可與“須”通假。參看：張儒、劉毓慶：《漢字通用聲素研究》，山西古籍出版社 2002 年，第 281、373 頁。已經發表的三晋文字中，確有兩個地名連寫的情況。比如，三晋官印有“曲邑匀邑守”（《古璽彙編》2238）、“曲邑武陰守”（《戎壹軒藏三晋古璽》003），董珊先生提出，印文“守”是代理的縣令，“武陰”在“曲邑”之下，“曲邑”是這一地區的中心城邑，“武陰”應該是次一級的小縣（説見張曉東主編：《戎壹軒藏三晋古璽》“序二”，西泠印社出版社 2017 年）。洛陽博物館收藏的一件銅鼎，刻有“白昜安邑大官”一行 6 字，劉餘力先生認爲“白昜”即《史記・趙世家》趙惠文王“十七年，樂毅將趙師攻魏伯陽”的“伯陽”，在今河南安陽市西北（《洛陽出土銘文銅器考釋二則》，《中原文物》2021 年第 3 期，第 109 頁）。這兩枚印文是否反映中心城邑與小縣的關係，鼎銘“白昜”與“安邑”如何解釋，都還有待更多的資料。

十七年,相邦瘠攻室復、右冶克造(内刻)　　　　　《銘像》17265 戈

十九年,相邦瘠攻室波、左乍攻暲、冶觿造(内刻)　　《銘像》17265 戈"備注"

十九年,相邦瘠攻室□、左乍攻暲、冶觿造(内刻)　　《銘像續》1250 戈

鼎銘的"乍工"就是戈銘"左乍攻"的"乍攻",因此"右工"之"工"最有可能是戈銘"攻室"的簡稱。可見,鄭家湖出土的這件銅鼎實行的是"工(攻室)、乍工(攻)、冶"的三級監造制。

鼎銘"工(攻室)"之前没有鑄造城邑之名,這與魏國銅器的監造制度有着明顯差異:魏惠王、魏襄王時銅器實行的是縣邑實行"令/工帀、眂事、冶"三級監造制;魏昭王及之後實行的是"令、工帀/上官冢子、冶"、"令、工帀、大夫、冶"的等級制。① 韓國銅器暫未見三級監造制,也没有"工、乍工"這樣的職官名;從用字習慣來看,魏、韓等國的"工"字也不作"攻"。

鼎銘"右"字的刻寫風格還與齊系石磬刻銘相同,②不僅如此,"冶"字的寫法也常見於戰國中晚期三晋、齊系文字。尤可注意的是,鼎銘"乍"字(圖二・1)與邸公鎛(《銘像》29・15818。圖二・2)、忓距末(《銘像》34・18591。圖二・3)、清華簡《保訓》第7号簡與《叁不韋》第4號簡中的"乍"(圖二・4、5)的寫法也完全相同。忓距末是戰國中期的宋國之器,③《保訓》是具有齊魯地區書法特徵的寫本,④《叁不韋》與《保訓》是同一書手抄寫的,整理者已指出篇中的個别文字帶有齊系文字特點。⑤

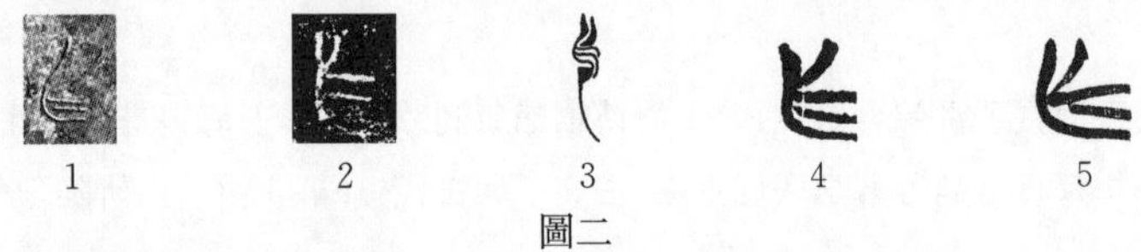

圖二

鼎銘"年"字的寫法(圖三・1)不僅與上引相邦瘠戈(圖三・2)極近,與蘇北地區漢代遺址(T1912②:3)出土的戰國時期刻劃陶文"三十四年"(圖三・3)也有相近之

① 吴良寶:《九年承匡令鼎考》,《古文字研究》第 29 輯,中華書局 2012 年,第 430—433 頁。

② 曹錦炎:《新見齊國石磬銘文考論》,《古文字研究》第 34 輯,中華書局 2022 年,第 510 頁圖 9。曹文認爲從石磬的文字風格看,"屬於典型的戰國時齊系文字"(第 504 頁),其説甚是。

③ 李家浩:《忓距末銘文研究》,李宗焜主編:《古文字與古代史》第 2 輯,"中研院"歷史語言研究所 2009 年,第 204 頁;周波:《説幾件宋器銘文并論宋國文字的域别問題》,《出土文獻與古文字研究》第 7 輯,上海古籍出版社 2018 年,第 141—142 頁。

④ 馮勝君:《試論清華簡〈保訓〉篇書法風格與三體石經的關係》,《清華簡研究》第 1 輯,中西書局 2012 年,第 92—97 頁。

⑤ 清華大學出土文獻研究與保護中心編,黄德寬主編:《清華大學藏戰國竹簡(拾貳)》,中西書局 2022 年。

處。發掘簡報説陶文"可能是戰國晚期紀年",[①]或疑爲戰國晚期楚頃襄王時的楚陶文。[②] 從文字寫法、出土地點、紀年數字等因素綜合考慮,陶文"三十四年"也可能是齊威王或者齊王建的紀年(前323年或者前231年)。這種側筆内收、豎筆右曳的特點也見於宋左帀不罣鼎、宋右帀延敦(《銘像》4・1923、13・6074)以及上博簡《緇衣》第9、20號簡的"帀"字。[③]

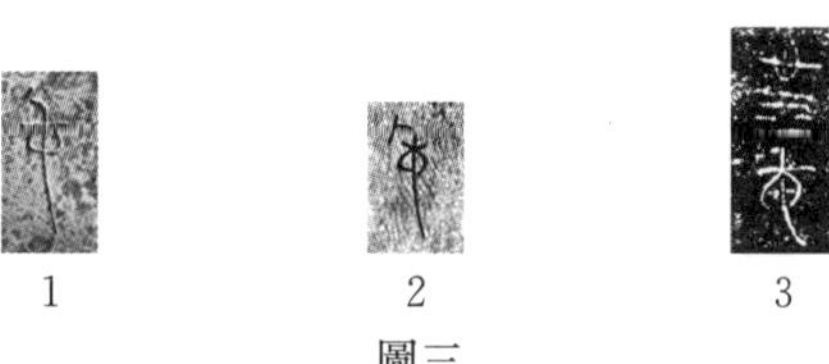

1 2 3

圖三

此外,鄭家湖六年右工鼎、相邦瘠戈銘文"左、右"之後都省略了"庫"之類的機構名,這與齊系兵器銘文"地名+左/右庫"常省略爲"地名+左/右"[④]正相符合。這也是鼎、戈與齊系文字關係密切的佐證。

從"乍、冶、年"等字的特徵性寫法來看,鄭家湖M277出土的這件六年右工銅鼎銘文具有齊系文字、三晋文字的某些特徵;鼎銘體現的三級監造制度雖然主要流行於三晋地區,但"工(攻室)、乍工(攻)、冶"的具體内容又和三晋各國通行的"令、工帀/視事/冢子、冶"又有明顯的區別。種種迹象表明,該鼎有可能是宋國之物。本文所説如果屬實,從三晋銅器、兵器資料來看,這種三級制度的實施一般來説不早於戰國中期魏惠王前元三十年(前340年),則鼎銘"六年"應是宋君偃稱王(《史記・宋微子世家》"君偃十一年,自立爲王")之後的第六年(前323年。當魏惠王後元十二年),該鼎由宋國鑄造,後輾轉落入秦人之手。

除了春戰之際的宋公欒戈、幾件忏距末,目前能確認的戰國時期宋國文字資料比較少。《銘像三》1051—1052號少司馬癸壺,從紋飾、職官以及文字風格來看,可能是戰國早期晚段宋國之物(説詳另文)。之前被視爲魏國或韓國的銅器,比如前面引到

---

① 南京博物院、徐州博物館、新沂市博物館:《江蘇新沂釣臺遺址發掘簡報》,《東南文化》2017年第5期,第49、50頁。

② 楊爍:《新見齊月名"社月""榭月"初探》,《戰國文字研究》第6輯,安徽大學出版社2022年,第181頁注釋2。

③ 郭理遠:《續論宋國文字所屬系别的問題》,鄒芙都主編:《出土文獻與先秦秦漢史研究論叢》,科學出版社2022年,第345頁。

④ 張德光:《試談山西省博物館揀選的幾件珍貴銅器》,《考古》1988年第7期,第168頁;馬承源主編:《商周青銅器銘文選(四)》,陳侯因咨戟,注釋〔二〕,文物出版社1990年,第562頁。

的十七年、十九年相邦瘠戈,戈銘“年、乍、冶”字寫法與齊系文字相同或相近,而“攻室、乍攻”等監造機構、職官又與韓、魏兩國明顯不同,它們很可能是宋國兵器。如此則相邦瘠是宋王偃時代的宋國相邦,[①]既不是魏武侯時的公孫痤(魏武侯時期不可能實行三級監造制度),也不是戰國晚期的芒卯(傳世文獻裏暫没有芒卯爲魏國相邦的明確記載)。

附記: 本文在撰寫和修改過程中,李天虹、劉洪濤、周波、徐在國先生先後提供了諸多幫助和建議,謹此一并致謝。

引書簡稱對照

《銘像》——吴鎮烽編著《商周青銅器銘文暨圖像集成》

《銘像續》——吴鎮烽編著《商周青銅器銘文暨圖像集成續編》

《銘像三》——吴鎮烽編著《商周青銅器銘文暨圖像集成三編》

---

① 趙武靈王曾經“令仇郝相宋,樓緩相秦”(《戰國策·趙策四》“魏敗楚於陘山”章)、“仇赫之相宋”(《東周策》“謂周最曰”章),宋國也應該實行相邦制。“樓緩相秦”已被湖南衡陽出土的秦兵器十一年相邦緩之造戈所證實(吴良寶:《湘出二戈考》,《中國文字》2020 年冬季號,第 68—69 頁)。

説春秋金文中讀爲"乂"的"埶"字

——兼釋小徐本《説文》"傑,埶也"*

陳　哲

摘　要: 新見春秋金文曾公畩編鐘銘文中的"保埶子孫"一辭,學者已據古書成語"保乂"指出可讀爲"保乂子孫"。參照這一用"埶"表"乂"之例,文章對春秋金文中過去讀法有爭議的另外兩例"埶"字及小徐本《説文》"傑,埶也"條作出新的解釋。叔夷鐘、鎛銘文的"埶斯字"可讀爲"乂斯子",與"保乂子孫"義近;𪒠鐘、鎛銘文的"男子之埶"可讀爲"男子之乂",作爲人才名稱的"乂"見於《尚書·皋陶謨》"俊乂在官",與"傑"義近,而小徐本《説文》中用來解釋"傑"字的"埶",也可讀爲俊乂之"乂"。"保乂"之"乂"(動詞)與"俊乂"之"乂"(名詞)均衍生自可芟割草禾的農具"乂(㓞)"這一語源。

關鍵詞: 金文　説文　乂　埶

引　　言

2019年隨州棗樹林春秋時期曾國貴族墓地M190出土了曾公畩編鐘銘文,完整銘辭共227字。[①] 這套新見金文中有文句云:

陟降上下,保埶子孫。(鎛鐘M190:35第23—24行;甬鐘M190:236

---

* 本文爲國家社科基金重大項目"上古漢語字詞關係史研究"(項目編號:22&ZD300)成果之一。

① 整理者公布的釋文注釋和圖版見郭長江等:《曾公畩編鐘銘文初步釋讀》,《江漢考古》2020年第1期,第3—31頁。本文所引出土文獻凡不涉及討論之處一般用寬式釋文。

左鼓部;甬鐘 M190:235 鉦部;甬鐘 M190:231 鉦部)①

單育辰先生(網名“ee”)指出:“‘保埶’可讀爲‘保乂’,《尚書·康王之誥》‘保乂王家’。”②陳斯鵬先生亦讀“埶”爲“乂”,并指出金文和古書中的成語“保乂/保辪”之對象一般爲國家、王家等上級概念,但傳世文獻有類似曾公畎編鐘銘以“子孫”爲保乂對象的用法,如《詩·小雅·南山有臺》云“樂只君子,保艾爾後”(毛傳:“艾,養。”),“保艾”即“保乂”,漢末陳琳《檄吴將校部曲文》亦云“膺受多福,保乂子孫”。③ 蔣文先生亦舉《南山有臺》“保艾爾後”爲證。④

按“埶”“乂/艾”上古同屬疑母月部開口三等字,音近可通,⑤加上有辭例限制,可知單、陳、蔣三位學者所言甚確。《尚書·康誥》:“往敷求于殷先哲王,用保乂民。”僞孔安國傳:“汝往之國,當布求殷先智王之道,用安治民。”⑥此例“保乂”的用法也與曾公鐘銘相近。

尚可注意者,以此新見曾公畎編鐘銘文用“埶”表“乂”之例爲參照點,可對春秋金文中兩例過去有争議的“埶”字讀法及小徐本《説文》“傑,埶也”條作出新的解釋。

---

① “䢵”原釋文作“埶”。《説文·丮部》:“䢵,穜也。”“埶”是“䢵”的訛體,从“丮”的“䢵”最早見於西周金文,古文字中常繁化爲“𡕒”,本會人樹木於土之意,這一意義後來在傳世古書中寫作“蓺/藝”(參看裘錫圭:《再談古文獻以“埶”表“設”》,《裘錫圭學術文集·語言文字與古文獻卷》,復旦大學出版社 2012 年,第 493 頁),“蓺/藝”所从的“埶”又是“䢵”之訛體。下文論述一般從學界習慣使用“埶”字。

② ee:《曾公畎編鐘初讀》第 1 樓發言,簡帛網簡帛論壇 2020 年 4 月 28 日,http://www.bsm.org.cn/forum/forum.php?mod=viewthread&tid=12454&extra=page%3D1;單育辰:《曾公畎編鐘銘文補釋》,《第四届古文字與出土文獻語言研究會議論文集》,東北師範大學 2021 年。

③ 陳斯鵬:《曾公畎編鐘銘文考釋》,《中國文字》編輯委員會編:《中國文字》2020 年夏季卷,萬卷樓圖書股份有限公司 2020 年,第 291 頁。

④ 蔣文:《説曾公畎編鐘銘文的“駿聲有聞”》,復旦大學出土文獻與古文字研究中心網 2020 年 5 月 2 日,http://www.fdgwz.org.cn/Web/Show/4560,注 9。

⑤ 清華簡一《楚居》簡 5 所記楚王名有“酓胖”,李家浩先生舉出土和傳世文獻中反映“胖”“辪”“乂”“臬”“埶”諸字音近之例證,根據《史記·楚世家》《世本·帝系》等古書中有關楚王名“熊摯紅”的異文,讀“酓胖”爲“熊藝”,詳見李家浩:《清華戰國竹簡〈楚居〉中的酓胖、酓執和酓綖》,清華大學出土文獻研究與保護中心編,李學勤主編:《出土文獻(第三輯)》,中西書局 2012 年,第 10—11 頁。另外,齊璽有“𨙸關”印(《古璽彙編》172),“𨙸”字从“埶”省聲,何琳儀先生讀爲《春秋·隐公六年》中的齊地名“艾”,見何琳儀:《戰國古文字典》,中華書局 1998 年,第 910 頁。銀雀山漢簡《起師》有一個从火、丮的殘字,整理者懷疑即“熱”字,讀爲“刈”,辭例爲“剪廬屋,~外利”(簡 1172),見銀雀山漢墓竹簡整理小組:《銀雀山漢墓竹簡[貳]》,文物出版社 2010 年,第 27 頁圖版,第 154 頁釋文注釋。

⑥ 清儒馬瑞辰解釋《南山有臺》“保艾爾後”句時就提及此例(此蒙肖海華兄提示),見(清)馬瑞辰撰,陳金生點校:《毛詩傳箋通釋》,中華書局 1989 年,第 533 頁。

一、叔夷鐘、鎛"𢁙斯字"解

宋人摹録的春秋晚期齊國叔夷鐘、鎛銘文中有文句作:

> 汝考壽萬年,永保其身,俾百斯男而𢁙斯字,肅肅義政,齊侯左右,毋替毋已。(《集成》278叔夷鐘、《集成》285.8叔夷鎛)①

關於"𢁙斯字"的解讀(以下徑引作"埶斯字"),學者頗有分歧。于省吾先生讀"埶"爲"蓺"(即"藝"),認爲"蓺猶言培植也。字,滋也。言百斯男而培植斯滋衍"。② 陳夢家先生認爲"叔尸鐘云'百斯男而埶斯字'意謂'教藝于百男'"。③ 周法高先生認爲"字,子也。謂千百其男而繁殖其子也"。④ 張世超等先生讀"埶"爲"藝",訓"蕃衍"。⑤ 馬承源先生讀"埶斯字"爲"宜斯子"。⑥ 王寧先生讀"埶"爲"設",將"百斯男而設斯字"解釋爲"生男子極多而設此繁衍"。⑦ 傅修才先生在"埶"字後括注"藝"。⑧

按金文有用"字"爲"子"之例,如"百字(子)千孫"(《集成》4147—4151善夫沙其簋)、"王字(子)"(《集成》10190王子适匜),⑨叔夷鐘、鎛銘文中的"字"若從周法高先生、馬承源先生讀爲"子",則正與"百斯男"之"男"互文相應。結合前所舉曾公畖編鐘"保埶(乂)子孫"的辭例來看,"埶斯字(子)"當與之同義,正可讀爲"乂斯子"。

《説文·丿部》:"乂,芟艸也。从丿、从乀相交。刈,乂或从刀。"裘錫圭先生指出"乂"字實際上來源於甲骨文中像鐮刀類農具之形的"乂"字之簡省,農具名"乂(乂)"在傳世古書中記寫作"刈",《國語·齊語》"挾其槍、刈、耨、鎛,以旦暮從事於田野",韋

---

① 中國社會科學院考古研究所編:《殷周金文集成(修訂增補本)》,中華書局2007年,第343、346頁。正文簡稱"《集成》"。

② 于省吾:《雙劍誃吉金文選》,中華書局2009年,第94頁。

③ 陳夢家:《尚書通論》,商務印書館1957年,第12頁。

④ 周法高:《中國古代語法·稱代編》,中華書局1990年,第154頁。

⑤ 張世超等:《金文形義通解》,中文出版社1996年,第607頁。

⑥ 馬承源主編:《商周青銅器銘文選》,文物出版社1990年,第547頁。

⑦ 王寧:《叔夷鐘鎛銘釋文補釋》,復旦大學出土文獻與古文字研究中心網2012年9月3日,http://www.fdgwz.org.cn/Web/Show/1921。

⑧ 傅修才:《東周山東諸侯國金文整理與研究》,博士學位論文,復旦大學2017年,第63、65頁。

⑨ 中國社會科學院考古研究所編:《殷周金文集成(修訂增補本)》第2323—2331、5492頁。

昭注"刈,鐮也"。[①] "乂(考)"可用於芟割草禾,故名詞"乂"滋生出表芟割義的動詞"乂",芟割義又引申出治理義,如《爾雅・釋詁下》云"乂,治也"。[②] 治理與保養的概念關係密切,古書中有"治""養"連言,如《管子・形勢》:"其治養民也,未嘗解惰也。"故"乂"的保養義(如前引學者所舉《南山有臺》"保艾爾後"毛傳云"艾,養")應是引申自其治理義,王國維已指出"'保辥'之'辥'兼'相''養'二義,皆由'治'義引申"。[③] 君王對民人、家長對子孫的"養"常帶有"治"的意味,《禮記・大傳》"下治子孫,親親也",《史記・三王世家》所載漢武帝封王詔三見"保國艾民"之語而同篇"褚先生曰"引作"保國治民",可資參證。

叔夷鐘、鎛銘的"俾百斯男而埶(乂)斯字(子)"是基於"考壽萬年,永保其身"的進一步祈願,"百斯男"又見於《詩・大雅・思齊》"大姒嗣徽音,則百斯男"。春秋中期齊國的鮑子國鎛銘有云:"用祈壽老毋死,保吾兄弟,用求考命彌生,肅肅義政,保吾子姓。"(《集成》271)[④]句意頗近,"保吾子姓"與"保埶(乂)子孫""埶(乂)斯字(子)"也可相參證。

匿名外審專家指出"俾百斯男而埶斯子"可能應理解爲"俾百斯男"且"俾埶斯子",表示使其男子百且"埶"。[⑤] 按《尚書・康誥》中説"往敷求于殷先哲王,用保乂民""别求聞由古先哲王,用康保民""有敘時,乃大明服,惟民其敕,懋和;若有疾,惟民其畢棄咎;若保赤子,惟民其康乂""我時其惟殷先哲王德,用康乂民作求""明乃服命,高乃聽,用康乂民","保乂""康保""康乂"前後相應,"康乂"既可表示施加於對象"民"的行爲,又可表示"民"的狀態(《僞孔傳》解釋"民其康乂"説"民其皆安治")。若將"埶斯子"的語法結構變换還原爲"子埶",則春秋金文中"子埶"與"保埶子孫"的關係正平行於《康誥》中"民+康乂"與"保乂/康保/康乂+民"的關係。

---

① 裘錫圭:《甲骨文字考釋(八篇)・一、釋"蛕""秎"》,《裘錫圭學術文集・甲骨文卷》,復旦大學出版社 2012 年,第 72 頁;裘錫圭:《甲骨文中所見商代農業》,《裘錫圭學術文集・甲骨文卷》第 247 頁。

② 參看宗福邦等主編:《故訓匯纂》,商務印書館 2003 年,第 34 頁"乂"字、第 219—220 頁"刈"字。

③ 王國維:《釋辥上》,王國維著,黄愛梅點校:《王國維手定觀堂集林》,浙江教育出版社 2014 年,第 149 頁。

④ 中國社會科學院考古研究所編:《殷周金文集成(修訂增補本)》第 320—321 頁。器主之名的釋讀改從傅修才:《東周山東諸侯國金文整理與研究》第 399—402 頁。

⑤ 2021 年 8 月 5 日電子郵件。外審專家還提到此"埶"含義可能與本文下一節所論"男子之埶"中的"埶"相同,附此存參。

二、𪒠鐘、鎛"男子之埶"解

河南淅川下寺春秋時期楚墓 M10 出土的𪒠鐘、鎛銘文有句云：

> 𪒠余吕王之孫，楚城王之盟僕，男子之埶。余不忒，在天下，余臣兒難得。[①]

關於"埶"字的解讀，學者有不同意見。整理者趙世綱先生讀爲"藝"訓"才能、技藝"，解釋"男子之藝"爲"有非凡才能的男子"。[②] 張亞初先生讀爲"邇"訓"近"，調整句讀爲"僕男子之邇"。[③] 李零先生讀爲"孽"訓"支庶"，并將"楚成王之盟仆男子之孽"連讀，解釋爲"楚成王之降臣'男子'的後裔"。[④] 馮勝君先生讀爲"藝"訓"治"，認爲"男子之藝"即"男子是藝"，指治男子之事，即擔任家内奴隸之長。[⑤] 李家浩先生讀爲"槷(臬)"訓"標準、榜樣"，認爲"男子之槷"即"男子之楷模"，指出"吕王之孫，楚城王之盟僕，男子之埶(槷)"應是三個并列的分句，陳雙新先生、李守奎先生從之。[⑥] 單育辰先生讀爲"傑"，根據是古書中有"人之傑也"(《淮南子・泰族》)等辭例，且"埶""傑"上古音鄰紐(疑、群)同部(月)，而"男子之孽""男子之臬""男子之藝"的説法從古代語言習慣來看則不算合適。[⑦]

從句式的分析和大意的理解來看，李家浩先生、單育辰先生的思路頗爲順適，且有一定根據，然仍有不足。李説在通假上比較直接，但未能舉出文獻中以"槷/臬"狀

---

① 圖版、釋文和形制信息見河南省文物研究所等：《淅川下寺春秋楚墓》，文物出版社 1991 年，第 257—287 頁。其中 M10∶73、74 鎛銘"埶"字从"心"。

② 趙世綱：《淅川下寺春秋楚墓青銅器銘文考索》，河南省文物研究所等：《淅川下寺春秋楚墓》，文物出版社 1991 年，第 366 頁。

③ 張亞初：《金文新釋》，香港中文大學中國語言及文學系編：《第二届國際中國古文字學研討會論文集》，香港問學社有限公司 1993 年，第 303—309 頁。

④ 李零：《再論淅川下寺楚墓——讀〈淅川下寺楚墓〉》，《文物》1996 年第 1 期，第 50 頁。

⑤ 馮勝君：《𪒠鐘銘文解釋》，吉林大學古籍整理研究所編：《吉林大學古籍整理研究所建所十五周年紀念文集》，吉林大學出版社 1998 年，第 44 頁。

⑥ 李家浩：《𪒠鐘銘文考釋》，《著名中年語言學家自選集(李家浩卷)》，安徽教育出版社 2002 年，第 77—78 頁；陳雙新：《兩周青銅樂器銘辭研究》，河北大學出版社 2002 年，第 246—247 頁；李守奎：《𪒠鎛與𪒠鐘分篇與異文考論》，北京大學出土文獻研究所編：《青銅器與金文》第二輯，上海古籍出版社 2018 年，第 241 頁。

⑦ 單育辰：《近出金文詞語考釋兩則》，《考古與文物》2014 年第 5 期，第 115 頁。

人之例,單説舉出的"傑"字在句意上較妥,而通假依據略弱。因此,"男子之埶"的解讀還有討論的空間。

參照前揭春秋金文用"埶"表"乂"之例,筆者認爲這裏的"埶"也可以讀爲同屬疑母月部的"乂",理解爲其名詞義,指善治事的才俊。《尚書·皋陶謨》:"翕受敷施,九德咸事,俊乂在官。"[①]僞孔安國傳:"謂天子如此,則俊德治能之士并在官。"陸德明《釋文》:"馬曰:千人曰俊,百人曰乂。"孔穎達疏:"乂訓爲治,故云治能,馬、王、鄭皆云才德過千人爲俊、百人爲乂。"蘇軾認爲:"有治才曰乂。"[②]前已引裘錫圭先生説謂"乂(㕚)"本指有芟治草禾之用的農事工具,故農具義名詞"乂"可引申爲善於治事的才俊之名,正如古書中"棟梁""股肱"都因其功用而可引申指代有才能的臣子,孔、蘇之説可謂尚近是。

應予解釋的是,清代學者江聲、王鳴盛等對"百人爲乂"的説法有疑,因先秦兩漢古書中將才過千人者稱爲"俊"的説法數見,稱才過百人者爲"乂"則僅見於孔穎達所引漢儒訓詁而未見依據,孫星衍更認爲"百人爲乂"之説不可從,謂"乂"應讀爲耆艾之"艾",即長者之意,簡朝亮從其説。[③] 實際上,孫星衍讀"乂"爲耆艾之"艾",其詞源可能也是有芟治之用的"乂"。《釋名·釋長幼》:"五十曰艾。艾,治也。治事能斷割芟刈無所疑也。"然孔穎達稱馬融、鄭玄、王肅皆謂"才德過千人爲俊、百人爲乂",三家之説異口同聲,實不應輕易否定。尤可注意者,《孟子·公孫丑上》云:"尊賢使能,俊傑在位,則天下之士皆悦而願立於其朝矣。""俊傑在位"亦見於《孟子·告子下》,與《皋陶謨》"俊乂在官"同義,而古書中有才過百人者稱"傑"之説,正與馬、鄭、王之訓詁相應:

> 《文子·上禮》:"智過萬人者謂之英,千人者謂之儁,百人者謂之傑,十人者謂之豪。"
>
> 《春秋繁露·爵國》:"大材者執大官位,小材者受小官位,如其能,宣治之至也。故萬人者曰英,千人者曰俊,百人者曰傑,十人者曰豪。豪傑俊英不相陵,故治天下如視諸掌上。"

此爲"乂""傑"義近之證。[④] 因此,𪎷鐘、鎛銘的"男子之埶"讀爲"男子之乂",其意

---

① 馬楠先生據《皋陶謨》前文"日宣三德""日嚴祗敬六德"語例將此句改讀爲"翕受敷施九德,咸事(使)俊乂在官",見馬楠:《周秦兩漢書經考》,博士學位論文,清華大學 2012 年,第 114 頁。

② (宋) 蘇軾:《東坡書傳》卷三,曾棗莊、舒大剛主編:《三蘇全書(第 1 册)》,語文出版社 2001 年,第 478 頁。

③ 參看焦桂美:《孫星衍研究》,上海古籍出版社 2017 年,第 259—266 頁。

④ 朱駿聲《説文通訓定聲》認爲用作才俊名稱的"乂"是"傑"的通假字,參看丁福保:《説文解字詁林》,中華書局 1988 年,第 12290 頁。按從前文的論述可知"乂"的詞義引申路徑本身具備發展出作爲才俊名稱"乂"的可能,不必用通假來解釋。

正猶單育辰先生所説的“男子之傑”。

三、小徐本《説文》“傑，埶也”解

在前文討論“埶”“乂”的基礎上，我們可以重新審視大徐本、小徐本《説文》中的一處異文。小徐本《説文·人部》：

> 傑，埶也。才過萬人也。①

“埶也才過萬人也”七字在大徐校本《説文》中只作“傲也”二字。② 古書中有將“才過萬人”者稱爲“傑”的説法，過去學者已舉出不少，③而小徐本用以訓“傑”的“埶”字則不易索解。段玉裁讀“埶”爲“勢”并指出大徐本之非：

> 以疊韻爲訓。埶本種埶字，引伸爲勢力字。傑者，言其勢傑然也。《衛風》毛傳曰：“桀，特立也。”
>
> 以上七字大徐作“傲也”二字，非古義，且何不與“傲”篆相屬而厠之“俊”下乎？二傳相屬則義相近，全書之例也。④

按段注對大徐本作“傲也”的質疑有理，但讀“埶”爲“勢”之説在詞義聯繫上略顯勉强。徐灝《説文解字注箋》就認爲：“段云‘其勢傑然’，義不可通。”但徐氏從錢坫《説文解字斠詮》之説將“埶”改爲“勢”：“錢氏坫謂當作勢是也。力部：‘勢，健也。’即豪傑之豪本字。此本誤爲傲，《繫傳》本誤爲勢，又改埶耳。”也稍嫌輾轉。桂馥《説文解字義證》認爲：“傑、埶義相近。《詩·周頌》‘有厭其傑’傳云‘傑，苗之先長者’。”雖未破讀或改字，但無法解釋爲何種植義動詞“埶（藝）”可以用來訓釋“苗之先長者”，説亦

---

① （清）徐鍇：《説文解字繫傳》，中華書局1987年影印清道光祁寯藻刻本，第161頁上。後有“臣鍇按”云：“傑謂傑出也。”

② （漢）許慎：《説文解字》，中華書局1963年影印清同治陳昌治刻本，第162頁上。

③ 如《白虎通·聖人》引《禮别名記》：“五人曰茂，十人曰選，百人曰俊，千人曰英，倍英曰賢，萬人曰傑，萬傑曰聖。”《楚辭·大招》王逸注：“千人才曰豪，萬人才曰傑。”《史記·屈原賈生列傳》司馬貞《索隐》引《尹文子》：“千人曰俊，萬人曰傑。”皆其例。《淮南子·泰族》：“智過萬人者謂之英，千人者謂之俊，百人者謂之豪，十人者謂之傑。”則以智過十人者爲“傑”。古書中“英”“俊”“豪”“傑”“乂”等名稱與人數的對應多有差異，焦循指出“均無定説，大要皆才美出衆者之名，故典籍隨舉爲稱，或言俊傑，或言俊乂，或言豪傑，或言英傑”。參看（清）焦循著，沈文倬點校：《孟子正義》，中華書局2015年，第245—246頁。

④ （清）段玉裁：《説文解字注》，上海古籍出版社1981年，第366頁下。“傳”當作“篆”。

難通。①

現在看來,關於小徐本《説文》中用來訓釋"傑"的"埶"字,比較合理的解讀方案可能是讀爲俊乂之"乂"。上一節在討論𪭢鐘、鎛銘的"男子之埶"可讀爲"男子之乂"時已指出,"乂"和"傑"皆可與"俊"連言,可被解釋爲"過百人"者,兩者作爲人才之稱時意義相近。因此,小徐本《説文》可以用"埶(乂)"來解釋"傑"。

結　語

以上根據新見春秋金文曾公𠹌編鐘銘文中"保埶(乂)子孫"的辭例,對春秋金文中另外兩例"埶"字以及小徐本《説文》"傑,埶也"條作出新的解釋。筆者認爲,叔夷鐘、鎛銘文的"䥫斯字"可讀爲"乂斯子",與"保乂子孫"義近;𪭢鐘、鎛銘文的"男子之埶"可讀爲"男子之乂",這種作爲人才名稱的"乂"見於《尚書·皋陶謨》"俊乂在官",與"傑"義近,而小徐本《説文》中用來解釋"傑"字的"埶"也可讀爲俊乂之"乂"。② 討論中還認爲,"保乂"之"乂"(動詞)與"俊乂"之"乂"(名詞)均衍生自可芟割草禾的農具"乂(刈)"這一語源。

出土和傳世的商代至漢初文獻中以"埶"表"設"的用字習慣,過去經裘錫圭先生等學者的反複論證,已爲學界所熟知。③ 隨着新材料的公布和研究的推進,古文獻中用"埶"表"乂"之例往後可能也會再被發現,值得我們繼續探索和關注。

看校樣記:小文於 2020 年 5 月成稿,2020 年 12 月投寄《簡帛》,2021 年 9 月修改提交定稿,寫作中蒙陳斯鵬、劉洪濤、石小力、陳曉聰、肖海華等師友及匿名審稿專家賜教,謹致謝忱!小文録用待刊期間,梁月娥女士發表《叔尸鐘、鎛"埶"字補正》(《出土文獻》2023 年第 1 期),據曾公𠹌編鐘將叔夷鐘、鎛之"埶"讀爲"乂",訓爲與"治"關係密切的"安"義(參該文所引沈培先

① 錢坫、徐灝、桂馥等清代學者關於"傑,埶也"的意見詳參丁福保:《説文解字詁林》,第 7944—7945 頁。

② 匿名外審專家提出:"'埶'從其本義'藝'似亦能引申出'養'或'人之才'(《禮運》孔穎達等《正義》)之義。故本文所涉表示'養'或'人才'的'埶(藝)'是否一定要改讀爲'乂'?"(2021 年 8 月 5 日電子郵件)從"藝"的引申來考慮是另一種思路,但筆者尚未覓得較恰當的實例支持作系統解釋,目前似仍以讀"乂"較有可能,識此備考。

③ 參看裘錫圭:《古文獻中讀爲"設"的"埶"及其與"執"互訛之例》,《裘錫圭學術文集·語言文字與古文獻卷》第 451—460 頁;裘錫圭:《簡帛古籍的用字方法是校讀傳世先秦秦漢古籍的重要根據》,《裘錫圭學術文集·語言文字與古文獻卷》第 464—468 頁;裘錫圭:《再談古文獻以"埶"表"設"》,《裘錫圭學術文集·語言文字與古文獻卷》第 484—495 頁。

生意見),其説與小文第一節所論大同小異,敬請讀者參看。吴銘先生發表《藝、艾相亂現象發凡——藝字試探之二》(微信公眾號“吴銘訓詁札記”,2023 年 1 月 13 日),將《左傳》“藝貢事”(《昭公十三年》)、“藝山林”(《昭公十六年》)之“藝”讀爲“艾”,前者訓“治”,後者訓“養”,説亦可參。陳劍先生發表《戰國楚簡字義零札兩則》(《出土文獻與古文字研究》第 10 輯,上海古籍出版社 2022 年,第 110—114 頁),舉若干出土和傳世文獻中“乂”聲、“我”聲、“埶”聲相通之例,亦有助於説明“埶”可讀“乂”;参其文所論,則䵼鐘、鎛的“男子之埶”似亦可考慮讀爲“男子之儀”,《大戴禮記 · 子張問入官》:“上者,民之儀也;有司執政,民之表也。”

“司 慎”續 考

劉曉晗

摘　要：本文認爲文獻中的司法職官“司慎”應該讀爲“司質”。“質”“慎”文字學關係密切，“質”從“抵押”“相當”引申出“盟質”“盟約”“正”“評斷”“質律”等含義，與“司慎”之職掌相符。新出清華簡（拾貳）《叁不韋》中的“尸寘”也當理解爲“司質”，就是天神司慎。其他文獻中所見的“司折”可讀爲“司誓”，與“司慎（質）”義近。

關鍵詞：司慎　質　尸寘　叁不韋

文獻中有一個職官名“司慎”，趙平安先生曾進行過深入考察。[①] 我們將其文中的關鍵材料復陳如下。傳世文獻中，“司慎”見於《左傳》襄公十一年：

> 秋七月，同盟于亳。……乃盟。載書曰：“凡我同盟，……或間兹命，司慎、司盟，名山、名川，群神、群祀，先王、先公，七姓、十二國之祖，明神殛之，俾失其民，隊命亡氏，踣其國家。”[②]

又見於《説文・囧部》“盟”字：“《周禮》曰：‘國有疑則盟。’諸侯再相與會，十二歲一盟。北面詔天之司慎司命。盟，殺牲歃血，朱盤玉敦，以立牛耳。”[③]趙文已指明此處是引用《左傳》而來的。又見於出土戰國簡帛，清華簡（拾）《四告》簡10—11有“先告受命天丁開（辟）子司新（慎）咎（皋）繇（繇）”，“司慎”是皋繇的職官。趙先生勾稽文獻，總結了“司慎”的職能，包括“主司過詰咎”和“司不敬者”，屬於司法的一類。同時，“司慎”

---

① 趙平安：《司慎考——兼及〈四告〉“受命”“天丁”“辟子”的解釋及相關問題》，《簡帛》第24輯，上海古籍出版社2022年，第25—31頁。

② 楊伯峻：《春秋左傳注》（修訂本），中華書局1990年，第989—990頁。

③ （漢）許慎撰，（宋）徐鉉校定，愚若注音：《注音版説文解字》，中華書局2015年，第138頁。

在文獻中和“司盟”相近,可能相當於“司中”。① 這都是非常正確的。

古代職官多見“司△”的辭例。“司”是動詞,主管。“△”一般作爲“司”的直接賓語,表示具體的職司。不過,“慎”在古書中往往是比較抽象的“謹慎”“敬戒”一類的意思。《尚書·立政》:“和我庶獄庶慎。”《四告》簡13:“和我庶獄庶  (慎)。”趙先生指出,“慎”“  (慎)”其實是《攝命》中釋爲“訟”的“ ”一類字的訛誤,和“司慎”這個職官没有太大關係。② 那麽,“司慎”的“慎”到底爲何義,亟待重新審視。

我們認爲“司慎”應該讀爲“司質”。從文字上看,西周到戰國都有大量用爲“慎”的“ ”“訢”“訢”“悊”“誓”等字,它們就是“質”或从“所”(“質”的聲符)爲聲。③ 楚文字中的“誓”字用爲“慎”,如清華簡(叁)《周公之琴舞》簡4:“叚(遐)才(哉)古之人,夫明思誓(慎)。”上博簡(五)《三德》簡22:“君子不慙(慎)丌(其)悳(德)。”又可用爲“質”。清華簡(壹)《尹至》簡4“湯䍃(盟)慙彶(及)尹”,學者指出“慙”讀爲“質”。④ 甚確。可見將“司慎”讀爲“司質”,從通假和用字上是毫無問題的。

從“質”的詞義上説。《説文》:“質,以物相贅。”《禮記·聘義》:“君子於其所尊弗敢質。”鄭玄注:“謂正自相當。”“質”從“抵押”“相當”引申出一系列含義。“質”與“盟”相關。上引《尹至》“盟質”見於其他文獻。《國語·晋語四》:“平王勞而德之,而賜之盟質,曰:‘世相起也。’”《國語·魯語上》:“先君周公及齊先君太公曰:‘女股肱周室,以夾輔先王。賜女土地,質之以犧牲。”韋昭注:“質,信也。”《侯馬盟書》有“自質于君所”。“質”是盟誓時參盟人對鬼神所奉獻的各種信物,也引申出“委質”的意思。⑤ 本是從“抵押”之“質”派生來的。⑥ 不過“質”的詞義其實已經與“盟”非常相近。郭沫若很早就指出:“‘質’字在古文獻中每與‘盟’字聯帶使用”,“‘質’與‘盟’顯然爲同義語。”⑦《侯馬盟書》“内室類”有“敢不從此盟質之言”“既質之後”,和《左傳》《孟子》中的

---

① 趙平安:《司慎考——兼及〈四告〉“受命”“天丁”“辟子”的解釋及相關問題》第25—31頁。

② 趙平安:《古文字中的“ ”及其用法》,《中國文字》2019年夏季卷,萬卷樓圖書股份有限公司2019年;《出土文獻視域下的“庶慎”》,《中國文字》2020年夏季卷,萬卷樓圖書股份有限公司2020年;趙平安:《司慎考——兼及〈四告〉“受命”“天丁”“辟子”的解釋及相關問題》。

③ 陳劍:《説“慎”》,《甲骨金文考釋論集》,綫裝書局2007年,第39—53頁。

④ 參看鄔可晶:《“咸有一德”探微》,《戰國秦漢文字與文獻論稿》,上海古籍出版社2020年,第181—182頁。

⑤ 參看張頷:《侯馬盟書叢考》,張頷、陶正剛、張守中:《侯馬盟書》,三晋出版社2016年,第86頁。

⑥ 張富海:《清華簡〈繫年〉通假柬釋》,《古文字與上古音論稿》,上海古籍出版社2021年,第108—109頁。

⑦ 郭沫若:《出土文物二三事》之二,《新出侯馬盟書釋文》,《文物》1972年第3期。

"既盟之後"可以類比。[①]《左傳》哀公二十年:"黄池之役,先主與吴王有質,曰:'好惡同之。'"杜注:"質,盟信也。"就是泛指"盟約"。

"質"還可以引申表示"正""評斷"。《禮記·中庸》:"故君子之道本諸身……質諸鬼神而無疑,百世以俟聖人而不惑。質諸鬼神而無疑,知天也;百世以俟聖人而不惑,知人也。"孔疏云:"質,正也。謂已所行之行正諸鬼神,不有疑惑,是識知天道也。"[②]《禮記·曲禮》:"疑事勿質,直而勿有。"朱彬《禮記訓纂》引胡邦衡曰:"質,正也。事有可疑,勿以臆决正之。"[③]《周禮·地官》有職官"質人",鄭注云:"質,平也。主平定物賈者。"《詩·大雅·緜》:"虞芮質厥成。"朱熹《詩集傳》:"質,正也。"這是平息解决二國争訟,和司法已有關聯。《禮記·王制》:"司會以歲之成質於天子,冢宰齊戒受質……百官各以其成質於三官,大司徒、大司馬、大司空以百官之成質於天子,百官齊戒受質。""質"指"謂奏上文簿,聽天子平斷之"。[④]《荀子·王霸》:"關市幾而不征,質律禁止而不偏。"楊倞注:"質律,質劑也,可以爲法,故言質律也。""質"作名詞,指律法標準。《大戴禮記·投壺》:"質參既設。"王聘珍《解詁》:"質,正也。""質"是用於瞄準的靶子,也是從"正"引申來的。

綜上,"質"可表示"盟約""平正",和盟會、法律密切相關。"司慎(質)"可能本來掌管盟約之質信,因此與"司盟"連用,是監司盟會的主神之一。由於古代的"盟"和"法律"素來關係密切,"盟約"可以説就是法律的初始形態,官府收藏法律典章的部門又叫"盟府"。故"司慎(質)"也管理法律訴訟,屬於司法官員。"質"有"正"義,也可"平争訟""司詰咎"。"司中",《開元占經》引《黄帝占》云"第五星爲司中,主司過詰咎","中"也和執法的公正有關,其職能應也是司法類。段玉裁以爲"司中"相當於"司慎",[⑤]雖不盡相同,但二者的確很接近。

出土文獻中還有一些辭例與"司慎(質)"有關。新出清華簡(拾貳)《叄不韋》有職官名"尸𡩁":

(1) 戉(啓),亓(其)才(在)天𠟭(則),天乃叙之不韋(違),保〈𡰥(尸)〉𡩁璋(章)之,司畿(幾)易(揚)之,不韋逘(將)之。(簡 20)

(2) 戉(啓),乃宔(主)隹(唯)土,乃𡰥(尸)隹(唯)𡩁,弗尾弗匿,𢿌(播)晢

① 黄盛璋:《關於侯馬盟書的主要問題》,《中原文物》1981 年第 2 期。

② 《禮記正義》,阮元校刻嘉慶刊本《十三經注疏》,中華書局 2009 年,第 3547 頁。

③ (清) 朱彬撰,饒欽農點校:《禮記訓纂》,中華書局 1996 年,第 3 頁。

④ (清) 孫希旦撰:《禮記集解》,中華書局 1989 年,第 377—378 頁。

⑤ (清) 段玉裁:《説文解字注》,上海古籍出版社 1981 年,第 314—315 頁。

(簡)乃化(過)而冥(黽)之。(簡 46—47)

(3) 乃告上監敃(乂),秉悳(德)司幾,乃告於下㞏(尸)𡨚,秉宜(義)不揄(渝),乃告於天之不韋,司中夨(側)昔(措)。(簡 84—86)

(4) 七弅(承)乃告於上司幾、下㞏(尸)𡨚,丞(及)而先𣅀(祖)、王父＝(父、父)。百有司乃告於㞏(尸)𡨚,丞(及)乃先高𣅀(祖)、王父＝(父、父)。(簡 103—104)

(5) 戊(啓),乃立於司中之壇,以乍(作)刑恖(則),七弅(承)乃立於上司幾之壇,百有司乃立於保〈㞏(尸)〉𡨚之壇,薑(萬)民乃立於而王父＝(父、父)之立(位),以乍(作)刑恖(則)。(簡 108—110)

我們認爲"尸𡨚"可能就是"司質"。《叁不韋》中的"𡨚"用爲"質",見於簡 94"自兵自訢(慎)自𡨚(質)"。整理者云"自質,猶自正",甚是。① 那麽上述用於職官的"𡨚"讀爲"質"也甚通。② "尸"就是"司"的意思。《爾雅·釋詁上》:"尸,主也。"郝懿行義疏云:"尸與司同,司亦主矣。"《周禮·天官·玉府》:"則共珠槃玉敦。"鄭玄注云:"珠槃以盛牛耳,尸盟者執之。"賈公彦疏曰:"尸猶主也。"例(2)"乃㞏(尸)隹(唯)𡨚"説明"𡨚(質)"是其職掌,掌管質正之事,下文解釋爲"敽(播)䇭(簡)乃化(過)而冥(黽)之","司過詰咎"正是文獻所記"司慎(質)"之職。(1)(3)(4)(5)的"尸𡨚"都是天神,是禱祀的對象,所職關乎"天之刑則",且例(3)亦和"司中"并見。足見以之爲"司質(慎)"這個司法官員是很合理的。對"尸𡨚"進行禱祀,也頗合《禮記》"質諸鬼神"之義。"尸𡨚"是天神"叁不韋"之一。③ 程浩先生認爲"三不韋"可能包括"皋繇"。④《四告》中的"皋繇"是"司慎",周秦漢先生認爲在《四告》中"皋繇"也是天神,是天帝之司慎。⑤ 這些可能都有密切關聯。

此外,出土文獻中還有"司折",見於洹子孟姜壺(《集成》09729):

---

① 清華大學出土文獻研究與保護中心編,黄德寬主編:《清華大學藏戰國竹簡(拾貳)》,中西書局 2022 年,第 132 頁。

② 關於"𡨚"讀爲"質",參看張崇禮:《"𡨚"字解詁》,復旦大學出土文獻與古文字研究中心網 2015 年 1 月 26 日,http://www.fdgwz.org.cn/Web/Show/2436。

③ 石小力:《清華簡〈参不韋〉概述》,《文物》2022 年第 9 期。

④ 程浩:《清華簡〈参不韋〉中的夏代史事》,《文物》2022 年第 9 期。

⑤ 周秦漢:《論皋陶在兩周古史觀中的轉型與質變——從清華簡〈厚父〉〈四告〉到虞廷禪讓説》,《北京大學第十八届史學論壇論文集》,北京大學歷史系,2022 年 4 月 16—17 日,第 92、94 頁。周先生指出要注意分析不同文獻中皋繇的身份與性質。在叙述夏代史事的時候比如《厚父》中的"皋繇"是人臣而非天神,但是《四告》并非陳述史事,其時皋繇已升於天,憑藉降福、降罰來影響人間,反應的是周代的鬼神觀。

于上天子用璧、玉備（佩）一司，于大無（巫）司，于大司命用璧、兩壺、八鼎……

又見於新蔡簡：

司侵司　　　　（甲一：7）

［司］、公北、司命、司褙（禍）□　　　　（零：266）

字形皆顯係"折"而非"質（慎）"。趙先生以之音近可讀爲"司慎"。① 不過陳劍先生懷疑二者語音尚有一定距離。② "折"是舌音月部開口三等字，主元音作"e"，"質"是舌音質部開口三等字，主元音作"i"。質月部"i""e"兩類相通的情況是比較多見的。上博簡《邦人不稱》簡 12"不取其折"，沈培先生讀爲"實"。③ "實"也是舌音質部開口三等字。安大簡《詩經·小星》"折命不同""折命不猶"，《毛詩》作"寔"，《韓詩》作"實"。④ "實"雖亦可與"質"通，不過目前"折""質"似未見直接通用例。我們若將"司折"直接讀爲"司誓"其實也没有問題。"誓"和"盟""質"也是近義關係。《侯馬盟書》的"盟質"從前被很多學者誤釋爲"盟誓"，正是因爲三者關係密切。⑤《左傳》昭公十六年："爾有利市寶賄，我勿與知，恃此質誓，故能相保，以至于今。"《管子·小匡》："與諸侯飾牲爲載書，以誓要於上下薦神。"⑥《國語·楚語下》："民神雜糅，不可方物。夫人作享，家爲巫史，無有要質。"新蔡簡零 266 中"司折""司命"并列，和《周禮·地官》中"司中、司命"并列的文例也可類比，足見"司誓""司質""司中"近似。

綜上，我們認爲職官"司慎"是一種掌管盟誓、主司詰咎和司法的天神，相當於"司質"或"尸疐（質）"。流傳日久，本義隨之湮滅。

附記：小文初稿蒙趙平安師審閱指正，石小力、周秦漢、刁俊豪、管文韜、王精鬆、熊長雲

---

① 趙平安：《司慎考——兼及〈四告〉"受命""天丁""辟子"的解釋及相關問題》。

② 陳劍：《説"慎"》，《甲骨金文考釋論集》，第 40 頁。

③ 沈培：《清華簡和上博簡"就"字用法合證》，簡帛網 2013 年 1 月 6 日，http://www.bsm.org.cn/?chujian/5964.html。

④ 安徽大學漢字發展與應用研究中心編，黄德寬主編：《安徽大學藏戰國竹簡（壹）》，中西書局 2019 年，第 93 頁；蔡偉：《安大簡"折命不猶"補證》，簡帛網 2019 年 10 月 13 日，http://www.bsm.org.cn/?chujian/8152.html。

⑤ 唐蘭：《侯馬出土晋國趙嘉之盟載書新釋》，《文物》1972 年第 8 期；黄盛璋：《關於侯馬盟書的主要問題》。

⑥ "薦"，或謂當依《國語·齊語》作"庶"。參看（明）劉績補注，姜濤點校：《管子補注》，鳳凰出版社 2016 年，第 159—160 頁。

等先生提供寶貴意見,謹致謝忱!

看校補記:最近,熊長雲先生撰文說解“質”的字源,認為“質”與“裁”“判”有關的職官之名,可能由原本所具切分之義引申出來。參看熊長雲:《“忻”为四分之一考》,《出土文獻》2023年第3期。

郭店簡《唐虞之道》“身窮不均”考*

黄　傑　鄭怡寧

摘　要: 郭店簡《唐虞之道》簡 2“身窮不均”的“均”是一個从土、旬聲的字,應當讀爲“營”,訓爲營求、謀求。“身窮不營”和下文的“没而弗利”應當聯繫起來看,兩句的意思是:(即便)自身窮困,也不營求;(即便)身死,也不藉此來牟利。

關鍵詞: 郭店簡　《唐虞之道》　均　營

《唐虞之道》簡 1—4:

> 湯(唐)吴(虞)之道,(徸—禪)而不徸(傳)。堯舜之王,利天下而弗利也。(徸—禪)而不徸(傳),聖之【1】盛也。利天下而弗利也,忎(仁)之至也。古昔(賢)忎(仁)聖者女(如)此。竆₌(身窮)不均,叟(没)【2】而弗利,竆(窮)忎(仁)歆(矣)。北(必)正亓(其)身,肰(然)后(後)正世,聖道備歆(矣)。古(故)湯(唐)吴(虞)之(興?)☐【3】也。①

---

* 本文是“古文字與中華文明傳承發展工程”規劃項目“楚簡綜合研究”(項目號 G3444)的階段性成果。

① 荆門市博物館:《郭店楚墓竹簡》,文物出版社 1998 年,第 39 頁(圖版)、157 頁(釋文)。釋文爲嚴式,大體據武漢大學簡帛研究中心、荆門市博物館《楚地出土戰國簡册合集(一)·郭店楚墓竹書》,文物出版社 2011 年,第 60 頁。,整理者依形隸定作“徸”,學者們有釋“廛”“播”“擅”“蹯”“促”等多種意見(參劉傳賓:《郭店竹簡研究綜論(文本研究篇)》附録一《郭店竹簡疑難文字分篇集釋》,博士學位論文,吉林大學 2010 年,第 85—86 頁)。各家釋字雖然不同,但基本上都認同該字在簡文中用作禪讓之“禪”。石小力先生將該字與清華簡《五紀》中的“亶”字(、)、郭店簡《五行》簡 32 的所謂“重”字()聯繫起來,在論證以上諸字爲一字、“亶”爲“壇”字異體的基礎上,指出《唐虞之道》該字爲从“亶(壇)”聲之字,可隸定作“徸、逭”,即“邅”字異體,可通作“禪”。參石小力:《清華簡〈五紀〉的“壇”與郭店簡〈唐虞之道〉的“禪”》,《出土文獻》2021 年第 4 期。,二書釋讀爲“臤(賢)”,不準確,參陳劍:《柞伯簋銘補釋》,《傳 (轉下頁)

"身窮不均"的"均",原作:

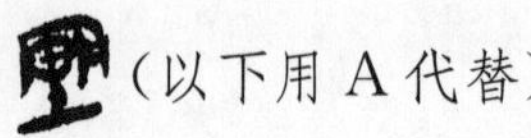

關於此字的釋讀,學者們有多種看法,茲録於下。

第一類觀點認爲A从"匀"聲。整理者釋作"畇",讀爲"均"。[①] 周鳳五先生釋爲"畇",讀爲"慍"。[②] 不少學者贊同此說。[③] 陳偉武先生認爲"畇"是"均"之繁文。[④] 陳偉先生釋爲"均",讀爲"愻"。[⑤] 劉釗先生釋爲"畇",讀爲"困"。[⑥] 鄭剛先生云,A讀

(接上頁) 統文化與現代化》1999年第1期,第50—53頁;《甲骨金文考釋論集》,綫裝書局2007年,第1—7頁。"叟(没)"字原作,整理者未釋,學者們有多種釋讀意見,参武漢大學簡帛研究中心、荆門市博物館:《楚地出土戰國簡册合集(一)·郭店楚墓竹書》第63頁。現在看來,李零先生釋爲"没"、解爲身死命終的意見是可信的,参李零:《郭店楚簡校讀記》,《道家文化研究》第十七輯,三聯書店1999年,第499頁;李零:《郭店楚簡校讀記(增訂本)》,北京大學出版社2002年,第96頁。上博四《曹沫之陳》簡9"没"字作(辭例"没身就世"),参馬承源主編:《上海博物館藏戰國楚竹書(四)》,上海古籍出版社2004年,第100、249頁。"世"字釋讀見高佑仁:《談〈曹沫之陣〉的"没身就世"》,簡帛網2006年2月20日,http://www.bsm.org.cn/?chujian/4432.html。上博五《三德》簡3"没"字作(辭例"亓身不没"),《鬼神之明 融師有成氏》簡2"没"作(辭例"身不没")。二字分别見馬承源主編:《上海博物館藏戰國楚竹書(五)》,上海古籍出版社2005年,第129、152、290、312頁。

① 荆門市博物館:《郭店楚墓竹簡》第157頁。

② 其説云:"慍,簡文从里,匀聲(原注:或从田、均聲亦可)……按,當讀作'慍'。匀,古音餘母真部;慍,影母文部;真、文旁轉可通。《論語·衛靈公》:'在陳絶糧,從者病,莫能興。子路慍見曰:"君子亦有窮乎?"子曰:"君子固窮,小人窮斯濫矣。"'子路所言,正可謂'身窮而慍'。《論語·學而》:'子曰:"學而時習之,不亦説乎?有朋自遠方來,不亦樂乎?人不知而不慍,不亦君子乎?"'可以移作簡文'身窮不慍'的注脚。"周鳳五:《郭店楚墓竹簡〈唐虞之道〉新釋》,《"中研院"歷史語言研究所集刊》第七十本第三分,1999年,第742頁。

③ 顔世鉉:《郭店楚簡散論(二)》,《江漢考古》2000年第1期,第38—41頁;林志鵬:《郭店楚墓竹書〈唐虞之道〉重探》,丁四新主編:《楚地簡帛思想研究(三)》,湖北教育出版社2007年,第491頁;徐新新:《郭店竹簡〈唐虞之道〉〈忠信之道〉〈魯穆公問子思〉〈窮達以時〉集釋》,碩士學位論文,華東師範大學2014年,第18頁。

④ 其説云:"以'畇'爲'均',亦以'垔'爲'均'。'畇''垔'均是'均'之繁文。"陳偉武:《郭店楚簡中〈漢語大字典〉所無之字》,《中國文字研究》第三輯,廣西教育出版社2002年,第126頁。

⑤ 其説云:"均,疑讀爲'愻',《説文》:'憂也。'《戰國策·趙策二》和《淮南子·詮言訓》等處有'窮而不憂'的説法,可比照。"陳偉:《郭店竹書别釋》,湖北教育出版社2003年,第61頁。

⑥ 其説云:"'畇'讀爲'困','畇'從'匀'聲,古從'匀'得聲的字韻在真部,聲或歸舌音的定、禪、喻,或歸牙音的見、溪。'困'字古音在溪紐文部,所以從'匀'得聲的'畇'可讀爲'困'。《荀子·宥坐》:'君子之學,非爲通也,爲窮而不困,憂而意不衰也,知禍福終始而心不惑也。'文中'窮而不困'就是簡文的'身窮不困'。"劉釗:《郭店楚簡校釋》,福建人民出版社2005年,第151頁。

“徇”，或作“循”“徇”“殉”，營求，求利己，“身窮不循”意爲“窮的時候不主動去求取”。① 李鋭先生釋爲“䀐”，讀爲“徇”，將簡文讀作“躳身不徇”，意思是唐虞之道是禪讓，受禪者自身决不主動營求。② 李天虹師釋爲“均”，讀爲本字，認爲“身窮不均”大概是説身窮而不求與人均利。③ 楊澤生先生從整理者釋作“均”，解“身窮不均”爲親身或身體力行地制止不均。④ 劉傳賓先生云，《尊德義》簡 34 有“”字，辭例爲“～不足以平正”，形與“䀐”近。⑤ 《楚地出土戰國簡册合集(一)・郭店楚墓竹書》徑釋作“均”。⑥

第二類觀點認爲 A 从“今”聲。李零先生釋爲“黔”，認爲从里从今，讀爲“貪”。⑦ 黄錫全先生釋爲“黔”，讀爲“埁”。⑧

今按：A 當釋爲“坸”，是“均”字異體。李天虹師對 A 的字形有過十分詳細而精確的辨析：

> 在楚簡文字裏，“匀”一般作（包 87）形，⑨字的起始處象“手”的形狀，類似的例子如郭店《老子甲》簡 19（均）、《老子丙》簡 9（軍）、上博《子

① 鄭剛：《楚簡孔子論説辨證》，汕頭大學出版社 2004 年，第 75、76 頁。

② 其説云：“所謂的‘身窮’，本爲合文，疑當從包山楚簡、天星觀卜辭、望山一號墓卜辭中相近之合文，釋爲‘躳身’。‘均’字原從里形從匀，當從匀聲，疑讀爲‘徇’（朱駿聲《説文通訓定聲》指出‘旬’從匀省聲），《蒼頡篇》：‘徇，求也。’《廣雅・釋言》：‘徇，營也。’‘躳身不徇’，是説唐虞之道是禪讓，受禪者自身决不主動營求。”李鋭：《讀上博四札記(一)》，簡帛研究網 2005 年 2 月 20 日，http://www.jianbo.org。

③ 李天虹：《釋〈唐虞之道〉中的“均”》，丁四新主編：《楚地簡帛思想研究(三)》第 480 頁。

④ 其説云：“我們認爲，‘䀐’字當從整理者釋作‘均’。‘窮’有窮盡、終極等義……由這種基本義引申而有杜絶、防止的意義……‘身’爲親自或身體力行……簡文‘身窮不均’，當是親身或身體力行地制止不均。‘不均’是當政者應該致力防止或消除的。”楊澤生：《戰國竹書研究》，中山大學出版社 2009 年，第 78—79 頁。

⑤ 劉傳賓：《郭店竹簡研究綜論（文本研究篇）》附録一《郭店竹簡疑難文字分篇集釋》，博士學位論文，第 88 頁。

⑥ 武漢大學簡帛研究中心、荆門市博物館：《楚地出土戰國簡册合集(一)・郭店楚墓竹書》第 60 頁。

⑦ 李零：《郭店楚簡校讀記》第 498 頁；李零：《郭店楚簡校讀記（增訂本）》第 96 頁。

⑧ 其説云：“《語叢三》簡 19 有‘貪’字，作，與此不同。包山楚簡 43 號簡‘均’作（人名），與此有别。其區别是‘匀’出頭，‘今’不出頭。楚簡的陰、酓及軍字有作下列形：

> （九店楚簡陰）（酓章鐘）（包山簡 246）（郭店簡軍）

故此字應分析爲從里，今聲，可隸定作黔，很可能是‘埁’字别體。埁，讀與趛同。《集韻・寑韻》‘低首疾趨謂之趛’，或作趁。‘窮而不埁’，可能是指人窮志不窮。”黄錫全：《〈唐虞之道〉疑難字句新探》，長沙市文物考古研究所編：《長沙三國吴簡暨百年來簡帛發現與研究國際學術研討會論文集》，中華書局 2005 年，第 216 頁。

⑨ 筆者按：包山簡 87 無“匀”字。這裏所列爲簡 129 的“匀”字。

羕》簡 2 (鈞)所从“匀”等等。但是也有寫法不同的,如《尊德義》簡 34“不足以平政”的首字,研究者均以爲从“土”、“旬”聲,當釋爲“均”,從文意看非常通順,聲符“旬”所从“匀”旁的起始處就不是“手”的形狀。包山簡 43“均”作,上博《曹沫之陳》簡 35“均”作,確切無疑从“旬”聲,可作爲《尊德義》此字之釋的旁證。此“均()”字所从“匀”旁的形體與《唐虞之道》字所从基本相同。

事實上,上述兩類寫法的“匀”字,在金文中都能找到,如多友鼎“匀”字作(《金文編》第 650 頁),王孫鐘“旬”字作(《金文編》第 650 頁)等。

在楚簡文字裏,有與金文寫法比較接近的“今”字,如包山簡 131 (郐)、郭店《太一生水》簡 8 (侌)等字所从,但多數“今”字的寫法稍有變化,如包山簡 134 (侌)、郭店《語叢一》簡 38 (含)、上博《容成氏》簡 50 (含)等等。這種變化了的“今”字,與上面所舉《尊德義》“均”所从的“匀”以及《唐虞之道》字所从,形體也相當一致。也就是說,楚簡文字裏作爲偏旁使用的“匀”和“今”可能存在形體相混的現象。

那麽,單純看,字所謂“里”之外的形體,既可能是“匀”,也可能是“今”。綜合分析,我認爲此字从“匀”,當釋爲“均”。

首先,可能并不从“里”,所謂“里”,也許應該分析爲“日”、“土”兩部分。戰國文字,包括郭店簡裏的“日”、“田”,因形近作爲偏旁可以互作,是大家所熟知的。所以很可能是从“土”,“旬”聲的字,形體結構與《尊德義》簡 34、包山簡 43、《曹沫之陳》簡 35 的“均”相同,都是“均”字異體。像包山簡的“”,如果將“日”旁改寫爲“田”,所从與“里”就相差無幾。《容成氏》簡 30“天下大和均”的“均”字,原簡作,整理者隸定爲“畇”,可能也應該分析爲从“土”,“旬”聲,其所从“日”也混爲“田”。①

其説甚是。A 應當是一個从土、旬聲的字,其中的“田”形是“日”之訛。楚簡中的“日”與“田”常常相混,如“畜”字在郭店簡中大多寫作(此形取自《六德》簡 20),上博簡中則多寫作(《周易》簡 20);“昏”字一般从“日”作(《魯穆公問子思》簡 1),上博六《莊王既成 申公臣靈王》簡 1 則寫作。如李師所指出的,“均”字本身即有作、與兩種形體,這正是楚簡“日”旁、“田”旁相混在這個字上的體現。及

① 李天虹:《釋〈唐虞之道〉中的“均”》,丁四新主編:《楚地簡帛思想研究(三)》第 479—480 頁。

《容成氏》簡 30 字都應當依李師之説分析爲从"土"、"旬"聲,是包山簡 43 、《尊德義》簡 34 、《曹沫之陳》簡 35 的變體。這些形體都應當釋爲"垧"。[①] 上引第二類觀點只是就 A 字孤立地看問題,没有能够顧及與之相關的這一系列字,而且也没有考慮文字的結構,是站不住脚的。

第一類説法中,雖然有的對字形的理解不確,但都是以 A 从"勻"聲爲釋讀的出發點。這是正確的。不過,諸家説法或多或少都存在問題。

將 A 讀爲"慍"或"困"兩説的論證邏輯非常相似,都提出了兩方面的論據,一是 A 从"勻"聲,與"慍"或"困"古音相近,二是文獻中有與"身窮不慍"或"身窮不困"相似、相關的表述。但是,應當看到:首先,"勻"與"慍""困"在文獻中并無直接的通假例證。其次,這兩種讀法都不符合戰國楚簡的用字習慣。楚簡中"慍"這個詞一般用" "字來表示(見郭店簡《性自命出》簡 34、35,《語叢二》簡 7、30 等),[②]"困"這個詞則一般直接用"困"字表示。再次,早期文獻中與"身窮不 A"意思相近、相關的,除了周先生所引的《論語》材料、劉先生所引的《荀子·宥坐》"窮而不困"之外,還有《孟子·萬章下》"阨窮而不憫"、《荀子·君道》"貧窮而不約"、《淮南子·詮言訓》"窮而不憂"、《戰國策·趙策二》"王立周紹爲傅"章"窮而不憂"、《逸周書·小開解》"窮而不匱"。其中"憫"(文部明母)與 A(真部見母)古音很接近,[③]"匱"(物部群母)與 A 古音也相去不遠。可是我們并不能僅僅據此就將 A 讀作"憫"或"匱"。换句話説,僅僅根據讀音與 A 相近、有相似文例支持兩方面,是無法找到確切答案的。讀爲"惌"的問題是,在現存先秦秦漢文獻中,"惌"字僅在《説文》一見,不見實際使用。[④] 鄭剛、李鋭兩位先生都將 A 理解爲求取一類意思,這是有道理的,不過他們的意見都存在可商榷之處:鄭剛先生將 A 讀作"徇"或"循""徇""殉",看起來没有確定的見解,而且文獻中用"徇""循"或"殉"表示"營求、求利己"之義的例子罕見,因此難以讓人信服;李鋭先生將"竆="讀作"躬身",不可信。將"身窮不均"解爲"身窮而不求與人均利",有增字作解之嫌。"不均"在文獻中一般表示"不均勻""不公平",如《論語·季氏》"不患寡,而患不均",或不和調,如《荀子·禮論》"笙竽具而不和,琴瑟張而不均"。若要表示"不求與人均

---

① 郭店《老子》甲簡 19 、新蔡甲三簡 349 、上博六《慎子曰恭儉》簡 4 ,才是"均"字。

② 白於藍:《簡帛古書通假字大系》,福建人民出版社 2017 年,第 1365 頁。

③ 二者聲母的關係參看趙彤《中古舌根聲母字和雙唇聲母字在戰國楚系文獻中的交替現象及其解釋》,《中國語文》2006 年第 3 期,第 249—255 頁。

④ 李天虹師已經指出這一點。李天虹:《釋〈唐虞之道〉中的"均"》,丁四新主編:《楚地簡帛思想研究(三)》第 480 頁。

利”,起碼應當加上動詞“求”。解爲“親身或身體力行地制止不均”,是以將“窮”解爲杜絶、防止爲根據的。這種理解難以令人信服。從先秦秦漢文獻的表達習慣看,若要表示“制止不均”之義,應當直接用“止”,而不至於用“窮”。

我們認爲,李鋭先生將A讀爲“徇”、解爲營求,在諸説中較爲合理,但仍未達一間。A應當讀爲“營”,訓爲營求、謀求。

從讀音上來看,“旬”古音屬真部邪母,“營”屬耕部喻母,比較接近。上古耕部、真部的字常常發生交涉的情況,毋庸贅言。聲母方面,“匀”也是喻母字,與“營”聲母相同。“旬”聲之字和“營”在早期文獻中常常相通。[①]《詩·大雅·江漢》:“來旬來宣。”鄭箋:“旬,當作營。”[②]《史記·天官書》:“旬始,出於北斗旁。”裴駰《集解》引徐廣曰:“旬,一作‘營’。”[③]《淮南子·道應訓》:“聽焉無聞,視焉無眴。”[④]《論衡·道虚篇》作“聽焉無聞,而視焉則營”。[⑤] 楚簡中,“旬”聲之字和“營”也有相通的例子。清華簡《説命上》簡1:“王命氒(厥)百攻(工)向,以貨旬求敚(説)于邑人。”[⑥]整理報告原將“旬”讀爲“徇”。《史記·殷本紀》述此事作“於是迺使百工營求之野”,《書序》作“高宗夢得説,使百工營求諸野”,可見“旬”應讀爲“營”。清華簡《芮良夫毖》簡11:“恂求又(有)志(才),聖智恿(勇)力。”[⑦]白於藍先生將“恂”讀爲“營”,[⑧]可信。所以“均(均)”讀作“營”没有問題,符合楚簡的用字習慣。

---

① 張儒、劉毓慶:《漢字通用聲素研究》,山西古籍出版社2002年,第835頁;白於藍:《簡帛古書通假字大系》第1272頁。

② (漢)毛亨傳,(漢)鄭玄箋,(唐)孔穎達等疏:《毛詩正義》卷一八之四,(清)阮元校刻:《十三經注疏》,中華書局1980年,第573頁。

③ (漢)司馬遷撰,(宋)裴駰集解,(唐)司馬貞索隐,(唐)張守節正義:《史記》,中華書局2014年,第1592頁。

④ 劉文典撰,馮逸、喬華點校:《淮南鴻烈集解》卷十二,中華書局1989年,第407頁。按:“視焉無眴”,或作“視焉無矚”(何寧:《淮南子集釋》卷十二,中華書局1998年,第885頁),王念孫指出“視焉無眴”乃“視焉則眴”之誤,“矚”係後人所改。(清)王念孫撰,徐煒君等點校:《讀書雜志·淮南内篇第十二》,上海古籍出版社2015年,第2250頁。

⑤ 黄暉:《論衡校釋》卷七,中華書局1990年,第323頁。

⑥ 清華大學出土文獻研究與保護中心編,李學勤主編:《清華大學藏戰國竹簡(叁)》,中西書局2012年,第29頁(圖版)、122頁(釋文)。

⑦ 清華大學出土文獻研究與保護中心編,李學勤主編:《清華大學藏戰國竹簡(叁)》第76頁(圖版)、145頁(釋文)。“恿”,該書原讀作“用”,兹依簡帛論壇學者意見讀爲“勇”,參簡帛網簡帛論壇2013年1月6日,http://www.bsm.org.cn/forum/forum.php?mod=viewthread&tid=3040&highlight=芮良夫毖,“清華簡三《芮良夫毖》初讀”下第2樓“魚游春水”的意見。

⑧ 白於藍:《簡帛古書通假字大系》第1272頁。

“不營”意爲不謀求，見於以下文獻：

> 臨懼之而觀其不恐也，怒之而觀其不惛也，喜之而觀其不誣也，近諸色而觀其不踰也，飲食之而觀其有常也，利之而觀其能讓也，居哀而觀其貞也，居約而觀其不營也，勤勞之而觀其不擾人也。（《大戴禮記·曾子立事》）
>
> 心既和平，其性恬安。恬安不營，則盜賊銷。（《漢書·嚴朱吾丘主父徐嚴終王賈傳》）
>
> 安貧樂賤，與世無營。（蔡邕《釋誨》）①

《大戴禮記》“居約，而觀其不營也”，戴禮《大戴禮記集注》云：“鄭注《坊記》云：‘約，猶窮也。’窮不營求，即《論語》所云君子固窮。”②其説甚是。“居約，而觀其不營也”直譯爲現代漢語是：處於窮困之中，而觀察他（可以看到他）不營求。就被“觀”的人而言，即“約”而不“營”。這與“身窮不營”表示的是同一個意思。“身窮不營”意爲自身窮困也不營求，即《論語·衛靈公》“君子固窮”之義。《漢書》“恬安不營”意爲恬淡安静、不營求。

此處“身窮不營”和“没而弗利”應當聯繫起來看，“没而弗利”實際上是“身没而弗利”的省略。兩句的意思相近。“没”意爲身死，是“身窮”的進一步發展；“不營”與“弗利”相對應，“營”和“利”是兩個義近的動詞。“弗利”即前文“利天下而弗利也”（造福天下而不通過天下牟利）的“弗利”，指不藉此牟利。“身窮不營，没而弗利”的意思是：（即便）自身窮困，也不營求；（即便）身死，也不藉此來牟利。

① （漢）蔡邕：《蔡中郎集》卷三，《文淵閣四庫全書》第1063册，臺灣商務印書館1986年，第177頁。

② 黄懷信主撰：《大戴禮記彙校集注》卷四，三秦出版社2005年，第494頁。

上博楚簡字詞考釋四則*

何義軍　張顯成

摘　要：文章對《上海博物館藏戰國楚竹書》第二、七、八册中的四個字詞提出了新的釋讀意見：上博二《容成氏》簡 6 的“旹₌賽”讀爲“持時則”；上博七《凡物流形》簡 5 的“奚故神褁”讀爲“奚故神萠”；上博八《蘭賦》簡 2“緩哉蘭兮”的“緩”訓爲“綽”，簡 5 的“天道其越也”中“天”釋爲“而”，此句應改讀爲“而道其越也”，“越”應訓爲“揚”。

關鍵詞：《容成氏》　《凡物流形》　《蘭賦》　字詞考釋

一

上博二《容成氏》簡 6 有如下一段話：

> 昔堯處於丹府與藋陵之間，堯散施而旹₌賽，不勸而民力，不刑殺而無盜賊，甚寬而民服。

“賽”字原作“”，整理者以爲即“賞”字之誤，并將“旹₌”讀爲“時時賞”。① 劉信芳先生認爲釋“賞”與文意不諧，應據字形釋爲“賽”，“堯時黎民依時耕作，事成則報神福，是所謂‘時時賽’也”。② 林素清先生讀作“時是實”。③ 單育辰先生認爲“賽”應爲“實”字之訛混，是“財物充實”之義。④ 孫飛燕先生據“四十八簡的‘時故時’陳劍先生

* 本文爲西南大學創新團隊項目《基於出土文獻綜合研究的文化推廣工程》(SWU1509395)階段性成果。

① 馬承源主編：《上海博物館藏戰國楚竹書(二)》，上海古籍出版社 2002 年，第 255 頁。

② 劉信芳：《上博藏竹書試讀》，《學術界》2003 年第 1 期，第 97 頁。

③ 林素清：《讀〈容成氏〉札記》，《簡帛》第 2 輯，上海古籍出版社 2007 年，第 247—248 頁。

④ 單育辰：《新出楚簡〈容成氏〉研究》，中華書局 2016 年，第 90 頁。

讀爲‘持故時’”，因此將“旹=”讀爲“持時”，[1]後來孫先生又認爲“旹=”及“賽”的讀法待考，[2]應是放棄了前説。唐洪志先生將“賽”讀爲“息”，并懷疑“旹”下重文符號係衍文，簡文“旹=賽”即“時息”，即“使民以時”“不違農時”“無奪農時”之意。[3] 林志鵬先生從其説。[4] 俞紹宏先生將“旹=賽”讀爲“持時賽”，意即依時而賽。[5]

按，“[illegible]”釋“賽”當無疑問，問題在於該如何理解其含義。上引各家意見中，以讀“息”和讀“賽”之説影響較大。但這兩説均有缺點。將“賽”讀“息”，無法很好地解釋“旹=”中的重文符號，只好將其視爲衍文。出土文獻中雖然存在這種情况，但我們在詮釋這些文獻時，不宜隨便以衍脱訛誤等理由去圓通文義。讀“息”之説不足之處正在於此。將“賽”解釋爲“報神福”，文義雖可通，但與下文聯繫不緊密。仔細體會，原文“堯散施而旹=賽，不勸而民力，不刑殺而無盗賊，甚寬而民服”，這些都是堯采取的“惠民”政策，“旹=賽”顯然也應是一種“惠民”的手段，而不大可能是“報神福”。由此看來，“賽”字的解讀還需研究。

我們認爲，“賽”應讀爲“則”。古音“賽”在心母職部，“則”在精母職部，聲母均爲齒音，韻部相同，音近可通。“塞”聲又與“則”聲相通。《周易·井卦》九三：“井渫不食，爲我心惻。”“惻”字馬王堆帛書本寫作“塞”，上博簡《周易》寫作“寨”。《左傳》襄公二十五年：“崔氏側藏莊公。”杜注：“瘞埋之。”孟蓬生先生指出“側”《説文》作“塴”，與“塞”音義相通。[6] 凡此皆是“賽”“則”相通之證。

簡文“旹=賽”應讀爲“持時則”。“持”，守、保持，《左傳》昭公十九年：“楚不在諸侯矣，其僅自完也，以持其世而已。”楊伯峻注：“持，守也，保也。”[7]《吕氏春秋·慎大》：“勝非其難者也，持之其難者也。”高誘注：“持，猶守。”“時則”即“四時之法則”。《淮南子》有《時則》篇，高誘注：“則，法也，四時、寒暑、十二月之常法，故曰時則，因以題篇。”[8]又《淮南子·要略》：“時則者，所以上因天時，下盡地力，據度行當，合諸人則，形

① 孫飛燕：《〈容成氏〉簡六“戔貤”試解》，復旦大學出土文獻與古文字研究中心網 2009 年 5 月 30 日，http://www.fdgwz.org.cn/Web/Show/801。

② 孫飛燕：《〈容成氏〉文本整理及研究》，博士學位論文，清華大學 2010 年，第 36、107 頁。

③ 唐洪志：《説〈容成氏〉“民乃賽”及相關問題》，《文物》2013 年第 8 期，第 76—78 頁。

④ 林志鵬：《戰國楚竹書〈容成氏〉校讀》，《嶺南學報(復刊第十輯)——出土文獻：語言、古史與思想》，上海古籍出版社 2018 年，第 171 頁。

⑤ 俞紹宏：《上海博物館藏楚簡校注》，中國社會科學出版社 2016 年，第 144 頁。

⑥ 孟蓬生：《經籍假借字間詁》，《中國語文》2006 年第 3 期，第 244 頁。

⑦ 楊伯峻：《春秋左傳注》，中華書局 2016 年，第 1556 頁。

⑧ 何寧：《淮南子集釋》，中華書局 1998 年，第 379 頁。

十二節，以爲法式，終而復始，轉於無極，因循倣依，以知禍福，操舍開塞，各有龍忌，發號施令，以時教期，使君人者，知所以從事。”①《淮南子》所言之“時則”大致相當於《禮記》中的“月令”，後者已經由禮家改造，融入了禮的概念。簡文之“時則”應與《淮南子》之“時則”有所區别，前者應是一種更爲樸素的概念。我們認爲，此處的“時則”含義大概包括“依時而作”和“依時而息”兩個層面含義。唐洪志在論述“時息”時曾作了如下討論：

> 《大戴禮記·千乘》：“(民)咸知用勞力之必以時息也。”王聘珍《解詁》：“用勞力之必以時息也者，秋食農夫，冬息國老也。”這是清人的理解，可能摻雜了較多後世的社會景象。其實，“息”與“作”相對，“時息”與“時作”亦相對，《逸周書·大子晋》：“士率衆時作，謂之伯。”《管子·山國軌》：“故力出於民，而用出於上。春十日不害耕事，夏十日不害芸事，秋十日不害斂實，冬二十日不害除田。此之謂時作。”《論語·學而》記孔子説：“道千乘之國：敬事而信，節用而愛人，使民以時。”楊伯峻《譯注》：“古代以農業爲主，‘使民以時’即是《孟子·梁惠上》的‘不違農時’。”《荀子·富國》：“罕興力役，無奪農時，如是則國富矣。”②

其説可參。從古書記載來看，“依時而息”和“依時而作”都是順應民時的積極行爲，二則應當結合起來考慮，而“持時則”正是對二者的統一。“持時則”也就是順守時則，以此作爲用民的原則，所以堯才能實現“不勸而民力，不刑殺而無盜賊，甚寬而民服”。

二

上博七《凡物流形》甲篇簡5有句云：

> 鬼生於人，奚故神槑。

整理者將“槑”讀爲“盟”，并解釋“鬼生於人，奚故神盟”爲“人死而成爲鬼，何故要將其當作神靈來對待？”③淺野裕一先生從整理者所釋，謂句義爲：“人死爲鬼，爲何降臨在

---

① 何寧：《淮南子集釋》第1442—1443頁。

② 唐洪志：《説〈容成氏〉“民乃賽”及相關問題》第77—78頁。

③ 馬承源主編：《上海博物館藏戰國楚竹書(七)》第233頁。

神靈前盟誓之地?"[1]讀書會指出"累"當讀爲"明"。[2] 顧史考先生從之,解此句大義爲"我死去後又將成爲何種物事"。[3] 褚紅軒先生認爲"這句的意思爲鬼由人變化而來的爲何將他們當做神靈來對待呢"。[4] 馬文增先生認爲"神明"二字前隐去了主語"先王",謂此句義爲:"先王爲何能成爲神明?"[5]

按,以上諸説對句義的理解恐都有問題。整理者將"累"讀爲"盟",但對句義的解釋没有提到"盟"字,有增删字詞之嫌,故難信從。淺野裕一先生對"奚故神盟"的解釋也頗爲牽强,恐難成立。讀書會以及其他先生的意見,均將"累"讀爲"明",但"神明"是一個名詞性詞組,這樣一來"奚故神明"整句話中就没有了動詞,句法結構不完整。此篇共出現三個"奚古……"句式,除此句外,其他兩句分别爲"奚故事之""奚故少逢暲鼓",句中都有動詞。可見將"累"讀爲"明"也難成立。此句釋讀仍需進一步研究。

我們認爲,簡文"累"字可讀爲"萌"。"累"從明聲,萌亦從明聲,二者自可相通。古"累"通"明",上博簡《孔子詩論》"懷爾累德"即"懷爾明德"。上博簡《三德》:"天共時,地共材,民共力,累王無思,是謂三德。""累王"即"明王"。[6] "累"又通"孟",清華簡《繫年》第十一章"乃行,穆王使驅累者之麋","累者"即"孟諸"。[7] "明""孟"均與"萌"通。《周禮·春官·占夢》:"乃舍萌于四方。"鄭玄注:"杜子春讀萌爲明,或云其字當作明。"戰國時期的行氣玉銘:"定則固,固則明,明則長。""明"讀爲"萌"。[8] 上博簡《恒先》:"静同而未或明,未或滋生。""明"董珊讀爲"萌"。[9]《荀子·解蔽篇》:"昔賓孟之蔽者,亂家是也。"俞樾《諸子平議》:"孟當讀爲萌。"是"累"之於"萌",猶"明"之於"萌","孟"之於"萌"也。

---

① [日] 淺野裕一:《上博楚簡〈凡物流形〉之整體結構》,復旦大學出土文獻與古文字研究中心網 2009 年 9 月 15 日,http://www.fdgwz.org.cn/Web/Show/908。

② 復旦大學出土文獻與古文字研究中心研究生讀書會:《〈上博(七)·凡物流形〉重編釋文》,復旦大學出土文獻與古文字研究中心網 2018 年 12 月 31 日,http://www.fdgwz.org.cn/Web/Show/581。

③ [美] 顧史考:《上博七〈凡物流形〉上半篇試探》,復旦大學出土文獻與古文字研究中心網 2009 年 8 月 23 日,http://www.fdgwz.org.cn/Web/Show/875。

④ 褚紅軒:《上博七〈凡物流形〉文字釋讀研究》,碩士學位論文,西南大學 2011 年,第 14 頁。

⑤ 馬文增:《上博簡〈凡物流形〉新釋新解》,《管子學刊》2017 年第 3 期,第 105 頁。

⑥ 白於藍:《簡帛古書通假字大系》第 1029 頁。

⑦ 清華大學出土文獻研究與保護中心編,李學勤主編:《清華大學藏戰國竹簡(貳)》,中西書局 2011 年,第 161 頁。

⑧ 王輝:《古文字通假字典》,中華書局 2008 年,第 453 頁。

⑨ 轉引自白於藍:《簡帛古書通假字大系》第 1029 頁。

"萌"有"生"義。《淮南子·俶真訓》"孰知其所萌",高誘注:"萌,生也。"《商君書·更法》:"愚者暗於成事,知者見於未萌。"《韓非子·心度》:"親法,則姦無所萌。"《大戴禮記·禮察》:"安危之萌應於外也。"皆是其證。簡文"鬼生於人,奚故神萌"意思是説:鬼由人所生,神是因何産生的呢?這樣理解語句暢通,而且符合全篇的思想,應無挂礙。

附帶一提,不少研究者認爲,在中國古代社會,"鬼"與"神"的概念并没有嚴格的界限,魯迅、錢鍾書等先生就持此觀點。如錢先生曾説:

> 至尋常筆舌,漢以前固通而不拒,賅而無辨。天歟、神歟、鬼歟、怪歟,皆非人非物,亦顯亦幽之異屬,初民視此等爲同質一體,悚懼戒避之未遑。積時遞變,由渾之畫,於是漸分位之尊卑焉,判性之善惡焉,神别於鬼。天神别於地祇,人之鬼别於物之妖,惡鬼邪鬼尤溝而外之於善神正神……後世仰"天"彌高,賤"鬼"貴神,初民原等物齊觀;古籍以"鬼"、"神"、"鬼神"渾用而無區别,猶逸風未沫、委蜕尚留乎?不啻示後人以僕矣。①

錢先生認爲鬼、神截然分别是漢以後的事,事實恐不盡然。古代"鬼神"連用時"鬼"和"神"的概念常常相混,但很多時候是有區别的。《説文·鬼部》:"人所歸爲鬼。"《爾雅·釋訓》:"鬼之爲言歸也。"郭璞注:"《尸子》曰:'古者謂死人爲歸人。'"《禮記·祭法》:"大凡生於天地之間者皆曰命,其萬物死皆曰折,人死曰鬼,此五代之所不變也。"《禮記·祭義》:"衆生必死,死必歸土,此之謂鬼。"蓋"鬼"指人死後的魂魄,又指祖先或萬物之精怪。《説文·示部》:"神,天神,引出萬物者也。"《周禮·春官·大司樂》:"乃奏黄鍾,歌大吕,舞《雲門》,以祀天神。"鄭玄注:"天神,謂五帝及日月星辰也。"可見"神"大多指天帝以及自然之神。晁福林先生曾對春秋戰國時期的鬼神觀念做過研究,他認爲:"鬼神之事雖然從很早的古代已經存在,但是以'鬼'、'神'二字進行概括,正式引出鬼神的概念,則是春秋時期的事情。"又説:"'神'的辭義的確定乃是西周後期的事情。"②春秋時期鬼神兩字連用,既包括人鬼,也包括天神,但這并不是説鬼、神之間并無區别。晁先生總結道:"春秋時期,鬼神雖然常常連用,但是在許多情況下,兩者還存在着一定差别。鬼與神的差别,大而言之,鬼多指先祖;神則多指天神,亦包括山川神靈在内。另外,與神的地位相比,則是神高而鬼稍低。就品格看,神只是主

---

① 錢鍾書:《管錐編》卷一,中華書局1979年,第183—184頁。

② 晁福林:《春秋時期的鬼神觀念及其社會影響》,《歷史研究》1995年第5期,第20—21頁。

持公道、賞善罰惡的正義的化身,但鬼則有好有壞,有良善之鬼,亦有厲鬼。"①

晁先生此説頗爲公允。根據出土材料和傳世古籍的記載來看,"鬼"和"神"對言的時候,含義大多是有差别的。簡文"鬼生於人,奚故神萌",不僅"鬼""神"對言,而且簡文作者在認識到"鬼生於人"的情況下,對神的來源予以發問,可見在作者的認知裏,鬼、神是兩個不同的概念。至於這種觀念有何思想淵源,值得進一步研究。

三

上博八《蘭賦》簡 2 有句云:

備修庶戒,旁時焉作。緩哉蘭兮,□□摇落而猶不失厥芳。

"緩"字整理者如字讀,謂其義爲舒緩、和緩。② 單育辰先生認爲"緩"應該讀爲"遠",謂:"'緩'、'遠'皆匣紐元部,從袁從爰之字在典籍中亦常相通,簡文中'遠'指蘭香氣所傳達之遠。"③曹方向先生認爲"緩"可讀爲"選","選"即今言"出衆"。④ 徐在國先生從整理者讀爲"緩",取其義爲舒緩、和緩。⑤ 俞紹宏先生認爲"緩"可訓爲"綽"。⑥

按,以上諸説中,唯俞紹宏先生之説可信,惜俞先生論證不詳,也未指出其他諸説之不足,故在此稍作補充。

簡文"緩哉蘭兮",很明顯"緩"是修飾"蘭"的,"緩"若如字讀,義爲舒緩、和緩,簡文句義就是"舒緩、和緩啊蘭草",文義不暢。且古書"緩"字多修飾歌聲等,難見修飾植物花草的,可見此説應不成立。將"緩"讀爲"遠",語音上不存在困難,但此句描寫的是蘭而非蘭之香,因此認爲"遠"指"蘭香氣所傳達之遠",恐有增字解經之嫌。將"緩"讀爲"選",語音上亦可通,但此篇簡 1 有"選"字,此處爲何不直接用"選",而是用"緩"來表示"選"呢,此其一。其二,曹先生認爲"選"即今言"出衆",所用證據是《詩經·齊風·猗嗟》"舞則選兮",鄭箋:"選者,謂於倫等最上。"朱熹注:"選,異於衆也。"

---

① 晁福林:《春秋時期的鬼神觀念及其社會影響》第 25 頁。

② 馬承源主編:《上海博物館藏戰國楚竹書(八)》,上海古籍出版社 2011 年,第 256 頁。

③ 單育辰:《占畢隨録之十五》,復旦大學出土文獻與古文字研究中心網 2011 年 7 月 22 日,http://www.fdgwz.org.cn/Web/Show/1606。

④ 曹方向:《讀上博楚簡第八册瑣記》,簡帛網 2011 年 8 月 22 日,http://www.bsm.org.cn/?Chujian/7528.html。

⑤ 徐在國:《上博楚簡文字聲系(一~八)》,安徽大學出版社 2013 年,第 2871 頁。

⑥ 俞紹宏:《上海博物館藏楚簡校注》第 521 頁。

但毛傳對"選"的解釋是"選，齊"，和鄭箋不同，且現在通行的《漢語大字典》《漢語大詞典》等工具書下"選"字條下引用"舞則選兮"時，采用的都是毛傳。可見，"選"訓"出衆"也并非無懈可擊。

"緩"可如字讀，訓爲"綽"。古"緩""綽"互訓，《説文·素部》："䌸，䊽也。緩，䌸或省。"《説文·素部》："䊽，緩也。綽，䊽或省。"《玉篇·糸部》："綽，寬也，緩也。"《集韻·阮韻》："緩，寬綽也。"《詩經·衛風·淇澳》："寬兮綽兮，倚重較兮。"毛傳："綽，緩也。"《爾雅·釋訓》："綽綽爰爰，緩也。"《漢書·禮樂志》："杳杳冥冥，克綽永福。"顏師古注："綽，緩也。"皆是其證。"綽"有婉約美好之義，《楚辭·大招》："滂心綽態，姣麗施只。"朱熹集注："綽，綽約也。"《詩經·衛風·淇澳》："寬兮綽兮，倚重較兮。"王先謙《詩三家義集疏》引韓詩："綽，柔貌也。"《莊子·逍遥游》："肌膚若冰雪，綽約若處子。"成玄英疏："綽約，柔弱也。"簡文"緩哉蘭兮"即"綽哉蘭兮"，意即婉約美好的蘭啊！此既感慨、讚美蘭之體貌，亦頌揚蘭之品格，與簡文全篇相呼應。

四

上博八《蘭賦》簡4—5有句云：

風汗之不罔天道其越也。

"天"字原作""，整理者釋爲"天"，將此句讀爲"天道其越也"，謂"天道"爲自然界的變化規律，訓"越"爲逾越，義爲超出某種規定或範圍。[①] 讀書會也讀爲"天道其越也"，未作説明。[②]

按，整理者所謂"天"字寫作""，同篇中除此處外没有其他"天"字可資對比，但楚簡中"天""而"二字形近相混不乏其例，[③]因此，此字究竟應該釋爲"天"還是"而"還需從句義上入手。整理者將此句讀爲"天道其越也"，依其解釋，"天道"爲自然界的變化規律，"越"爲逾越，句義就是"自然界的變化規律其逾越"，這樣的句法結構應該是不存在的。退一步説，即使句法没有問題，"逾越自然界的變化規律"這樣的語義，置於此處扞格難通。故整理者之説難以令人信服，此句釋讀還需研究。

---

① 馬承源主編：《上海博物館藏戰國楚竹書(八)》第264頁。

② 復旦吉大古文字專業研究生聯合讀書會：《上博八〈蘭賦〉校讀》，復旦大學出土文獻與古文字研究中心網2011年7月17日，http://www.fdgwz.org.cn/Web/Show/1597。

③ 張峰：《楚文字訛書研究》，上海古籍出版社2016年，第344—372頁。

我們認爲“[illegible]”應釋爲“而”,“[illegible]道其越也”應讀爲“而道其越也”。前已指出“天”“而”字形有相混的現象,故將此字釋爲“而”也是可以的。不過,最有力的證據是將此字釋爲“而”能够很好地疏通句義。“而”此處用爲表順承結構的順承連詞,所謂順承連詞,是指:“主要表示前後兩項的順接關係,包括時間上的先後順承,動作與目的、結果的關係,狀語與謂語的關係等。”①“而”字連接“風旱其不罔”和“道其越也”兩項,“道其越也”是“風旱其不罔”的結果,可見“而”字連接的前後兩項是因果關係,這種用法的“而”本篇中還有一例,即“芳馨謐迡而達聞于四方”。“越”字,整理者解釋爲逾越,不可通。“越”可訓爲“揚”,義爲“宣揚、發揚”。《爾雅·釋言》:“越,揚也。”郭璞注:“謂激揚。”《淮南子·俶真訓》:“暴行越智於天下,以招號名聲於世。”高誘注:“越,揚也。”《禮記·聘義》:“叩之,其聲清越以長,其終詘然,樂也。”鄭玄注:“越,猶揚也。”王引之述聞:“揚、越一聲之轉……激揚之轉爲激越,清揚之轉爲清越。”②簡文“風旱之不罔而道其越也”,意即大風乾旱不會傷害蘭,而蘭的品格得到發揚。此句意在讚美蘭高尚的品格,與上文“信蘭其邁也”照應,文氣一貫,語義暢通無阻。

① 楊伯峻、何樂士:《古漢語語法及其發展》,語文出版社 2001 年,第 463 頁。

② (清)王引之:《經義述聞·爾雅中》“越揚也”條,上海古籍出版社 2016 年,第 1643 頁。

清華簡《厚父》篇所謂“乎”字考

——兼論平、乎、兮一系字的釋讀

成富磊

摘　要： 清華簡《厚父》篇整理本有“少命咎陶下爲之卿事”一句，其中“少”字，簡文作 。諸家多有説解而皆有疑問。問題的根源在於現有文字學研究對“平”“乎”及“兮”一系字多有誤解。這一誤解最早源於羅振玉，今人延續之而不察。通過字形排比，我們廓清此數字的源流。清華簡此字應隸爲“平”。《爾雅・釋詁》：“俾、拼、抨，使也。”郭注：“皆謂使令。”“平命咎陶下爲之卿事”，意即“使令臯陶下爲之卿事”。此句反映了上古三代充滿神性意味的君臣關係。

關鍵詞： 平令　上帝　天人關係

清華簡《厚父》篇簡文開始部分有以下文句，整理者作如下讀：

> 啓惟后，帝亦弗孥（鞏）啓之經德，少命咎陶下爲之卿事。

其中“少”字，簡文作  。整理者謂：“少，不久。《孟子・萬章上》：‘始舍之，圉圉焉，少則洋洋焉，攸然而逝。’”[1]此後馬楠先生給出補釋認爲“少”字應上讀，“‘孥’字應讀爲‘邛’或‘恐’，《小旻》‘我視謀猶，亦孔之邛’，《巧言》‘匪其止共，維王之邛’，毛傳鄭箋皆云‘病也’，句謂帝亦不以啓德行不足爲病，命臯陶下爲之卿士”。顯然，這一意思也是不順暢的。

從字形上説，不少研究者已經指出此字與“少”字常見寫法（如《厚父》簡 9 和

① 清華大學出土文獻研究與保護中心編，李學勤主編：《清華大學藏戰國竹簡（伍）》下册，中西書局 2015 年，第 111 頁。

《湯丘》簡1 [illegible]等)不同。陳偉先生認爲:"疑應釋'乎',讀'呼'。《儀禮·特牲饋食禮》:'凡祝呼佐食,許諾。'鄭玄注:'呼,猶命也。'"[①]依照古文字現有認識而言,將此字形與"乎"字相聯繫是很自然的。但其中仍有問題,楊澤生先生即注意到:"從字形來看,此處少字確與常見的寫法大爲不同,而與'乎'字甲骨文[illegible]、[illegible]和金文[illegible]、[illegible]等寫法接近。但是從戰國文字的用字習慣來看,'乎'多寫作從'虍'或'虎'之形。"[②]這是字形轉隸爲"乎"面臨的困難。

楊先生提出的用字現象值得重視。事實上學者亦久已注意到這一問題。《戰國時代各系文字間的用字差異現象研究》對表{乎}的用字問題分區系總結到:"張家山漢簡、馬王堆帛書多用'虖'表示{乎},當反映了秦文字的特點。楚文字多用'□(虎)'表示{乎},見郭店簡、上博簡。石經古文'嗚乎'之'乎'作'虖'。《古文四聲韻》引《古孝經》'乎'作'虖'。郭店簡《唐虞之道》《語叢》一和三等均用'虖'爲{乎}。用'虖'爲{乎}當反映了齊文字的特點。晉文字用'虖'表示{乎},見侯馬盟書、中山王鼎、中山王方壺。"[③]

不惟如是,作爲一個常見詞,{乎}在更早的金文中也常作(如果説不是皆作的話)从"虍"之形。這提示我們考慮另一種可能,即諸家隐含的認同甲骨文[illegible]、[illegible]與金文[illegible]、[illegible]等形舊釋作"乎"字這一點是否真的確定無疑。翻檢所及,最早做出這一字形關聯的是羅振玉。羅氏於《殷墟書契考釋》(1915年)始將卜辭[illegible]、[illegible]等形與《説文》"[illegible](乎)"字相關聯,謂"乎"字"古金文作[illegible]、[illegible]"。[④] 此後這一意見獲得廣泛認同,但細究起來却并非無可置疑:1. 羅氏此説并没有給出理由,所以它只能算是一個文字學上有待論證的假説;2. 一般來説,將《説文》某字小篆字形與甲金文字源流正確關聯之後,其造字本義可以獲得更進一步的新認識,然而"乎"字却没有。[⑤] 這也是很不尋常的。

---

① 鄭注乃先秦兩漢古注孤例,且字形作"呼"而非"乎",實與所謂"乎"字無關,詳後。

② 據此,楊先生認爲此字還是應從整理者意見隸作"少",屬上讀作"經德少",意見與馬楠類似。楊澤生:《談清華簡〈厚父〉篇比較特殊的斜畫飾筆》,復旦大學出土文獻與古文字研究中心編:《"戰國文字研究的回顧與展望"國際學術研討會論文集》,中西書局2015年,第335頁。

③ 周波:《戰國時代各系文字間的用字差異現象研究》,博士學位論文,復旦大學2008年,第67頁。

④ 羅振玉:《殷虛文字類編》(第3卷),藝文印書館1971年,第5頁;張雁:《殷墟卜辭"乎"字的構形分析》,《語文研究》2001年第2期。

⑤ 諸家或依《説文》以語氣爲説,可參周法高主編《金文詁林》(香港中文大學1975年,第3032頁),或如《金文形義通解》徑謂"'乎'之形意,尚待考證"(張世超等:《金文形義通解》,中文出版社1996年,第1147頁)。至於連劭名先生謂"甲骨文中'乎'原作'㞷',字從臼從用從土,是一個會意字"(連劭名:《殷墟卜辭中的"乎"》,《文物春秋》2003年第5期)則誤,此字應爲"壅"土之壅。

一、談"乎"説"平"

舊釋所謂"乎"字有如下數形：

A：(00142)、(26898)[①]、(井鼎・西周早中期・05.2720)、(豆閉簋・西周中期・08.4276)[②]

B：(師酉簋・西周中期・08.4289.1)、(虎簋蓋・西周中期・考古與文物 97.3)、(元年師史簋・西周晚期・08.4282.1)

C：(《説文》小篆)

D：(馬王堆帛書 老子甲本 108)、(馬王堆帛書 縱横家書 25)、(銀雀山漢簡)、(定縣竹簡 10)、(居延簡甲 713)[③]

其中 AB 兩形爲同字，CD 兩形是同字是没有問題的；但是將二者關聯起來尚有不小的距離，尤其是 CD 兩形的起首一筆。《字源》列出了"乎"字字形演變序列：

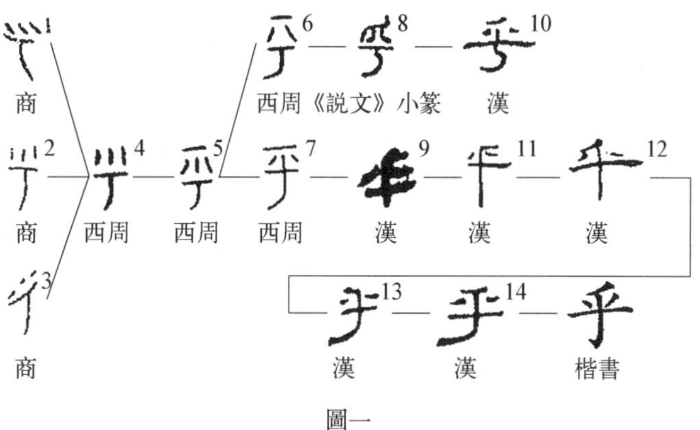

圖一

分析此圖所列所謂"乎"字演變路徑，也是同樣的問題，[④]以《説文》小篆之形爲界，明顯可以分作前後兩段。此前最上一筆作平横或缺（從字形演變源流看，此起首一横

① 李宗焜：《甲骨文字編（下册）》，中華書局 2012 年，第 1355 頁。

② 董蓮池：《新金文編》，作家出版社 2011 年，第 557 頁。

③ 漢語大字典字形組、徐無聞編：《秦漢魏晋篆隸字形表》，中華書局 2019 年，第 313 頁。

④ 季旭昇《説文新證》（福建人民出版社 2010 年）第 401 頁所列與之略同。

當爲後加飾筆),此後第一筆則皆爲斜撇。這一斜撇非常重要,因爲此後所有“乎”字皆有這一筆。《説文》分析“乎”字篆形謂:“从兮,象聲上越揚之形也。”段注:“謂首筆也。象聲氣上升越揚之狀。”①就是着重分析這斜出的第一筆——雖然它的分析是錯誤的(詳後)。

我們認爲AB兩形實爲“平”,更準確地説是“平”字在商周時期的寫法。檢《字源》所列現有研究對“平”字字形的一般認識:

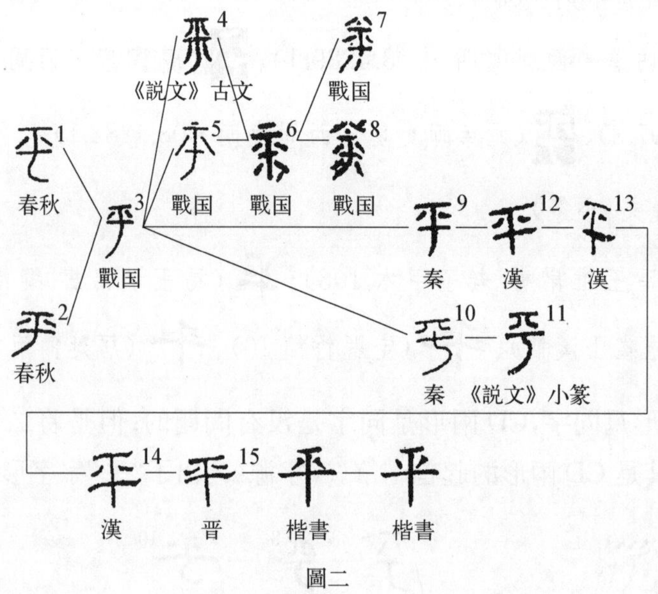

圖二

撰寫者金國泰先生云:“字形結構不明。今見‘平’字最早的字形在春秋時期,其基本形式近於西周中晚期‘乎’字寫作 的形式。”②也是意識到了商周文字AB兩形與春秋以來“平”字字形的關聯——甚至兩系字時代銜接也是如此密合,只是由於對舊釋“乎”字的意見過於堅信而不敢完成這一非常合理的字形係聯。

出土文獻中發現的春秋以降確切無疑的“平”字有很多,稍作分析即知其與商周“平”字AB兩形的沿襲之迹:

E: (春秋晚期·鄘叔之仲子平鐘)、 (春秋晚期·鄘叔之仲子平鐘)、 (春秋晚期·秦景公石磬)、 (戰國晚期·四十年上郡守起戈3)

① (清)段玉裁:《説文解字注》,上海古籍出版社1981年,第204頁。

② 李學勤主編:《字源》,天津古籍出版社2012年,第424頁。

F：[glyph]（戰國早期・平阿造戈）、[glyph]（戰國時期・平陸戈）、[glyph]（戰國時期・陰平劍）

G：[glyph]（戰國早期・郭店老子丙 4）、[glyph]（包山 203）、[glyph]（春秋時期・高坪戈）、[glyph]（戰國時期・平陰戟）

H：[glyph]（春秋時期・侯盟 156：1242）、[glyph]（春秋時期・侯盟 3：63）

I：[glyph]（里耶秦簡 8－1031）、[glyph]（居延圖 307225.42）、[glyph]（居延圖 389273.21）、[glyph]（CH.19662）①

J：[glyph]（泰山刻石）、[glyph]（會稽刻石）、[glyph]（平陽銅權）②、[glyph]（曾侯乙墓 67）③

K：[glyph]（碑 10）、[glyph]（碑 10）④

其中 E 形爲春秋戰國金石文字，是比較標準的"平"字形態。其中前兩例同出鄘叔之仲子平鐘，一例下部[glyph]形未與上部連爲一筆，一例相連，正是"平"字從春秋之前上下兩部分本作不相連過渡到春秋之後多作相連寫法的佳證。

F、G 兩形則爲戰國時期增加繁飾之後的寫法。先來看 F 形，《説文》"平"字頭存古文"平"形作[glyph]。考《尚書・君奭》"天壽平格"之"平"，三體石經對應作[glyph]，正與此形同。何琳儀先生《戰國古文字典》指出，三體石經作[glyph]者，與戰國齊系文字"平"字作[glyph]、[glyph]、[glyph]、[glyph]諸形"吻合無間"。⑤ 可知《説文》"古文"對此字的歸類是正確的。惟何先生以爲"平"字齊系諸形乃於金文"加四斜筆者"，失。張富海已經指出，此形實乃僅於下部加二斜筆，⑥是。G 形乃於字形中加一土旁，多見於楚文字，各類文字編已

① ［日］二瀨西惠：《木簡字典》，（日本）木耳社 2004 年，第 262 頁。"平"字條。

② H 形字均見王輝：《秦文字編》，中華書局 2015 年，第 760 頁。

③ 《曾侯乙墓竹簡文字編》"坪"字，第 32 頁（張光裕、滕壬生、黄錫全主編：《曾侯乙墓竹簡文字編》，藝文印書館 1997 年》）。又黄賓虹《陶壐文字合證》收古陶文有"[glyph]"字，亦同秦"書同文"後小篆字形，見徐古甫、王延林：《古陶字彙》，上海書店 1994 年，第 181 頁。

④ 代威：《漢代篆文編》，碩士學位論文，吉林大學 2013 年，第 112 頁。

⑤ 何琳儀：《戰國古文字典：戰國文字聲系》，中華書局 1998 年，第 829 頁。

⑥ 張富海：《漢人所謂古文之研究》，綫裝書局 2007 年，第 88 頁。

經正確指出,"楚之'平'字皆作'坪'",①只是需要補充説明的是,這一字形在戰國其他區系文字中亦有見。

H形侯馬盟書用例系今天所見最早的毛筆書寫的"平"形,值得特别注意。其上部一横筆筆勢清楚明白,自左至右取平勢書寫,且位於整個字形的中部不偏倚。這些特點爲I形的"平"字隸書寫法所繼承。

J形(尤其前三例)爲標準的秦小篆字形,也就是《説文》卷五上"平"所收之  字字形。值得注意的是,此三形皆爲秦始皇統一六國之後官方用字,而從現有古文字材料看,其他秦系文字及漢代篆書(K形)多不作此形,所以《説文》所收"平"字字形應爲李斯規範小篆後的字形。J形中曾侯乙墓一例則表明,此形寫法并非秦人或李斯所創,乃至少是戰國以來就有的形體。

今天古文字材料豐富異常,"平"字字形演變源流是清楚的。《説文》所收" "形放入這一序列也是毫無捍格。《説文》"乎"字作  形,與"平"字  形相近易混。羅振玉没有看到這麽多材料,使得他做出了錯誤的判斷。後人不察,延續了這一看法。

將甲骨文 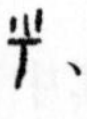 、 與金文 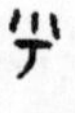 、  等字形作出文字學上的重新繫聯之後,不能不談到它們在甲骨金文中的用法。衆所周知,此字極爲常見,而最常見的就是所謂"王平某命某"句式,如豆閉簋:"王 内史册命豆閉。"長期以來,此類句式中  字被隸作"乎"訓爲"令",幾成金文習語。然而細究這一考釋意見的兩層意思其實都不堅實。一層是將" "字隸作"乎",這是基於羅振玉以來未經論證的意見,上文已通過排比古文字字形初步論定其不可信;另一層就是將此句中隸定的"乎"訓爲"命",這一釋義所依賴的典籍詁訓其實只有一例,就是《儀禮·特牲饋食禮》"凡祝呼佐食,許諾"一句的鄭玄注:"呼,猶命也。"且不説鄭注此處乃隨文釋義不足爲訓,單純從文字學角度而言,如果説非要將《儀禮》此處的"呼"字對應《説文》系統字形的話,嚴格來説對應的也是招呼之"評"而非"乎"。②

當然,由於此句過於習用,進行這一改隸必須還要找到更爲切實的證據。很幸運,清華簡第八册《攝命》末尾有"王乎(呼)作册任册命伯攝"一語,無疑即是金文中"王 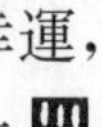 某"句式,其中所謂"乎"字字形作 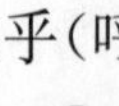 ,實是標標準準的"平"(反過來説,如果我們承認此字從舊讀爲"乎",那麽就是現有出土戰國文獻中確知的唯一一例不从"虍"的"乎",這其

① 滕壬生:《楚系簡帛文字編(增訂本)》,湖北教育出版社1995年,第480頁。

② 陳樹先生追溯今文《尚書》使令動詞"伻"的來源問題,已經發覺應該上係甲骨金文舊釋所謂"乎"的字形。然仍過於相信舊説"乎"的"使令"義,得出"今文《尚書》'伻'應是由甲、金文使令動詞'乎'訛變而來"的結論。陳樹:《論今文〈尚書〉使令動詞"伻"的來源及相關問題》,《語言研究》2018年第2期。

實是相當可疑的)。前面列舉"平"字的 H 型侯馬盟書字用例與此形可謂完全一致。[①] G形中包山簡用例""形,去除"土"旁之後的形體亦與《攝命》篇此處字形相合。此例可爲金文"王某"句式中字作"平"的確證。至於其釋義,我們後面再討論。

此外,傳世文獻還有"伻"字。《尚書·洛誥》有"伻來以圖及獻卜""伻來毖殷""伻來來"等用例,查考甲骨文亦有"來"一語,《甲骨文詞譜》:

(42) 呼來

〈集 4444〉　　貞:不其乎來?

〈集 4841〉正　　貞:鼓乎來?

〈集 7076〉　　己巳卜·争:隻乎來?

5·462

此數處舊皆隸"乎",誤。改隸爲"平"之後,"平來"當即《洛誥》的"伻來"。亦可爲甲骨文形當隸爲"平"字的一個旁證。[②]

明晰"平"字這一源流之後,可知"平"字字形上部的一横或兩横都是後世所加,這種現象古文字常見。回過頭來再看本文開頭所論《厚父》篇字,其實就是保留了較多古意的"平"字寫法,而其"(帝)平命皋陶下爲之卿事"一句,亦與"王平某册命某"句式相類。

---

① 趙平安先生認爲《厚父》篇字迹有"晋系文字特徵",我們考訂《厚父》篇字亦近晋系寫法,可爲趙説加一證據。此處顯示《攝命》篇用字同樣具有"晋系文字特徵"。趙平安:《談談戰國文字中值得注意的一些現象——以清華簡〈厚父〉爲例》,《出土文獻與古文字研究》第6輯,上海古籍出版社2015年,第305頁。

② 本文投稿之後,王森先生論文《甲骨文、金文所謂"乎"字當釋爲"平"字》正式刊發,檢討現有對"王乎某"句式的主流看法,指出"釋'乎'并不可靠,而應當釋爲'平'",與本文尤其是此節的主體論述不謀而合。此處感謝匿名評審專家的提示。拜讀之下,感覺王文與拙作相互參正、互補之處甚多而寫作路徑判然有别。相對來説,王先生論文偏重從多方材料發掘論證吴汝綸説法的正確性,拙作則側重從字形演變區分"平"與"乎",由此,二文相關看法也不盡相同。故我們此處一仍其舊刊出,供讀者參看。二文的暗合,希望引起學界對這一問題的更爲全面的清理與檢討。參王森:《甲骨文、金文所謂"乎"字當釋爲"平"字》,《語言科學》2021年第3期。

由於牽涉發表紀律,在此請允許筆者對小文的寫作過程略作交代。本文最初想法係我們於2017年底研讀《厚父》篇時形成。初稿寫成後,於2018年1月起開始郵件呈送師友指正,後於2018年4月提交復旦大學哲學學院舉辦的"第二屆博士後論壇"討論并收入會議論文集,再於2018年9月作爲博後出站報告的一部分通過答辯。期間無從得知王森先生看法。

二、"乎"與"兮"

當然,以上所論僅是單純從"平"字字形演變得出的考釋。將商周文字、、諸形與圖 1《説文》小篆以來"乎"字徹底剥離的另一層關鍵,在於明確"乎"字源流尤其是小篆字形以來起首一斜筆的真正來源。關於"乎"字,有一點事實上一直没有得到充分的重視,即帶有關鍵的一斜撇的形體遲至戰國文字都没有單獨出現過。《戰國時代各系文字間的用字差異現象研究》總結的戰國出土文獻绝大多數皆用(事實上應該是全部)"虖"或"□"代替"乎","虖""□"之形很可能蘊含所謂"乎"字的真正源頭。

其中"虖"形尤其值得重視,古人亦早即從典籍用字注意到:"'乎',古從'虍'。"[①]"虖"字顯然是一個形聲字。按照古文字發展的一般規律,表聲的"虍"旁應是後加聲符,那麽另一部分很可能是其表意初文。檢《金文編》收"虖"字諸形,[②]略作分類如下:

a:(何尊,句例爲"烏虖")、(吊趯父卣)、(班簋)、(效卣)

b:(沈子它簋)

c:(寡子卣)、(毛公鼎)、(禹鼎)

其中 a 形當是"虖"字較早的形態。保留於"虖"字中的"乎"這一部件的初文非常明晰,作、,像某開口向上之物(可推測此字大約是像中空之物,人或者風吹氣就發出"虖虖"的聲音。如果取義爲人吹,那麽早期文字大概會有加口的寫法;如果是風則無)。後叠加聲符"虍",遂作"虖"形。

對於"虖"字後世演變而言,更爲關鍵的是 b、c 兩形。叠加聲符"虍"與"乎"字初文發生粘連關係。衆所周知,"虍"旁从"虎"省,主要粘連情况發生在"虍"字下部像虎軀幹的部分與張大口的結合。有意思的是,這一結合又有兩種情况。[③] 一個是沈子它簋的字形,即"虍"形軀幹主體部分作一筆,進入張開的口形正中,并逐漸貫通成一竪筆。這個

① 丁度等编:《集韻·模韻》卷 2,影宋抄本,上海古籍出版社 1983 年,第 9 頁。又如《説文·兮部》朱駿聲《通訓定聲》:"乎,《史記》多以'虖'爲之。"《春秋左傳異文釋》:"《漢書》凡'乎'字皆作'虖'。"

② 容庚編著:《金文編》,中華書局 1985 年,第 333 頁。

③ 劉釗先生已經注意到虖字字形的這一演變情况:"後虍字中間一竪筆下垂穿透筆畫作''''''',字下部遂變得與'乎'字接近,後便訛爲從'乎'得聲。"惜乎并未進一步細分這一"粘連"情况的二系。參劉釗:《古文字構形學(修訂本)》,福建人民出版社 2011 年。

“虍”形軀幹部分作一筆的字形，是從 a 形的班簋、效卣一系延續而來。另一個是寡子卣、毛公鼎跟禹鼎的情況，“虍”形下部作分叉的兩筆（像虎軀幹及虎尾，這是延續自 a 形的何尊的“虍”），與下開口形粘連，其中一個分叉與沈子它簋一樣下貫爲一筆；另一分叉則保留了傾斜的筆勢。[1] 而這一筆，也就是後來小篆“乎”字起首斜筆所自出。

也就是説，後一種粘連上兩筆分叉的形又被重新切割出、之形（按：此爲筆者今切自寡子卣與毛公鼎之形）代替“虖”，成爲後世表{乎}的字所用形體。由於是發生粘連之後的切割，所以老虎尾巴也一并被切走。這一形體也就是前舉出土文獻中發現的隸書 D 形字，起首一筆明顯不平，偏向一邊。

至此可以討論《説文》所收“乎”字標準型的相關問題了。前已言及，至戰國出土文獻中尚未出現“乎”形，[2]事實上，翻檢各種文字編，秦文字也没有“”這一字形出現。現在發現最早的確定爲表{乎}的“乎”形爲馬王堆帛書老子甲本。關於此本，裘先生認爲“當抄寫於漢初高祖之世”。[3] 綜合來看，用重新截取出的“乎”形表{乎}，或即是隸書産生之初的結果，後來許慎據隸（D 形字）上推而確定了“篆書”形。[4]明晰這一過程之後，再來看《説文》分析“乎”字篆形謂：“从兮，象聲上越揚之形也。”段注：“謂首筆也。象聲氣上升越揚之狀。”[5]顯然是不正確的。

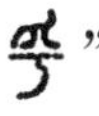

在“乎”形被截取出來之後，“虖”字後起的形聲字“虖”形本身亦得以留存，不過在小篆字形整飭化的過程中，粘連的一斜筆被分作兩筆，最終作形。

甲骨文亦有獨體字作、之形，今天通常（僅）被釋作“兮”字。[6] 據較早的《甲骨文字編》考古學專刊（乙種第 14 號）及《古文字詁林》所收，此字可分以下兩形：

Ⅰ：（甲 2542）、（甲 690）

① 不論粘連情況屬於以上兩種情況的哪一種，下張口形側面兩筆，都漸漸脱離初文主幹，訛變爲兩點。

② 《戰國楚系簡帛用字習慣研究》“乎”字條謂“楚簡帛介詞、語氣詞之{乎}的用字均以‘虎’爲聲。”（禤健聰：《戰國楚系簡帛用字習慣研究》，科學出版社 2017 年，第 139 頁）按：所謂“介詞、語氣詞之{乎}”，應該是考慮到舊釋“某乎某”句式的“乎”字的干擾。

③ 裘錫圭主編：《長沙馬王堆漢墓簡帛集成（肆）》，中華書局 2014 年，第 1 頁。

④ 《周禮·雞人》：“大祭祀，夜嘑旦以嘂百官。”《經典釋文》：“嘑，本又作呼。”孫詒讓《正義》曰：“‘嘑’正字，漢以後經典多假‘呼’爲之。”雖然所據正字依據是《説文》，但孫説所透露出的對“虖”系文字演變序列的看法是正確的。

⑤ （清）段玉裁：《説文解字注》，上海古籍出版社 1981 年，第 204 頁。

⑥ 此形爲“兮”字初文無可置疑，如甲骨文有“郭至昏不雨?”，其中字即“兮”字，可讀爲曦，“郭曦”爲記時名詞，相當於初昏與夕時。

Ⅱ：（乙 533）、（鐵 5-1）、（甲 2384）[1]

其中Ⅰ形爲標準的“乎”字所從，説明“兮”“乎”確實爲一字分化。至於Ⅱ形，則應既非“兮”亦非“乎”，李宗焜先生《甲骨文字編》與劉釗先生《新甲骨文編》“兮”字頭即只收Ⅰ形。我們傾向於認爲，Ⅱ形應歸爲“平”字初文形之或體，即字形上部小點的數量多少無别。

“兮”“乎”二字形音義三者皆緊密關聯，長期以來，學者多認爲二者本爲一字。[2]然而由於原“乎”字没有得到正確認識，致使學界對這一很合理的推斷頗顯猶疑。本文從字形源流上證明，二者的確本爲一字。它們表述的語詞後來出現分化，反映在文字上當是“虖”字的出現，即書寫者將形表“乎”的情況有意識的叠加“虍”形聲符之後。甲骨文未發現“虖”字而何尊已經有“虖”字（此例叠加聲符尚未發生粘連，至少是其較早寫法），據此而論，這一分化大概發生在商周之際。

三、“平” 字 音 義

“平”字的表意初文爲甲骨文形，此字下部从“丂”，象枝柯之形，上面是分散的小點表物。直至隸書，其最末一筆尚保留“丂”形下部傾斜的筆意（參前舉“平”字Ⅰ形所選字例）。此初文所會大概是“以丂形工具使零散物品齊整”之意。《詩·小雅·伐木》：“終和且平。”鄭箋：“平，齊等也。”即用的“平”字造字本義。

《説文·亏部》分析“平”字：“語平舒也。从亏，从八，八，分也。爰禮説。”與對“乎”“兮”二字的分析一樣皆牽合語氣爲説，誤。問題的根源在於“丂”字，《説文》認爲平、乎、兮三字皆輾轉从“丂”，而許慎認爲“丂”字像“氣欲舒出”，所以《説文》對這三個字的分析就都依“語氣”爲説。但“丂”形取象枝杈已經没有疑義，所以《説文》對“平”“乎”“兮”三字的分析也就無從談起。今天看來，三字造字本意都與“語氣”無關。《説文》對“平”字的整個分析唯一正確的是指出其从“丂”。

從“齊等”的本義出發，“平”字還引申出了另一常見義項。《詩》《書》文獻中有從“平”的一系字，散見於諸篇，文例如下：

---

① 中國科學院考古研究所編：《甲骨文字編》乙種，中華書局 1965 年，第 215 頁。

② 如何琳儀先生已據“乎”之舊釋字形指出“甲骨文‘兮’作，‘乎’作，本一字之分化（均屬匣紐）。”何琳儀：《戰國古文字典：戰國文字聲系》，中華書局 1998 年，第 829 頁。按：何先生認爲兮、乎爲一字分化，結論是正確的，只是所依據的“乎”字字形錯誤。

1.《堯典》:"**寅賓出日,平秩東作**。"《釋文》:"如字。馬作'苹',普耕反,云:'使也。'"

2.《立政》:**帝欽罰之,乃伻我有夏**,式商受命,奄甸萬姓。《釋文》:"伻,普耕反,徐敷耕反,又甫耕反。"

3.《洛誥》:"我又卜瀍水東,亦惟洛食,**伻來以圖,及獻卜**。"王拜手稽首曰:"公不敢不敬天之休,來相宅,其作周匹休。公既定宅,**伻來來**,視予卜休,恒吉,我二人共貞。公其以予萬億年敬天之休,拜手稽首誨言。"《釋文》:"伻,普耕反,徐敷耕反,又甫耕反。下同。"對於前一例,《漢書·劉向傳》引《書》曰:"伻來以圖。"孟康注:"伻,使也。使人以圖來示成王。"

4.《詩·桑柔》:"**荓云不逮**。"毛《傳》:"荓,使也。"《釋文》:"荓,字又作迸,音普耕反,徐補耕反,本或作拼,同。"

此數處从"平"的字記録的都是"普耕反"或"敷耕反"的音。《爾雅·釋詁》:"俾、拼、抨,使也。"郭注:"皆謂使令。"[①]正與以上數例中的詁訓同。[②] "平"字引申有"使"的義項是很自然的,因爲其本義"齊等"蘊含的意思其實就是"使某物齊等"。

前論金文中的"王平某"句式中的"平",即應援此處雅訓釋作"使",意思就是表述的王之"使令"。細究"王□某"句式中的□字舊説隸作"乎"訓爲"令",之所以具有相當的迷惑性,正在於其説較爲恰當地契合了□字在句中的位置與意思只能是表達王的"使令"。而我們的改釋意見較舊釋更爲直接,不必通過"乎"字的中介就可以達成這一點。

字書另有"甹"字,《廣韻》音滂母耕部,《説文》《玉篇》《廣韻》并釋曰:"甹,使也。"徐鍇《説文繫傳》:"甹,猶抨也。"朱駿聲《説文通訓定聲》:"甹,字亦作'伻'。"桂馥《説文義證》:"或借'荓'字。"説并是。[③] 應與訓"使"的"平"系字記録的是同一

① (清)阮元校刻:《爾雅注疏·釋詁下》,中華書局2009年,第5605頁。

② 鄧佩玲先生曾專文考辨"平"字,以爲文獻中訓"使"的"平"爲訛字,是我們不能同意的,這一系字用例如此之多且有雅訓明文,全部錯訛的幾率是很小的。見鄧佩玲:《談〈尚書〉所見"平"、"伻"二字》,復旦大學出土文獻與古文字研究中心編:《出土文獻與傳世典籍的詮釋》,中西書局2019年,第302頁。

③ 章太炎以爲"凡訓使之抨、伻(《説文》無)、荓、辯等字均甹之借",是過於信從《説文》正字的結果,其實此一係字的源頭皆"平"字。章太炎:《章太炎説文解字授課筆記》,中華書局2008年,第89頁。

個詞。①

這一古義漢人亦偶用。《漢書·揚雄傳》載揚雄《反離騷》辭曰:"抨雄鴆以作媒兮,何百離而曾不壹耦!"師古曰:"《離騷》云'吾令鴆爲媒兮,鴆告餘以不好,雄鴆之鳴逝兮,余猶惡其佻巧',故云百離不一耦也。抨,使也。耦,合也。'抨'音普耕反。"揚雄正是將《離騷》中的"令"替换作"抨",使得用語更爲高古。顔師古將其注音爲"普耕反"并訓爲"使",是很正確的。②

結　　語

至此,清華簡字的隸定及釋讀問題亦隨之解决。此字應隸爲"平"訓爲"使"無疑。"帝亦弗恐(鞏)啓之經德,平命咎陶下爲之卿事",意即"上帝不以啓之'經德'鞏固,'使令'皋陶下爲之卿事"。"經德"者,經營德義也。《左傳》:"二三子順天明,從君命,經德義,除詬恥,在此行也。"《正義》曰:"此'經德義'與《傳》:'經國家'、《詩序》:'經夫婦'皆意同也,'經'謂經紀營理之。"

考定簡文此字源流并明晰其釋義,不僅對於理解這一句有意義,事實上它可能成爲我們準確理解《厚父》篇的入口。在《尚書》"平"系字訓"使"的諸多用例中,有一種情况尤多,即與上帝之使令有關。《尚書·君奭》周公曰:"君奭,天壽平格,保乂有殷。"孫星衍已援雅訓將此"平"字釋爲"使",惜乎其未明"格"義。曾運乾:"'格',格人,格知天命者也。"③曾氏并以爲此句中"壽"與"迪"音近相通,甚是。則"天壽平格"意思即,天命由上帝使令之"格人"傳達。而《厚父》篇中的"平令",主語也是上帝。這不是偶然的。

上古三代之政治意識,對於賢臣常神視之。④《厚父》篇中皋陶的身份,從其屬人

① 此字字形來源可能與計量有關。此字右部所从爲"甹",多見於晋系文字,字形作,上从下从平,何琳儀先生以爲"從甹,平爲叠加聲符"(《古文異體關係整理與研究》意見同,第298頁),恐誤。黄盛璋先生分析爲"從從平,會意,表示用甾平定重量",我們認爲這一分析是正確的。黄先生分析司馬成公權"半石甾平石"一句謂:"甾是盛糧器,意思是用稱穀物的半石甾作爲標準來校正製作禾石權的重量。"所説是。見黄盛璋:《司馬成公權的國别、年代與衡制問題》,《中國歷史博物館館刊》1980年第2期。

② 由於"平"字舊隸爲"乎"讀爲"令",與其訓爲"使"意思很相近(這也是舊説迷惑人的地方),故而我們的改釋之後,絶大多數用例的語義并没有實質性改變,故不一一探討。

③ 曾運乾撰,黄曙輝點校:《尚書正讀》,華東師範大學出版社2011年,第242頁。

④ 參拙作:《先秦君臣遇合的神學政治探源——也説〈清華簡〉"惟尹允及湯咸有一德"》,《古代文明》2019年第3期。

的一面説是輔佐夏啓的賢臣，從其屬神的一面説則即《詩》《書》中反復出現的受上帝使令之“格人”。由此而論，《厚父》篇的“平令臯陶”與《君奭》篇的“平格”，從句式到思想内涵可謂完全一致。關於《厚父》一篇所具有的這一層思想史意義，俟諸另文。

清華簡《病方》"菩濜(煮)之以西(酒)"條簡文試解*

李　麗

摘　要：清華簡(拾)於 2020 年 10 月正式發布，其中《病方》載有三種病方，本文着重對簡 2"菩濜(煮)之以西(酒)，畬(飲)之，以瘻(瘥)勢"的内容進行探討，得出"菩"或當讀爲"苴"，爲中藥大麻子。

關鍵詞：清華簡　《病方》　菩勢

一、"菩"讀爲"酢""昔"可以商榷

2020 年 10 月，清華簡(拾)正式發布，共收録竹簡五種八篇，皆爲前所未見的佚文。其中，《病方》載病方三種，前兩種屬酒劑，末一種爲湯劑，是迄今所見抄成年代最早的方技類文獻，兹録於下：

> 簡 2—3：[illegible]瓠(瓠)濜(煮)以西(酒)，畬(飲)之，以瘻(瘥)肩、脊(背)疾。菩濜(煮)之以西(酒)，畬(飲)之，以瘻(瘥)勢。忍目濜(煮)以澡(澡)目疾，虘(且)以寬(緩)之。①

---

* 項目來源：廣東省哲學社會科學規劃冷門絶學研究專項"出土戰國秦漢涉醫文獻與中國早期醫學觀念研究"(GD21LMZZL01)、四川省社會科學重點研究基地(擴展)中國出土醫學文獻與文物研究中心項目"戰國秦漢簡帛涉醫文獻叠音詞研究"(CTWX2208)、國家社會科學基金重大項目"戰國文字研究大數據雲平臺建設"(21&ZD307)、國家社會科學基金重大項目"戰國文字詁林及數據庫建設"(17ZDA300)。

① 清華大學出土文獻研究與保護中心編，黄德寬主編：《清華大學藏戰國竹簡(拾)》，中西書局 2020 年，第 155 頁。

整理者認爲“[illegible]瓠”“菩”當爲植物類藥名,但不確定具體所指。前兩種病方文例相近,均是用酒煮某種藥物,飲服,分别治療肩背疾、愁疾;第三種病方是用水煮析蓂,洗眼睛,可以暫且緩解目疾。本文主要討論的是“菩濨(煮)之以酉(酒),酓(飲)之,以瘻(瘥)愁”的相關問題。

簡文中的“菩”字作[illegible]。[1] “菩”“愁”,整理者注:“菩,從艸,昔聲,當爲植物類藥名。一説讀爲‘酢’。愁,《説文》:‘悑也。’”“酢”,本義爲調味用的酸味液體,後俗作“醋”。《説文·酉部》:“酢,醶也。从酉,乍聲。”从昔得聲之字與从乍得聲之字相通之例習見,此不綴舉。

馬王堆簡帛醫籍中常見用醋的方劑,有外用方,亦有内服方,多作爲賦形劑,起到輔助作用。醋多用於治療外科病症,如痂、瘙疥、癰、疽、爛、狂犬傷人、癩、痔等,亦用於性保健,醋用於治療内科病症較少,如瘙病,未見其用於治療驚恐怖懼病症的記載。雖見用酒、醋混合煮其他藥之方,如《五十二病方·瘙病》202 行:“一,以醯、酉(酒)三乃(沥)煮黍稈而歙(飲)其汁,皆□□。”[2]但并未見僅用酒煮醋之方,傳世醫籍中亦未見之。

在傳世文獻中,“醋”作爲藥物,首見於《名醫别録·下品·醋》:“醋,味酸,温,無毒。主消癰腫,散水氣。殺邪毒。”[3]該書未載醋有治療驚恐懼怕等相關病症的功效,唐、宋的本草書中亦未見相關記載。故簡文中“菩”讀爲“酢”有待商榷。

袁開惠、趙懷舟先生認爲“菩”或可讀爲“昔”,應是傳世醫籍中的苔蘚類植物藥“昔邪”,即“烏韭”,爲石上或墻北陰所生青苔,可“酒漬服之”,主治“心悶”“心煩”“暴風口噤”。[4] 但上述主治與驚懼、害怕的“愁”疾有所不合,我們認爲“菩”讀爲“昔”恐不確。

二、“菩”或當讀爲“苴”

我們認爲,“菩”或當讀爲“苴”。首先,我們來分析“菩”字。“且”“昔”古音相近,均爲精組字,韻部魚、鐸對轉。从昔、从且得聲之字常相通,如“蘆”與“籍”通,清華簡(貳)《繫年》二十二章簡 119—120:“倝(韓)虔、(趙)蘆(籍)……伐齊=(齊,齊)與(越)成……”[5]又“藉”與

① 清華大學出土文獻研究與保護中心編,黄德寬主編:《清華大學藏戰國竹簡(拾)》第 103 頁。

② 裘錫圭主編:《長沙馬王堆漢墓簡帛集成(伍)》,中華書局 2014 年,第 251 頁。

③ (梁)陶弘景撰,尚志钧辑校:《名醫别録》,人民衛生出版社 1986 年,第 314 頁。

④ 袁開惠、趙懷舟:《讀〈清華大學藏戰國竹簡(拾)·病方〉札記》,“第四届古文字與出土文獻語言研究學術研討會暨出土文獻語言文字研究青年學者論壇”論文,東北師範大學文學院 2021 年。

⑤ 清華大學出土文獻研究與保護中心編,李學勤主編:《清華大學藏戰國竹簡(貳)》,中西書局 2011 年,第 192 頁。

"葙""耡"通,《周禮·春官·司巫》"及葙館",鄭玄注:"葙之言藉也。"《地官·鄉師》"共茅葙",鄭玄注:"鄭大夫讀葙爲藉。"《地官·遂人》"以興耡利甿",鄭玄注:"鄭大夫讀耡爲藉。"《地官·里宰》"合耦與耡",鄭玄注:"鄭司農云:'耡讀爲藉。'"又"蜡"與"蛆""狙"通,《説文·虫部》:"蜡,蠅胆也。《周禮》:'蜡氏掌除骴。'从虫,昔聲。"段玉裁注:"蠅生子爲蛆。蛆者俗字,胆者正字,蜡者古字。"《周禮·秋官·序官》"蜡氏下士四人",鄭玄注:"蜡,讀如狙司之狙。"

下面我們來分析"苴"的含義。《説文·艸部》:"苴,履中艸。从艸,且聲。"《玉篇》艸部:"苴,履中薦也。"其義爲鞋中草墊。苴又有大麻子之義。《詩·豳風·七月》:"九月叔苴,采荼薪樗,食我農夫。"毛傳:"叔,拾也。苴,麻子。"苴又可指結子的大麻。《左傳》襄公十七年:"晏嬰……苴絰。"杜預注:"苴,麻之有子者,取其麤也。"《禮記·内則》:"(女子)執麻枲……學女事以共衣服。"又大麻有實者名苴,無實者名枲。在出土文物中,即有大麻子,如馬王堆一號漢墓遣册簡151"麻穜(種)一石布囊一"(圖一),整理小組:"西邊箱麻袋中有大麻種子,當即簡文所記。"①

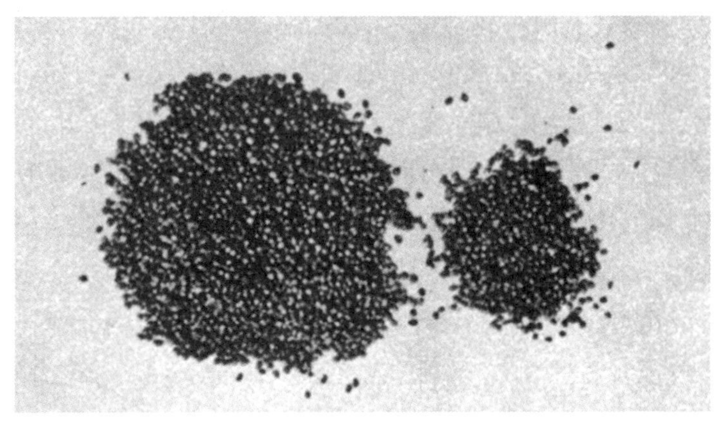

圖一 長沙馬王堆一號漢墓出土"麻籽"

大麻子作爲藥物,首見於約成書於東漢的本草著作《神農本草經·中品·麻蕡》:"麻子,味甘,平,無毒。主補中益氣。久服肥健,不老。生川谷。"②《名醫别録·上

① 湖南省博物館、中國科學院考古研究所:《長沙馬王堆一號漢墓》,文物出版社1973年,上册第142頁、下册第221頁。

② 馬繼興辑注:《神農本草經輯注》,人民衛生出版社2013年,第214頁。按,大麻子,又稱作"蕡"。《周禮·天官·籩人》:"朝事之籩,其實麷、蕡。"鄭玄注:"蕡,枲實也。"《禮記·内則》:"菽、麥、蕡、稻、黍、粱、秫,唯所欲。"鄭玄注:"蕡,熬枲實。"陸德明釋文:"蕡,字又作黂。大麻子。"在出土文獻中,雖見"蕡",如馬王堆一號和三號漢墓遣册、武威漢簡中均有"蕡",但"蕡"在簡文中均指香草,并非大麻子。參見范常喜:《讀〈長沙馬王堆漢墓簡帛集成〉札記二則》,《出土文獻研究》第17輯,中西書局2018年,第239—242頁。

品・麻子》："麻子，無毒。主治中風汗出，逐水，利小便，破積血，復血脈，乳婦産後餘疾。沐髮，長潤。"[①]後世醫書謂之麻子仁。

在傳世醫籍中，麻子仁因其有"破積血"的功效，故用於婦人産後有瘀血方中，如《備急千金要方・婦人方・恶露》："治産後血不去，麻子酒方。麻子五升擣，以酒一斗漬一宿，明旦去滓，温服一升，先食服；不瘥，夜服一升，不吐下。"[②]上方爲酒浸方，湯劑亦常見，如《千金翼方・婦人・月水不利》："治婦人産後風冷，留血不去，停結月水閉塞方。菴蕳子，桃仁（去皮尖雙仁，熬），麻子仁（碎，各二升），上三味，以酒三斗合煮至二斗。一服五合，日三服，稍加至一升，佳。"[③]麻子仁亦有"補中益氣"的功效，如《備急千金要方・肺臟方・肺虚實》："治肺氣不足，咳唾膿血，氣短不得卧，麻子湯方。麻子（一升），桂心、人參（各二兩），阿膠、紫菀（各一兩），生薑（三兩），乾地黄（四兩），桑皮（一斤），餳（各一斤），上九味㕮咀，以酒一斗五升、水一斗五升合煮取四升，分五服。"[④]麻子仁還具有"復血脈"的功效，如《傷寒論・辨太陽病脉證并治下》："傷寒脉結代，心動悸，炙甘草湯主之。甘草（四兩，炙），生薑（三兩，切），人參（二兩），生地黄（一斤），桂枝（三兩，去皮），阿膠（二兩），麥門冬（半升，去心），麻仁（半升），大棗（三十枚，擘），右九味，以清酒七升、水八升，先煮八味，取三升，去滓，内膠烊消盡，温服一升，日三服。一名復脉湯。"[⑤]在《千金翼方・補益・補五臟》中該方名"復脉湯"，主治略異，且未用酒煮："復脈湯：主虚勞不足，汗出而悶，脈結心悸，行動如常，不出百日危急者，二十一日死方。"[⑥]

麻子仁在傳世醫籍中用於酒劑習見，除以上所舉部分方劑，還有很多例證。如《外臺秘要・妊娠隨月數服藥及將息法》："又若曾傷五月胎者，當預服安中湯方。甘草（炙）、芍藥（各三兩），當歸、人參、乾地黄、芎藭（各二兩），五味子（五合），麥門冬（去心，一升），大麻仁（五合），生薑（六兩），大棗（三十五枚擘），黄芩（一兩），上十二味，切，以水七升，清酒五升，煮取三升半。分四服，日三夜一，七日復服一劑。"[⑦]

---

① （梁）陶弘景撰，尚志鈞輯校：《名醫别録》第 97 頁。

② （唐）孫思邈撰，李景榮等校釋：《備急千金要方校釋》，人民衛生出版社 2014 年，第 92 頁。

③ （唐）孫思邈撰，李景榮等校釋：《千金翼方校釋》，人民衛生出版社 2014 年，第 200 頁。

④ （唐）孫思邈撰，李景榮等校釋：《備急千金要方校釋》第 600 頁。

⑤ （漢）張仲景撰，劉渡舟校注：《傷寒論校注》，人民衛生出版社 2013 年，第 113 頁。

⑥ （唐）孫思邈撰，李景榮等校釋：《千金翼方校釋》第 387 頁。

⑦ （唐）王燾撰，王淑民校注：《外臺秘要方》，中國醫藥科技出版社 2011 年，第 593 頁。

三、"苴"可療"慹"疾

慹,義爲惶懼、害怕,見於《説文·心部》:"慹,悑也。从心,執聲。""悑,惶也。从心甫聲。怖,或从布聲。"朱駿聲:"慹,怖也,與慴、慑略同。"如《漢書·朱博傳》:"其盡力有效,必加厚賞;懷詐不稱,誅罰輒行。以是豪强慹服。"①

在傳世醫籍中未有用麻子仁治療驚恐怖惧病症的記載,但有用以治療心悸的方劑,如上文所舉"炙甘草湯(復脈湯)"。悸,義爲因害怕而心急速跳動,見於《説文·心部》:"悸,心動也。从心,季聲。"《漢書·酷吏傳·田延年》:"大將軍曰:'誠然。實勇士也!當發大議時,震動朝廷。'光因舉手自撫心曰:'使我至今病悸。'"顔師古注:"悸,心動也。"②由心驚而跳引申有驚恐、驚懼之義,如王逸《楚辭·九思·悼亂》》:"惶悸兮失氣,踊躍兮距跳。"王延壽注:"悸,懼也。"③而"心悸",指不因外部驚嚇而自心跳不寧之病證。

炙甘草湯(復脈湯)功效爲益氣滋陰、補血復脈,治療氣虚血弱、心脈失養之證。關於麻子仁在該方中的作用,歷代醫家均有注解,如《注解傷寒論·辨太陽病脉證并治下》:"麻仁、阿膠、麥門冬、地黄之甘,潤經益血,復脈通心也。"④《傷寒論條辨·辨太陽病脉證并治中篇》:"地黄、阿膠、麻仁,生血以寧動悸之心。"⑤則麻子仁在此方中的功效與《名醫别録》記載其可"復血脈"相合。

"悸"爲内心害怕而心跳急速,故而引申有驚懼之義,"慹"義爲畏懼,二者均有懼怕的含義。氣虚血弱之人,易患有驚恐懼怕的病症,會伴有心跳加速的症狀,如《諸病源候論·虚勞病諸候·虚勞驚悸候》:"心藏神而主血脈。虚勞損傷血脈,致令心氣不足,因爲邪氣所乘,則使驚而悸動不定。"⑥簡文中,用酒煮具有補中益氣、復血脈功效的麻子仁,可用來治療氣血虚弱導致的伴有驚恐畏懼症狀的心悸。

---

① (漢)班固撰,(唐)顔師古注:《漢書》,中華書局1962年,第3401頁。

② (漢)班固撰,(唐)顔師古注:《漢書》第3666頁。

③ (宋)洪興祖撰:《楚辭補注》,中華書局1983年,第323頁。

④ (漢)張仲景撰,(金)成無己注,張立平校注:《注解傷寒論》,學苑出版社2009年,第115頁。

⑤ (明)方有執著,陳居偉校注:《傷寒論條辨》,學苑出版社2009年,第69頁。

⑥ (隋)巢元方撰,丁光迪校注:《諸病源候論校注》,人民衛生出版社2013年,第71頁。

四、小 結

綜上,簡 2“菩渚(煮)之以酉(酒),畲(飲)之,以瘽(瘥)慹”的“菩”或當讀爲“苴”,義爲大麻子(即麻子仁),作爲藥物,具有補中益氣、復血脈的功效,與其他藥物配伍,用酒煮,可治療氣血虚弱的心悸。“慹”義爲惶懼、害怕,“悸”義爲因害怕而心急速跳動,氣虚血弱之人易患有驚恐懼怕的病症,會伴有心跳加速的症狀。這條簡文大意爲用酒煮麻子仁,飲服,來治好驚恐畏懼之症。

安大簡《詩經》臆義掇拾[*]

程　浩

摘　要：安大簡《詩經》對應今本《園有桃》篇"棘"之字作"棶"，結合文義與用字習慣來看，或應讀爲"李"。對應《伐檀》"廛"的字"坦"，或應讀爲量制量詞"擔"。"矦六"之下原解爲習書的字句，很可能是書手對底本誤署"矦風"的評論。

關鍵詞：安大簡　《詩經》　李　擔　《矦風》

安徽大學所藏戰國抄本《詩經》，由於極高的文獻價值，一經公布便引起了學者的廣泛關注。[①] 對於簡本與《毛詩》異文的解釋，以及其中關鍵字詞的釋讀，學界已經做了大量的工作，并取得了豐富的成果。[②] 筆者在反復研讀簡本《詩經》的過程中，深感一些攸關詩旨的問題仍有可商之處，特就此文向方家請教。

一

簡本《矦風・園有桃》篇，第二章首句爲：

　　圓(園)又(有)棶，亓(其)實(實)是飤(食)。

《毛詩》本與之對應的文句爲：

---

*　本文爲國家社科基金重大項目"清華大學藏戰國竹簡的價值挖掘與傳承傳播研究"(20&ZD309)、國家社科基金重大項目"出土簡帛文獻與古書形成問題研究"(19ZDA250)的階段性研究成果。

①　安徽大學漢字發展與應用研究中心編：《安徽大學藏戰國竹簡(一)》，中西書局 2019 年。本文徵引簡本與傳世本《詩經》、整理者意見皆出自此書，以下不再備注。

②　相關成果已有整理匯集，可參看段伊晴：《〈安徽大學藏戰國竹簡(一)〉集釋》，碩士學位論文，吉林大學 2021 年。

園有棘,其實之食。

由於有《毛詩》的異文作爲參照,整理報告便將簡文中从"木","来"聲的"楙"字直接視作"棘"字異體。在以往的《詩經》注疏中,"棘"一般都解爲酸棗,以與首章的"園有桃"類比。然而"棘"其實是一種荆莽叢生的灌木,所結的果實肉薄而酸澀。把它放在果園中進行培育,并且"其實是食",其實是很令人費解的。

從文義來看,此處與"桃"相對應的果實,原或作"李"。"李"與"桃"性狀相近,文獻中也經常連用。如《詩經·召南·何彼襛矣》就有"何彼襛矣,華如桃李"之句。《禮記·内則》列舉瓜果:"棗、栗、榛、柿、瓜、桃、李、梅、杏。""桃李"也是放在一起的。《史記·李將軍列傳》太史公曰所引古諺"桃李不言,下自成蹊",其旨義亦是出於"桃"與"李"都有很高的食用價值。因此,《園有桃》這首詩用以比興的、在園中栽培拿來食用的果實,"桃李"較之"桃棘"顯然要更爲貼切。過去由於傳世《詩經》的文本都寫作"棘",歷代研究者便只好就之作解。而現在安大簡《詩經》所用的"楙"字,除了讀爲"棘"外,亦可視作"李"的異體,遂使我們有了如此聯想的可能。

關於"李"字的構形,《説文》所謂"从木、子聲"從出土的文字材料來看大概是靠不住的。作爲果樹的"李",在楚簡中通常寫作"麥",所从乃是"來"聲,而後世"李"字上部之"木"則爲"來"旁之誤作。① 安大簡《詩經》的《何彼襛矣》篇中,對應《毛詩》"桃李"之"李"的字"",即是从"木"从"麥"的。子彈庫帛書的"樹桑、桃、李"一句中,"李"字亦寫作"麥"。② 以此類推,《園有桃》中這個从"木"从"来"的字,當然也是可以讀爲"李"的。

至於楚文字的"棘",絶大多數情況下都是寫作从"力"得聲的字。安大簡《詩經》中與"棘"相關的字出現了多次,無一例外都是以"力"爲聲。如《秦風·黄鳥》與《魏風·鴇羽》對應《毛詩》"棘"的字均作"朸"。而《魏風·葛屨》中對應《毛詩》"襋"字之處,也寫作"力"聲的"衉"。需要注意的是,楚簡的個别篇章中也確實有用"來"聲的"棶"字表示"棘"的情況(清華簡《程寤》),這或許正是《毛詩》把"李"字誤爲"棘"的原因。但當"李"與"棘"同時出現時,二者還是有顯著區别的。比如上博簡《李頌》篇中既有"李"又有"棘","李"便寫作"麥",而"棘"則寫作"朸"。由此可見,從用字習慣的

① 鄭剛:《戰國文字中的"陵"和"李"》,《楚簡道家文獻辯證》,汕頭大學出版社 2004 年,第 61—75 頁。此後又有學者專門做過"李"字的構形分析,參見蘭碧仙、葉玉英:《據清華簡再談"行李"之"李"》,《中國文字研究》第二十八輯,上海書店出版社 2018 年,第 128—132 頁。

② 李零:《子彈庫帛書》,文物出版社 2017 年,第 86 頁。

角度進行考慮,"棯"字讀"李"也比讀"棘"要好。

二

簡本《侯風・伐檀》共三章,每章均有一句反詰在位者"不稼不穡"的話:

> 不豙(稼)不𢿘(穡),古(胡)取尔(爾)禾三百坦可(兮)?
> 不豙(稼)不𢿘(穡),古(胡)取尔(爾)禾三百啻(億)可(兮)?
> 不豙(稼)不𢿘(穡),[古(胡)取]尔(爾)禾三百圚(囷)可(兮)?

各章作量詞的"坦""啻""圚",《毛詩》分别作"廛""億""囷",整理報告亦將簡本的異文如是讀。

關於第二章的"三百億",毛傳"萬萬曰億",鄭箋"十萬曰億,三百億,禾秉之數",都是將之理解爲表示禾穀的數量詞。至於第三章的"三百囷",毛傳"圓者爲囷",《説文》"廩之圓者",可知"囷"就是圓倉,亦是計量糧食的量詞。然而第一章的"三百廛",按照毛傳的説法"一夫之居曰廛",孔穎達進一步疏解説"一夫之田百畝也",是爲經説的主流。但是無論將"廛"理解爲户籍量詞"家",還是面積單位"百畝",與後兩章作爲計量量詞或容器量詞的"億""囷"都是無法相協的。

正因由此,《毛詩》系統之外的傳詩者便嘗試另闢蹊徑進行解釋。《原本玉篇殘卷・广部》引韓詩之説"廛,篿也",[①]就是把本篇的"廛"字讀爲"篿"的。《説文》:"篿,圓竹器也。"這種竹製的容器很可能就是用來盛放穀物的。然而這種説法也不一定有確據,畢竟像"篿""箪"一類的器具,容量都實在太小了,"三百篿"無論如何也無法與"三百億""三百囷"相提并論。韓詩的説法雖未得其實,但却已經意識到了《伐檀》中的"廛"表示的應該是與糧食有關的量詞。

沿着這條思路,再結合安大簡《詩經》的用字,我們頗疑其本字當爲量制量詞"擔(儋)",也就是後世最常用的稱量糧食的單位"石"。"擔"作爲量制量詞,見於《吕氏春秋・異寶》,其云:"荆國之法,得五員者,爵執圭,禄萬檐。"高誘注云:"檐與儋古通用,今作擔。"九店楚簡專述量制换算的簡册中,也有"檐(擔)"這一量詞。而"擔"古音在端紐談部,"坦"字在透紐元部,端與透旁紐雙聲,談部與元部爲通轉關係。《禮記・内則》"桃曰膽之",鄭玄注"桃多毛,拭治去毛,令青滑如膽也"。并可與"担"字通用。簡本所用的"坦"字,由於音近而假借爲"擔"當是有可能的。

---

① (梁)顧野王:《原本玉篇殘卷》,中華書局 1985 年,第 450—451 頁。

三

簡本在《侯風》六篇抄畢之後,書有"侯六"二字以爲標識。由於簡本與《毛詩》對於這些篇目的歸屬有較大分歧,遂在學術界引發了熱烈的討論。[①] 在這裏我們不打算對"侯六"再增一解,僅就其下數語作一些討論,以促進對相關問題的認識。

與其他五國風所不同的是,簡本在記録國別與篇數的"侯六"之下,猶有十數字。兹録整理報告所作釋文:

> 作魚寺₌魚者索人見隹心虫之畬者虫之

此中雖無疑難之字,但文義頗爲費解。整理者引述徐在國先生之説,認爲這些字都是習書,"因爲寫完'侯六'後簡有空白,抄手就寫了一些簡文中的字以練筆"。但是所謂"習書"全書僅此一見,因而難免令人生疑。比如網友"雨田"就懷疑其爲"解釋性的話語",[②]應該代表着大多數讀者的想法。

至於這段話表達的究竟是什麽意思,每個字又應該如何讀,學者的討論并不太多。截至目前,僅有夏大兆先生有過系統闡釋。他認爲全句應讀作"作吾之詩。吾者昔人見,誰心忡之,余者忡之",句意則可理解爲"作者見到了昔日友人,爲國事憂心忡忡,故寫下此詩"。[③] 夏先生的釋讀是爲他提出的"'侯六'晋詩説"服務的,如此理解,也確實可與當時晋國的國内形勢相合。然而將"吾者""余者"視作主語終覺有未安之處,當以另尋别解爲宜。

仔細審視原簡,就會發現這些字用墨淺薄且字距緊密,殊異於正文的書寫風格,很像後來的"朱批"等批注語。我們大膽猜想,這一段書於"侯六"之下的話,很可能就是抄寫者對底本中"侯六"這則標志的評論。

"作"即"作",可讀爲同樣以"乍"爲聲符的"詐"。清華簡《皇門》中"詐詬"的"詐",就是用"乍"字來表示的。"魚",或可讀"虞"。二字雙聲叠韻,通用之例可舉出《六韜》"今吾漁甚有似也",銀雀山簡本對應"漁"之字即寫作"虞"。"詐",《説文》"欺也",《爾雅》"僞也"。"虞",亦有"欺""誤"等訓,"詐虞"乃是同義連用。"寺₌",論者或讀爲"之詩",其實讀"之志"亦無不可。"志"有標識、標志的意思,所謂的"詐虞之志",乃是抄

① 各家關於該問題發表的意見,陳民鎮先生作了細緻匯總,參見陳民鎮:《安大簡〈國風〉的次序及"侯風"試解》,《北方論叢》2020 年第 1 期,第 23—26 頁。

② 見前揭段伊晴先生所作集釋。

③ 夏大兆:《安大簡〈詩經〉"侯六"續考》,《北方論叢》2020 年第 1 期,第 12—13 頁。

手評價底本的“侯六”標識訛誤不可據信的話。

而安大簡《詩經》的抄寫者又爲什麽要指摘“侯六”是“詐虞之志”呢？我們知道，簡本“侯六”所統屬的六首詩，在《毛詩》中實屬“魏風”，而且文獻所載的十五國風系統，也從來没有“侯風”之説。《左傳》襄公二十九年記載季札觀樂，其中的十五國風已與《毛詩》大同小異。這就説明，至遲在春秋時期，就已經形成了完備且穩定的國風系統。正因於此，整理報告引黄德寬先生之説就提出了簡本與《毛詩》關於篇目歸屬的差異“乃抄手誤置”的觀點。但如果“詐虞之志”等語確是抄手的評語，則此誤便不是抄手所爲，而是底本已然如此。安大簡《詩經》的抄寫者雖爲楚人，但也一定是熟悉當時最爲流行的十五國風系統的。而他此次抄書所使用的底本，所書却是與常識相牴牾的“侯六”，因而引發了他的狐疑。出於抄經者的審慎態度，他没有直接對原文進行修改，而是加了一段按語，就他認爲的錯訛之處展開了批評。

除了“詐虞之志”這一總評外，抄手還寫了幾句話對心中的不快進行了闡發，試讀爲：

> 魚（虞）者葛（曷）人見（焉）？隹（誰）心虫〈蚰（混）〉之？畨（署）者虫〈蚰（混）〉之。

其中整理者原釋爲“索”的字，字形作：

其形體與一般的“索/素”略有差異，因而對於“索”字之釋，學者多持謹慎態度。我們認爲，此字并非“索/素”，而是一個與“葛”有關的字。三體石經中對應“葛”的字即有作如下之形者：

關於楚文字中“葛”的形體，陳劍先生曾做過細緻辨析。[①] 從目前可確釋的與“葛”有關的字形來看，其除却“屮”旁後的部分也確實與“索/素”比較相像。除了陳劍先生文中所舉之例外，清華簡《鄭文公問太伯》“鄗”字作“ ”（甲本簡 8）“ ”（乙本簡

① 陳劍：《上博竹書“葛”字小考》，《中國文字研究》總第八輯，大象出版社 2007 年，第 68—99 頁。

7)，《四告》釋“葛”讀“匄”的字作“[illegible]”（簡 11），[1]又可説明上部有無“中”旁并不影響其與“葛”的關係。因此，安大簡這個字或許可以直接釋爲“葛”，讀爲疑問代詞“曷”。

而此句最末的“見”字，或可讀爲“焉”。“見”在見紐元部，“焉”在影紐元部，兩者准雙聲疊韻，從音理上看是存在通假可能的。古書中有“見”與“晏”聲字相通的例子，《詩經・小雅・角弓》“見晛曰消”的“見”字，《荀子・非相》即引作“宴”。而“晏”聲字又可通“焉”，如地名“郾”又可寫作“鄢”。簡文的“魚（虞）者葛（曷）人見（焉）”，是抄書者在詰問是何人造就此誤。

下一句“隹（誰）心虫〈蚰（混）〉之”亦是如此。“隹”讀爲“誰”，無需贅言。“虫”字或可視作“蚰”字之省，而“蚰”在典籍中常與“昆”通用，在此應讀爲“混”。郭店簡《老子》對應今本“有物混成”的“混”字之處，是寫作“蟲”的，其實也是由假爲“混”的“蚰”字錯訛而來。“心”有思慮、謀劃的意思。“混”，亂也。“誰心混之”意爲“是誰有意造成這樣的錯亂”。

接下來，書手自己便給出了答案，即“畬（署）者虫〈蚰（混）〉之”。“畬”即“黍”，是書紐魚部字，試讀爲禪紐魚部的“署”，兩者是旁紐雙聲疊韻的關係。“署”就是題署，在抄寫安大簡《詩經》的書手看來，題署“侯六”的人是需要爲蕪亂真典負責任的。

附記：最近公布的安大簡第二輯中有一篇《仲尼曰》，文末有“中（仲）尼之耑（規）訲（語），僕快周恒”八字。對於後四字，整理者已經指出：“這四字書於簡尾，字間密度較大，書寫較爲草率，墨迹顔色較淺，與簡文正文明顯有别。”[2]所體現的書寫特點與本文第三則的討論十分接近，很可能也是抄手所加的評語。[3] 2021 年夏，小文草成後曾呈黄德寬先生指正，他也提示了這一現象。在一些篇章抄畢之後，以相對特殊的書寫形式於篇末加以評論，或許是安大簡書手的一種個人習慣。

---

① 此爲網友“tuonan”的意見，見簡帛網簡帛論壇（http://www.bsm.org.cn/forum/forum.php?mod=viewthread&tid=12624&extra=&page=5）《清華十〈四告〉初讀》網帖第 43 樓。

② 安徽大學漢字發展與應用研究中心編：《安徽大學藏戰國竹簡（二）》，中西書局 2022 年，第 52 頁。

③ 至於“僕快周恒”的語義，或可與清華簡《湯處於湯丘》的“舒快以恒”合觀。

也談安大簡《羔羊》中的“後人自公”*

尉侯凱

摘　要：上古漢語中“退”有時可以表示“後”，“後”也有類似“退”的含義。安大簡《羔羊》“後食自公”“自公後食”之“後”，不是“退”的訛字，而應理解成“退”的同義詞，“後食”即“退食”。

關鍵詞：安大簡　《羔羊》　後　退　退食

安大簡《羔羊》有如下一段文字（釋文采取寬式，下同）：

> ☒後人自公，委蛇委蛇。羔羊之裘，[①]素絲五總。委蛇委蛇，後人自公。羔羊☒［自］公後人。

“後人自公”“自公後人”之“後”，今本《詩・召南・羔羊》皆作“退”。安大簡的整理者認爲“後”乃正字，因形近而被誤改成“退”。[②] 陳劍主張“後”是“退”的訛字，“後人”之“人”當改釋爲“以”，讀作“食”。[③]

---

* 本文是國家社科基金重大項目“楚系簡帛文字職用研究與字詞合編”（20&ZD310）、“古文字與中華文明傳承發展工程”資助項目“河南古文字資源調查研究”（G1426）的階段性成果。

① 裘，陳劍認爲係“衺（縫）”的形近誤字，見陳劍：《簡談安大簡中幾處攸關〈詩〉之原貌原義的文字錯訛》，《中國文字》2019年冬季號，萬卷樓圖書股份有限公司2019年，第13頁。

② 安徽大學漢字發展與應用研究中心編，黄德寬、徐在國主編：《安徽大學藏戰國竹簡（一）》，中西書局2019年，第90頁。

③ 陳劍：《簡談安大簡中幾處攸關〈詩〉之原貌原義的文字錯訛》，《中國文字》2019年冬季號，第12—14頁。李松儒、單育辰也認爲安大簡《羔羊》的“後”可能是“退”的訛體，見李松儒、單育辰：《談安大簡〈詩經〉中的一些文字問題》，《戰國文字研究》第2輯，安徽大學出版社2020年，第20頁。

諦察圖版,三例"後"字分别作""""""，前二形釋"後"確無可疑,後一形右上之"幺"省作一重,與常見的"退"字寫法仍有區别("退"所從者爲"白")。如果把"後"看成"退"的訛字(抑或相反),那麼抄手爲何會在一首詩内連續將它寫錯三次却毫無察覺呢?

通過梳理出土材料可知,過去曾有不少"後"用爲"退"的情况出現,可惜未能引起學界的足够重視。郭店《五行》簡 45—46 云:

耳目鼻口手足六者,心之役也。心曰唯,莫敢不唯。諾,莫敢不諾。進,莫敢不進。後,莫敢不後。深,莫敢不深。淺,莫敢不淺。①

"後,莫敢不後"一句中的兩個"後",圖版分别作""""，釋"後"没有問題。"後,莫敢不後"與上文"進,莫敢不進"對言,"進""後"的含義必然相反,"進"指前進,"後"當指後退。質言之,兩個"後"表示的其實是"退"。馬王堆帛書《五行》有與郭店《五行》十分接近的内容,其文作"耳目鼻口手足六者,心之役也。心曰唯,莫敢不【唯】。【心曰諾,莫】敢不【諾。心】曰進,莫敢不進。心曰淺,莫敢不淺",整理者指出:"據本篇解説部分三二三、三二四行,'莫敢不進'下當脱'心曰退,莫敢不退;心曰深,莫敢不深'十四字。"②按帛書三二三、三二四行云"心曰唯,【耳目】鼻口手足音聲貌色皆唯,是莫敢不唯也。諾亦然,進亦然,退亦然",可知整理者所言極確。郭店《五行》"後,莫敢不後",馬王堆帛書《五行》與之相對應的話却作"心曰退,莫敢不退"(整理者所擬補),這是"後""退"二字含義相當最爲直觀的證據。

上博四《曹沫之陳》簡 24 下＋50 有如下幾句話:③

凡貴人,使④處前位一行,後則見亡,進24下則禄爵有賞⑤,幾⑥莫之當。50

① 荆門市博物館編:《郭店楚墓竹簡》,文物出版社 1998 年,第 151 頁。

② 國家文物局古文獻研究室編:《馬王堆漢墓帛書[壹]》,文物出版社 1980 年,第 26 頁。

③ 季旭昇等將簡 24 下與簡 50 相編聯,見季旭昇主編:《〈上海博物館藏戰國楚竹書(四)〉讀本》,萬卷樓圖書股份有限公司 2007 年,第 140 頁。

④ 使,簡文作"思",孟蓬生、陳斯鵬均主張讀爲"使",見孟蓬生:《上博竹書(二)字詞札記》,簡帛研究網 2003 年 1 月 14 日,http://www.jianbo.org/Wssf/2003/mengpengsheng01.htm。陳斯鵬:《論周原甲骨和楚系簡帛中的"囟"與"思"——兼論卜辭命辭的性質》,《第四届國際中國古文字學研討會論文集》,香港中文大學 2003 年,第 393—413 頁。

⑤ 賞,簡文作"常",李鋭讀爲"賞",見李鋭:《〈曹劌之陣〉釋文新編》,孔子 2000 網 2005 年 2 月 22 日,http://www.confucius2000.com/admin/list.asp?id=1623。

⑥ 幾,整理者讀爲"忌",陳劍如字讀,見陳劍:《上博竹書〈曹沫之陳〉新編釋文(稿)》,簡帛研究網 2005 年 2 月 12 日,http://www.jianbo.org/admin3/2005/chenjian001.htm。收入《戰國竹書論集》,上海古籍出版社 2013 年,第 120 頁。

“後則見亡”之“後”，圖版作“ ”，顯然也是“後”字。整理者注釋説：“貴人，指身份高的人。貴人居後，則容易潰亡。”[①]李鋭把以上數句重新標點爲“凡貴人，使處前位，一行，後，則見亡”。[②] 高佑仁認爲簡文的“前”“後”可能指隊伍的前方與後方。“見亡”即滅亡、敗亡。[③] 王青把這段話翻譯爲：“凡是身份高貴的人使他們位列前行，如果他們居後，則容易潰亡（如果他們居於前列則可奮士氣而取勝），軍隊前進……”[④]從文義看都頗嫌牽强，不能讓人十分滿意。考簡 24 上＋30 云“車間容伍，伍間容兵，貴位重食，使爲前行。三行之後，苟見短兵……”，[⑤]“貴位重食，使爲前行”，與這裹的“凡貴人，使處前位一行”文義相似，意思是讓那些地位尊貴的人處在隊伍的前列。“後則見亡”與“進則爵禄有賞”對言，“後”“進”含義相反，“後”表示的無疑也是“退”。

“後則見亡”之“見”，義同“加”，指施加。“見”“加”常爲對文，《韓非子・八説》：“心毅則憎心見於下，易誅則妄殺加於人。”《説苑・君道》：“言出於身，加於民。行發乎邇，見乎遠。”《後漢書・李固傳》：“而今長吏多殺伐致聲名者，必加遷賞。其存寬和無黨援者，輒見斥逐。”此三例之“見”用法均相當於“加”。董志翹指出，表主動的“見V”結構中的“見”爲“施加”義，用於動詞前，是表示對某一事物施加某種動作的“形式動詞”。[⑥] 可從。“亡”本指鋒芒，假借爲逃亡、死亡，此處特指殺死。《韓非子・説疑》：“五王之所誅者，皆父兄子弟之親也，而所殺亡其身、殘破其家者何也？以其害國傷民敗法類也。”“殺亡”乃同義連用，“亡”亦“殺”也。字或作“喪”（“喪”從“亡”得聲），《國語・晋語一》“今夫以君爲紂，若紂有良子，而先喪紂，無章其惡而厚其敗”，韋昭注：“喪，亡也。若紂有善子，知紂之惡，紂終必滅國，以計言之，不如先自殺之。”所謂“喪（亡）紂”，即殺死紂。

簡文“後則見亡”，言貴人後退就加以誅殺。[⑦] 下句“進則爵禄有賞”，謂貴人前進就賞以爵禄。《尉繚子・經卒令》“逾五行而前者有賞，逾五行而後者有誅”，與此“後

---

① 馬承源主編：《上海博物館藏戰國楚竹書（四）》，上海古籍出版社 2004 年，第 258 頁。

② 李鋭：《〈曹劌之陣〉釋文新編》。

③ 高佑仁：《〈上海博物館藏戰國楚竹書（四）・曹沫之陳〉研究》，花木蘭文化出版社 2008 年，第 246 頁。

④ 王青：《上博簡〈曹沫之陳〉疏證與研究》，臺灣書房出版有限公司 2009 年，第 68 頁。

⑤ 編聯、釋讀參看陳斯鵬：《上海博物館藏楚簡〈曹沫之陣〉釋文校理稿》，孔子 2000 網 2005 年 2 月 20 日，http://www.confucius2000.com/admin/list.asp?id=1619。

⑥ 董志翹：《再論“見 2V”句中“見 2”的功能及詞性》，《南京師範大學文學院學報》2020 年第 1 期，第 11—25 頁。

⑦ 季旭昇謂“見，被動詞，猶今語‘被’，説見楊樹達《詞詮》，‘見亡’謂‘被滅亡’”（季旭昇主編：《〈上海博物館藏戰國楚竹書（四）〉讀本》，第 204 頁），不確。

則見亡,進則爵禄有賞”的含義有相似的地方(詳下),也從側面證實簡 24 下與簡 50 編聯的準確性,必須給予充分的重視。①

上博八《王居》簡 4 云:

〼庶能進後人,願大夫之毋留②徒,以員不榖

“庶能進後人”之“後”,圖版作“ 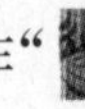 ”,整理者所釋無誤,其注釋稱:“進,《釋名·釋言語》:‘進,引也,引而近也。’《禮記·月令》:‘止聲色,毋或進。’鄭玄注:‘進,爲御見也。’‘後人’,即後人,泛稱後世之人。”③陳劍懷疑“後”是“退”的訛字。④ 陳偉武則將“進後”一詞視爲反義并列結構。⑤

按“進”“後”對舉,含義自當相反,“後”相當於“退”,“進後”即“進退”。“庶能進後人”,謂差不多可以任用和黜退他人。《荀子·致士》:“臨事接民而以義,變應寬裕而多容,恭敬以先之,政之始也。然後中和察斷以輔之,政之隆也。然後進退誅賞之,政之終也。”《韓非子·奸劫弑臣》:“夫奸臣得乘信幸之勢以毁譽進退群臣者,人主非有術數以御之也。”均可參。

上博七《吴命》簡 5 有言:

或有軒冕之賞,或有斧鉞之威,⑥以此前後之,猶⑦不能以牧民,而反

---

① 此編聯已爲安大簡《曹沫之陣》所證實,其簡 33 作“退則見亡,進則爵有賞”,正以“進則爵有賞”與“退則見亡”連讀。整理者注:“退則見亡,《上博四·曹沫》簡二四下作‘逡(後)則見亡’。‘逡’是《説文》‘後’字古文。‘退’‘後’義近。”見安徽大學漢字發展與應用研究中心編,黄德寬、徐在國主編:《安徽大學藏戰國竹簡(二)》,中西書局 2022 年,第 69 頁。已把“後”“退”當近義詞對待,十分難能可貴。

② 留,圖版作“  ”,整理者釋“曹”,單育辰認爲該字從茆得聲,讀爲“留”,見復旦吉大古文字專業研究生聯合讀書會《上博八〈王居〉〈志書乃言〉校讀》文後跟帖,復旦大學出土文獻與古文字研究中心網 2011 年 7 月 18 日,http://www.fdgwz.org.cn/SrcShow.asp?Src_ID=1595。

③ 馬承源主編:《上海博物館藏戰國楚竹書(八)》,上海古籍出版社 2011 年,第 209—210 頁。

④ 見陳劍《〈上博(八)·王居〉復原》文後跟帖,復旦大學出土文獻與古文字研究中心網 2011 年 7 月 21 日,http://www.fdgwz.org.cn/SrcShow.asp?Src_ID=1604。

⑤ 陳偉武:《從楚簡和秦簡看上古漢語詞彙研究的若干問題》,《歷史語言學研究》第 7 輯,商務印書館 2014 年,第 95—96 頁。

⑥ 威,圖版作“ ”,整理者釋“愲”,復旦大學讀書會改釋爲“畏”,讀爲“威”,見復旦大學出土文獻與古文字研究中心研究生讀書會:《〈上博七·吴命〉校讀》,復旦大學出土文獻與古文字研究中心網 2008 年 12 月 30 日,http://www.fdgwz.org.cn/SrcShow.asp?Src_ID=577。下引復旦讀書會意見皆出此文,不重注。

⑦ 猶,整理者連上讀,復旦讀書會改屬下句。

志[1]下之相濟[2]也，豈不差[3]哉？

“以此前後之”之“後”，圖版作“ ”，亦爲“後”字無疑。整理者謂：“前後，表示時間先後，從開始到結束的一段時間。《史記·魯仲連鄒陽列傳》：‘趙孝成王時，而秦王使白起破趙長平之軍前後四十餘萬。’此處是泛指。”[4]張崇禮把“以此前後之”譯作“以此來統治民衆”。[5] 陳偉以爲：“‘猶不能以’應作一句讀。能以，是可以用‘軒冕之賞’和‘斧鉞之威’‘前後’人們的意思。”[6]

“以此前後之”一句承接“或有軒冕之賞，或有斧鉞之威”而言，“此”代指上文“軒冕之賞”和“斧鉞之威”。“前”指前進，“後”用爲“退”，“前後”亦即“進退”。“以此前後之”，謂用“軒冕之賞”“斧鉞之威”的方式進退民衆。

馬王堆帛書《戰國縱横家書·龐皮對邯鄲君章》記載：

> □□□兵之日，不肯告臣，頼然如進其左耳而後其右耳，怡乎其所後者，必其心與□□□□□愉許【我】兵，我必裂地以和於魏，魏必不敝，得地於趙，非楚之利也。[7]

“進其左耳而後其右耳”之“後”，圖版作“ ”，字迹稍有磨損，但仍然可確定是“後”而非“退”。“進其左耳”與“後其右耳”相對，“後”明顯也用爲“退”。左耳進而右耳退，這是在形容其人徘徊、猶豫之貌。

近年公布的清華簡《四時》下面幾句話(簡 36—37)：

> 凡作風雨，如未及日位而作於月位，乃後以從之，其過日位，乃進以從之，以日位爲極，以月夾之。

---

① 而反志，整理者原與上句連讀，單育辰改屬下句，見單育辰：《占畢隨録之八》，復旦大學出土文獻與古文字研究中心網 2009 年 1 月 3 日，http://www.fdgwz.org.cn/SrcShow.asp?Src_ID=606。下引單育辰意見除另有注明外皆出此文。

② 濟，圖版作“ ”，整理者釋“戠”，復旦大學讀書會改釋爲“敨”，單育辰讀爲“濟”。

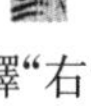

③ 差，整理者釋“右”，復旦大學讀書會改釋爲“左”，讀爲“差”。

④ 馬承源主編：《上海博物館藏戰國楚竹書(七)》，上海古籍出版社 2008 年，第 315 頁。

⑤ 張崇禮：《〈吴命〉5 號簡上考釋》，復旦大學出土文獻與古文字研究中心網 2009 年 1 月 22 日，http://www.fdgwz.org.cn/Web/Show/676。

⑥ 陳偉：《讀〈吴命〉札記》，《新出楚簡研讀》，武漢大學出版社 2010 年，第 319 頁。

⑦ 湖南省博物館、復旦大學出土文獻與古文字研究中心編纂，裘錫圭主編：《長沙馬王堆漢墓簡帛集成[叁]》，中華書局 2014 年，第 264 頁。

“乃後以從之”之“後”,圖版作“ ”,整理者注云:“遂,與下文‘進’字相對,疑爲‘退’字之訛。”[①]恐不可信,此“後”亦用爲“退”。“後以從之”“進以從之”含義待考。

以上皆係“後”用作“退”,再來看“退”表示“後”的例子。馬王堆帛書《老子》乙本有言:

> 天長地久。天地之所以能長且久者,以其不自生也,故能長生。是以聖人退其身而身先,外其身而身存。不以其無私與?故能成其私。[②]

“是以聖人退其身而身先”之“退”,帛書作“ ”,有學者指出該字應隸定作“復”,乃“退”之古體“復”的省形。[③] 這是很可信的。李零認爲古文字“後”“退”寫法相近,常相混淆。[④] 揣摩其意,大概是把這個“退”看成“後”的訛字。但帛書《老子》甲本“是以聖人退其身而身先”之“退”作“ ”,“ ”即“芮”,讀爲“退”,《説文》所收“退”之或體即作“衲”。帛書《老子》甲本“功遂身芮”,亦借“芮”爲“退”。“芮”“後”形體差異巨大,二者不存在互相訛混的可能,説明帛書《老子》乙本“是以聖人退其身而身先”之“退”是其原貌,肯定不是“後”的錯字。“是以聖人退其身而身先”一句“退其身”與“身先”相對,“退”也相當於“後”。“退其身而身先”,言置身於衆人之後反而能領先衆人(北大漢簡本、今本《老子》均作“是以聖人後其身而身先”,[⑤]皆已改“退”爲“後”)。

清華捌《治邦之道》簡 9 云:

> 毋懷樂以忘難,必慮前退,則患不至。

---

① 清華大學出土文獻研究與保護中心編,黄德寬主編:《清華大學藏戰國竹簡(拾)》,中西書局 2020 年,第 141 頁。

② 湖南省博物館、復旦大學出土文獻與古文字研究中心編纂,裘錫圭主編:《長沙馬王堆漢墓簡帛集成[肆]》,中華書局 2014 年,第 205 頁。

③ 湖南省博物館、復旦大學出土文獻與古文字研究中心編纂,裘錫圭主編:《長沙馬王堆漢墓簡帛集成[肆]》,第 46 頁注[二八]。《漢書·王莽傳上》“後儉隆約以矯世俗”,顔師古注:“後,退也。後音千旬反,其字從彳。”王引之曰:“‘後儉’與‘隆約’對文,則‘後’非‘退’也。後,讀爲‘遵’。遵,循也。謂循儉尚約以矯世俗之奢侈也。‘遵’與‘後’古字通。《爾雅》曰:‘遵,循也。’《方言》曰:‘逡,循也。’《集韻》‘逡’亦作‘後’。故‘遵儉’之爲‘後儉’,亦猶‘遵循’之爲‘逡循’。”見王念孫:《讀書雜志》,上海古籍出版社 2014 年,第 1003 頁。按王説非是。“後”疑是“復(退)”的省體或訛寫,或以音近可讀爲“退”(“退”屬透紐物部,“後”屬清紐文部,韻部對轉,聲爲準雙聲)。“退儉”“隆約”義正相對。

④ 李零:《人往低處走:〈老子〉天下第一》,三聯書店 2008 年,第 44 頁。

⑤ 北京大學出土文獻研究所編:《北京大學藏西漢竹書[貳]》,上海古籍出版社 2012 年,第 146 頁。樓宇烈校釋:《老子道德經注校釋》,中華書局 2008 年,第 19 頁。

整理者注釋説：“退，疑爲‘後’字之訛。《大戴禮記·武王踐祚》：‘見爾前，慮爾後。’”①網友“子居”認爲與其將“退”視爲“後”的訛字，不如訓“前”爲“進”。“進退”一詞亦見於《治邦之道》簡14。②

按“退”圖版作“ ”，筆畫書寫清晰，不可能是“後”的誤寫。將“前退”解釋爲“進退”，雖然可備一説，但不如把“前退”之“退”解釋成“後”爲妥。簡文所謂“前退”，實際上就是“前後”的意思。“必慮前退”，謂一定要考慮事物的前後兩個方面。上博六《用曰》簡5“見前顧後”，上博七《武王踐祚》簡7“見其前，必慮其後”，與此處“必慮前退”的含義基本一致。上博五《鮑叔牙與隰朋之諫》簡4又有“弗顧前後”一語，則與“必慮前退”之義截然相反，亦可參看。

要之，上古漢語中“退”“後”二字因含義接近，常會出現相互替代的情況，其中又以“後”用爲“退”比較多見。學者們根據需要習慣性地把“退”“後”視作彼此的訛字，顯然是過度關注字形却忽視它們還有字義上的聯繫的結果。倘若在不改動原文的前提下就能把文意説通，似乎也没有另作他解的必要。

除上舉出土材料外，傳世典籍中也有一些“退”用爲“後”或“後”用爲“退”的例證。《商君書·慎法》云：

> 而今夫世俗治者，莫不釋法度而任辯慧，後功力而進仁義，民故不務耕戰。

“後功力”與“進仁義”對文，“後”表示的其實就是“退”。“後功力而進仁義”，言退功力而進仁義。現今通行的《商君書》注譯本，大多將“後功力而進仁義”之“後”字解釋爲“放在後面”“輕視”，③完全没有注意到“後”有表示“退”的特殊用法，因此都很牽强。個别注譯本直接把“後”理解成“退”的誤字，④雖然有輕改古書之嫌，但對文意的把握還是比較準確的。

① 清華大學出土文獻研究與保護中心編，李學勤主編：《清華大學藏戰國竹簡(捌)》，中西書局2018年，第141頁。

② 子居：《清華簡八〈治邦之道〉解析》，中國先秦史網2019年5月10日，http://www.xianqin.tk/2019/05/10/735/。

③ 高亨注譯：《商君書注譯》，中華書局1974年，第521頁。張覺譯注：《商君書全譯》，貴州人民出版社1993年，第256頁。張燕編著：《商君書新疏》，貴州教育出版社2009年，第280頁。徐瑩注説：《商君書》，河南大學出版社2012年，第246頁。

④ 章詩同注：《商君書》，上海人民出版社1974年，第79頁。安徽大學中文系《商君書》注譯小組編：《〈商君書〉選注》，安徽人民出版社1974年，第120頁。

前面提到,《尉繚子・經卒令》有與上博四《曹沫之陳》"後則見亡,進則禄爵有賞"表述相似的話,辭例如下:

> 鼓行交鬬,則前行進爲犯難,後行進爲辱衆。逾五行而前者有賞,逾五行而後者有誅,所以知進退先後,吏卒之功也。

"逾五行而前者有賞",言越過隊列前進者就給予獎賞,"前"指前進,有的明代版本"前"寫作"進",[①]即可證明。"逾五行而後者有誅",謂越過隊列後退者就予以誅殺,[②]"後"指後退,與"退"含義相似。有的注譯本將"逾五行而後"解釋爲"落在隊列以後",[③]也是不瞭解"後"有"退"的特殊用法。

《禮記・曲禮上》云:

> 僕御婦人則進左手,後右手。御國君,則進右手,後左手而俯。

兩"後"字皆與"進"字對舉,跟上引郭店《五行》"進,莫敢不進。後,莫敢不後"、馬王堆帛書《戰國縱横家書・麝皮對邯鄲君章》"頼然如進其左耳而後其右耳"、清華簡《四時》"如未及日位而作於月位,乃後以從之,其過日位,乃進以從之"中的情形完全一致,這裏的"後"表示的也是"退"。

應該承認,與出土文獻相比,典籍中"退"用作"後"的情形十分罕見,這大概要歸結於後人因不明古義而對先秦舊籍作了有意識的竄改。上引馬王堆帛書《老子》甲、乙本中的"是以聖人退其身而身先"之"退",因爲"退"表示的就是"後"的意思,所以早在漢代就已把"退"直接改成了"後"(北大漢簡本《老子》可證)。

安大簡《羔羊》"後人自公""自公後人"之"人",當從陳劍改釋爲"以",讀爲"食"。"後食"即"退食"。"退食"有二義:一謂減膳。《晏子春秋・景公飲酒不恤天災致能歌者晏子諫第五》:"公出舍,損肉撤酒,馬不食府粟,狗不食飦肉,辟拂嗛齊,酒徒減賜。三日,吏告畢上:'貧氓萬七千家,用粟九十七萬鍾,薪橑萬三千乘,懷寶二千七百家,用金三千。'公然後就内退食,琴瑟不張,鍾鼓不陳。"此"退食"乃減少膳食之義。一謂退而就食。《墨子・迎敵祠》:"既誓,公乃退食。"《漢書・張山附傳》谷永上疏曰:"退食自公,私門不開。"吴則虞以爲:"《魯詩》説'退食自公,私門不開',言自公朝退而就

---

① 參看鍾兆華校注:《尉繚子校注》,中州書畫社 1982 年,第 61 頁。

② 參看李解民譯注:《尉繚子譯注》,河北人民出版社 1992 年,第 107 頁。劉春生譯注:《尉繚子全譯》,貴州人民出版社 1993 年,第 80 頁。

③ 劉仲平注譯:《尉繚子今注今譯》,臺灣商務印書館 1975 年,第 207 頁。華陸綜注譯:《尉繚子注譯》,中華書局 1979 年,第 61 頁。

食，非退歸私家，故私門不開。”[①]安大簡《詩》的性質雖然尚不明朗，但應非《毛詩》或《魯詩》中的任何一種。從上下文義看，簡文之“後以（食）”似以理解成“退而就食”較善。

綜上所述，上古漢語中的“退”“後”各有一種特殊用法，即“退”可以表示“後”，“後”也有類似“退”的含義。只不過後來“退”引申指辭退、謙退、退縮，“後”引申指隨後、後來、後代，二者差異逐漸擴大，以至於人們在潛意識中通常不會把它們當同義詞看待，這反而是“爲時代所限”了。安大簡《羔羊》“後以（食）自公”“自公後以（食）”之“後”，不是“退”的訛字，而應理解成“退”的同義詞，“後食”實即“退食”。

附記：清華簡《參不韋》簡 25—26“啓，乃翌明自稱自位，進後、左右、俯仰”，“後”字圖版作“”，整理者隸定作“逡”，括注爲“退”的訛字（清華大學出土文獻研究與保護中心編，黄德寬主編：《清華大學藏戰國竹簡（拾貳）》，中西書局，2022 年，第 118 頁），不可從。徐王之孫鐘（《銘圖》15360）“世世鼓之，後孫勿忘”（“之”“勿”因字模鈐錯互訛，已訂正），所謂“後”字拓片作“”，李春桃改釋爲“退”（李春桃：《自鐘銘文補釋——兼説擄器》，《古文字研究》第 30 輯，中華書局，2014 年，第 223—229 頁），準確可信。但他把“退”讀爲“墜”，却未必可靠。這個“退”表示的應該就是“後”的意思。

① 吴則虞：《晏子春秋集釋》，中華書局 1962 年，第 22 頁。

從安大簡本《甬(鄘)風・白舟》證實《孔子詩論》"溺志。既曰天也,猶有怨言"爲《鄘風・柏舟》篇的評述

施沃慈

摘　要:《孔子詩論》"〼溺志,既曰天也,猶有怨言"一句歸屬何詩的問題存在争議。本文將重點放在"溺"字,認爲該評述與安大簡本《鄘・白舟》"湛彼兩鶩"屬對應關係,亦證明安大簡本"湛彼兩鶩"句與毛《詩》"髧彼兩髦"句立異。

關鍵詞: 安大簡　上博簡　《孔子詩論》《鄘風・柏舟》

《上海博物館藏戰國楚竹書(一)》中的《孔子詩論》19 號簡有"〼溺志,既曰天也,猶有怨言",該句評述的是《詩・國風》中的哪首詩,學術界持有不同看法。[①] 李學勤、廖名春兩位先生認爲"天也"所指爲《君子偕老》"胡然而天也";[②]李鋭先生以爲從"既曰天也,猶有怨言"來看,疑指《鄘風・柏舟》"母也天只,不諒人只"。[③] 俞志慧先生主張"既曰天也,猶有怨言"應指《北門》。[④] 楊澤生先生反對俞文的看法,他認爲"〼溺

① 馬承源主編:《上海博物館藏戰國楚竹書(一)》,上海古籍出版社 2001 年,第 148 頁。

② 引自李鋭:《〈孔子詩論〉簡序調整芻議》,上海大學古代文明研究中心,清華大學思想文化研究所編:《上博館藏戰國楚竹書研究》,上海書店出版社 2002 年,第 193 頁。

③ 李鋭:《〈孔子詩論〉簡序調整芻議》,上海大學古代文明研究中心、清華大學思想文化研究所編:《上博館藏戰國楚竹書研究》,上海書店出版社 2002 年,第 193 頁。

④ 俞志慧:《〈戰國楚竹書・孔子詩論〉校箋(下)》,簡帛研究網 2001 年 1 月 7 日,http://www.bamboosilk.org/Wssf/2002/yuzhihui01-2.htm。

志,既曰天也,猶有怨言”應該指的是《鄘·柏舟》。[①] 最近,季旭昇先生表達了反對楊文的看法,他認爲此評述應該還是指《鄘風·君子偕老》。[②]

志上一字,左从弓,右下从水,右上僅存殘畫,跟郭店《老子》甲本簡 37、上博《容成氏》簡 36 的“溺”字對比可知爲“溺”字。[③] 19 號簡是殘簡,“溺志”二字之前,文本缺了若干詩篇的名稱。因此,不管如何論證,幾乎不可能得到科學性的定論,况且學界目前的討論僅限於概率高低之别。若干評述因其詩句有“胡然而天也”,兩篇文本的“天也”亦相互對應,表面上似乎與《君子偕老》的聯繫更爲直接。不過,《君子偕老》的詩旨與“猶有怨言”聯繫勉强,與“溺志”的聯繫也非常弱。關於《君子偕老》一詩的主旨,前人或謂讚美女子的容顔美麗、品德高尚,或謂諷刺衛夫人宣姜貌美却失德,釋讀關鍵在於怎麽理解第一章中“子之不淑,云如之何”這一句,其含義究竟是正面還是負面?

季旭昇先生認爲“既曰天也”説的是宣姜享受的待遇很好,理應滿足;但是,宣姜遭逢不幸,所嫁非人,這難免“猶有怨言”。[④] “胡然而天也,胡然而帝也”一句,安大簡無“而”字,後世敦煌本無“也”字,[⑤]描寫了主人公十分美麗,如天仙帝女降下凡塵的樣子,詩句確實看不出所謂“某人遭逢不幸,所嫁非人”的含義。“猶有怨言”所評更不符合《君子偕老》的詩意。“胡然而天也,胡然而帝也”後,第三章末曰“展如之人兮,邦之媛也”,此可謂“心還有不滿,口還没責完”嗎? 而對於“溺志”,季文認爲就是“陷溺於被宣公奪夫的怨氣之中。直到再嫁公子頑,生了五個子女之後,她的‘溺志’或許才能漸漸消除。在這之前,宣公給她再好的待遇,給她再好的打扮,如山如河、象服是宜,‘胡然而天也,胡然而帝也’,大概都不能打消她‘子之不淑,云如之何’的‘溺志’吧!”[⑥]

---

① 楊澤生:《“既曰‘天也’,猶有怨言”評的是〈鄘風·柏舟〉》,簡帛研究網 2002 年 2 月 7 日,http://www.jianbo.org/Wssf/2002/yangzesheng03.htm。

② 季旭昇:《從安大簡與上博簡合證〈孔子詩論〉“既曰天也”評的應是〈鄘風·君子偕老〉》,《安徽大學學報(哲學社會科學版)》2020 年第 5 期,第 71—75 頁。

③ 参看何琳儀:《滬簡詩論選釋》,上海大學古代文明研究中心,清華大學思想文化研究所編:《上博館藏戰國楚竹書研究》,上海書店出版社 2002 年,第 251—252 頁;李零:《上博楚簡三篇校讀記》,中國人民大學出版社 2007 年,第 12—13 頁;俞紹宏:《上海博物館藏楚簡校注》,中國社會科學出版社 2016 年,第 18 頁。

④ 季旭昇:《從安大簡與上博簡合證〈孔子詩論〉“既曰天也”評的應是〈鄘風·君子偕老〉》,《安徽大學學報(哲學社會科學版)》2020 年第 5 期,第 74 頁。

⑤ 程燕:《詩經異文輯考》,安徽大學出版社 2010 年,第 84 頁。

⑥ 季旭昇:《從安大簡與上博簡合證〈孔子詩論〉“既曰天也”評的應是〈鄘風·君子偕老〉》,《安徽大學學報(哲學社會科學版)》2020 年第 5 期,第 73—74 頁。

這種解釋是作者自己的發揮,假設"理應"云云,"或許""大概"之語,令人質疑。《君子偕老》的詩詞中"胡然而天也,胡然而帝也"後,確實未有反映"猶有怨言";而"溺志"的"溺"訓"没","溺志"屬負面表達,①亦對應不上《君子偕老》所描寫歌頌主人公的情思。

《鄘・柏舟》的主題爲愛情忠貞,詩中立下誓言,至死不渝,却怨氣沖天,抱怨不止,《詩論》的"既曰天也,猶有怨言"對應此詩中的"母也天只,不諒人只"。毛《傳》已經把《鄘・柏舟》的"母也天只"釋爲"母也天也",清代和後世訓詁學家如段玉裁、陳奂、裴學海等皆從此説。從毛《詩》觀點來看,虚詞"也"與"只"互訓,把《孔子詩論》"天也"等同於毛《詩》"天只"合情合理。

安大簡《白(柏)舟》篇"母也天只"句寫作"母可(兮)天氏"。② 因安大簡《周南・流木》(即《毛詩・樛木》)三次把毛《詩》"樂只君子"寫作"樂也君子",③我們有理由認爲"只"字跟"也"字是記録同一個嘆詞。安大簡《周南・流木》文本的異文給毛《傳》"天只"等於"天也"説提供了證據。安大簡《詩》用虚詞"氏"可讀爲讀音相近的"只",是否等同讀音與用法相近的"也",黄德寬説:"在没有更多堅實材料支持的情况下,我們認爲對上古漢語語氣詞'只''也''氏'的關係暫時還不宜作出最終結論。"④"氏""只""可(兮)""也"讀音均相近,所以王志平認爲它們應該是同源詞,四個字或屬於異字同義,記録同一個語音。今本《詩・曹風・鳲鳩》"淑人君子,其儀一兮"一句,楚簡、帛書《五行》兩個文本出現過引用若干字詞混用虚詞:毛《詩》的"兮"字,郭店本寫"也"字,馬王堆本則寫"氏"字。通過安大簡《詩》與毛《詩》所用的虚詞對比來看,"只""也""兮""矣"也處處被混用。⑤

戰國時期《流木》/《樛木》的不同文本證實了"只""也"有混同换用的現象。通過學者的研究可以知道,戰國簡中,尤其以郭店楚簡爲例,"只""也"混同换用的情况在

① 李零:《上博楚簡三篇校讀記》第12—13頁。《禮記・樂記》把"溺志"與"淫志""煩志""喬志"并列,按李氏説,皆表達淫於色而害其德之義。

② 安徽大學漢字發展與應用研究中心編,黄德寬、徐在國主編:《安徽大學藏戰國竹簡(一)》,中西書局2019年,第47頁。

③ 安徽大學漢字發展與應用研究中心編,黄德寬、徐在國主編:《安徽大學藏戰國竹簡(一)》第8—9頁。

④ 黄德寬:《新出戰國楚簡〈詩經〉異文二題》,《中原文化研究》2017年第5期,第8頁。

⑤ 季旭昇:《從安大簡與上博簡合證〈孔子詩論〉"既曰天也"評的應是〈鄘風・君子偕老〉》,《安徽大學學報(哲學社會科學版)》2020年第5期,第74頁;按季氏的統計,安大簡《詩經》一共有40個"也"字,其中只有3個是毛《詩》的"只"字;有9個是毛《詩》的"兮"字;有2個是毛《詩》的"矣"字。

先秦出土文獻中頻繁見到。[①] 因此,我們也不能完全排除戰國時期《鄘·柏舟》其他文本没有把"母兮天氏"(安大簡)、"母也天只"(毛《詩》)寫成"母兮天也"的可能。除此之外,《孔子詩論》的作者是用何底本已不可知,無法排除戰國時期《鄘·柏舟》其他文本有"天也"的可能性。"也"字字形跟"只"字字形亦非常相似,古文字學者甚至認爲"只"與"也"爲一字分化。[②]《孔子詩論》的"天也"同様不能確定不是"天只"之訛。[③] 總之,安大簡《周南·流木》所用的虚詞證實了毛《詩》文本的"只"字在戰國時期確實也有寫作"也"字的情况。我的觀點是:既然"只""也""氏"的關係暫時還不宜作出最終結論,學者忽略用《孔子詩論》的"天也"對應安大簡本的"天氏"、毛《詩》的"天只",進而否定其混同换用的可能性,其研究結論是不可靠的。

本文提倡轉换角度討論所論何詩的歸屬問題,主張儘管可以以"天也"切入進行研究,但重點應該放在"溺志"的"溺"字。原因在於,由"溺"字可以十分通順地對應安大簡本《甬(鄘)·白舟》的"湫(湛)"字,[④]"溺志"是反映安大簡本《甬(鄘)·白舟》"湫(湛)皮(彼)兩鴱(鶩)"句。[⑤] 安大簡本《甬(鄘)·白舟》"湛彼兩鶩",毛《詩》寫爲"髧彼兩髦",兩句同音異義。事實上,認爲安大簡本的這句是毛《詩》的異文,不僅損害安大簡本的用意和文辭,也遮蔽了《孔子詩論》"溺志"與"湛"的聯繫。换言之,"溺志"與"髧彼兩髦",即男孩子的髮型,兩者毫無對應關係;反而"溺志"對應兩隻野鴨沉溺河

---

① 楊澤生:《"既曰'天也',猶有怨言"評的是〈鄘風·柏舟〉》,簡帛研究網 2002 年 2 月 7 日,http://www.jianbo.org/Wssf/2002/yangzesheng03.htm;趙平安:《對上古漢語語氣詞"只"的新認識》,《新出簡帛與古文字古文獻研究》,商務印書館 2009 年,第 272—274 頁。

② 何琳儀、房振三:《"也""只"考辯》,《上海文博論叢》2005 年第 3 期,第 16—21 頁。

③ 趙平安:《對上古漢語語氣詞"只"的新認識》,《新出簡帛與古文字古文獻研究》第 272—274 頁。

④ "湛""沈"古同用,"湛""溺""没"同義。《説文·水部》:"湛,没也。"《集韻·隊韻》:"没,沈溺也。"安大簡的"湛"字,也很密切能够對應該詩詞中其他从水的字:"泛"(《毛詩》有"汎")、"河"兩字。

⑤ 今從董珊釋"湫"爲"稻"字,"稻"字是"湛"的假借。參看董氏《釋"湫"——兼説哀成叔鼎銘文》,清華大學出土文獻研究與保護中心編:《半部學術史,一位李先生:李學勤先生學術成就與學術思想國際研討會論文集》,清華大學出版社 2021 年,第 458—464 頁;亦可參黄德寬:《釋新出戰國楚簡中的"湛"字》,《中山大學學報(社會科學版)》2018 年第 1 期,第 49—52 頁。安大簡整理者對兩字後从鳥的字形分析提出兩種不同的看法:一、从鳥矛聲,即"鴱",爲鶩字的異體,讀爲《説文解字》髟部的"髳",《毛詩》作"髦",當是通假;二、从鳥杪聲,可與"髦"相通。參看安徽大學漢字發展與應用研究中心編,黄德寬、徐在國主編:《安徽大學藏戰國竹簡(一)》第 127 頁。説聲符爲"矛"也好,或者"杪"也好,最終不影響我們認爲該字爲"鶩"的異體[如果用杪聲説,屬矛(或敄)、杪聲符换用的現象]。按照我們的解讀,該字的意符"鳥"爲要點,所表示的含義應該還是在禽鳥類的範圍内。换個角度言之,如果光看安大簡的詩詞,而不用《毛詩》對讀,釋讀難道會離開水類[湫(湛)]和鳥類[鴱(鶩)]範圍?

中,聯繫密切,完美契合。從《孔子詩論》作者的角度進行解讀,先用“溺志”評述“湛彼兩鶩”,然後用“既曰天也,猶有怨言”評述“母也天氏,不京(諒)人氏”,由此順應安大簡本的詩義。據此,我們有理由大膽推測《孔子詩論》的作者曾經看過《鄘・柏舟》本文,有與安大簡本類似或者相同的字句。綜上所述,《孔子詩論》“☐溺志。既曰天也,猶有怨言”和安大簡本《甬(鄘)・白舟》“湛彼兩鶩”屬對應關係,據此不僅解決了《孔子詩論》這條評述的歸屬問題,同時證明了安大簡本“湛彼兩鶩”句與毛《詩》“髧彼兩髦”句立異。

老河口安崗楚墓遣册札記三則*

范常喜

摘　要： 湖北老河口安崗楚墓遣册簡保存情况較差，簡文照片效果欠佳，其上文字殘失及模糊處較多，遂致一些字未得確釋。通過考察發現，簡文"□麾之干"中缺釋之字當釋作"黑"或"墨"，"黑麾（旍）之干（杆）"指黑旍裝飾的旗杆；"幁筭⿰月口⿰月口廿筭與四亘"當釋作"幁（巾）節（櫛）、⿰月口⿰月口廿筭與四亘（笥）"，指盥洗用具"巾櫛"與食物"⿰月口⿰月口"共二十四個竹箱；"一□⿰戶口"當釋作"一𦘦韗（盾）"，指墓中出土的黑漆革盾。

關鍵詞： 安崗　楚簡　遣册

引　　言

安崗楚墓竹簡出土於湖北襄陽老河口安崗一、二號楚墓，是記録隨葬品的遣册。一號墓竹簡出自東邊箱，整理後共 21 枚，其中 6 枚基本完整。整簡長約 68.9、寬 0.6 釐米，2 道編。2 號墓竹簡出自頭箱，整理後共 4 枚，均有不同程度殘損，其中簡 4 基本完整。整簡長約 71、寬 0.6 釐米，2 道編。兩批簡文中多使用勾識符號作爲不同物品記録之間的分隔標識。

整理者劉國勝、胡雅麗二位先生已經對這兩批遣册做了很好的考釋研究，[①]後來

---

*　項目來源：國家社科基金重大項目"戰國文字研究大數據雲平臺建設"（21&ZD307）、國家社科基金重大項目"戰國文字詁林及數據庫建設"（17ZDA300）。

①　劉國勝、胡雅麗：《湖北老河口安崗楚墓竹簡概述》，《文物》2017 年第 7 期，第 59—64 頁，後來此文又經修改增補以《安崗一、二號墓竹簡釋文與考釋》爲題，收入王先福主編，襄陽市博物館、老河口市博物館編著：《老河口安崗楚墓》，科學出版社 2018 年，第 144—157 頁。

羅小華、陳美蘭、王谷等先生又對其中的一些字詞做了進一步的討論,①得出了不少新的結論。然而,由於這兩批竹簡保存情況較差,簡文照片效果欠佳,其上文字殘失及模糊處較多,導致不少字至今未得確釋。本文擬在諸位學者研究的基礎上,對一號墓遣册中三處未釋、誤釋之字略作補釋。

一、黑 旄 之 杆

安崗 M1 · 2:"一乘(乘)甸(田)車,周(雕)楻(輯),韗冒(蒙)■。彤笄,䟆麾之▯頁,□麾之干■。"

本段簡文是關於隨葬用"甸(田)車"的記録,同時記有車載旗幟的情況。原簡上有墨釘勾識符號,本文所引釋文以"■"代替。我們想着重討論的是本段簡文末尾"□麾之干"的釋讀問題。對於後半段簡文,整理者注曰:"'彤笄',似當指赤色的旗幟,用在'甸車'之上。此與望山二號楚墓 13 號簡所記'彤幵,黄末,翠朐,翡羸,家(蒙)毛(旄)之首'之'彤幵'當是一物。'䟆',似當讀爲'尨',雜色。《左傳》閔公二年:'衣之尨服,遠其躬也',杜預注:'尨,雜色。''麾',疑讀爲'旄',指旄飾。《説文》:'旄,幢也。'朱駿聲通訓定聲:'旄,旌旞杆飾也。本用犛牛尾注于旗之杆首,故曰旄。後又用羽,或兼用氂與羽焉。''之'下一字不清,據紅外影像,右旁是'頁',在此疑用作'首',指旗杆之首。簡文'尨旄之▯頁'蓋與望山二號楚墓 13 號簡的'家毛之首'相當,是説'彤笄'的杆首插有雜色旄飾。'干',疑指'彤笄'的旗杆,'□旄之干'似與包山楚簡 269 號簡所記'毣(旄)中干'相當,'□旄'是'干'上的裝飾。"②

我們認爲,整理者對諸項名物的訓解大都可信,只有對"□麾之干"的釋讀稍有未安。正如整理者所述,該句是對"甸(田)車"所載旗幟"彤笄"之旗杆上飾物的記述,但與包山楚簡 269 號簡所記"毣(旄)中干"應當無關。因爲包山簡的"毣(旄)中干"是單獨一種旗幟的名稱。李家浩先生將"毣"讀作"旄",并進一步指出,"中干"亦見於望山楚簡,辭例爲"二霝(靈)光之中干""一秦高(縞)之中干"。這些簡文中

① 羅小華:《老河口安崗一號楚墓竹簡選釋》,簡帛網 2017 年 8 月 8 日,http://www.bsm.org.cn/?hanjian/7598.html;陳美蘭:《老河口安崗楚墓遣册補説》,《古文字研究》第 33 輯,中華書局 2020 年,第 523—530 頁;王谷:《老河口安崗楚簡文字補釋》,《簡帛》第 23 輯,上海古籍出版社 2021 年,第 153—158 頁。

② 劉國勝、胡雅麗:《安崗一、二號墓竹簡釋文與考釋》,王先福主編,襄陽市博物館、老河口市博物館編著:《老河口安崗楚墓》第 144、147 頁。

的“中干”均當讀作“中罕”，即古書所記的“罕旗”。包山 2 號楚墓南室出土的 224 號竹竿由三根瘦竹捆紮而組成，長 318—344 釐米，應即簡文所記“䈯(旄)中干(罕)”的旗杆。[1] 劉國勝先生在李先生基礎上，進一步補充了天星觀楚簡中的“中竿(罕)”與尹灣漢代木牘中的“終干(罕)”。劉先生指出：“《説文》：‘旄，幢也。’段玉裁注：‘以犛牛尾注旗竿，故謂此旗爲旄。’天星觀簡記有‘絑羽之中竿’‘白羽之中竿’；[2]連雲港尹灣六號漢墓出土《武庫永始四年兵車器集簿》記有‘乘輿終干百卅九’。[3] ‘中竿’‘終干’與‘中干’當爲同物。”[4]可見，整理者認爲安崗簡“□麃之干”的“干”是指“彤笄”之旗杆完全正確，但將其與其他楚遣册簡中的旗名“中干(罕)”相等同則不可從。

簡文“□麃之干”中缺釋之字原簡文作  ，雖然不甚清晰，但墨迹輪廓尚存，我們試摹作 。該字位於竹簡近上道編繩處，而且下部寫在了竹節位置上。根據整理者介紹，這批竹簡以上下兩道編繩編連，由於個别簡的編痕幾乎遮住文字的下部筆畫(如簡 4)，反映出竹簡應當是先寫後編。簡文書寫風格不完全一致，字體大體可分爲兩類，一類文字較大且顯潦草(如簡 1)；一類文字較纖細、工整(如簡 17)。[5] 從竹簡照片來看，第 1—5 號簡同屬於文字較大且顯潦草的一類。這 5 枚簡多在竹節位置斷開，雖經整理者重新拼綴，原先寫在竹節處的字也大都存在不同程度的殘損。雖然 1—3 號簡上端竹節處未斷開，但已明顯鬆動，其上墨迹也皆有殘失，如 (簡 1)、 (簡 3)二字，其下部處在竹節處的筆畫均有殘缺。2 號簡上部竹節處墨迹殘失最甚，而 字下部正處在此位置上，所以其下部應當仍有筆畫，現存字形底部尚存一短撇應即下部筆畫的遺留。此外，由於這批簡是先寫後編，故其字間距不會受到編繩的影響。從 與其後“麃”之間存在較寬的距離來看，其下部也應當有所殘缺。具體如圖一所示：

① 李家浩：《包山楚簡中的旌旆及其他》，收入氏著《著名中年語言學家自選集·李家浩卷》，安徽教育出版社 2002 年，第 261—262、270 頁。

② 原注滕壬生：《楚系簡帛文字編》，湖北教育出版社 1995 年，第 359 頁。

③ 原注李均明：《尹灣漢墓出土“武庫永始四年兵車器集簿”初探》，連雲港市博物館、中國文物研究所編：《尹灣漢墓簡牘綜論》，科學出版社 1999 年，第 109 頁。

④ 劉國勝：《楚喪葬簡牘集釋》，科學出版社 2011 年，第 58 頁。

⑤ 王先福主編，襄陽市博物館、老河口市博物館編著：《老河口安崗楚墓》第 84 頁。

圖一 安崗一號楚墓遣册1—5號簡上部編繩位置

根據以上分析,我們認爲　當爲"黑"或"墨"字之殘。① 楚簡文字中"黑"之上部的"囦"旁可以寫作　、　、　等形。這種寫法見於《上博五·三德》簡1"䀼(晦)"字所从,整字作　;②《上博六·用曰》簡3"墨"字所从,整字作　;③《上博九·卜書》簡7"墨"字所从,整字作　　;④《清華六·管仲》簡2"讋"字所从,整字作　。⑤ 　與　、　、　等相比,僅在上部尖角處多出向右的一斜筆。不過,楚簡中的"黑"旁上部"囦"形也有寫作多一斜筆者,作　　之形,如《郭店·窮達以時》簡7"數"字所

① 按:清華簡第十一册《五紀》簡18、24有"黑"字省寫作　　　者,但安崗簡　實爲殘字,下部仍有筆畫,不當視爲一個整字,故無法與這類"黑"之省體相認同。相關字形參見清華大學出土文獻研究與保護中心編,黄德寬主編:《清華大學藏戰國竹簡(拾壹)》,中西書局2021年,第191頁。

② 馬承源主編:《上海博物館藏戰國楚竹書(五)》,上海古籍出版社2005年,第127頁。釋"晦"參見晏昌貴:《〈三德〉四札》,簡帛網2006年3月7日,http://www.bsm.org.cn/?chujian/4491.html;白於藍:《簡牘帛書通假字字典》,福建人民出版社2008年,第162頁。

③ 馬承源主編:《上海博物館藏戰國楚竹書(六)》,上海古籍出版社2007年,第107頁。

④ 馬承源主編:《上海博物館藏戰國楚竹書(九)》,上海古籍出版社2012年,第135頁。

⑤ 清華大學出土文獻研究與保護中心編,李學勤主編:《清華大學藏戰國竹簡(陸)》,中西書局2016年,第162頁。

从，整字作；[①]《上博五・鮑叔牙》簡3"纆"字所从，整字作。[②] 由此可知，安崗簡當爲"黑"或"墨"字之殘。

古漢字在發展演變過程中，有部分呈尖圓形包圍結構的字或偏旁，其上部尖角位置往往贅加一斜筆，如"西"在西周金文中作（師酉簋・集成4288），[③]在楚簡中一般作（上博三・周易37、57），[④]其頂部尖角處便贅加了一斜筆。又如"角"在西周金文中寫作（史牆盤・集成10175），[⑤]在楚簡中一般作（上博五・三德10），[⑥]其尖角處同樣加一斜筆。"角"作偏旁時其尖角處則有無斜筆均可，如（清華一・保訓7、9"解"）、（包山157、248"解"）、（上博三・周易42"斛"）、（清華八・心中4"奐"）等。[⑦] 再如"卤"在西周金文中作（免盤・集成10161），[⑧]在楚簡中作偏旁時其上部尖角處或加一斜筆，亦或不加，如（包山147、上博二・容成氏3"盧"）、（包山197、236"鹽"）等。[⑨] 據此推測，楚簡中"黑"之所从"囦"旁尖角處加一斜筆應屬同類現象。

由此可知，整句簡文"彤笄，褷(尨)麈(旃)之□頁(首)，黑/墨麈(旃)之干(杆)"大意是：田車所載彤笄旗一面，雜色毛羽的杆首，黑色毛羽的杆身。其他楚遣册簡中也有記述旃旗杆首、杆身的文字，可以爲本簡内容的理解提供參考。《望山楚簡》M2・13："隹(鳧)署(旌)，[⑩]白市，翡(翡)翠(翠)之首。彤幵(旜/旃)，[⑪]黄末，翠(翠)胸(拘)翡

① 荆門市博物館編：《郭店楚墓竹簡》，文物出版社1998年，第27頁。

② 馬承源主編：《上海博物館藏戰國楚竹書(五)》第33頁。

③ 董蓮池編著：《新金文編(中册)》，作家出版社2011年，第1577頁。

④ 馬承源主編：《上海博物館藏戰國楚竹書(三)》，上海古籍出版社2003年，第49、69頁。

⑤ 董蓮池編著：《新金文編(上册)》，作家出版社2011年，第500頁。

⑥ 馬承源主編：《上海博物館藏戰國楚竹書(五)》第136頁。

⑦ 清華大學出土文獻研究與保護中心編，李學勤主編：《清華大學藏戰國竹簡(壹)》，中西書局2010年，第219頁；湖北省荆沙鐵路考古隊：《包山楚簡》，文物出版社1991年，圖版七二、一〇八；馬承源主編：《上海博物館藏戰國楚竹書(三)》第54頁；清華大學出土文獻研究與保護中心編，李學勤主編：《清華大學藏戰國竹簡(捌)》，中西書局2018年，第192頁。

⑧ 董蓮池編著：《新金文編(中册)》第1579頁。

⑨ 湖北省荆沙鐵路考古隊：《包山楚簡》圖版六七、八八、一〇四；馬承源主編：《上海博物館藏戰國楚竹書(二)》，上海古籍出版社2002年，第95頁。

⑩ 釋"隹(鳧)"參看單育辰：《談戰國文字中的"鳧"》，簡帛網2007年5月30日，http://www.bsm.org.cn/?chujian/4786.html，後刊於《簡帛》第3輯，上海古籍出版社2008年，第21—28頁。

⑪ 釋"彤幵(旜/旃)"參看范常喜：《望山楚簡遣册所記"彤秉"新釋》，《江漢考古》2018年第2期，第115—117頁。

(翡)羸(羸),冢毛之首。”簡文大意爲:一面飾有皃羽的旌旗,白色的旆旗,翠羽裝飾的杆首;一面紅色的旃旗,黄色的末旗,翠羽纏繞的旗杆,冢毛的杆首。其中的“翚(翠)朐(拘)翫(翡)羸(羸)”,劉國勝先生認爲指旗杆上纏有翡翠鳥羽的裝飾。[①]

《曾侯乙》簡 9—10:“二旆,屯九翼之翻。鶽(翠)絳(鏖),[②]白敌(旄)之首,鶽(翠)頸,鶽(翠)簪,紪(紫)羊須之緦(紕)。”簡 46:“雔(皃)旃,墨毛之首。”簡 72:“紪(紫)旃,鶽(翠)首,鶽(翠)頸。”簡 79:“紪(紫)旃,玄羽之首。”簡 86:“雔(皃)旃,朱毛之首。”簡 89:“雔(皃)旃,鶽(翠)首,勳(貂)定之頸。”這幾處簡文中的“頸”都是指旗杆而言。整理者注:“《文選・魏都賦》‘旍(旌)旗躍莖’,劉良注:‘莖,旗竿也。’‘頸’、‘莖’二字并从‘坙’聲,疑簡文‘翠頸’、‘貂定之頸’之‘頸’當讀爲‘莖’。”[③]因此,簡文中的“翠頸”與“貂定之頸”應分别指翠羽裝飾的旗杆、貂頟之毛裝飾的旗杆。還可留意的是,這幾處簡文中的“墨毛之首”“玄羽之首”均可説明是用黑色毛羽裝飾的杆首,安崗簡中則用“黑麾(旄)”裝飾杆身自然也是情理中事。

包山 2 號楚墓出土矛、戟等長兵器多是用作車載旌旗的旗杆,[④]出土時尚保存着較爲完好的羽毛(圖二)。如 2:229 號戟,柲上部殘留有一摣羽毛和一束人髮。2:231號小刺矛,柲上部捆扎三三摣羽毛,最上端一匝羽毛下,有一束頭髮纏繞於柲上。[⑤] 具體如圖二所示。這些旗杆上的毛羽實物也可爲安崗簡所記“彤笲,褷(尨)麾(旄)之𩠐(首),黑麾(旄)之干(杆)”提供更爲直觀的參考。

二、巾　　櫛

安崗 M1・3:“幁(巾)箕▆。肕肕廿箕與四匫(笥)▆。”

整理者注:“‘幁’,巾的别名。‘箕’,竹笥名,楚墓遣册習見。簡文‘幁箕’前可能漏寫或省寫了表示數量的數字。包山楚簡 259 簡記有‘一縫(巾)笲,六縫(巾)’。‘幁箕’與‘巾笲’大概都是盛巾的竹笥。……‘廿’上二字殘泐,當指食物,從殘畫看,後一

① 劉國勝:《楚喪葬簡牘集釋》第 104 頁。

② “鶽(翠)絳(鏖)”似指以翠羽裝飾的“蜂旗”,參見羅小華:《楚簡名物選釋四則》,《楚學論叢》第 3 輯,湖北人民出版社 2014 年,第 6—8 頁。

③ 參見湖北省博物館編:《曾侯乙墓》,文物出版社 1989 年,第 490、492、494、495、511 頁。

④ 參見李家浩:《包山楚簡中的旌旆及其他》,收入氏著《著名中年語言學家自選集・李家浩卷》第 268 頁。

⑤ 湖北省荆沙鐵路考古隊:《包山楚墓(上册)》,文物出版社 1991 年,第 202—205 頁,下册彩版一二・1。

圖二　包山2號楚墓出土銅戟、矛及其柲纏毛羽情況

字疑从‘肉’从‘匕’，疑即‘肶’，讀爲‘膍’。《説文》：‘膍，牛百葉也。从肉毘聲。一曰鳥膍胵。肶，膍或从比。’‘亘’，‘笥’字異體。墓中出土各類竹笥11件，有的竹笥裏面發現有果核。”①

“幁”字原簡文作，从市从頁，實當隸定作“頏”。不過楚簡文字中的“巿”旁在構字時也常寫作“市”，如（上博一·孔子詩論20“帛”）、（郭店·老子乙14“黹”）、

① 劉國勝、胡雅麗：《安崗一、二號墓竹簡釋文與考釋》，王先福主編，襄陽市博物館、老河口市博物館編著：《老河口安崗楚墓》第145、148頁。

(郭店·六德 27“布”)、(包山 214“常”)等。[①] 因此,“頼”可以視作“幁”之異體,在此當從整理者括讀作“巾”。《信陽楚簡》簡 2·9:“一笲,亓(其)實:一涘(浣)幁(巾),一滄(沬)幁(巾),一捉祓(髮)之幁(巾)。”李家浩先生認爲,其中的“幁”可能是“巾”之異文或“巾”之别名。“浣巾”用於洗手,“沬巾”用於洗面,“捉髮之巾”用於洗髮,三者共置於“笲”中。[②]《儀禮·士喪禮》:“沐巾一,浴巾二,皆用綌,於笲。”鄭玄注:“巾所以拭汗垢。浴巾二者,上下體異也。”安崗簡中的“頼(巾)”應該與信陽簡中的這些“幁(巾)”同屬於沐浴用巾。

“頼(巾)”後一字原簡文作  ,整理者釋“箕”,但同簡“箕”字作  ,其下部所从與此字區别較大,故知所釋不確。我們認爲,此字下部當爲“即”旁,整字應釋“節”。楚文字中的“節”較爲多見,如:(上博一·性情論 12)、(上博五·三德 3)。[③] 對比可知,“頼(巾)”後一字確當釋“節”,在此可讀作“櫛”,指梳篦之總名。《説文·木部》:“櫛,梳比之總名也。”古書中往往與沐浴用巾合稱爲“巾櫛”,泛指盥洗用具。《禮記·曲禮上》:“男女不雜坐,不同椸枷,不同巾櫛,不親授。”《左傳》僖公二十二年:“寡君之使婢子侍執巾櫛,以固子也。”《莊子·寓言》:“至舍,進盥漱巾櫛,脱屨户外。”《韓詩外傳》卷二:“姬曰:‘妾得於王,尚湯沐,執巾櫛,振衽席,十有一年矣。’”據此看來,安崗簡中的“頼(巾)節(櫛)”也應當是泛指一套盥洗用具。

簡文“頼(巾)節(櫛)”前後均没有表示數量的詞語,但其後有一墨釘勾識符號,接着是“肌□肌□廿箕與四亘(笥)”,“亘”後再加一勾識符號。我們推測,此處應理解爲盥洗用具“頼(巾)節(櫛)”、食物“肌□肌□”共二十箕并四笥,其中的勾識符號相當於當下所用的頓號。遣册書寫者記録這些隨葬品時可能是按盛放的容器類别記録,由於“巾櫛”與“肌□肌□”皆盛於“箕”和“笥”,故而連記在了一起,但盥洗用具畢竟與食物不同,所以還是用勾識符號將其隔開。由此看來,并不存在整理者所説“頼(巾)節(櫛)”前“漏寫或省寫了表示數量的數字”的問題。安崗一號墓東邊箱出土 1 件竹笥(M1:132),内

① 馬承源主編:《上海博物館藏戰國楚竹書(一)》,上海古籍出版社 2001 年,第 32 頁;荆門市博物館編:《郭店楚墓竹簡》第 8、71 頁;湖北省荆沙鐵路考古隊:《包山楚簡》圖版九五。

② 參見李家浩:《信陽楚簡“滄”字及从“关”之字》,收入氏著《著名中年語言學家自選集·李家浩卷》第 202 頁;劉雲:《釋信陽簡中的“髮”字》,復旦大學出土文獻與古文字研究中心網 2013 年 11 月 30 日,http://www.fdgwz.org.cn/Web/Show/2185。

③ 馬承源主編:《上海博物館藏戰國楚竹書(一)》第 82 頁;馬承源主編:《上海博物館藏戰國楚竹書(五)》第 129 頁。

有木梳(M1∶37)(圖三)1件,[1]應即盛放簡文所記"幁(巾)節(櫛)"的竹笥。不過由於盥洗用巾多爲絲質,已腐朽無存,只保存下來了木質的梳子和殘破的竹笥。

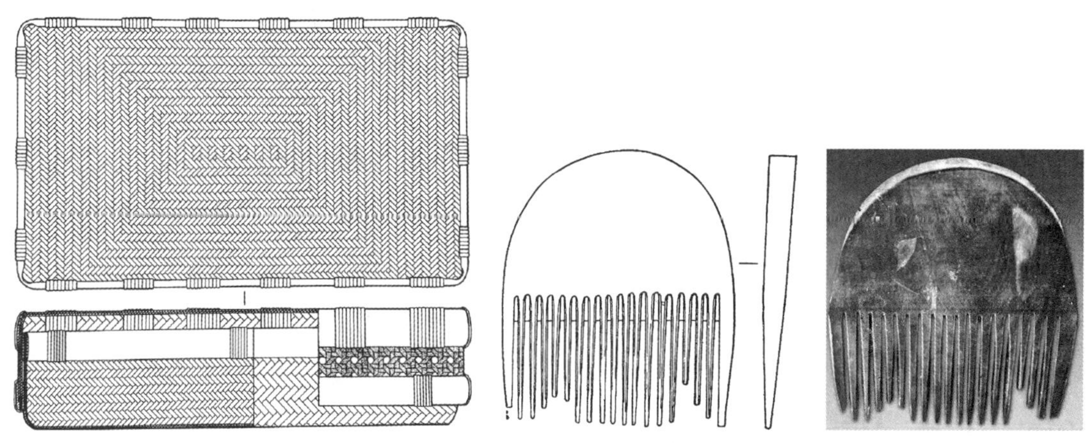

圖三　安崗一號墓出土竹笥(M1∶132)與木梳(M1∶37)

三、栔　　盾

安崗 M1・4:"一貞(頂)□虖(甲),紫裛■。一□户□■。三戈■。"

本段簡文中的"一□户□"三字,整理者如此隸定,而且未作進一步解釋。所謂"户□"字原簡文作 ,其下部位於竹簡竹節殘斷處,不甚清晰,但與本簡簡首"革"字作 相比對可知應爲"革"旁,故整字可摹作 ,釋作"䩜"。"䩜"上部當爲楚文字中的"盾",試比較: 、 (清華六・太伯甲5、太伯乙5)。[2] 因此,"䩜"當即从革盾聲的"盾"之專用字。安大簡《詩經》簡47有"盾"字作 ,[3]下部亦从革,上部所从"盾"旁中的"盲"形訛成了"古"形,與安崗簡中的"䩜(盾)"應視爲同一個字。

此外,還可稍作補充的是,簡文"一□䩜(盾)"之後緊接着記的是"三戈"。這與曾侯乙墓出土遣册所記"盾"與"戈"的順序相同。曾侯乙簡中的"盾"大都寫作"戢",其

① 王先福主編,襄陽市博物館、老河口市博物館編著:《老河口安崗楚墓》第50、51、53頁,圖版二一・4。

② 清華大學出土文獻研究與保護中心編,李學勤主編:《清華大學藏戰國竹簡(陸)》第169頁。

③ 安徽大學漢字發展與應用研究中心編,黄德寬、徐在國主編:《安徽大學藏戰國竹簡(一)》,中西書局2019年,第31頁。

字从戈盾聲,亦當是"盾"之專用字,[①]在這批簡文中共出現 24 次,其中有 22 次與"戈"連記在一起。如簡 6:"二黄金之戫(盾)。二戈。"簡 15:"二畫戫(盾)。二戈。"簡 46:"革戫(盾)。二戈。"[②]古書中亦多見"戈盾"連言之例。《周禮·夏官·司戈盾》:"掌戈盾之物而頒之。祭祀,授旅賁殳、故士戈盾,授舞者兵亦如之。軍旅、會同,授貳車戈盾,建乘車之戈盾,授旅賁及虎士戈盾。及舍,設藩盾,行則斂之。"《山海經》:"有人無首,操戈盾立,名曰夏耕之尸。""戈"與"盾"屬攻防配套兵器,故楚墓遣册及古書中多將二者連記在一起,當與此有關。這也可以從一個側面證明我們將"𩏂"釋爲"盾"可信。

"𩏂(盾)"字釋出後,其前面整理者缺釋之字也可略作推論。該字原簡文作  ,我們懷疑可能是"桼"字之殘,其左側尚存"桼"旁下部之形,試比較:  (安崗 M1·7"桼")、  (信陽 2·2、3"桼")。[③] 安崗一號墓遣册 7 號簡爲另一書手所寫,故其中的"桼"形與我們所論 4 號簡之"桼"用字有所不同,但其字形仍然可資對照。《曾侯乙》簡 43、129 有"桼甲"的記述,[④]可與安崗簡此處的"桼盾"對比參看。

據發掘報告介紹,安崗一號墓東邊箱出土黑漆革盾 1 件,編號爲 M1:123。這件盾"革胎已腐朽無存,存有胎外較厚的黑漆殼。盾面爲長方梯形,上部略窄,平頂有外凸方領。中部安木質盾柄,柄中部呈弓形。柄長 88、盾長 84.8、方領寬 14、方領高 3、肩寬 52、底寬 56 釐米(圖四)。"[⑤]簡文"一桼𩏂(盾)"當與墓中出土的這件黑漆革盾相對應。值得注意的是,該墓東邊箱還伴出 3 件銅戈,與本簡所記"三戈"相符合。這 3 件銅戈分爲 AB 兩型,其中兩件木鐏戈(M1:135、M1:139)屬 A 形,通長分别爲 73.5、73 釐米,明顯過短,似爲明器。另外一件銅鐏戈(M1:137)屬 B 型,通長 152 釐

① "盾"寫作"戫",與楚文字中"侵"多作"䢜"(上博三·周易 13),"攻"或作"戏"(郭店·成之聞之 10),"傷"多作"戩"(包山 144),"誅"或作"𢦏"(郭店·語叢四 8),"勇"或作"戢"(郭店·成之聞之 9、21),"陣"多作"戦"(上博四·曹沫之陣 19)等加"戈"旁的專用字構形相類似,故此我們認爲"戫"即"盾"之專用字。曾侯乙簡整理者認爲,簡文中的"戫"即"瞂"字或體,疑爲从盾,伐省聲。與本文的理解不同。參見湖北省博物館編:《曾侯乙墓》第 506 頁。

② 參見湖北省博物館編:《曾侯乙墓》第 490、492 頁。

③ 王先福主編,襄陽市博物館、老河口市博物館編著:《老河口安崗楚墓》圖版四五·7;武漢大學簡帛研究中心、河南省文物考古研究所編著:《楚地出土戰國簡册合集(二)·葛陵楚墓竹簡、長臺關楚墓竹簡》,文物出版社 2017 年,第 79、83 頁。

④ 湖北省博物館編:《曾侯乙墓》第 492、497 頁。

⑤ 襄陽市博物館、老河口市博物館:《湖北老河口安崗一號楚墓發掘簡報》,《文物》2017 年第 7 期,第 22、26、33 頁;王先福主編,襄陽市博物館、老河口市博物館編著:《老河口安崗楚墓》第 63 頁,圖版二五·5。

米,柲髹黑漆,底部銅鐏上浮雕立鳥并飾勾連雲紋、重環紋、卷雲紋,戈身則套有木鞘,外髹黑漆,頗爲精美。[①] 我們懷疑,這件銅戈與黑漆革盾應屬配套使用的儀仗用具。

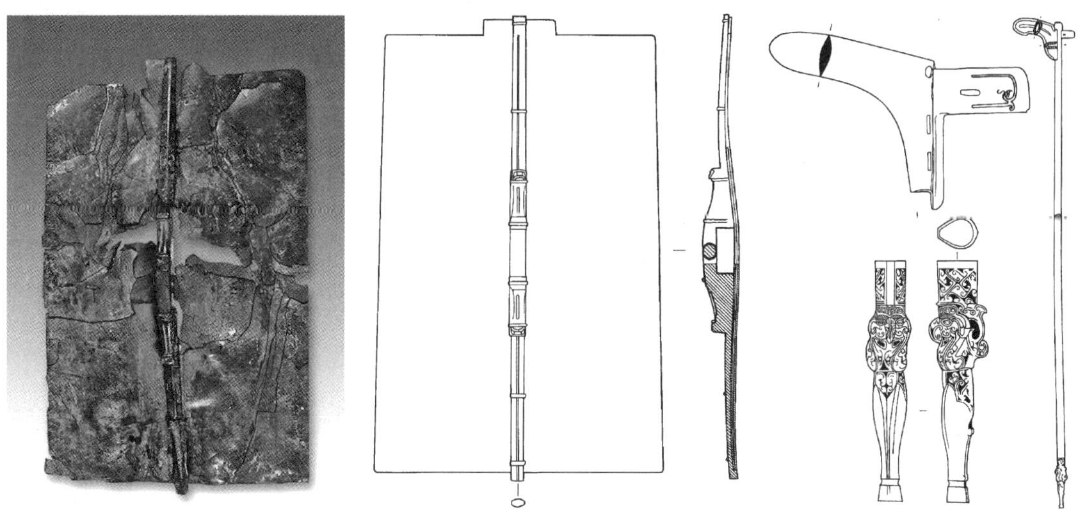

圖四　安崗一號楚墓出土黑漆革盾(M1:123)、銅鐏戈(M1:137)

結　　語

以上我們對湖北老河口安崗楚墓遣册中三處未釋、誤釋字作了補釋。簡文"□麾之干"中缺釋之字當是"黑"或"墨"字之殘,"黑麾(旄)之干(杆)"指黑旄裝飾的旗杆,與其他楚遣册簡中的旗名"中干(罕)"無關。包山2號楚墓出土車載旌旗的旗杆上保存着較爲完好的羽毛,可以爲此提供直觀的參考。"幀箕肥肥廿箕與四笸"應當改釋并斷讀作"幀(巾)節(櫛)、肥肥廿箕與四笸(笥)",指盥洗用具"巾櫛"與食物"肥肥"共二十四個竹箱。一號墓出土M1:132號竹笥内有木梳1件,應即簡文所記盛放"巾櫛"的竹箕。"一□冎"當釋作"一䂂𩏂(盾)",指一號墓出土的黑漆革盾。該革盾與伴出的M1:137號銅鐏戈屬於配套使用的儀仗用具。安崗簡中尚有不少尚存筆畫或輪廓的殘字,所記名物也多有未得善解者,非常值得繼續進行探討。

① 王先福主編,襄陽市博物館、老河口市博物館編著:《老河口安崗楚墓》第54—56頁。

戰國簡牘中的“𥃩”與“巂”*

孫夢茹

摘　要： 戰國簡牘中有“畫”“巂”字及以其作偏旁的相關字，我們將九店、包山、安崗、曾侯乙簡、上博簡等簡牘中从“畫”“巂”諸字集中討論，并聯繫睡虎地日書、周家臺日書中的星宿名“此巂（觜觿）”，辨析了楚簡文字“𥃩”的字形，釋讀了包山遣册“一角𥃩”。

關鍵詞： 戰國簡牘　𥃩　角觿

戰國簡牘中有“畫”“巂”及以其作偏旁的相關字。“畫”字見於九店 56 號墓竹簡、包山 2 號楚墓竹簡與老河口安崗 2 號楚墓竹簡。

九店簡中多次出現“畫”字，如“畫一秷又五𥝤（秭）”“畫二秷”“畫三稅”“畫四十檐（擔）六檐（擔）”等。其中 7 號簡字形最爲清晰，圖版作：①

李零先生認爲此字似爲折合之義。② 李家浩先生認爲，此字从“田”从“崔”。“崔”是“巂”字所从的偏旁，與“崔嵬”之“崔”非一字。𩵦伯匄井姬鑴銘文“鑴”字原文以“崔”爲“巂”。據此，簡文“畫”有可能是“𥃩”字的異體。“𥃩”見於《集韻》卷二齊韻，即“畦”字的重文。《楚辭·離騷》：“畦留夷與揭車兮。”王逸注：“畦，共呼種之名。……五十畝爲畦也。”又《招魂》：“倚沼畦瀛兮。”王逸注：“畦，猶區也。”“畦”的這些意思皆與簡

* 本文是國家社科基金項目“兩周曾國玉器整理與研究”（20BKG045）、“古文字與中華文明傳承發展工程”協同攻關創新平臺規劃項目“楚簡遣册名物辭典”（G3445）的階段性成果。

① 圖版采自湖北省文物考古研究所，北京大學中文系：《九店楚簡》，中華書局 1999 年，第 2 頁。

② 李零：《讀九店楚簡》，《考古學報》1999 年第 2 期，第 141 頁。

文"畾"不合。從一號簡至七號簡以"擔""秷""稅""來"等爲"畾"的量詞來看,"畾"似指某種農作物。"畾"字還見於包山楚墓一五七號簡"職畾",猶《周禮》"職金",應當是指管理"畾"這種農作物的職官。[①] 晁福林先生認爲"畾"字應如李家浩先生已指出的爲"畦"字重文,當讀如畦,爲楚地田畝名稱,但其量制面積很可能没有五十畝之多。[②] 邴尚白先生認爲"畾"字从"田""崔"聲,疑讀爲"秝"。[③] 劉信芳先生認爲"畾"字應爲从田萑聲,乃萑之繁形,讀爲"萑",是一種草名。[④] 周波先生認爲,"疇"字見曾侯乙簡80、上博《周易》簡17,字从"冋"从"崔"从"田",九店簡"畾"疑爲"疇"字的省形。[⑤] 董珊先生認爲"畾"指一種穀類農作物,可讀爲"委積"之"委"。[⑥] 林清源先生認爲"畾"字从田、犞省聲,可讀作"禾",指尚未去殼的嘉穀。[⑦]

包山簡157中的兩"畾"字,圖版分别作:

劉釗先生認爲此字从"崔"从"田",可釋爲"𡑞",見於《集韻》,簡文中用法不詳。[⑧] 陳宗棋先生認爲"畾"字可能與某類租税的徵收有關。[⑨] 李家浩先生認爲"畾"是指某種農作物。[⑩] 劉信芳先生指出"畾"字原簡从田萑聲,乃萑之繁形。并據九店簡文意,認爲"畾"是一種植物,應讀爲"萑"。[⑪]

老河口安崗2號楚墓簡的"畾"字,相關簡文作:

一桑(瑟),纍(組)紡紫縑之进䋥,畾績。

① 李家浩:《五六號墓竹簡釋文與考釋》,《九店楚簡》,第58頁。

② 晁福林:《〈九店楚簡〉補釋——小議戰國時期楚國田畝制度》,《中原文物》2002年第5期,第51頁。

③ 邴尚白:《九店五十六號楚墓一至十二簡試探》,《中國文學研究》第16期,2002年6月,第32頁。

④ 劉信芳:《包山楚簡解詁》,藝文印書館2003年,第164頁。

⑤ 周波:《〈九店楚簡〉釋文注釋校補》,《江漢考古》2006年第3期,第88頁。

⑥ 董珊:《楚簡簿記與楚國量制研究》,《考古學報》2010年第2期,第200頁。

⑦ 林清源:《九店56號楚墓第1—3號簡集釋》,《第四屆國際漢學會議論文集——出土材料與新視野》,"中研院"歷史語言研究所2013年9月,第573頁。

⑧ 陳偉等著:《楚地出土戰國簡册[十四種]》,經濟科學出版社2009年,第77頁。

⑨ 陳宗棋:《出土文獻所見楚國官制中的幾種身分》,"第一届出土文獻學術研討會"論文,"中研院"歷史語言研究所2000年6月,第13頁。

⑩ 李家浩:《五六號墓竹簡釋文與考釋》,《九店楚簡》第58頁。

⑪ 劉信芳:《包山楚簡解詁》第164頁。

"巂"字圖版作：①

整理者認爲此字似是對"繢"的顔色説明。"繢"疑指囊袋一類的物品。②

曾侯乙簡多次出現一個从"巂"之字"⿰衤巂"(見下表)。③ 相關辭例有"⿰衤巂紫魚"(簡2)、"一⿰衤巂紫黄紡之綳"(簡 2—3)、"三⿰衤巂貂與录(緑)魚之箙"(簡 5)、"一⿰衤巂貂與紫魚之箙"(簡 5)、"一⿰衤巂載扈"(簡 5)、"三貂⿰衤巂紫魚之箙"(簡 8)、"二⿰衤巂載扈"(簡 17)等。整理者認爲似指某種顔色。④ 何琳儀先生將此字讀爲"畫"。⑤ 施謝捷先生懷疑當讀爲"黈",《説文》:"黈,鮮明黄也。"⑥白於藍先生認爲"⿰衤巂"應是彩色花紋之義。⑦ 田河先生指出天星觀遣册的"纗鞁"之"纗"與曾侯乙墓竹簡的"⿰衤巂"當是一字異寫,"⿰衤巂"讀爲"畫",意爲"彩色爲畫",且"⿰衤巂"與"畫(劃)"大概表示不同的作畫方式或者工序。⑧ 曹菁菁先生認爲"⿰衤巂"的意義相當於"綴連",如"⿰衤巂 A 與 B"即表示矢箙是兩種皮質綴合而成的,"A ⿰衤巂 B"則表示以 A 皮質爲主,綴連 B 皮質而成。⑨ 羅小華先生認爲"⿰衤巂"字表示顔色的可能性較大。⑩

 簡 2	 簡 5	 簡 5	 簡 5	 簡 8	 簡 9	 簡 17

上海博物館藏戰國楚簡《周易》簡 17 的"⿰口巂",釋文作:

上六:係而敂(扣)之,從乃⿰口巂之。王用亯于西山■

① 圖版采自王先福主編:《老河口安崗楚墓》,科學出版社 2018 年,圖版四八。

② 王先福主編:《老河口安崗楚墓》第 155 頁。

③ 圖版均采自陳偉、彭浩主編:《楚地出土戰國簡册合集(三)》,文物出版社 2019 年。

④ 湖北省博物館編:《曾侯乙墓》,文物出版社 1989 年,第 503 頁。

⑤ 何琳儀:《戰國文字聲系》,中華書局 1998 年,第 736 頁。

⑥ 施謝捷:《隨縣望山包山江陵郭店楚簡釋文》,電子版(内部交流),2003 年,第 337 頁。

⑦ 白於藍:《曾侯乙墓竹簡中的"鹵"和"櫓"》,《中國文字》新二十九期,藝文印書館 2003 年,第 203 頁。

⑧ 田河:《出土戰國遣册所記名物分類滙釋》,博士學位論文,吉林大學 2007 年,第 104 頁。

⑨ 曹菁菁:《曾侯乙墓遣册車載兵器研究》,碩士學位論文,北京大學 2007 年,第 31—32 頁。

⑩ 羅小華:《戰國簡册中的車馬器物及制度研究》,武漢大學出版社 2017 年,第 36、161 頁。

“𡅃”字圖版作：

整理者指出，“𡅃”字同“畦”，《集韻》：“畦，或作𡅃。”讀爲“纗”，或讀爲“維”。《説文·糸部》：“纗，維綱中繩也。从糸巂聲。讀若畫，或讀若維”。今本《周易》作“維”。[①]

新蔡葛陵1號楚墓竹簡乙四98號簡有“𪚰”字。何琳儀先生分析此字原篆右下从“黽”，左下从“皿”(疑“黽”之叠加聲符)，上从“璀”聲，疑讀爲“𪓰”。《字彙》：“𪓰，大龜，形如山。”[②]徐在國先生分析此字从“黽”从“田”从“巂”，應釋爲“蛙”，但“蛙”在簡文中能否讀爲“卦”，待考。[③] 宋華强先生認爲此字从“黽”“瓗”聲，是“蠵”字的異體，《説文》指大龜，簡文中“𪚰”爲卜龜。[④]

關於以上諸字，我們認爲，如李家浩先生所言，“雟”“巂”字與“崔”字無關，“崔”是“巂”字所从的偏旁。程少軒先生在《試説“巂”字及相關問題》一文中，梳理了“巂”字從甲骨金文到戰國文字至秦漢簡的字形演變過程，并引魏宜輝先生《説喬》一文關於彊伯井姬羊尊的字的説法，認爲“巂”字上部是簡化的鳥冠形，中部的“隹”爲簡化的鳥身，下部的“冏”來源於鳥的剪狀尾部。“巂”突出的特徵是頭上的屮狀冠和尾部的剪狀尾，這兩種特徵僅保留一種，仍然可以起到區別意義的作用。[⑤]

上博簡《周易》簡17的“𡅃”字，其左部爲“冏”形，下部爲“田”形，確可隸定爲“𡅃”。“田”和“冏”兩部分位置互换并不影響。那麽，上述“雟”“巂”字的完整形態應該就是上博三《周易》簡17的“𡅃”字之形，而九店簡的“雟”字省掉了“冏”，曾侯乙簡的“巂”字省掉了“田”。

將“雟”字看作“𡅃”字的異體，即“畦”字的重文，也就是“畦”字是最合理的考釋意見。睡虎地秦簡、周家臺秦簡和北大漢簡爲此提供了證據。

睡虎地秦簡《日書乙種》簡87釋文作：

此(觜)巂(巂)，百事兇(凶)。可以敫人攻讎。生子，爲正。

---

① 馬承源主編：《上海博物館藏戰國楚竹書(三)》，上海古籍出版社2003年，第160—161頁。

② 何琳儀：《新蔡竹簡選釋》，《安徽大學學報》2004年第3期，第10頁。

③ 徐在國：《新蔡葛陵楚簡札記》，《中國文字研究》第五輯，廣西教育出版社2004年，第156頁。

④ 宋華强：《新蔡葛陵楚簡初探》，武漢大學出版社2010年，第149頁。

⑤ 程少軒：《試説“巂”字及相關問題》，《出土文獻與古文字研究》第2輯，復旦大學出版社2008年，第131—145頁。

其中“𧞤(嶲)”字，圖版作[①]：

觀察圖版，我們發現此字下部爲“田”，那麽此字應隸定爲“𧝇”。“此𧝇”，即文獻常見的星宿名“觜嶲(觜觿)”。

此外，睡虎地《日書甲種》簡 47、簡 50、簡 53，周家臺《日書》簡 150、簡 225 等也記有“此(觜)嶲”，我們列出較爲清晰的三個“嶲”字圖版以作比較：

睡虎地《日書甲種》簡 53[②]	周家臺《日書》簡 150[③]	周家臺《日書》簡 225[④]

以上三“嶲”字與睡虎地秦簡《日書乙種》簡 87 的“𧝇”字字形有所不同。睡虎地《日書甲種》簡 53 和周家臺《日書》簡 225 的“嶲”字从雚从冏，而周家臺《日書》簡 150 的“嶲”字左部多了一個“角”字。關於睡虎地《日書甲種》中的“此(觜)嶲”，整理者指出，其爲二十八宿之一，《開元占經・西方七宿占》引《石氏星經》曰：“觜嶲三星。”《淮南子・天文》作觜嶲。睡虎地《日書甲種》簡 53 的“嶲”字上半誤作从雚。[⑤] 劉樂賢先生指出“嶲”字本从雚或萑(甲骨文中雚、萑互用)，《説文》及後代从崔是从萑的訛誤。[⑥] 周家臺《日書》簡 150 此字整理者釋爲“觿”，讀爲“嶲”，整理小組又按簡文本作“嶲”。[⑦] 以上所舉辭例均與傳世文獻所見的星宿名“觜嶲”之“嶲”對應，可見，“巂”與“嶲”在當時的確可通。

“巂”“觿”相通。“觿”與“畦”都是支部匣母字。北大漢簡《揕輿》記有：“此(觜)畦(觿)、參。”“夏三月，丙、丁爲危陽，此(觜)畦(觿)、參爲杓，翼、軫爲筴。”“秋三月，庚、辛爲危陽〈陰〉，營室、東辟(壁)爲杓，此(觜)畦(觿)、參爲筴。”等等。[⑧] 可見，“觿”與

---

① 圖版采自陳偉主編：《秦簡牘合集[壹]》，武漢大學出版社 2014 年，第 841 頁。

② 圖版采自陳偉主編：《秦簡牘合集[壹]》第 782 頁。

③ 圖版采自陳偉主編：《秦簡牘合集[叁]》，武漢大學出版社 2014 年，第 209 頁。

④ 圖版采自陳偉主編：《秦簡牘合集[叁]》第 230 頁。

⑤ 陳偉主編：《秦簡牘合集[壹]》第 379 頁。

⑥ 劉樂賢：《睡虎地秦簡日書研究》，文津出版社 1994 年，第 75 頁。

⑦ 陳偉主編：《秦簡牘合集[叁]》第 204 頁。

⑧ 白於藍：《簡帛古書通假字大系》，福建人民出版社 2017 年，第 436 頁。

“畦”兩字可通假。那麽“雈”和“雟”與“畦”也可通。“畦”可能表示田畝等區域之義。

回到上舉戰國簡牘中的“雈”“雟”及相關字。已有各家説法皆有一定道理。由於語境的不同,這個字在不同的簡文中的讀法和寫法可能有差别。九店簡的“雈”讀爲“畦”、新蔡簡的“𧒚”字是“蠵”字異體的看法,可從。

安崗簡的“雈”字,我們認爲,其可能和曾侯乙簡的“𧝓”表示同一個字,此處可能表示囊袋的顔色,或者是對囊袋的描述。疑讀爲“畫”,表示裝飾、繪畫或者鏤空等。

值得注意的是,包山遣册 260 號簡有如下字,常規、紅外圖版分别作:

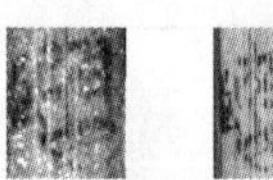

相關釋文作:

一羽箑(翣)。二竹箑(翣)。一敝㢈。一寢　。一角□。一竹枳,絵(錦)宫。①

“角”下一字,李家浩先生認爲,此字右半跟長臺關 2-23 號簡“梠(枕)”、包山 165 號簡“醅(酖)”字的右半相似,應是“枕”字的異體。“角枕”見於傳世文獻,指用角製作的或裝飾的枕。《詩·唐風·葛生》:“角枕粲兮,錦衾爛兮。”《周禮·天官·玉府》:“大喪,共含玉、復衣裳、角枕、角柶。”司馬相如《美人賦》:“裀褥重陳,角枕横施。”“角枕”是生者在齋戒時用,死者用於枕尸。② 他還同意將上博簡《孔子詩論》29 號簡“角幡”之“幡”釋爲“枕”字。③ 李先生所舉字例分别如下:

信陽長臺關簡 2-23	包山簡 165	上博一《孔子詩論》簡 29

仔細比對,包山簡 260 的“角”下一字,與楚文字“枕”“酖”所从“沓”不類。此字的筆畫雖有漫漶,但仍可辨出其右部形體。右旁上部爲“屮”形,中部爲“隹”,下部爲“田”而不是“臼”,因此該字右旁當釋作“雈”,左旁漫泐嚴重,難以辨識,疑與上舉上海

① 釋文參看劉國勝:《楚喪葬簡牘集釋》,科學出版社 2011 年,第 47 頁。

② 李家浩:《楚簡文字中的“枕”字——兼談戰國文字中幾個从“臼”之字》,《出土文獻》第 9 輯,中西書局 2016 年,第 120 頁。

③ 李家浩:《楚簡文字中的“枕”字——兼談戰國文字中幾個从“臼”之字》第 121 頁。

博物館藏戰國楚簡《周易》簡 17 的“𤣥”字左部同。對比包山簡 157 中的兩“雟”字圖版，暫將此字隸定作“𩕩”，疑讀爲“觿”。《説文》：觿，佩角，鋭耑可以解結，从角雟聲。詩曰：“童子佩觿。”據發掘報告介紹，在隨葬器物的裝飾品類中，有 1 件角質透雕動物(標本 2：431－1，如右圖)，整體高 10.2、最大直徑1.9 釐米，呈彎曲狀，由上至下漸粗，内空。全器透雕三個虎首、龍身的動物，相互蟠繞。[①] 其與根雕動物、玉塊、假髮、玉條、八棱形骨飾、玉骨飾等物品盛放於北室其中一個方形彩繪笥(2：431)裏，整理者認爲這些器物均爲人的佩飾。[②] 簡 259—264 出自西室，所記物品主要見於西室和北室。同一支簡上所記物品也有分别來自西室和北室的情況，如本簡 260 既記有置於西室的折叠床、長柄扇和短柄扇等，[③]又記有置於北室的漆瑟和拱形足几等。[④] 同時我們注意到，在北室的另一件竹笥(2：433)裏，放置了 2 件木梳和 2 件木篦，整理者認爲這四件梳篦即是簡 259 所記的“四枷(櫛)”。[⑤] 可見，竹笥内放置的物品在遣册中也是可以單獨記載的。因此，根據出土位置和角雕動物的形制來看，我們懷疑這件角質佩飾可能就是簡 260 所記的“𩕩”。

圖一　包山楚墓出土角雕動物 2：431－1[⑥]

玉觿在商周時期的墓葬中就已出現，是中國古代的一種角形玉器，又稱玉牙、沖牙、角形飾等，基本造型與獸牙相似，整體呈現彎曲的弧度，一端寬大，一端尖鋭，寬大的一端基本都有一穿孔，主要作爲隨身的佩飾佩戴或者解結的工具使用。考慮到包山 2 號墓出土的角雕動物即“角觿”與假髮、玉骨飾、骨飾等物品一同放置，同時造型類似玉觿，我們懷疑“角觿”可能和玉觿的功用相同，都是作爲日常的佩飾來使用的。

附記：本文寫作過程中得到劉松清博士的幫助，謹致謝忱！

① 湖北省荆沙考古隊：《包山楚墓》，文物出版社 1991 年，第 261 頁。

② 湖北省荆沙考古隊：《包山楚墓》第 159—163 頁。

③ 整理者認爲西室的一件“長柄竹扇”(2：406)和一件“短柄竹扇”(2：408)是遣册所記“二竹篓”。見湖北省荆沙鐵路考古隊：《包山楚墓》第 164 頁。

④ 李家浩先生認爲北室出土的“拱形足几”(2：429)當是簡文所記的“凭几”。見李家浩：《包山 266 號簡所記木器研究》，《著名中年語言學家自選集·李家浩卷》，安徽教育出版社 2002 年，第 239 頁。

⑤ 湖北省荆沙考古隊：《包山楚墓》第 147 頁。

⑥ 圖版采自湖北省博物館編：《楚國八百年》，文物出版社 2022 年，第 151 頁。

楚簡新材料與楚幣老問題

——以桊字銅貝及布幣爲例*

黄錫全

摘　要: 楚銅貝面文桊不同於郪陵君豆銘相當於三分之一銖的"圣朱"。桊與楚簡桊構形類似,似爲一字異體。桊即桜。貝文桊可能取義於桜之果實(顏色紫紅,形如耳璫),用於銅貝可讀錘,相當於三分之一兩(8 銖)。參照秦 1 銖黄金等於 24 枚"半兩"錢,推測 3 枚楚銅貝相當於秦錢"半兩"2 枚,楚 1 銖黄金相當於 36 枚桊字銅貝。以此推算,楚銅貝與楚銅錢牌、大布的兑換關係較爲合理。仍傾向大布屬楚。

關鍵詞: 楚銅貝面文　釋讀　楚大布國别

楚幣文字雖然不多,[①]但釋讀與理解難度較大。過去由於材料所限,諸家意見頗有分歧,影響到有關方面的進一步研究。隨着新材料的不斷湧現,尤其是楚簡材料的逐漸豐富,對進一步正確釋讀銘文及理解有關問題很有幫助。目前已有一些學者作了很好的研究,但還存有分歧或問題,需要進一步探討。[②]

筆者曾對楚幣有關問題有所關注,但認爲問題的最終解決還有待新材料的出土。[③] 2002 年筆者撰有一篇小文,舉例談到先秦貨幣研究需要出土文獻的佐證,認爲

---

* 此文爲"古文字與中華文明傳承發展工程"項目"先秦貨幣文字新編"(G3026)階段性成果之一。

① 主要見於銅貝面文,楚大布面、背文,金板金餅面文等。

② 可參考黄錫全:《先秦貨幣通論》,紫禁城出版社 2001 年,第 336 頁第七章"楚國貨幣";另可參見下列劉剛、李天虹等先生文及所引各家之説。

③ 有關論文多收入黄錫全:《先秦貨幣研究》,中華書局 2001 年。

"有些懸而未決的疑難問題,如果没有新材料的發現,是很難得到解決或作進一步研究的"。[①] 2014 年又在另一小文中提出下面的問題:[②]

> 楚國文字的圣,是個老大難問題,説法較多。近見劉剛先生根據學術界的有關研究,認爲楚國銅幣銘文"圣朱"應讀"錘銖",表示三分之一銖金的價值。[③] 李天虹先生據嚴倉楚簡對"圣"表示"三分之一"的用法作了進一步的肯定,但同時指出,它是否就是"垂"字的異體,亦或是"坻"字異體或其他與"垂"字音通的字,"目前似乎不宜斷言,還有待進一步研究"。[④] 如果"圣"讀錘,楚銅貝"圣朱"讀"錘銖",相當於三分之一銖金,那麽,其他銅貝銘文,如"巽""行""君""全""折"等如何解釋? 銅貝"圣朱"究竟表示三分之一銖黄金,還是八銖銅貝,抑或其他? 楚大布"展"是否可讀"垂"? 等等問題,以及相互之間的關係,還存在諸多疑問,需要進一步深入研究。

我一直爲這些問題所困惑。現借此機會,就銅貝桒與郷陵君豆銘"圣朱",以及楚大布的國别問題談一點淺見,不一定正確,僅供大家參考。

根據新見材料及研究,可知在表示記數時,"釮"或"才"爲四分之一,"圣"爲三分之一。主要見於下列材料:

1. 2007 年發表湖北荆州黄山墓地 M40 出土圜權四枚,分别重 30.8、15.3、7.8、4 克。第一枚無銘文,其餘三枚銘文爲一兩、削兩、才兩。[⑤] "削兩"即"半兩"。[⑥] "才(錙)

---

① 黄錫全:《出土文獻與先秦貨幣研究——以新出楚簡爲例》,2002 年上海會議論文,見謝維揚、朱淵清主編:《新出土文獻與古代文明研究》,上海大學出版社 2004 年。因有關論述已見個人論著,故未收入《古文字與古貨幣文集》。

② 黄錫全:《圜錢"衛釿"試析》,《出土文獻》第六輯,中西書局 2015 年。

③ 劉剛:《楚銅貝"圣朱"的釋讀及相關問題》,《出土文獻與古文字研究》第 5 輯,上海古籍出版社 2013 年。

④ 李天虹:《由嚴倉楚簡看戰國文字資料中"才"、"圣"兩字的釋讀》,《簡帛》第 9 輯,上海古籍出版社 2014 年,第 23 頁。

⑤ 荆州博物館:《湖北荆州黄山墓地 40 號戰國楚墓發掘簡報》,《江漢考古》2007 年第 4 期。

⑥ 此字我最先理解爲"半",見《試説楚國黄金貨幣稱量單位"半鎰"》,《江漢考古》2000 年第 1 期;又刊《古文字研究》第 22 輯,中華書局 2000 年。之後研究者多有相同理解,只是對字形分析不一。其中以白於藍釋讀爲"胖"者爲長,見白於藍:《包山楚簡補釋》,《中國文字》新二十七期,藝文印書館 2002 年,第 161 頁(釋"胖")。徐在國據白説解釋諸多銘文均較通順,見徐在國:《談楚文字中从"胖"的幾個字》,《楚簡楚文化與先秦歷史文化國際學術研討會論文集》,湖北教育出版社 2013 年(2011 年會議上報告)。石小力彙集此字各家之説便於參考,但他可能未見到徐在國文,見其著《東周金文與楚簡合證》,上海古籍出版社 2017 年,第 20—23 頁圣、102 頁"削"。

兩”,即四分之一兩。[①]

2. 2013年發布清華大學藏楚簡《算表》:[②]

……十、五、四刖、四、三刖、三、二刖、二、一刖、一、刖、釮(簡21)
注釋:刖讀半,二分之一。釮,讀錙,四分之一。

3. 信陽楚簡2-015號:

尃(博)一斉(寸)【少】斉(寸),厚 斉(寸)。[③]

劉國勝釋  爲从金从才,意爲錙,四分之一寸。[④] 李天虹據嚴倉楚簡及清華算數簡中李學勤之説,肯定劉説。[⑤]

4. 湖北荆門嚴倉楚墓新出下列遣策,尺寸“才”與“圣”表示不同長度或寬度:[⑥]

(1) 廣才幅(簡655)。
(2) 廣圣幅(簡138)。
(3) 九寸三才寸(簡207)。
(4) 尋二尺四寸,廣二幅二圣幅(簡537)。

李天虹認爲,“從文義看,兩個字無疑都是用作數詞”。“‘才(錙)幅’亦即四分之一幅,合五寸半”。“‘廣圣幅’是説某物的絲質緣飾寬三分之一幅”。“‘廣二幅二圣幅’是説某絲質物的寬度是二幅又三分之二幅”。

這些意見都十分正確。

---

① 周波:《戰國時代各系文字間的用字差異現象研究》,博士學位論文,復旦大學2008年,第33頁注1。陳治軍:《“甾兩”與“圣朱”》,《中國錢幣》2013年第5期;《再論楚國的衡制與量制》,《中國錢幣》2013年第2期;《釋“圣朱”及从“圣”的字》,《漢語言文字研究》第一輯,上海古籍出版社2015年。陳文刊發時未見到李天虹文,故其讀“圣朱”爲“才(錙)朱”、秦錢“兩甾”爲“才兩”。此説難以成立。

② 李學勤主編:《清華大學藏戰國竹簡(肆)》,中西書局2013年。李學勤:《釋“釮”爲四分之一》,《三代文明研究》,商務印書館2011年,第136頁;又收入李學勤:《初識清華簡》,中西書局2013年,第67頁。

③ 河南省文物研究所:《信陽楚墓》,文物出版社1986年,第129頁、圖版一二三。其中博、寸等字爲劉國勝釋,見其作《信陽長臺關楚簡〈遣策〉編聯二題》,《江漢考古》2001年第3期。厚字爲朱德熙、裘錫圭、李家浩釋,見其作《望山一、二號墓竹簡釋文與考釋》,載湖北省文物考古研究所:《江陵望山沙冢楚墓》附録二,文物出版社1996年,第282頁注12。

④ 劉國勝:《楚喪葬簡牘集釋》,科學出版社2011年,第6、35頁。

⑤ 李天虹:《由嚴倉楚簡看戰國文字數據中“才”“圣”兩字的釋讀》,《簡帛》第9輯,第25頁。

⑥ 引自李天虹:《由嚴倉楚簡看戰國文字資料中“才”、“圣”兩字的釋讀》,《簡帛》第9輯,第23、26、31頁。爲方便排版與閲讀,引文直接利用現在釋讀文字,不出古文隸定。

"圣"爲三分之一的認識,源於白於藍讀圣爲垂。他認爲:《説文》坻(chí)字或體作汷。汷从夊聲。夊(suī)或作綏。如《詩・齊風・南山》:"雄狐綏綏。"《玉篇》引作"熊狐夊夊"。妥、垂音近可通,於是將郭店楚簡的"板柽"讀爲"鞭箠",將新造秘帽的"率柽"讀爲"率綏"。[①] 劉國勝疑圣爲垂字異體;柽爲棰,疑讀爲旞。[②]

劉剛肯定釋圣爲"垂"的意見并作了進一步的深入研究,提出了個人的見解。他認爲:

> 因爲"錘"可以表示三分之一,所以楚銅貝和郪陵君器的"圣(錘)朱(銖)"即三分之一銖。前者指一種極小的貨幣,後者説"三朱二圣朱四口",大概指鑲嵌此器用的金屬三又三分之二銖多。戰國時楚國衡制一銖大約合 0.65 克,而這些銅貝重量多在 1.1—3.6 克,遠大於三分之一銖。這是因爲此類貨幣的面文乃記録其價值(購買力)而和重量無關,戰國楚地多用金餅和金版作爲貨幣,"圣(錘)朱(銖)"表示的應該是三分之一銖金的價值。值得注意的是,楚國還有面文爲"視金一朱"、"視金二朱"和"視金四朱"的銅錢牌,分别可以兑换黄金一銖、二銖和四銖。"圣(錘)朱(銖)"銅貝和這些銅錢牌之間可能存在 3∶1、6∶1 和 12∶1 的兑换關係。[③]

根據上列材料與諸位研究,"圣"用於記數表示三分之一可成定論。郪陵君銅豆銘文"圣朱",類似於"才(錙)寸"(四分之一寸)、"才幅"(四分之一幅)、"圣幅"(三分之一幅),表示三分之一銖也無大問題。

存在的關鍵問題是:"桼"字銅貝與郪陵君豆銘相當於三分之一銖的"圣朱"能否等同?桼字構形及有的偏旁从圣的字如何解釋?

楚國銅貝是大衆交易的主要流通貨幣。有文字者,據目前材料大約有 10 來種。即巽、桼、忻、行、君、全、安(?)、貝、陽、"者匕"(?)等。[④] 除"者匕"可能(不清)爲二字外(目前僅 1 見),均爲一字。其中主要是"巽"字貝,其次是"桼"字貝,其餘比較少見,有的罕見。主要發現於河南、湖北、安徽、山東、湖南、江蘇、浙江以及陝西等地。不同文

① 白於藍:《郭店楚墓竹簡考釋(四篇)》,《簡帛研究二〇〇一》,廣西師範大學出版社 2001 年。白於藍:《説"綏"》,《中國國家博物館館刊》2015 年第 1 期。

② 劉國勝:《楚喪葬簡牘集釋》第 59 頁注釋 52。

③ 劉剛:《楚銅貝"圣朱"的釋讀及相關問題》,《出土文獻與古文字研究》第 5 輯,第 449—450 頁。

④ 可參見黄錫全:《先秦貨幣研究》第 224 頁,或《先秦貨幣通論》第 369 頁。"陽"字貝一枚,見《文物》2009 年第 1 期,第 96 頁。或以爲有 30 來種者,主要是將同字的寫法差異者也計算在内。

字同時出土者還不是很多見,相互多存在輕重不一的現象。如:[①]

1987 年湖北雲夢楚王城遺址,出有"巽"貝 33 枚,重 1.6—4.4 克;"桊"貝 15 枚,重 1—2.5 克;"忻"貝 1 枚,重 3.2 克;無文貝 1 枚,重 1 克。

1987 年河南固始出土"巽"字貝 4 700 餘枚,重 1.1—2 克;"桊"貝 400 餘枚 ,重 1.1— 2.2 克;"君"字貝 37 枚,重 1.3—1.7 克;"全"字貝 3 枚,重 1.3—1.7 克;"忻"字貝 1 枚,重 4.5 克。

1985 年安徽肥西新倉鄉出土銅貝 11 279 枚,其中"巽"字貝 11 231 枚,平均重 2.6 克;"桊"字貝 20 枚,重 0.6—4 克;"君"字貝 10 枚,平均重 2 克;忻字貝 3 枚,重 3—4 克;安(?)字貝 15 枚,平均重 2.5 克。

2008 年安徽太湖縣小池鎮中心村後河輪窑廠,挖土時發現銅貝,灌裝 6 000 餘枚,僅一枚"巽"字貝,重 2.44 克;其餘全是"桊"貝,最重一枚 4.1 克,最輕一枚重 1.9 克,一般重在 2.6—4.1 克之間。[②] 這是發現"桊"貝最多的一次,而且很單一。

通過這些發現不難看出,"桊"字銅貝與其他銅貝,除文字不同外,一時還看不出其間有什麽特别之處,或者相互有何區别。若將"桊"字等同於或釋讀爲"圣朱",相當於三分之一銖金,亦即 3 枚"桊"字銅貝等於一銖黄金,除比照鄦陵君豆銘"圣朱"外,目前没有其他證據。若其相當於三分之一銖銅重,僅 0.22 克,又過於偏輕。因此,"桊"釋讀"圣朱"存有疑問。

"忻"字銅貝,還見於楚大布(國别或有不同看法,説見後),是重量單位名。大布面文"枋(方)比(幣)堂(當)忻",即一枚這樣的大布當一忻。背文爲"七傎(陳劍疑讀展[③])"。忻字銅貝與大布的"忻"怎麽理解?是一枚"忻"字銅貝相當於一枚大布,還是忻字銅貝與大布均與"桊"貝一樣相當於三分之一銖黄金或銅?若這樣,一枚"忻"字銅貝等於一枚"枋(方)比(幣)堂(當)忻"大布,顯然不合理,不能一概以"虚值貨幣"來理解。

---

① 可參見黄錫全:《先秦貨幣研究》第 230 頁所列"近五十年楚國銅貝出土情况統計表"。

② 章新亮、陶治力、陶治政:《安慶出土罐藏蟻鼻錢》,《中國錢幣》1990 年第 2 期,插圖 1—3。汪淑琳:《安徽省太湖縣小池鎮出土蟻鼻錢》,《西部金融》2008 年第 9 期。汪淑琳:《太湖縣小池鎮中心村出土器物考略》,《大衆文藝》2013 年 8 月 30 日(有圖)。

③ 陳劍:《釋展》,《追尋中華古代的文明的踪迹——李學勤先生學術活動五十年紀念文集》,復旦大學出版社 2002 年,第 49—56 頁;《中國錢幣》2003 年第 2 期。又可參閲曾憲通、陳偉武主編:《出土戰國文獻字詞集釋》,中華書局 2019 年,第 4251—4256 頁。

鄂東見有“𠙽朱”銅貝與“視金”銅錢牌同出者。[①]“視金一朱”錢牌一枚重 30 克以上。[②] 據前述三枚“𥎦”銅貝之重一般也就 10 克左右,輕者有的一枚還不足 1 克。若三枚“𥎦”字貝與“視金一朱”銅錢牌都相當於“一銖”黄金,顯然也不合理,持有者絶對不會以一枚“視金一朱”錢牌去兑换 3 枚𥎦字銅貝。

“𥎦”字銅貝相當於三分之一銖黄金之説疑問太多,也没有直接證據;若相當於三分之一銖銅重也無道理(太輕)。因此,我們認爲銅貝𥎦字需要重新考慮,不能直接釋讀或理解爲郏陵君豆銘的“𠙽朱”。

[字形]當是一個字,構形如同筞、竈及跦、銖、株、袾、珠、邾等。《石鼓文·作原》“爲所游𨺅”的“𨺅”从𠙽作[字形],也是一個字。楚簡有从木、从邑等的[字形](包牘 1)、[字形](包 2.163)者(辭例見後),也是不能分開的一字。[③] 其與郏陵君豆銘分開的“𠙽朱”爲兩個字者有别。[字形]應該隸定爲𥎦,从朱,𠙽聲。構形如同从羽、者聲的翥,从鳥、䜌聲的鸞,从可、加聲的哿等,可能爲“[字形](或可作𥎦)”字異體。[④] 偏旁上下結構與左右結構類同。如下列楚簡从木的楷、樸、桐、枯、植、冒、栜等字:[⑤]

[字形]

柽,見於下列楚簡:[⑥]

> 白(百)里𨓯(轉)迲(鬻)五羊,爲敀(伯)斅(牧)牛,擇(釋)板柽([字形])而爲𦕍(名)卿,堣(遇)秦穆。 (《郭店·窮達以時》簡 7)
>
> 一柽([字形]),緣(蒙)䍋(旄)頁(首)。 (包山牘 1)
>
> 一桎([字形]),冒𣮈(旄)之百(首)。[⑦] (包山簡 269)

---

① 大冶縣博物館:《大冶縣出土戰國窖藏青銅器》,《江漢考古》1989 年第 3 期。同出“視金一朱”銅錢牌 1 枚(殘)、“視金四朱”銅錢牌 1 枚;巽字銅貝 4 枚,𥎦字貝 1 枚,大者重 7 克,小者 4.2 克,未標明𥎦字貝重量,從附圖看,𥎦字貝較小。

② 可參閲黄錫全:《先秦貨幣通論》第 379—382 頁。

③ 有關石鼓文、雲夢秦簡類似从𠙽的字,可參閲曾憲通:《説𨺅𩜁及其他》,《江漢考古》1992 年第 2 期。

④ “朱”亦可理解爲“株”,指樹木,與“木”義近。如《韓非子·五蠹》:“田中有株,兔走觸株,折頸而死。”今後或有可能會發現作柽或銍者。

⑤ 可參見滕壬生:《楚系簡帛文字編(增訂本)》,湖北教育出版社 2008 年,第 540—547 頁木部字。

⑥ 可參見滕壬生:《楚系簡帛文字編(增訂本)》第 553、626 頁。李守奎、賈連翔、馬楠編著:《包山楚簡文字全編》,上海古籍出版社 2012 年,第 285 頁郙。

⑦ 所引簡文的編聯及解釋,可參見白於藍:《説“綏”》注 10 列各家説。

一桎（𣏌）。

（天星觀簡遣策多見，見滕壬生《楚系簡帛文字編（增訂本）》553 頁）

郅邑人鄇佊。（包山簡 163）

除地名及不明者外，前舉郭店簡的“板桎”，白於藍釋爲“鞭箠”，有理有據，頗具卓識，多表贊同。此句大義爲，百里奚曾被用五張羊皮轉賣，爲秦伯牧牛，後放棄“鞭箠”成爲名卿，是因爲遇到秦穆公的故事，與有關記述大體相合。[①] 包山簡的桎，各家説法不一。劉信芳以爲杸；劉剛據楚簡釋讀爲“祋”（duì），就是殳；白於藍以爲綏；劉國勝以爲旞等。綏、旞所指可能是同一種旗幟。諸位理解桎爲車上“旗杆”，似不誤。[②]

其實，桎字从木，可能就是“桵”。《説文》：“桵，白桵、棫也。从木，妥聲。”徐鉉等曰“當从綏省”。《説文》桵、棫互訓。“棫，白桵也。”《爾雅·釋木》：“棫，白桵。”郭璞注：“桵，小木，叢生，有刺，實如耳璫，紫赤可啖。”[③]桂馥《説文義證》桵：“陶（隐居）注《本草·桵核》云：‘形如烏豆大，圓而扁，有文理，狀似胡桃核。’《圖經》云：‘其木高六七尺，莖間有刺，葉細似枸杞而尖長，花白，子紅紫色，附枝莖而生，類五味子，六月成熟。’”[④]

桵高六七尺，取之沖直者加工後作爲車上的旗杆也合適。簡文是説，一件桵木旗杆，上用犛牛尾作竿飾。《詩·鄘風·干旄》：“孑孑干旄，在浚之郊。”毛傳：“孑孑，幹旄之貌。注旄於干首，大夫之旃也。”

朶可能就是指桵之果實，或稱桵仁、桵核、蕤核等，取義“桵”之“實如耳璫，紫赤可啖”的形狀和顏色，故“坙（垂）”从“朱（珠）”。耳璫即耳垂上的一種裝飾品。貝本爲裝飾品，也可做耳飾。楚銅貝“朶”有穿孔，可爲耳錘飾品。因此，朶可能爲“桎（桵）”字的異體，讀爲錘。[⑤] 據有關方面介紹，河南生長有“桵”這種樹木。

桵核、烏豆、銅貝形體很相近，比較如下：

---

① 可參見荆門市博物館編：《郭店楚墓竹簡》，文物出版社 1998 年，第 146 頁原注九、注一〇。

② 可參閱石小力：《東周金文與楚簡合證》，第 21—23 頁有關綜合意見。

③ 另可參見郝懿行：《爾雅義疏》下之二，中國書店 1982 年，第 23 頁“棫，白桵”。

④ 段注《説文》引陸機曰：“其材理全白，無赤心者爲白桵。直理易破，可爲犢車軸。又可爲矛戟矜（原著从“令”，當誤）。”與這種叢木矛盾，應以郭璞注爲是。陸機所説當爲柞樹之類，與此不同，可參見郝懿行《爾雅義疏》下之二第 23 頁“棫，白桵”。

⑤ 有關其他貝文的解釋，可參見黄錫全：《楚銅貝貝文釋義新探》，收入拙著《先秦貨幣研究》第 224—235 頁。貝文取義各有不同，還值得進一步研究。

桜核

烏豆

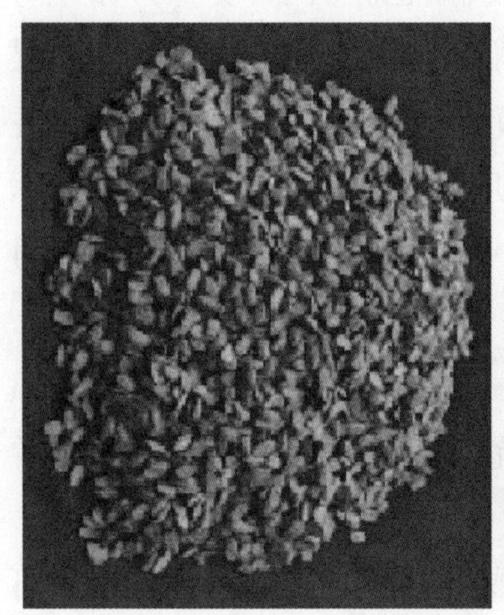

桊銅貝

楚銅貝

當然,這只是一種解釋。銅貝桊究竟相當於何字還可探討,但从圣聲可讀爲“垂(錘)”則無疑問。[①]

《説文》:“錘,八銖也。从金,垂聲。”錘相當於三分之一兩。銅貝“桊”與相當於三分之一銖的郯陵君豆銘“圣朱”的主要區别是:前者爲一字,後者爲二字。二者的關係如同“稾”與“高木”,“堂”與“尚土”,“戾”與“户犬”,“鵻(zhù)”與“垂鳥”等,儘管部分形同,或可通假,但是屬於不同的字詞。“桊”貝不能理解爲等同於三分之一銖(黄金)的“圣朱”,可能是用於楚銅貝的專字,讀爲“錘”,相當於八銖。“圣”表三分之一,適用

① 郭永秉認爲圣从土,夊聲,應該就是“垂”字的異體;叔卣銘文“夊文遺工”,當讀爲“垂文遺功”。説見董珊:《新見魯叔四器銘文考釋》,復旦大學出土文獻與古文字研究中心網 2011 年 8 月 3 日,http://www.fdgwz.org.cn/Web/Show/1611。劉剛:《楚銅貝“圣朱”的釋讀及相關問題》,《出土文獻與古文字研究》第 5 輯 446 頁亦引。

於諸多方面。如"圣朱"爲三分之一銖重,"圣幅"爲三分之一寬度或長度。"圣朱"相當於黄金重還是器物重,抑或其他,要視具體情况而定。

若這樣,按:

1 銖=0.65 克①

1 錘=8 銖=5.2 克

5.2 克應是一枚条字銅貝的法定之重(三分之一兩),多數銅貝達不到這個標準,則是減重的結果。如此計算:

視金一朱銅錢牌=31.4 克(均重)÷5.2 克(錘重)=6 枚条字銅貝

視金一朱銅錢牌=31.4 克÷3.89 克(按減重錘重②)=8 枚条字銅貝

這與下舉秦黄金與秦"半兩"錢的比價相比,楚銅貝價值還是過高。

值得慶幸的是,嶽麓秦簡記有秦國"垂"及一銖黄金與"半兩"錢的比值關係,有了明確的參照依據。于振波等有文介紹與换算:③

簡 0957:貲一甲,直錢千三百卌四,直金二兩一垂。一盾直金二垂。

簡 0970:馬甲一,金三兩一垂,直錢千口百二十。金一朱,直錢廿四。

據此測算:

(1) 簡 0970"金一朱,直錢廿四",即金 1 銖=24 錢。

(2) 簡 0957"貲一甲,直錢千三百卌四,直金二兩一垂",即 1 甲=1 344 錢=金 2 兩 1 錘。

(3) 已知,金 1 銖=24 錢,1 甲=1 344 錢,可知,1 甲=金 56 銖。

(4) 已知,1 兩=24 銖,可知,56 銖=2 兩 8 銖,即 1 甲=金 56 銖=金 2 兩 8 銖。

(5) 已知,1 甲=金 2 兩一垂,又據(4)1 甲=金 2 兩 8 銖。可知 1 錘=8 銖。

秦、楚時代、距離均較近,黄金與銅錢的比值應該接近。秦黄金 1 銖等於 24 枚"半兩"錢,若楚 3 枚"条"字銅貝就相當於 1 銖黄金,則楚"条"字銅貝就是秦"半兩"錢的八倍,短時間内二者差距如此之大,顯然是不大可能的。

戰國秦半兩按法定應該重 7.8 克。根據四川青川 M50、郫縣戰國墓、巴縣冬笋壩

① 可參閱黄錫全:《先秦貨幣通論》第 74 頁。

② 可參閱黄錫全:《圜權"衛釿"試析》,《出土文獻》第六輯,中西書局 2015 年。

③ 于振波:《秦律中的甲盾比價及相關問題》,《史學集刊》2010 年第 5 期。彭浩:《兩條有關秦代黄金與銅錢换算的資料》,簡帛網 2010 年 10 月 29 日,http://www.bsm.org.cn/?qinjian/5523.html。

戰國墓、陝縣鳳翔高莊 M1 等墓葬,及長安縣首帕張堡窖藏出土的“半兩”錢實物及實測數據,戰國秦半兩重 2.1—9.5 克左右(多在 5.4 克左右)。秦“半兩”,根據陝西鳳翔高莊秦墓 M6、M7,臨潼秦始皇陵二號兵馬俑坑等地出土的半兩錢實物及實測數據,重 2.38—4.38 克左右。① 湖南湘西里耶出土秦半兩或重 2—4.9 克不等。② 這與楚國銅貝的情形是一樣的,較早者或重,較晚者或輕,輕重不一,③均爲減重的結果,或者只是價值標度,并非多是“重如其文”。④

楚國桒字銅貝爲三分之一兩,比二分之一兩的秦“半兩”低,按秦金與“半兩”比值,我們可以大膽推斷:

秦金 1 銖=24 錢(半兩)

楚金 1 銖=36 枚桒字銅貝(三分之一兩)

楚銅錢牌 1 銖、2 銖、4 銖與桒字銅貝的兑换關係,就應是 1∶36、1∶72、1∶144。

考慮到流通便利,估計楚國其他文字的銅貝與桒字銅貝價值相當,似乎不大可能將不同文字的銅貝劃分爲若干等級(至少目前没有證據)。

郷陵君豆外底刻銘:⑤

郢□府所戠(造),貹(重)十  亖(四)  圣朱(銖);㴉褱(鑲)貹(重)三朱(銖)二圣(錘)朱(銖)亖(四)□。

銘文所記重量,是器物之重還是黄金之重,目前有不同意見。關鍵是“”的釋讀與重量不易確定。⑥

若前段銘文記器重:

此豆重:2 509 克÷250 克(鎰重)=10 鎰或斤(楚鎰相當於斤)

① 可參見黄錫全:《先秦貨幣通論》第 324—325 頁。

② 湘西自治州文物管理處龍京沙:《湘西里耶出土秦半兩》,中國錢幣學會:《中國歷代貨幣新收穫學術論文彙編》,2006 年於中國厦門。

③ 楚國銅貝情況,可參見黄錫全:《先秦貨幣通論》第 356—368 頁。

④ 有關虚值化貨幣問題,可參閲吴良寶:《貨幣單位“釿”的虚值化及相關研究》,載《吉林大學社會科學報》2011 年第 4 期。

⑤ 李零、劉雨:《楚郷陵君三器》,《文物》1980 年第 8 期。《集成》04694,吴鎮烽《金文通鑒》06161 號。李學勤:《從新出青銅器看長江下游的文化發展》,《文物》1980 年第 8 期。李家浩:《關於郷陵君銅器銘文的幾點意見》,《江漢考古》1986 年第 4 期。黄錫全:《楚幣新探》,《中國錢幣》1994 年第 2 期。

⑥ 字與《古璽彙編》0489 之 相似,似从“网”从“日”(李家浩:《關於郷陵君銅器銘文的幾點意見》)。我們曾以爲可从“日”聲讀爲“置”或“偵”(《楚幣新探》)。現在看來需重新考慮。

[glyph]重：2 509 克－0.22 克(坙朱)＝2 508.78÷14 [glyph] ＝179.2 克[①]

那麽,1 [glyph] 高於半鎰(125 克),相當於 11.5 兩。

若前段銘文是記黄金之重,14 [glyph] 不得高於一兩(否則即按"兩"記數),也當大於銖。若此推算,1 [glyph] 只能相當於 1.7 銖或者 1.6 銖：

14 [glyph] ＝1.7 銖([glyph])×14＝23.8 銖(略低於 1 兩即 24 銖)
14 [glyph] ＝1.6 銖([glyph])×14＝22.4 銖

那麽,"十[glyph]三(四)[glyph]坙朱",即 23.8＋0.33＝24.13 銖,或 22.4＋0.33＝22.73 銖黄金,可能就是銅豆的造價(包括金屬材料及鑄造)。考慮到"十[glyph]三(四)[glyph]"共計不宜高於"一兩"的因素,以 1 [glyph] 之重 1.6 銖爲長。

後段銘文"三朱二坙朱三(四)□",應該不會是器重,當指 3.67 銖多黄金,可能就是製作青銅器内模的費用。[②]

若按銅貝計算：

前者爲(按 1 [glyph] 1.6 銖)：22.4 銖＋0.33 銖＝22.73 銖×36 銅貝＝818 枚銅貝
後者爲：3 銖＋0.67 銖多＝3.67 銖×36 銅貝＝132 枚銅貝多
兩者共計：黄金：22.73 銖＋3.67 銖多＝26.4 銖多＝1.1 兩≈17.16 克多
銅貝：818＋132＝950 枚多

銅豆爲素面,没有鑲嵌黄金或其他金屬。劉剛以爲後者"大概指鑲嵌此器用的金屬"之重,可能不確。

刻銘所記前後兩項之"重",可能是指鑄作器物不同用途所需的費用。若是指器重,前一"重"可以解釋,後一"重"就難解了。

如此换算,相互關係比較合理。是否符合實際,有待新材料檢驗。

楚國布幣,平首方足,周沿有廓,通體狹長,首上有一圓形穿孔,分大、小兩種。大者,一般稱之爲"楚大布",重 28—35 克左右,也有輕至 10 餘克者。面部中間一竪綫,左右各書二字,爲[glyph][glyph][glyph][glyph]。背面中間也有一條竪綫,左右各書一字,爲[glyph]。文字或有簡省。小者與大者形制類同,只是個體較小,面背各二字。面文[glyph],背文[glyph]。重 7.5—8 克。又有兩枚小布足部相連的所謂"連布",重 14.5—17.7 克。一枚

① 胡傳聳：《東周度量衡研究》,博士學位論文,北大考古文博學院 2018 年 5 月,第 121 頁即按器重計算。

② 可參見黄錫全：《先秦貨幣研究》第 206 頁所引李學勤、馬承源先生意見。

大布的幣值,相當於兩個連布或四個小布,這是學術界比較公認的意見。①

安徽固鎮 2003 年以前新出一種小布,正面□□□□,義爲大布一折爲四枚小幣。背文□□□□□,“折□”當是“□”的下一級重量單位(即取其上兩級名稱爲名),即“一□又四分之三□”,亦即 1.75 □(四折□相當於一□),是大布背文“七□”的四分之一。換言之,新發現的小布與以前所發現的小布大體相當,只是銘文有别。②

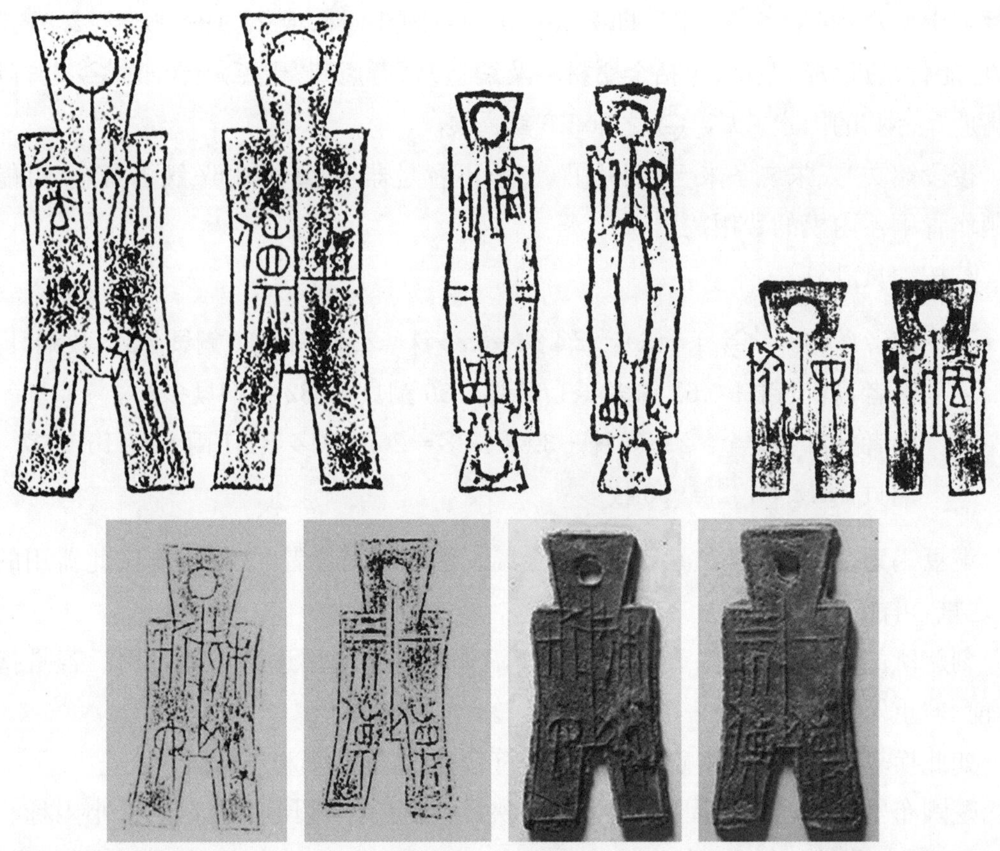

關於文字釋讀。大布第一字過去或主張釋“扶”(李家浩),③或釋“抚”(何琳儀),④

① 可參見黄錫全:《先秦貨幣通論》第 371 頁。

② 黄錫全:《關於安徽固鎮新見楚布的一點意見》,《安徽錢幣》2003 年第 3 期;《安徽固鎮新見楚布補議》,《安徽錢幣》2004 年第 3 期。

③ 可參閱李家浩:《戰國貨幣文字中的“㡀”與“比”》,《中國語文》1980 年第 5 期。

④ 何琳儀:《釋無》,《江漢考古》1992 年第 2 期。

或釋“橈”(湯餘惠),[①]或據湖南常德新發現距末銘文釋讀爲“方”(李家浩),[②]或據未公布清華簡肯定釋“方”(李守奎)。[③] 第二字多傾向釋“比”(李家浩),或以爲“戔”讀錢(朱活)。[④] 第三字“堂”讀“當”没有疑問。第四字忻,據楚簡爲“慎”,[⑤]我們主張“斤”“丨”(古本切)皆聲,可讀爲“釿”。[⑥]  ,過去多釋讀爲“貨”,後來或釋讀爲傎,[⑦]近年或釋房,疑爲錘。[⑧]

根據目前的發現及研究成果,大布面文可釋讀爲“枋(方)比(幣)堂(當)忻(釿)”,背文“七傎(房)”。安徽新發現小布面文爲“枋(方)比(幣)忻(釿)四”,背文爲“一傎(房)三忻(釿)傎(房)”。

若按大布重者一枚 35 克計:

1 忻=7 傎=35 克

1 傎=4 忻傎=5 克

1 忻傎=0.25 傎=1.25 克=2 銖

那麽,一傎三釿傎=8.75 克,就是重量十足的楚國早期小布的標準之重。一傎(房)大致相當於一錘的標準之重 5.2 克。

筆者所知三枚安徽新見小布重量分别爲 5.5、6.5、8.4 克。我們取三枚平均值,計算忻與傎的重量如下(按一傎等於四忻傎):

一傎三忻傎=(8.4+6.5+5.5)÷3=6.8 克

一忻=4 小布×6.8 克=27.2 克

一傎=27.2÷7=3.885 克

---

① 湯餘惠:《略論戰國文字形體中的幾個問題》,《古文字研究》第 15 輯,中華書局 1986 年,第 18 頁。

② 李家浩:《忓距末銘文研究》,李宗焜主編:《古文字與古代史》第 2 輯,“中研院”史語所 2009 年,第 204 頁。

③ 李守奎:《釋忓距末與楚帛書中的“方”字》,《古文字與古史考——清華簡整理研究》,中西書局 2015 年。第 221 頁云:“現在我們可以肯定地説這個字就是‘方’,在待公布的清華簡中,很多‘方’字都是這樣寫的。”“方”上多出的一横爲飾筆,如同“大”或作“夫”。

④ 朱活:《古錢新探》,齊魯書社 1984 年,第 203 頁。

⑤ 陳偉武:《舊釋“折”及从“折”之字平議》,《古文字研究》第 22 輯,中華書局 2000 年。

⑥ 黄錫全:《楚國貨幣文字“忻”及有關問題再議》,荆州博物館編:《荆楚文物》第 1 輯(創刊號),科學出版社 2013 年。

⑦ 可參閲黄錫全:《先秦貨幣通論》第 376 頁。

⑧ 陳劍:《釋房》,《追尋中華古代的文明——李學勤先生學術活動五十年紀念文集》第 49—56 頁。《中國錢幣》2003 年第 2 期。又可參閲曾憲通、陳偉武主編:《出土戰國文獻字詞集釋》第 4251—4256 頁。

一折値＝6.8÷7＝0.97 克

新見三枚小布平均值的値重 3.885 克,與山東所出耳杯値重 3.89 克相合,也與當時三晋有的器銘所記釿重(相當於 7 値)大致相當。如陝西武功出土信安君鼎,蓋銘"二鎰六釿",重 787.3 克;器銘"九鎰",重 2 842.5 克(全器重 3 629.8 克),推算釿重 25.94 克。[①]

2 842.5 克÷9 鎰＝315.833 克/鎰

[787.3 克—(2×315.833 克)]÷6＝25.94 克/釿

河南泌陽新出平安君鼎,全器重 2 315 克。器銘"六鎰半釿",重 1 800 克;蓋銘"一鎰七釿半斤四分釿",重 515 克。經計算得出:

鎰＝297.69 克

釿＝28.04 克

魏國"安邑"布有"安邑二釿""安邑一釿""安邑半釿"三種,重量一般在 28、14、7 克上下。

"梁"幣有下列四種:[②]

1. 梁夸釿五十尚(當)寽	多在 28 克上下
2. 梁夸釿百尚(當)寽	多在 12—13.5 克上下
3. 梁正(整)幣(幣)百尚(當)寽	多在 14 克上下
4. 梁半幣(幣)二百尚(當)寽	最重約 7.5 克

1 爲當時二釿布,2、3 爲一釿布,4 爲半釿布,一釿重量平均約在 14 克左右。

可見,楚大布一折等於 26—28 克左右,與魏釿布二釿相當。楚大布、連布、小布,相當於魏二釿、一釿、半釿布。[③]

如此,戰國時期的値(展)重很可能早者在 5 克左右,相當於 8 銖,晚期減重在 4 克

① 可參考黄盛璋:《新出信安君鼎、平安君鼎的國别年代與有關制度問題》,《考古與文物》1982 年第 2 期;裘錫圭:《武功縣出土平安君鼎讀後記》,《考古與文物》1982 年第 2 期。

② 參見李家浩:《戰國貨幣文字中的"㡀"和"比"》,《中國語文》1980 年第 5 期。其重量可參考黄錫全《先秦貨幣通論》第 118—119 頁。"誇",陳劍釋"亢",見陳劍:《試説戰國文字中寫法特殊的"亢"和从"亢"諸字》,《出土文獻與古文字研究》第 3 輯,復旦大學出版社 2010 年。

③ 可參考黄錫全:《先秦貨幣通論》第 371 頁。李天虹:《楚幣文"折"字别解》,《第四届國際中國古文字學研討會論文集》,香港中文大學 2003 年。李學勤:《長布、連布的文字和國别》,《中國錢幣論文集》第五輯,中國金融出版社 2010 年。

左右，相當於六銖。①

已發現的“忻”字楚銅貝不多，一般重在 3—4 克左右，與新發現的小布“1 傎”之重大體相當，7 枚大約在 21—28 克左右。可見 1 枚“忻”字銅貝不能等同 1 枚“枋（方）比（幣）堂（當）忻（釿）”大布。如此：

大布 1 忻＝7 傎＝7 枚忻或枈字銅貝

楚一銖黄金＝1 枚“視金一朱”銅錢牌＝36 枚銅貝≈5 枚楚大布

傎或展、枈相當於錘，可能爲“錘”的不同稱謂或假借，如同楚“斤”作“益”，“半”作刖，錘作坙，“錙”作“才”，新蔡楚簡的干支“亥”，或作嬛、還等。② 或者鄰國相互影響所致。

關於大布的國别，有不同看法。過去多以爲是楚，或以爲是越、韓、宋，甚至是項羽所鑄等，目前似乎多傾向屬宋。③ 或主張存疑待定。④

我們仍傾向屬楚，略作補充意見如下：

布文 的特點，雖見於“宋”器忏距末銘文“四 （方）”之 ，也見於未公布的清華楚簡“方”，當是楚與鄰國文化相互交流的結果。

“忻”字爲“慎”，多見於楚簡；雖也見於三晋，但楚幣相當於“釿”，與三晋的“釿”作 不同。

① 可參見黄錫全：《楚國貨幣文字“忻”及有關問題再議》；《圜錢“衛釿”試析》。

② 河南省文物考古研究所編著：《新蔡葛陵楚墓》，大象出版社 2003 年，甲三：134、108“乙亥”，乙：4.4“己亥”，甲三：8.18、甲三：204“癸嬛（亥）”；甲三：342－2“乙還（亥）”，零：170、257“乙嬛（亥）”等。

③ 彭信威：《中國貨幣史》，上海人民出版社 1988 年，第 40 頁“有人説是宋國的貨幣，也有人説是秦末楚人所鑄。甚至有人説是項梁或項羽所鑄的。”黄錫全：《“杬比堂忻”布應是楚幣》，《中國錢幣》1995 年第 2 期，收入黄錫全：《先秦貨幣研究》，中華書局 2001 年，第 213—218 頁。李學勤：《長布、連布的文字和國别》，《中國錢幣論文集》第五輯，中國金融出版社 2010 年。晏昌貴、徐承泰：《“杬比堂忻”布時代及國别之再探討》，《江漢考古》1998 年第 1 期（認爲是春晚戰早宋鑄）。李家浩：《忏距末銘文研究》，李宗焜主編：《古文字與古代史》第二輯，“中研院”史語所 2009 年，第 204 頁（釋大布第一字爲“方”，忏距末銘文屬宋，鑄於前 286 年被滅前幾年，前 298—前 295 年趙國仇郝相宋，忏即郝，器屬宋，布幣國别相同）。王强：《燕尾布幣文新解》，《中國錢幣》2014 年第 2 期（主張釋大布“方”破讀“衡”，國别存疑）。周波：《説幾件宋器銘文并論宋國文字的域别問題》，《出土文獻與古文字研究》第 7 輯，上海古籍出版社 2018 年，第 123、141 頁（傾向屬宋，認爲宋可歸入齊魯系文字）。曹錦炎：《關於先秦貨幣銘文的若干問題》，《中國錢幣》1992 年第 2 期（疑爲越國貨幣）。劉宗漢：《“杬比堂忻”布新考》，《中國錢幣》1993 年第 2 期（屬韓，鄭地大商人對楚國發行的貨幣）。李德保、周長運：《河南新鄭“韓都”發現“枎戔當忻”陶範》，《江漢考古》1993 年第 1 期（屬韓）。

④ 近見郭理遠：《楚系文字研究》，博士學位論文，復旦大學 2020 年 7 月。對有關問題作了很好的研究，讀者可參閲。第 51 頁云：“這類貨幣到底屬於哪一國，其幣文能不能歸入楚系文字，還需進一步研究。”

字用作“幣”,楚簡“幣”从巾从㡀作、,與三晋橋足布“正幣”“半幣”的“幣”作也不同。

“堂”字作,讀爲“當”,與三晋梁布“當”作不同。

“(四)”字特點見於楚和燕,而與三晋有别。

以上幾字與三晋、齊魯文字多有所區别。[①] 若主要以布幣文字“方”等來判定屬宋,目前證據還不足。

至於流通區域方面,至今的發現還有局限。即便就是限於所發現的範圍,也難以肯定其爲宋,可以理解是楚爲方便與這一區域進行商貿往來而特别鑄作的貨幣,也可能爲宋滅亡(前 286)前後,楚國爲有效控制這一區域所鑄。宋亡至楚滅亡(前 223 年),長達 60 來年,相當於戰國中晚期,與大、小布的流通時代也大體相符(齊、楚、魏三國聯手滅掉宋國,瓜分宋國領土,見《史記·宋世家》)。

除此,在這一區域發現有大量楚國蟻鼻錢及錢範、楚金幣。如在安徽固鎮縣濠城鄉出土巽字銅貝 3 856 枚,在安徽肥西新倉豐樂出土巽字貝 9 240 枚,在曲阜董大城村出土巽字貝 15 978 枚等;在安徽繁昌發現完整的“巽”字銅範兩件,在安徽六安調查得知發現有字銅範兩塊(并有背版)、出有夅字貝殘銅範一塊,在山東出土有“巽”字銅貝範兩件等。[②] 在這一區域的安徽壽縣、江蘇盱眙等地發現大量楚國黄金貨幣,還有銅印戳等。[③] 安徽壽縣也是戰國晚期楚都所在地。這些蟻鼻錢及鑄範和黄金幣,無疑均屬楚。

我曾在《“枎比堂忻”布應是楚幣》一文中有下面一段文字,基本意見未變:[④]

> 我們主張其爲楚幣,主要根據前述的出土地點和幣上的文字特點。前述咸陽出土的一枚,明顯屬於外地流傳過去的。其餘地點,大致集中在河南東南部,山東西南部,安徽、江蘇、浙江的北部(湖北、湖南一帶還未見有出土)。這一地帶,正好是戰國中晚期楚國的東部疆域。戰國時,楚滅杞、莒、

① 可參見黄錫全:《“枎比堂忻”布應是楚幣》。有關文字可參見湯志彪編著:《三晋文字編》,作家出版社 2013 年(方 1282 頁、枋 805 頁,㡀 1204 頁,堂 1809 頁,尚 106 頁,斤 1879 頁,釿 1880 頁,慎 1532 頁,四 1963 頁)。孫剛編纂:《齊文字編》,福建人民出版社 2010 年(方 239 頁,昉 185 頁,枋 148 頁,比 227 頁,堂 345 頁,斤 367 頁,四 378 頁,展 236 頁)。滕壬生:《楚系簡帛文字編(增訂本)》第 727 頁㡀。

② 可參見黄錫全:《先秦貨幣通論》第 363—366 頁。

③ 可參見黄錫全:《先秦貨幣通論》第 337—354 頁。

④ 黄錫全:《“枎比堂忻”布應是楚幣》。

許、蔡、曾(隨)、小邾、邾、魯、陳、郯、邳、費等十二國,[①]占領越之大片土地,完全控制了淮泗地區及長江下游,并分封黄歇爲春申君,坐守江東(《楚世家》),成爲今之山東南、河南東南、安徽、江蘇、浙江這一地帶的真正統治者。這一歷史事實,與我們討論的布幣出土地點正相符合。另外,根據考古發現,這一地帶,多出有楚國貨幣蟻鼻錢和金幣(金版銘文"尃稱""鹽稱",就是江蘇的傅陽和鹽城),還有楚國墓葬和銅器等,受楚文化影響較深。在前列之地出土楚國貨幣及楚文物,只能是當時歷史事實的反映。也就是説,這些文物是楚統治這一地帶的實物見證。"杬比堂忻"布出在這一地帶,安徽固鎮發現有這種錢範,當不是偶然的巧合。過去有學者認爲,"這種布錢的鑄行,就地區而言,是以淮泗、吴越爲其範圍,就時代而言,應與楚占有淮泗、吴越地區的年代相適應",[②]應是正確的。

附記:此文在2021年11月19—21日清華大學主辦"清華戰國楚簡國際學術研討會"上宣讀。

① 參見何浩:《楚滅國研究》,武漢出版社1989年,第311頁。

② 朱活:《古錢新探》第205頁。

《嶽麓書院藏秦簡(柒)》研讀*

周　波

摘　要：本文在《嶽麓書院藏秦簡(柒)》所收律令簡的文字釋讀、句讀、文義解釋、出土與傳世文獻的對讀等方面取得了一些新的收穫。如新釋“瘖”“傴攣”“眄”，認爲皆是罷病、廢疾名。在文本整理的基礎上，本文還對秦簡律令及相關文獻所見“尉(邦尉)”“郡邦尉”“司御”“斡官”“中官”等職官的涵義、性質、執掌及演變等問題進行了專門討論。

關鍵詞：嶽麓秦簡　秦漢律令　文字釋讀　職官制度

最近刊布的《嶽麓書院藏秦簡(柒)》是嶽麓書院所藏秦簡的最後一册，内容大多爲秦令，亦或間有秦律的内容，故整理者又稱其爲《秦律令(肆)》。竹簡中一部分爲新見律令資料，另一部分則屬可與前六册竹簡相綴合、編聯的整簡、殘簡以及尚不能綴合的殘片、碎片。

此册内容頗爲重要，能爲學界提供頗多新知。但竹簡大多殘斷，兼有大量亡佚簡，故很難對這部分竹簡加以編聯或確定律令條文的歸屬，這給整理和研究帶來了極大難度。原整理者在竹簡綴合與編聯、釋文與注釋等方面做了很大努力，有不少好的意見或方案，給使用者帶來了很大的便利，也使我們能更好地理解這部分律令或相關内容。

資料發表後，研究者在竹簡的拼綴、編聯、釋讀等方面多有討論，續有推進，解决了不少問題。筆者在研讀這批律令和有關論著的過程中，在文字釋讀、内涵探討等方

* 本文爲國家社科基金冷門“絶學”和國别史等研究專項“戰國至秦漢時代雜項類銘文的整理與研究”(2018VJX006)，“古文字與中華文明傳承發展工程”資助項目“戰國題銘分系分國編年整理與研究”(G3216)及“東周金文所見職官整理與研究”(G3908)階段性成果。

面陸續也有一些新的看法,故略陳己見,匯爲一文,提出來供方家批評指正。

一

嶽麓秦簡(柒)簡 018/0376—019/0656 正:[①]

·尉段言:鄭言:令曰:黔首冗募、群戍卒有貲直(值)千錢以上弗能償,令戍新地。鄭卒,前令其家弗能償,日皆未備。

又簡 100/0662 正:

與其官爲識式,式已識,上式御史、丞相,尉布。

整理者於上"尉"下注:"當爲太尉之省,0657、0662、0689 簡同此。秦相家巷封泥有'大(太)尉'。"又於下"尉"下注:"太尉之省。"將簡文"尉"直接等同於"太尉",其説恐有問題。

簡 001/0689:"尉議:中縣有罪當戍者及陽平吏卒當戍者,皆署琅邪郡;屬邦、道當戍東故徼者,署衡山郡。"從嶽麓簡"丞相議""内史議"等文例來看,此處之"尉"應爲與"丞相""御史(御史大夫)""内史"等同爲中央職官。

從簡文相關内容來看,"尉"應主要掌管國家軍事相關事宜。從此組簡有"江胡郡""河間郡"及區分"中縣道""郡縣道"等來看,此組簡時代應在秦始皇二十六年分天下爲三十六郡之前。此組簡中簡 035/0571 正有"廿五年己巳尉言:……",紀年爲秦王政二十五年五月己巳日,亦與前述統一前情况相符。

由此,我們認爲秦統一前的"尉"只能是秦"邦尉"之省,"邦尉"傳世古書多作"國尉"。

秦有"國尉",見《商君書》《史記》等書。較早文獻見《商君書·境内》:"國尉分地,以徒校分積尺而攻之。"又:"國尉分地,以中卒隨之。"一般認爲"國尉"本作"邦尉",如"相國"本作"相邦"。《境内》另提到"國封尉,短兵千人。將,短兵四千人。"前者所將短兵人數僅次於將軍,顯示其地位頗高。關於"國封尉",舊有多種説法。唐長孺先生曾謂:"疑國尉秦時本作邦尉,猶相國本是相邦,此封字乃邦之譌。漢時盡改作國,此一處偶存故號,後人旁注國字以合上下文,最後則并作正文入之。"[②]其説頗可采信。

秦封泥有"邦尉之璽",舊或以爲秦封泥所見"邦尉""大尉"爲同時設立的不同掌

① 本文所引釋文在整理者基礎上有所修訂,個别字詞釋讀、句讀問題見下文具體討論。

② 參蔣禮鴻:《商君書錐指》,中華書局 1982 年,第 116 頁。

屬的職官,或以爲是同一職官早晚不同的稱呼。[①] 新出里耶秦簡 8－461(更名方)有"騎邦尉爲騎校尉,郡邦尉爲郡尉,邦司馬爲郡司馬",可證秦統一前與郡尉相對的中央之尉就稱爲"邦尉"。里耶秦簡(壹)8－649 有"邦尉、都官軍在縣界中者各□",這裏的"邦尉"即"郡邦尉"之省稱,秦統一後改稱爲"郡尉"。

秦封泥中有"南陽邦尉",里耶秦簡(貳)9－430 也有"洞庭邦尉",[②]此皆屬郡邦尉。從嶽麓秦簡(叁)《暨過誤失坐官案》簡 094"邦尉下(?)□更(?)戍令(?),□誤(?)弗傳邦候"等簡文來看,這裏的"邦尉"應指"南郡邦尉",[③]下轄有"邦候",亦即統一後的"郡候"。與郡邦尉"郡名＋邦尉"的稱謂相對,中央"邦尉"可省稱作"尉",亦屬正常。

秦簡等資料中的"邦",研究者一般理解爲秦國、朝廷、中央。如睡虎地秦簡《秦律雜抄》簡 14 有"邦司空",同《商君書·境内》"國司空",整理者注謂"邦司空,朝廷的司空"。秦封泥"騎邦尉印",王輝先生認爲"'騎邦尉'當爲中央騎兵統帥"。[④] 郭永秉先生根據更名方及王輝説,認爲"騎邦尉""騎校尉"并非各郡内的官吏,而是秦中央統一負責管理騎士的職官。[⑤] 高智敏先生認爲秦對有關"邦"職官、名號的變更不只是稱謂上的變化,實際上還反映了相應的制度變革,"邦尉"的更名即其例,"郡邦尉"原本爲中央邦尉派駐於郡内的吏員,秦始皇二十六年郡制變革中更名爲"郡尉",成爲郡級三府之一。[⑥] 我們贊同上述説法。里耶秦簡(壹)8－649"邦尉"既然與直屬秦國朝廷機構"都官"并稱,這或許表明"郡邦尉""邦司馬""邦司空"等官在秦統一前雖分駐於各郡中,其實亦直屬秦國中央。

秦統一後,中央之"尉"則改稱爲"大尉"。秦封泥有"大尉之印""大尉府襄",[⑦]大

---

① 中國社會科學院考古研究所漢長安城工作隊:《西安相家巷遺址秦封泥的發掘》,《考古學報》2001 年第 4 期,第 524 頁。

② 參王偉:《秦璽印封泥職官地理研究》,中國社會科學出版社 2014 年,第 90 頁。

③ 參陶安《〈嶽麓書院藏秦簡(叁)〉校勘記》,《出土文獻與古文字研究》第 6 輯,上海古籍出版社 2015 年,第 542—545 頁;高智敏:《由"邦"到"天下"——秦"邦"更名所見制度變革及其意義》,《中華文史論叢》2019 年第 2 期,第 267 頁。

④ 王輝:《古璽印文字雜識(18 則)》,收入其著《高山鼓乘集:王輝學術文存二》,中華書局 2008 年,第 255—256 頁。

⑤ 郭永秉:《讀里耶 8∶461 木方札記》,收入其著《古文字與古文獻論集續編》,上海古籍出版社 2015 年,第 394—395 頁。

⑥ 高智敏:《由"邦"到"天下"——秦"邦"更名所見制度變革及其意義》第 255 頁,《中華文史論叢》2019 年第 2 期。

⑦ 參王偉:《秦璽印封泥職官地理研究》第 90 頁。

尉即太尉。成書於漢初的馬王堆帛書《刑德》乙篇所記軍吏以職位高低爲序作“將軍、尉、司馬、候、司空、冢子”,日本古寫本《淮南子·兵略》則作“將、大尉、司馬、候、司空、輿”。“冢子”爲戰國三晋職官,“尉”也是秦統一前職官名,《刑德》乙篇的“尉”顯然與傳世寫本的“大尉”有對應關係。[①] 這也表明“尉”“大尉”正是同一職官在秦統一前後的不同稱謂。

秦“邦尉(或國尉)”省稱“尉”,在傳世典籍中也有不少記載。《史記·白起列傳》:“其明年,白起爲左更,攻韓、魏於伊闕,斬首二十四萬,又虜其將公孫喜,拔五城。起遷爲國尉。”《正義》:“言太尉。”《史記·秦始皇本紀》:“(尉繚)乃亡去。秦王覺,固止,以爲秦國尉,卒用其計策。”《正義》:“若漢太尉、大將軍之比也。”《史記·六國年表》昭襄王十二年(前295年)載“魏昭王元年,秦尉錯來擊我襄”,這裏也出現了“尉”。《資治通鑒》此條胡三省注曰:“尉,蓋國尉也。”其説當是。尉繚於秦王嬴政十年入秦游説,被任爲“邦尉(或國尉)”後,因稱尉繚。

“尉繚”“尉錯”之稱類同,這裏的“尉”均爲“國尉”之省。白起、尉繚、司馬錯等人《史記》或稱“尉”,或稱“國尉”,其實一也。

《史記·秦始皇本紀》:“(昭襄王)二十三年,尉斯離與三晋、燕伐齊,破之濟西。”《正義》謂:“尉,都尉。斯离,名也。”除此之外,此“尉”尚有“郡尉”、[②]“國尉”、[③]“軍尉或都尉”[④]等不同看法。從上面的討論來看,應以“邦尉(國尉)”爲是。

新出十九年蜀守斯離銅鑒銘文云:“十九年,蜀守斯離造,工師狐、丞求乘,工耐。”[⑤]“斯離”,即“尉斯離”。據銘文,昭襄王十九年,斯離曾擔任蜀郡郡守一職,此可填補史籍之缺。又從上引秦簡等可知,中央“邦尉”可省稱“尉”。綜合上述出土及傳世文獻資料及相關史實來看,斯离於昭襄王二十三年時,應已升任“邦尉(國尉)”,成

---

① 參劉樂賢:《簡帛數術文獻探論(增訂版)》,中國人民大學出版社2012年,第78—81頁;孫聞博:《秦漢軍制演變史稿》,中國社會科學出版社2016年,第61—62頁。

② 秦咸陽考古隊:《西咸新區秦漢新城坡劉村出土“蜀守斯離”督造銅器》,“考古陝西”微信公衆號;許衛紅、張楊力錚:《“十九年蜀守斯離”考》,《考古與文物》2020年第4期,第59—61頁。

③ 高智敏:《由“邦”到“天下”——秦“邦”更名所見制度變革及其意義》第277頁,《中華文史論叢》2019年第2期;但昌武:《“十九年蜀守斯離”銅器銘文及相關史事考析》,簡帛網2019年11月9日,http://www.bsm.org.cn/?guwenzi/8164.html。

④ 吴鎮烽:《蜀守斯离鑑不能説明秦人對蜀地實行羈縻政策》,復旦大學出土文獻與古文字中心網2019年12月11日,http://www.fdgwz.org.cn/Web/Show/4503。

⑤ 陝西省考古研究院:《陝西西咸新區坡劉村秦墓發掘簡報》,《考古與文物》2020年第4期,第27頁圖33.9。

爲中央職官,方有可能聯合三晋、燕共伐齊國。尉斯離擔任"邦尉(國尉)",率軍伐齊并"破之濟西",這一情况正可與白起爲左更(後遷爲國尉),"攻韓、魏於伊闕"以及"尉錯擊魏襄城"類同。

由此,亦可知戰國晚期秦國由"邦尉(國尉)"統轄中央及邊地軍隊,指揮大型戰役或兼并戰役乃屬常態。這樣看來,二十三年領兵出征齊國的"尉斯离"擔任的只能是"邦尉(國尉)"。

二

嶽麓秦簡(柒)簡 041/0578 正:

> ·縣已傳疇司御子各自識(試)給車、善(繕)馬,馬毋(無)奔騺者即所以肄識(試)具,令廄嗇夫謹先教駕御,具盈廿日,另若丞與尉雜識(試)之,……

首句原釋文斷讀作"·縣已傳疇司御子各自識(試),給車、善馬,……"整理者注:"司御,疇官之一,以訓馬爲本職工作。"此處原釋文及注皆有問題。

我們認爲簡文"善馬"當讀爲"繕馬"。"繕",備辦;整治。《國語·魯語下》:"繕貢賦以共從者。"從簡文來看,"給車、善(繕)馬"、"駕御",即提供、備置車馬,御馬駕車,諸事均應是"司御"的本職工作。簡文謂"馬毋(無)奔騺",即馬無負重難行之貌,可見"司御"提供之車、馬當根據實際情况進行調整,使之相匹配。

"司御"多見於出土、傳世典籍。睡虎地秦墓竹簡《秦律十八種·傳食律》簡 182 有"卜、史、司御"。原整理者注:"司御,管理車輛的人,見《漢書·夏侯嬰傳》。"按《史記·樊酈滕灌列傳》:"(夏侯嬰)爲沛廄司御。每送使客還,過沛泗上亭,與高祖語,未嘗不移日也。"(《漢書·夏侯嬰傳》同)《索隐》:"案《楚漢春秋》云滕公爲御也。"此説蓋即承襲自《索隐》。學者多據之認爲"司御"屬"廄嗇夫",職掌車馬。[①] 新出秦簡恰可證此説之確。秦在縣下設有"司御"一職,而吕后時期的張家山漢簡《二年律令》已無此官,則其時或有裁撤。

"司御"又見秦封宗邑瓦書,但瓦書"司御"所任之事與秦簡"司御"有所不同。秦封宗邑瓦書:"大良造庶長游出命曰:'取杜才(在)酆邱到于潏水,以爲右庶長歜宗邑。'乃爲瓦書。卑(俾)司御不更顝封之,……大田佐敖童曰未,史曰初。卜蟄、史羈

① 参裘錫圭:《嗇夫初探》,其著《古代文史研究新探》,江蘇古籍出版社 1992 年,第 469 頁;張慧珍:《秦官制研究——出土文字與傳世文獻的比較研究》,碩士學位論文,中山大學 2007 年,第 198 頁。

手,司御心志,是霾(埋)封。”袁仲一先生曾認爲:“管理車輛的人參與賜田的封疆劃界與理不合。因而瓦書中的‘司御’含有‘侍御’之意,即官府的僚屬。……‘司御不更顝’,顝的爵位僅爲不更,地位不高,可能是中央官府中的下級小吏,負責管理土地事宜,因而使其負責賜宗邑的封疆劃界。”①張慧珍先生則疑“司御”是“廄嗇夫”的屬官,其負責管理馬車,或許亦有爲長官駕車的需要,因此隨着官長參與了秦封宗邑瓦書此次封疆畫界的儀式。②

按瓦書“司御顝”、“司御心”爲兩人。似司御顝爲中央下派,司御心與卜蟄、史羁則爲杜縣屬官。瓦書“卑(俾)司御不更顝封之”下有“大田佐敖童曰未,史曰初”,則前者負責具體執行,後者參與此事,或爲監官。“大田佐”“史”皆爲大田之屬官。秦地方設“田嗇夫”,其副貳爲“田佐”。中央設“大田”,見秦封泥“右大田丞”,睡虎地秦簡《田律》:“稟大田而毋(無)恒籍者。”《吕氏春秋·勿躬》:“墾田大邑,辟土藝粟,盡地力之利,臣不若甯速,請置以爲大田。”又見《韓非子·外儲説左下》《晏子·内篇問下》。《淮南子·齊俗》:“故堯之治天下也,舜爲司徒,契爲司馬,禹爲司空,后稷爲大田,奚仲爲工。”“大田”其時應爲秦國中央所設農官。據《吕氏春秋·勿躬》、瓦書,亦負責封樹劃界、授田等事。“大田”又稱“田”。《吕氏春秋·孟春紀》:“命田舍東郊。”注:“命田大夫舍止東郊,監視田事。”既然有“監視田事”“封樹、授田”等職責,其參與封宗邑賜田,負監臨之責,便很容易理解了。

從上面的討論來看,“司御不更顝”也應爲中央委派之官。其或因屬秦王宫廷近臣,而臨時委派職責,具體負責此次樹封之事。

三

嶽麓秦簡(柒)簡 069/0487—070/0403 正:

·參(叁)川言:破荆軍罷,移軍人當罰戍,後戍病㾓者,曰有瘳遣之署。今或戰痍及病膃攣、瘖、眄廿人,度終身毋(無)瘳時,不可行作。

“攣”後一字,原釋文作“痞”。整理者注:“痞:《玉篇·疒部》‘多睡’。”釋文、注釋皆誤。

秦簡“言”“音”字形接近,容易混同。細審此字,與上文“言”字寫法有别,其筆畫

① 袁仲一:《秦代陶文》,三秦出版社 1987 年,第 79 頁。
② 張慧珍:《秦官制研究——出土文字與傳世文獻的比較研究》第 198 頁。

較多,下部當从"甘"形。此字當釋爲"瘖"。

"瘖/喑"即口啞,不能出聲。《説文》:"瘖,不能言也。"《史記·扁鵲倉公列傳》:"臣意謂之病苦沓風,三歲四支不能自用,使人瘖,瘖即死。"司馬貞《索隐》:"瘖者,失音也。"《韓非子·六反》:"人皆寐,則盲者不知;皆嘿,則喑者不知。"《後漢書·袁閎傳》:"遂稱風疾,喑不能言。"

"瘖",出土文獻或用"訡""唫""音"字表示:

民乃宜肙(怨),虐(瘧)疾訂(始)生。於是虐(乎)又(有)訡(喑)、聾、皮(跛)、冥(瞑)、瘦(瘻)、疛婁(僂)訂(始)记(起)。

(上博簡《容成氏》簡36—37)

於是虖(乎)唫(喑)聾執燭,鼎(蒙)戉(工)鼓瑟(瑟),忞(跛)皇(躃)獸(守)門,杕(侏)需(儒)爲矢,長者酥(縣)厇(鐸),婁(僂)者坆(事)譻(數—塿),瘦(瘻)者煮盧(鹽){厇},亖(憂—疣/肬)者斂(漁)澤,……①

(上博簡《容成氏》簡2—3)

其所産【病:口熱】,舌柝(柝—坼),嗌乾,上氣,饐(噎),嗌中痛(痛),癉,耆(嗜)卧,欬(咳),音(瘖),爲十病。

(馬王堆帛書《陰陽十一脈灸經》甲本30—31行)

其所【産病:口熱,舌坼,嗌乾,上氣】,噎,嗌中甬(痛),單(癉),耆(嗜)卧,欬(咳),音(瘖),爲十病。

(馬王堆帛書《陰陽十一脈灸經》乙本13行)

其所産病:口熱,舌穊(柝—坼),嗌乾,上氣,饐(噎),嗌中痛,癉,者〈耆—(嗜)〉卧,欬(咳),音(瘖),爲十病。

(張家山漢簡《脈書》簡41—42)

上引帛書《陰陽十一脈灸經》甲乙本、張家山簡本《脈書》"十病"皆屬"少陰之脈"主治病症。"瘖"皆指口啞。《素問·奇病論》:"岐伯曰:'胞絡者繫於腎,少陰之脈貫腎,繫舌本,故不能言。'"

上引《容成氏》文字傳世典籍也有相關記載。《國語·晋語四》:"蘧蒢不可使俯,戚施不可使仰,僬僥不可使舉,侏儒不可使援,蒙瞍不可使視,嚚喑不可使言,聾聵不可使聽,童昏不可使謀。……官師之所材也,戚施直鎛,蘧蒢蒙璆,侏儒扶盧,蒙瞍修聲,聾聵司火。"《國語·鄭語一》:"侏儒、戚施,實御在側,近頑童也。"《禮記·王制》:

① 參拙文:《楚地出土文獻與〈説文〉合證(三題)》,(韓)《漢字研究》2020年第1期,第179—183頁。

"喑、聾、跛、躄、斷者、侏儒、百工,各以其器食之。"《韓詩外傳》卷三:"太平之時,無喑、瘫、跛、眇、尪、蹇、侏儒、折短,……"從上述文獻來看,"瘖/喑"古時多視爲罷病、廢疾。

上引嶽麓簡 069/0487"膒攣",原釋文作"膒(軀)攣"。整理者注謂:"攣,捲曲而不能伸。《史記·蔡澤列傳》:'魋顔,蹙齃,膝攣。'""膒攣"又見簡 094/0374,原釋文作"瘟(軀)蠻(攣)不展"。今據上博簡《容成氏》《國語·晋語四》《國語·鄭語一》等文字,秦簡原釋文"膒(軀)攣"之釋讀還可再商榷。

"攣"指蹺曲不能伸展,古書多見"足攣""膝攣""手攣",多指四肢。"軀"則多指軀幹。此有不合之處。我們認爲簡文當斷讀作"今或戰痍及病膒(傴)、攣"或"今或戰痍及病膒(傴)攣"。

古書有"攣蹇""攣躄",均指手脚屈曲不能行走。此即上引文獻中的"跛""跛躃"。我們認爲秦簡之"攣"即指此類罷病、廢疾。

"傴"即傴僂,指駝背,俛病也。《淮南子·齊俗》:"伊尹之興土功也,修脛者使之蹠钁,强脊者使之負土,眇者使之準,傴者使之塗,各有所宜,而人性齊矣。"許慎注:"傴人塗地,因其俛也。"又《劉子·適才》:"故伊尹之興土功也,修脛者使之蹠钁,强脊者使之負土,眇目者使之準繩,傴僂者使之塗地。因事施用,仍便效才,各盡其分而立功焉。"或襲《淮南子》此文。簡文"膒(傴)",同於上引文獻中的"傴者""傴人""府(或作俯、附)婁(僂)""僂者""戚施",亦爲古時常見之罷病、廢疾。

本文初稿認爲此處簡文當斷讀作"膒(傴)、攣"。① 其後吴桑先生舉出了馬王堆漢墓帛書《五十二病方》236 行"治積(癪)初發,傴攣而未大者【方】"的書證,②如此"膒"讀爲"傴"便可以確定下來了。吴文讀"膒攣"爲"傴攣",認爲與《五十二病方》"傴攣"一樣,均指駝背曲脊。不過,"傴攣"點斷爲兩疾或看作一複合詞似皆有可能。

傳世典籍、古醫書中"傴""攣"别爲廢疾或病症。《荀子·正論》:"譬之,是猶傴巫、跛匡大自以爲有知也。"楊倞注:"匡,讀爲'尪',廢疾之人。"《靈樞·厥病》:"傴僂者,腎心痛也。"《一切經音義》卷二引《通俗文》:"曲脊謂之傴僂。"

"攣"即攣縮,捲曲不能伸之症。《史記·范雎蔡澤列傳》:"先生曷鼻,巨肩,魋顔,蹙齃,膝攣。""攣",多指人跛足。《後漢書·楊彪傳》:"彪見漢祚將終,遂稱脚攣不復行,積十年。"又如《備急千金要方》卷八《諸風》引《魯王酒》藥方分述"腰脊不能俛仰""筋攣不

① 拙文:《〈嶽麓書院藏秦簡(柒)〉研讀》,復旦大學出土文獻與古文字研究中心網 2022 年 7 月 20 日,http://www.fdgwz.org.cn/Web/Show/10930。

② 吴桑:《讀〈嶽麓書院藏秦簡(柒)〉札記(二)》,簡帛網 2022 年 8 月 25 日,http://www.bsm.org.cn/?qinjian/8779.html。

可屈伸”兩症,《醫心方》卷三《治中風四肢不屈伸方第十五》引《病源論》有“四肢拘攣,不得屈伸者”,《醫心方》卷十三《治虚勞五勞七傷方第一》引《大清經》有“脚弱痿,四肢拘攣,膝痛,不可屈伸”。《備急千金要方》卷二十七《養性》謂“有子必顛癡、頑愚、喑痖、聾聵、攣跛、盲眇,多病短壽,不孝不仁”,將“攣跛”視爲一病,與“喑痖”“聾聵”“盲眇”等并列。如此看來馬王堆帛書《五十二病方》、秦簡中的“傴攣”點斷似更好一些。

“傴”“攣”病症有先天者,據《五十二病方》等醫書也有因癩疝等而後來導致者。從秦簡下文“度終身毋(無)瘳時,不可行作”來看,不論何種狀況,上述疾病如無法治愈而成廢疾、痼疾,是不堪戍役等事的。

簡文“瘏”後一字,整理者釋爲“盰”,注:“盰,目病。”此説亦誤。

按此字當與張家山漢簡《二年律令・賊律》之(A)爲一字。《二年律令・賊律》簡 27—28 釋文云:“鬭而以釼(刃)及金鐵鋭、錘、榫(椎)傷人,皆完爲城旦舂。其非用此物而 A 人,折枳(肢)、齒、指,胅體,斷肤(决)鼻、耳者,耐。其毋傷也,下爵毆上爵,罰金四兩。毆同列以下,罰金二兩;其有疻痏及□,罰金四兩。”類似文字又見懸泉漢簡ⅡT0115③:38:“鞫論,非盗受賕所監臨,以縣官事賊傷吏、吏父母、妻子、同産及賊傷人、緣(變)人、A 人、折枳、齒、指、體,斷决鼻、耳,它皆得入錢贖罪,免爲庶人,如前版詔品。大司農調給邊……”此字又見北大簡《倉頡篇》簡 7“往來眄睞”、《居延漢簡甲乙編》9.1C 有《倉頡篇》殘簡“往來眄”,分别作  、  ,可知將 A 釋爲“眄”當無問題。

上引張家山漢簡、懸泉漢簡文字與《唐律疏議》卷第二十一《鬥訟二・鬥毆折齒耳鼻》“諸鬥毆人,折齒,毁缺耳、鼻,眇一目,及折手、足指,若破骨,及湯火傷人者,徒一年”,《鬥訟三・兵刃斫射人》“諸鬥以兵刃斫、射人,不著者,杖一百。若刃傷,及折人肋、眇其兩目、墮人胎,徒二年”,《鬥訟四・毆人折跌支體瞎目》“諸鬥毆,折跌人支體,及瞎一目者,徒三年”皆類同,其中 A 對應於《唐律疏議》的“眇”或“瞎”。

我們曾指出:《説文》“眄”字訓爲“目偏合也”,當指一目有目患而合之。這一義項很容易引申而指盲一目或目盲。“瞑”“瞎”由“目合”之義引申而可指目盲,“眄”字當與前者類同。“眇”字可指盲一目或泛指目盲,這也與“眄”類同。從上引《二年律令・賊律》、懸泉漢簡辭例及用法來看,簡文“眄”很可能是泛指目盲。《説文》“眄”字訓“目偏合也”,古書中没有確切的用例,出土文獻恰可證其信而有據。“眄”字由“目偏合也”之義引申而指人偏盲或目盲,正與“瞑”“瞎”二字由“目合”之義引申而可指目盲辭義變化類同。[①]

---

① 參拙文:《楚地出土文獻與〈説文〉合證(三題)》第 170—179 頁。

秦簡此字從上下文來看,也應釋爲"眄",理解爲目盲。簡文"眄"相當於上引文獻中的"瞑""眇""盲眇""蒙瞍",亦爲古時常見之罷病、廢疾。

四

嶽麓秦簡(柒)簡 146/1687 正、153/0400:

·諸榦官徒有亡者,作所官移其關諜(牒)作所縣,[①]縣聽其官印論之。……

·中官徒隸亡及有罪得……

"榦官"下整理者注:"傳世典籍寫作'斡'官。榦官,乃治粟内史、少府或主爵屬官,主管均輸之事。據《漢書·百官公卿表》:'治粟内史,秦官……屬官有太倉、均輸、平準、都内、籍田五令丞,斡官、鐵市兩長丞。'如淳曰:'斡音筦,或作幹。斡,主也,主均輸之事,所謂斡鹽鐵而榷酒酤也。'"此説亦有問題。

嶽麓秦簡(七)簡 1349 正有"右榦官、中榦官、左榦官"。秦璽印封泥有"江胡榦官""穎(潁)川榦官""少府榦官""少府榦丞""大官榦丞""北宫榦官""北宫榦丞"等,[②]可見秦時在中央及地方各個機構皆設有"榦官"。班固注引如淳説榦官主"均輸之事",不一定合乎秦時情況。簡文稱"諸榦官",不是具體指某官,而是當時中央、地方所設各類"榦官"機構之總稱。

秦簡"中官"下整理者注:"中官:官署名,兼作職官名。《漢書·高后紀》:'諸中官宦者令丞,皆賜爵關内侯,食邑。'顔師古注:'諸中官,凡閹人給事於中者皆是也。'"此説亦有問題。

與上文"榦官"相應,這裏的"中官"也應是此類性質機構之總稱。《漢書·高后紀》:"八年春,封中謁者張釋卿。"顔師古注引如淳曰:"灌嬰爲中謁者,後常以閹人爲之。諸官加中者,多閹人也。"如淳、顔師古既稱此類職官爲"諸中官",可見此類機構衆多。

我們曾對秦漢出土文獻中官名前冠以"中"字者進行過系統考察,指出這類"中"

① "關"字釋讀參陳偉:《〈嶽麓書院藏秦簡(柒)〉校讀(續)》,簡帛網 2022 年 7 月 17 日,http://www.bsm.org.cn/?qinjian/8752.html。

② 王偉:《秦璽印封泥職官地理研究》第 152—153 頁。

多指中朝、禁中之"中",非獨指後宫或中宫。[①] 秦簡"中官"也應理解爲中朝、禁中屬皇帝、皇后、太后等諸機構(秦至漢初此類中官不一定爲宦者)。

五

嶽麓秦簡(柒)簡文其他地方釋文也有可補或改釋之處,此處匯爲一條加以討論。

簡 114/0334 正"諸遷輸蜀巴及它郡縣□毋得去遷輸所",缺文似只能補作"道"。秦除關中設有道外,其餘地方也設有道。據秦簡、秦封泥等材料,其屬巴蜀或鄰近巴蜀之道就有"荆山道(屬巴郡或南郡)""僰道(蜀郡)""宕渠道(巴郡)""夷道(南郡)"等。由此可證此處補作"道"當無問題。

簡 121/0451－2 正"其□匿病者",缺文據字形、文意可補作"有"。

191 頁第三組殘片首簡"盗盗殺傷好",第二簡"盗盗殺傷好等",原釋文以爲兩簡第二字"盗"字脱,此或有問題。因原簡右部皆不存,可能本有重文符號。

207 頁第二簡"諸樂人及工若操緍紅"。簡文"緍"當讀爲文繡之"文"。睡虎地秦簡也用"敃""緍"表示文繡之{文},見《秦律十八種・倉律》簡 62"女子操敃(文)紅及服者,不得贖",《秦律十八種・工人程》簡 110"隸妾及女子用箴爲緍(文)繡它物"。"文紅"即文繡女紅。

① 參拙文:《説張家山漢簡〈二年律令・秩律〉的"詹事"并論漢初的太后、皇后兩宫官系統》,《中研院史語所集刊》第 94 本第 1 分,中研院史語所 2023 年,第 18—24 頁。

秦質日簡“迣”字新解*

郭　濤　韋榮越

摘　要：出土簡帛資料中常見“迣”字，周家臺秦簡《秦始皇三十四年質日》中的“迣”一般解釋爲縣名，但是根據新出里耶秦簡牘可知釋爲地名不可取，該字應當重新解釋；結合傳世文獻、睡虎地秦簡、嶽麓秦簡、五一廣場東漢簡等資料，“迣”爲動詞，與列、例、迾等相通，有遮攔檢查之義，迣某地、即迣等可能表示在該地進行治安軍事類檢查、巡查活動。

關鍵詞：秦漢　簡帛　迣　質日

周家臺三〇號秦墓簡牘《秦始皇三十四質日》描繪了墓主人生前往返江陵（今湖北荆州市）與竟陵（今湖北潛江西北）之間的行程，對區域歷史地理的研究和秦漢地方官員日常生活的認識大有裨益。但該篇質日簡中仍有較多疑難問題未能解決，簡文中的“迣”字即爲一例。目前學者普遍將其視作縣名，爲秦代南郡屬縣。然而史料有限，相關論證也并非十分確鑿。根據新出里耶秦簡可知該字釋爲地名不可取；結合睡虎地秦簡、嶽麓秦簡、五一廣場東漢簡等資料，本文對此提出新的解釋，不當之處，敬請方家指正。

一、周家臺質日簡中“迣”爲縣名説不可取

周家臺三〇號秦墓簡牘《秦始皇三十四年質日》有關“迣”的記載如下：

丁亥史除不坐掾曹。從公，宿長道。

* 本文得到國家社科基金後期資助項目“秦帝國末端行政運行研究”（項目號：19FZSB028）資助。

戊子宿迣嬴邑北上蒲。

己丑宿迣離涌西。

庚寅宿迣□□郵北。

辛卯宿迣羅涌西。

壬辰宿迣離涌東。

癸巳宿區邑。

甲午宿競(竟)陵。

乙未宿尋平。

整理小組云:嬴邑,地名,屬於迣;離涌(羅涌)屬於迣。[①] 也就是説,"迣"是比嬴邑、離涌更大的地理概念,在此基礎上,此後學者多進一步將"迣"看作縣名。王俊梅先生認爲質日簡中墓主出行基本上是在迣縣境内及附近地區。[②] 我們較早對"迣"作爲縣名提出質疑,認爲可能與水文水利景觀有關,之後又有所更改。[③] 李天虹、劉國勝先生綜合諸家解釋,延續前説,但亦有所保留,指出:迣恐應是政區名,詳情待考。[④]

辛德勇先生在研究北京大學藏秦《水陸里程簡册》時也順帶探討了這個問題,明確主張"迣"是一個未見於文獻記載的秦縣,指出楚地出土簡帛銘文中地名"鄴"和"牒"可能是迣縣的異寫,位於楚國核心腹地。他將迣縣地望定在江陵與竟陵之間,懷疑西漢華容縣或許是秦之迣縣改名而來;又認爲《左傳》中"脾泄"與迣縣可能有前後因承關係。[⑤] 據此,迣的屬性與政區沿革似乎清晰可見,此説影響較大。

雖然諸家的意見多將"迣"作地名看,但在具體論證上又語焉不詳,實際上是資料不足以立論的緣故。我們認爲將"迣"作爲地名,特别是縣名,不足憑信。

首先,從江漢地區的政區沿革與自然地理狀況來看,迣縣存在的可能性不大。不僅在詳細到鄉里組織情況的出土簡牘中均未見該縣名,而且南郡聚落和交通地理的總體狀況表明迣縣并無設置的空間。[⑥] 北京大學藏秦《水陸里程簡册》涉及江漢平原

① 湖北省荆州市周梁玉橋遺址博物館編:《關沮秦漢墓簡牘》,中華書局 2001 年,第 95—98 頁;陳偉主編,李天虹、劉國勝等撰著:《秦簡牘合集·釋文注釋修訂本(叁)》,武漢大學出版社 2016 年,第 185 頁。

② 王俊梅:《秦漢郡縣屬吏研究》,博士學位論文,中國人民大學 2008 年,第 50 頁。

③ 郭濤:《周家台 30 號秦墓竹簡"秦始皇三十四年質日"釋地》,《歷史地理》第 26 輯,上海人民出版社 2012 年,第 244 頁;郭濤:《秦代南郡"陰"地考》,《中國歷史地理論叢》2015 年第 4 期。

④ 陳偉主編,李天虹、劉國勝等撰著:《秦簡牘合集·釋文注釋修訂本(叁)》第 188 頁。

⑤ 辛德勇:《北京大學藏秦水陸里程簡册初步研究》,《出土文獻》第 4 輯,中西書局 2013 年,第 210—213 頁;該文修訂版收録於氏著《石室賸言》,中華書局 2014 年。

⑥ 郭濤:《新出簡牘與江漢聚落景觀體系的重建》,《華中師範大學學報(人文社會科學版)》2018 年第 4 期。

中心一帶的水陸交通路綫，從長利渠（章渠）到楊口水路，其中經過的區域有贏："郊到贏卅里。（04－207）贏到下造卅三里。（04－197）"江陵、竟陵、安陸、夏汭、沙羨之間的水陸通道經過井韓鄉："江陵東到井韓百六里。（04－064）井韓鄉到竟陵九十八里。（04－065）"[①]簡册中兩條路綫和周家臺墓主人往返的路綫可以交叉對照，贏、井韓鄉、江陵、竟陵等地名可以互相印證，該區域相關政區空間可以基本確定。而且先秦時期，雲夢澤演變成平原——湖沼形態的地貌景觀，根據考古發掘和聚落城邑的歷史記載分析，江漢地區雲夢澤東西兩端爲平原地帶，中間地帶湖沼密布尚不具備設縣條件，漢代隨着區域開發和雲夢澤的變遷，才設置了華容縣。[②]

其次，從質日簡行文範式來看，迣也不應視作縣名。周家臺質日簡册行文有一定範式，一般爲動詞＋地名，如宿某地，治某地，到某地，地名一般是縣名、鄉名、亭郵名等。諸家視"迣"爲縣名，很大程度上是受到這種行文範式的影響。隨着出土質日資料的豐富，我們看到了質日簡册并非嚴格執行這種行文模式。如嶽麓秦簡《三十五年私質日》中簡16/0070"己卯治"，治後面省略了地名；[③]里耶秦簡中質日類簡牘"五月丙子水大，留。丁丑，留。戊寅，留。己卯，留"也省略了地名。[④] 可見質日中有省寫地名的情況。而且若將周家臺質日簡册"迣"理解爲地名，則宿後接多個地名，部分地名後還有方位詞，這也不符合其他質日簡册中"宿"後常接單個地名的一般情況。

總的來説，從實際地理狀況和質日簡册的書寫格式出發，我們對"迣"作爲地名尤其是縣名持懷疑態度。

二、里耶秦簡牘"迣"的新證據

里耶秦簡牘是秦代洞庭郡遷陵縣的行政公文檔案，該批資料的整理與研究大大推動了秦漢史地的進展。新近公布的《里耶秦簡（貳）》中出現了"迣"的相關記載，對於相關問題提供了新的證據。簡9－2256記載：

甲寅到酉亭，大迣貳□郵☑Ⅰ

乙卯夕到閬郵，即迣。☑Ⅱ

---

① 簡文引自辛德勇：《北京大學藏秦水陸里程簡册初步研究》第199、230頁。

② 鄒逸麟、張修桂主編：《中國歷史自然地理》，科學出版社2013年，第336—337頁。

③ 陳松長主編：《嶽麓書院藏秦簡釋文修訂本（壹—叁）》，上海辭書出版社2018年，第16頁。

④ 陳偉主編，魯家亮、何有祖、凡國棟撰著：《里耶秦簡牘校釋（第二卷）》，武漢大學出版社2018年，第444頁。

丙辰夕到田官渚,即迣。☐Ⅲ

……□□□□□□□☐Ⅳ

校釋小組認爲:酉亭,亭名。迣(原釋文作"辻"),本簡三見,或讀爲"諜",偵探義。閬鄣,地名。田官渚,似是地名。[1] 該文書的行文格式類似於周家臺《秦始皇三十四年質日》,均是吏員在外辦公的記録,可以對照參看。我們也認爲這裏的"迣"不能解釋爲地名,應作動詞。

首先,從地理上看,若將"迣"當作地名或縣名,則迣縣的轄區範圍過大,包括了江漢平原腹地乃至湘西龍山一帶,這顯然是不合理的。

具體來説,貳□鄣、閬鄣、田官渚是遷陵縣内地名,而閬亭、田官都設在貳春鄉,可知這三地也應在貳春鄉境内,位於洞庭郡遷陵縣西邊酉水上游河段,在今湖南湘西。[2] 反過來,如若將"迣"作爲縣名理解,那麽里耶簡中的貳□鄣、閬鄣、田官渚屬於"迣"。一屬洞庭郡,一屬南郡,地又相隔甚遠,中有數縣,不合常理。

其次,從語義上看,里耶秦簡該官吏和周家臺質日簡墓主人一樣,是外出辦公,到貳□鄣、閬鄣、田官渚進行某項活動。"迣"後連綴的是地名,或表達的是這一行爲動作,并非名詞,更不可能是縣名。

周家臺質日簡中迣與地名的組合形式與里耶所見該簡的行文範式别無二致。周家臺質日簡,"迣"後綴的是贏邑北上蒲、離涌西、□□郵北、羅涌西、離涌東,而里耶簡"迣"後綴的是貳□鄣,根據語義閬鄣、田官渚事實上也應該連綴到這一行爲動作之後。而且地名有較多的相似性,多是鄉聚一類組織和水邊自然聚落。例如,贏邑爲鄉聚類組織,北上蒲、貳□鄣、閬鄣、田官渚、涌西、涌東等均表示與水有關的小地名。若將"迣"作縣名,里耶簡這封文書就缺少了動詞,簡文所表示的含義就變得不清楚。

綜上,可以明確的是,里耶簡中的"迣"作爲行爲動詞,表示吏員的某項活動,并非作爲行政區劃名,特别是縣名。由此也需要重新考慮周家臺質日簡中"迣"字的使用情況。

按"迣"作爲動詞,周家臺質日簡中"丁亥史除不坐掾曹。從公,宿長道",表示史除離開衙署,跟隨長官外出辦公,於長道留宿,結合後文"迣贏邑北上蒲"的相關記録,則是到了贏邑北上蒲進行"迣"一類的工作。簡中"宿"與後面的内容應作點斷。

至於"迣"的内涵,里耶秦簡牘校釋小組懷疑讀爲"諜",偵探義,已經就里耶簡指

---

① 陳偉主編,魯家亮、何有祖、凡國棟撰著:《里耶秦簡牘校釋(第二卷)》第440頁。

② 晏昌貴、郭濤:《里耶秦簡牘所見秦遷陵縣鄉里考》,《簡帛》第10輯,上海古籍出版社2015年,第145—154頁,該文修訂版收録於晏昌貴著《秦簡牘地理研究》,武漢大學出版社2017年。

出了該字作爲動詞的使用情況,但是其具體的内涵還需要聯繫質日簡以及其他文獻進行綜合考察,才能够看得更加透徹。

三、秦漢文獻中“迣”的使用和内涵

傳世文獻中見有“迣”字,《漢書·鮑宣傳》記:“部落鼓鳴,男女遮迣。”晋灼曰:“迣,古列字也。”師古曰:“言聞桴鼓之聲以爲有盜賊,皆當遮列而追捕。”①也就是説,“迣”是“列”的古字,二字互通,“迣”已經不常使用,而改爲“列”。

《漢書·禮樂志》記:“太一况,天馬下,沾赤汗,沬流赭。志俶儻,精權奇,籋浮雲,晻上馳。體容與,迣萬里,今安匹,龍爲友。”迣,孟康曰:“迣音逝。”如淳曰:“迣,超踰也。”晋灼曰:“古迾字。”師古曰:“孟音非也。迣讀與厲同,言能厲渡萬里也。”②可見《禮樂志》中“迣”釋爲超過無疑義。《説文·辵部》云:“迣,迾也。晋趙曰迣。从辵世聲,讀若寘。”“遮迣”是本義,“迣萬里”是假借義。③ 字形上《鮑宣傳》作“列”,《禮樂志》和《説文》作“迾”,列、迾、迣可以互通。

出土文獻中更多見“迣”字,大體有幾種解釋,現羅列如下:

(一)“迣”通“世”。

睡虎地秦簡日書甲種《相宅》:“圈居宇東南,有寵,不終迣(世)。”整理者引《説文》:“古人以三十年爲一世。”④日書中以“迣”“世”互通作名詞解。

(二)“迣”讀爲“肆”,放肆、超過、多言義。

馬王堆帛書《五行》篇經云:

> 不直不迣,不迣不果,不果不簡,不簡不行,不行不義。義云:不直不迣,直也者,直其中心也,義氣也。直而後能迣。迣也者,終之者也。弗受於衆人,受之孟賁,未迣也。⑤

郭店楚簡《五行》篇簡 21 云:“不悳(直)不逷,不逷不果。”沈培先生將此簡與《馬

---

① 《漢書》卷七二《王貢兩龔鮑傳》,中華書局 1962 年,第 3088—3089 頁。

② 《漢書》卷二二《禮樂志》第 1060 頁。

③ (清)段玉裁注:《説文解字注》,上海古籍出版社 1981 年,第 74 頁。

④ 陳偉主編,彭浩、劉樂賢等撰著:《秦簡牘合集·釋文注釋修訂本(貳)》,武漢大學出版社 2016 年,第 411 頁。

⑤ 湖南省博物館、復旦大學出土文獻與古文字研究中心編纂,裘錫圭主編:《長沙馬王堆漢墓簡帛集成(肆)》,中華書局 2014 年,第 59、64 頁。

王堆帛書》對讀,將"泄"讀爲"肆",肆比之直更進一步,爲放肆、放縱之義,放肆經常針對抽象的事物,即人的精神、思想、道德。[①]

睡虎地秦簡《爲吏之道》:"吏有五失:一曰夸以泄。""泄",整理者引孟康之説"泄爲超踰之意",又引沈培之説"不如把泄讀爲解釋爲肆",夸以泄指夸大而放肆。劉雲以爲"泄(肆)"訓爲恣縱似更好一些。[②] "泄"讀爲"肆"表示精神上的放肆、放縱,其實也就是超過的意思,超過可能更多對應行爲或物體,放縱則多就情绪思想而言。

同樣,嶽麓秦簡《爲吏治官及黔首》中有"吏有五過,人請(情)難智(知),遇上毋恐,一曰誇而夬",對應睡虎地秦簡《爲吏之道》"一曰誇以泄"。陳偉先生主張"泄"讀爲"詍",有多言義。[③]

將"泄"釋作多言并非個例,北京大學藏西漢竹書《倉頡篇》簡 19"遮泄沓謅",整理者引《説文》《玉篇》,泄即超踰之義,亦即説得過多。沓、謅也均有多言之義。[④] 張傳官先生對此持反對意見,根據《倉頡篇》一句内四字或兩字相關的體例,此句爲"遮泄""沓謅"并列,而非"泄沓謅"并列,"遮泄"應解釋爲遮擋、阻遏之義。[⑤] 我們讚同張傳官先生的觀點,遮泄和沓謅并列。"泄"本爲超踰、超過義,繼而學者又引申爲説得過多。

(三)"泄"通"迾""列",巡查、檢查義。

嶽麓秦簡《爲吏治官及黔首》記載"徼泄不數",整理者釋徼爲巡視、巡邏;泄爲遮攔。[⑥] 有學者對此進行補充"徼泄不數",應是對爲吏之人分管工作的基本要求,句意爲:巡邏,攔截等事務不偷懶、盡責。即做工作要盡職盡責,忠於職守。[⑦]

"徼泄"也出現在嶽麓秦簡"魏盜殺安、宜等案"中:"即將司寇晦,别居阡陌、徹道,徼(邀)泄苛視不狀者。"整理小組認爲邀、泄同訓爲遮,《玉篇·辵部》:"邀,遮也。"邀

---

① 沈培:《説郭店楚簡中的"肆"》,《語言》第 2 卷,首都師範大學出版社 2001 年,第 302—308 頁。

② 陳偉主編,彭浩、劉樂賢等撰著:《秦簡牘合集·釋文注釋修訂本(壹)》,武漢大學出版社 2016 年,第 305 頁。

③ 陳偉:《嶽麓秦簡〈爲吏治官及黔首〉識小》,簡帛網 2011 年 4 月 8 日,http://www.bsm.org.cn/?qinjian/5628.html。

④ 北京大學出土文獻研究所編:《北京大學藏西漢竹書(壹)》,上海古籍出版社 2015 年,第 89 頁。

⑤ 張傳官:《讀北大漢簡〈倉頡〉、〈節〉、〈雨書〉等篇叢札》,《出土文獻研究》第 15 輯,中西書局 2016 年,第 300 頁。

⑥ 陳松長主編:《嶽麓書院藏秦簡釋文修訂本(壹—叁)》第 48 頁。

⑦ 馬芳、張再興:《嶽麓簡〈爲吏治官及黔首〉校讀(一)》,簡帛網 2011 年 4 月 25 日,http://www.bsm.org.cn/?qinjian/5659.html。

迾，遮攔，即設檢查站攔住過路人，似爲古代重要戒備、巡邏方式之一。古書作“遮迾”“遮列”“遮迣”等。[①] 從嶽麓秦簡這兩則材料來看，徼迣就是遮攔巡邏。

其他出土資料中，“迣”的釋義除通假外，其餘均作爲動詞，有超過，遮攔、巡邏義，未發現將“迣”作地名。

根據新出簡帛資料，質日簡中的“迣”解釋爲巡查、檢查更爲合理。官吏外出巡邏制度常見於文獻記載。秦漢設有主掌巡邏之職的游徼，“徼”有巡邏義，《説文解字》“徼也。徼，行也。”[②]《漢書・百官公卿表》：“鄉有三老、有秩、嗇夫、游……游徼徼循禁賊盜……皆秦制也。”[③]

巡羅人員并不僅限於游徼，里耶秦簡中還有縣令、縣尉巡羅的記録，繪製成簿以便核查考課，簡 9－25 記載：

> 五月遷陵令、尉徼薄（簿）冣（最）。尉未有逮，毄（繫）酉阳，不薄（簿）。Ⅰ
>
> ・凡徼五十一日，行四百里。Ⅱ
>
> 居官九日。Ⅲ

整理小組釋徼爲巡視、巡察。[④] 此簡是遷陵令、尉行徼職能的匯總，“五十一日，行四百里”是巡察的總天數和總里程。

檢查制度，在漢簡中也可以得到驗證。長沙五一廣場東漢簡牘中常見例亭、例所、例者、例吏、例船刺，如簡 1792 記載：

> 兼左部賊捕掾勤叩頭死罪白。案故事：横溪深内匿，常恐有小發，置例亭長禁奸。從間以來，省罷。方今民輸租時，間漻陽鄉民多解止横溪，入縣輸　十一月六日開（正面）
>
> 租，或夜出縣歸主人，恐奸猾，昏夜爲非法，姦情難知，願置例亭長一人，禁絶奸人，益爲便。唯廷。勤愚戆，職事無狀，惶恐叩頭死罪死罪。
>
> 十一月五日甲申白（背面）

諸如此類“例”字文例，李均明先生讀“例”爲“迾”，“迾”有遮攔阻擋的意思，亦有

① 陳松長主編：《嶽麓書院藏秦簡釋文修訂本（壹—叁）》第 158 頁。

② （清）段玉裁注：《説文解字注》第 76 頁。

③ 《漢書》卷一九《百官公卿表》第 742 頁。

④ 陳偉主編，魯家亮、何有祖、凡國棟撰著：《里耶秦簡牘校釋（第二卷）》第 37—38 頁。

清理檢查的事實。例亭、例所、例者、例吏、例船刺皆與執行遮攔檢查的功能相關。①

嶽麓秦簡中徼迣是發生命案之後臨時性設置遮攔阻擋進行巡邏盤查,屬於治安類活動。漢承秦制,五一長沙廣場漢簡中記載的官吏遮攔巡查活動愈發完善,地點和人員更爲固定,進行遮攔巡查之地稱爲例亭、例所,巡羅人員稱爲例者、例吏等。“迣”在傳世與出土文獻中都見與列、例等相通的文例,“徼迣”即“遮迾”“遮列”“遮迣”,周家臺質日簡和里耶秦簡中“迣”應作爲動詞,表示遮攔阻擋以進行檢查類活動。

結　　語

由於材料的限制,以往對周家臺質日簡中“迣”的認識存在錯誤,新出土簡牘資料可以幫助我們明確周家臺質日簡中的“迣”字并不表示地名、縣名,而是作爲行爲動詞,表示墓主人在該地區執行巡查、遮攔檢查活動,相應的簡文句讀應作更改,“宿”與“迣”之間應作點斷,這樣方能疏通文義。至於宿的地點有可能是上文提到的長道,也有可能是在檢查點留宿。“迣”在秦漢文獻中有多種含義,最常見的是作爲動詞,“迣”與“列”“迾”“例”相通多見。里耶秦簡中的“迣”或與“例”相涉,也是阻攔檢查、巡查之義,是否與“諜”之偵查相關并不明確。總的來説,周家臺質日簡和里耶秦簡所見的“迣”可能都表示地方官吏外出巡查,在河邊交通點設卡進行治安軍事類遮攔檢查活動,也不排除在水邊進行水利巡查、軍事偵查活動的可能,但都不是地名。至於周家臺質日簡“迣”之地點,“迣”在秦漢地方行政體系中的内涵、意義及其演變,則有待新材料做進一步的研究。

---

① 長沙市文物考古研究所、清華大學出土文獻研究與保護中心、中國文化遺産研究院、湖南大學嶽麓書院編:《長沙五一廣場東漢簡牘(伍)》,中西書局 2020 年;李均明:《五一廣場東漢簡牘所見“例亭”等解析》,《出土文獻》2020 第 4 期。

秦簡“執灋”補論

魯超傑

摘　要： 嶽麓秦簡中記載，秦代有“執灋”官，所涉職能十分廣泛。從秦簡中常見的“屬所執灋”這一類表述方式分析，結合《史記》卷二十七《天官書》中有關“執灋”的記載，秦簡中的“執灋”是中央一級事務機構的泛指，設在郡中的執灋是中央的派出機構，并不是一個負責具體事務的職官。執灋的出現，與秦代郡制的發展有密切關係，在秦郡從軍區向地方一級政區演變的過程中，執灋代表中央直接聯繫縣級政權、輔助郡府處理政務。郡級職權成長發展的過程，也是作爲中央派出機構執灋逐漸分割、過渡權力的過程，直至最後退出歷史舞台。

關鍵詞： 執灋　二千石　郡縣制　地方行政

嶽麓秦簡中記載，秦代有“執灋”官，見於諸篇法律條文之中。從簡文來看，中央和地方上都有執灋，且負責的事務比較繁雜，涉及上計、覆獄、徭役、財政、人事調動等與行政和司法有關的諸多層面，對瞭解秦代國家運行和地方治理有着重要幫助，所以受到學者們的廣泛關注。不過，諸家關於“執灋”官的性質和職能看法不一，本文擬在梳理相關研究成果的基礎上，結合秦簡的記載，對有關問題進行補充論證，進而探討執灋官的設立與秦代郡縣體制發展的密切關係。

一、既有研究回顧

自嶽麓秦簡相關簡文發布以來，學者們結合傳世文獻的有關記載，對秦代執灋的職掌、級別、秩級、屬吏設置以及其與御史、丞相的關係等問題作出了有益的探討，深化了對有關問題的認識，但也存在不少分歧。嶽麓秦簡的整理者認爲，秦簡中的“執灋”爲“官名或官署名”，是一種設在中央和地方郡縣的法官，具體負責“斷獄、奏讞、上計、調發刑徒”等事務。[①] 這是整理者根據簡文的具體内容得出的結論。

從嶽麓秦簡中有關執灋的記載來看,其常常參與司法案件的判决、覆核等方面的事務,所以彭浩和王捷兩位先生認爲秦代的執灋是一個主要負責監察事務的職官,其有别於御史系統而具有獨立的體系。[②] 土口史記先生從秩級、職能、機構設置等方面入手,對執灋進行了考察,也主張其性質是一個監察官,不過在其與御史系統的關係上,土口先生與彭、王兩位先生的看法則明顯不同,他認爲執灋是屬於御史系統的地方官。[③] 之後的研究,基本延續了這一思路,南玉泉、楊振紅等先生從監察的角度對執灋進行考察,認爲其是隸屬於御史系統的監察官。[④]

當然,也有學者對執灋爲監察官這一看法表示懷疑,因爲嶽麓秦簡中出現了執灋參與調度地方錢財和徒隸的記載,[⑤]有時還兼管徭役的興發,[⑥]從這些記載來看,執灋的職能似乎超出了監察權的範圍。因此,如周海鋒、王四維等先生都認爲執灋是秦代負責行政監管、司法、財物分配和徭戍征發等多方面事務的機構,擁有廣泛的權力,并不僅限於監察一項,[⑦]鄒水傑先生傾向於將其理解爲一個行政官。[⑧]

另一方面,在職官級别和設置地域上,學界也有不同的認識。一些研究主張執灋是地方官,[⑨]或認爲其只管轄京畿或關中地區;[⑩]而有的學者則認爲從秦簡的記載來

① 陳松長主編:《嶽麓書院藏秦簡(肆)》,上海辭書出版社 2015 年,第 78 頁。

② 彭浩:《談〈嶽麓書院藏秦簡(肆)〉的“執灋”》,《出土文獻與法律史研究》第 6 輯,法律出版社 2017 年,第 84—94 頁;王捷:《秦監察官“執灋”的歷史啓示》,《環球法律評論》2017 年第 2 期,第 140—143 頁;王捷:《嶽麓秦簡所見“執灋”贅補》,第七届出土文獻與法律史研究學術研討會,2017 年 11 月。

③ [日]土口史記著,何東譯:《嶽麓秦簡“執灋”考》,《法律史譯評》第 6 卷,中西書局 2018 年,第 50—72 頁。

④ 南玉泉:《再論秦及漢初的“執灋”官》,收入《從封建到帝國的禮法嬗變——先秦兩漢法律史論集》,中國政法大學出版社 2020 年,第 163—188 頁;楊振紅:《秦漢時“執灋”官的設立與〈商君書·定分〉》,《簡牘學研究》第 11 輯,甘肅人民出版社 2021 年,第 104—123 頁。

⑤ 見陳松長主編:《嶽麓書院藏秦簡(肆)》第 197—198 頁;陳松長主編:《嶽麓書院藏秦簡(陸)》,上海辭書出版社 2020 年,第 171—172 頁。

⑥ 陳松長主編:《嶽麓書院藏秦簡(肆)》第 119—120 頁。

⑦ 周海鋒:《秦律令研究——以〈嶽麓書院藏秦簡〉(肆)爲重點》,博士學位論文,湖南大學 2016 年,第 94 頁;王四維:《秦郡“執灋”考——兼論秦郡制的發展》,《社會科學》2019 年第 11 期,第 153—162 頁。

⑧ 鄒水傑:《嶽麓秦簡“中縣道”初探》,第七届出土文獻與法律史研究學術研討會,2017 年 11 月。

⑨ [日]土口史記著,何東譯:《嶽麓秦簡“執灋”考》第 50—72 頁;曹旅寧:《説嶽麓秦簡(伍)中的執灋》,簡帛網 2019 年 1 月 26 日,http://www.bsm.org.cn/?qinjian/8023.html。

⑩ 南玉泉:《再論秦及漢初的“執灋”官》第 163—188 頁;鄒水傑:《嶽麓秦簡“中縣道”初探》,第七届出土文獻與法律史研究學術研討會,2017 年 11 月。

看,中央和郡中都設有執灋,[①]郡執灋在地方上有單獨的官署和屬吏,與當時的郡守、尉、監御史共同管理地方事務;[②]也有研究主張秦代中央、郡、縣三級都設有執灋這一機構,三者構成了一套嚴密高效的監管體系,以促使各級政府規範行政。[③]

總的來看,儘管以上研究對執灋性質和級别有不同的意見,但它們都有一個共同的認識,即嶽麓秦簡所見之"執灋"是一個掌有具體職事的職官或機構。但是,也有一些學者有不同的看法,他們主張從更廣泛的職官體系層面去理解執灋的性質。[④] 比如,陳侃理先生傾向於從官僚層級的角度去理解秦代的執灋,[⑤]周海鋒先生在討論秦簡中執灋的級别時也説:

> 恐怕執灋并非特指職官名,而是某一類職官體系之稱,正如我們不能簡單定義"尉"一樣,其可以指太尉,也可指郡尉和縣尉,但無論是哪一級别的尉都屬於尉官系統是不錯的。[⑥]

儘管周先生在文章中認爲從秦簡所記載的令文看執灋"顯然是一官名或官署名",[⑦]但

① 彭浩:《談〈嶽麓書院藏秦簡(肆)〉的"執灋"》第 84—94 頁;王捷:《秦監察官"執灋"的歷史啓示》第 140—143 頁;邱文傑:《秦漢"執灋"考——兼論早期御史制度的發展》,碩士學位論文,中國人民大學 2018 年,第 41 頁,轉引自唐俊峰:《秦代"執灋"中央二千石官性質申論》,《簡帛研究二〇二一(秋冬卷)》,廣西師範大學出版社 2022 年,第 68 頁注釋 2;楊振紅:《秦漢時"執灋"官的設立與〈商君書・定分〉》第 104—123 頁。

② 王四維:《秦郡"執灋"考——兼論秦郡制的發展》第 153—162 頁。

③ 陳松長:《嶽麓秦簡中的幾個官名考略》,《湖南大學學報(社會科學版)》2015 年第 3 期,第 8—9 頁;周海鋒:《秦代官吏法與執灋吏考論》,陳松長等著:《秦代官制考論》,中西書局 2018 年,第 245—248 頁;周海鋒:《秦官吏法研究》,西北大學出版社 2021 年,第 213—217 頁。

④ 比如,曹旅寧先生認爲"執灋可能爲丞相、御史特派員公署的性質",高智敏和金鐘希兩位先生推論秦律令所見之"執灋"應特指中央廷尉、内史和地方郡守。參見曹旅寧:《説嶽麓秦簡(伍)中的執灋》;高智敏:《秦區域行政體制研究——以出土文獻爲中心》,博士學位論文,北京師範大學 2019 年,第 63 頁;金鐘希:《秦漢地方司法運作與官制演變——以官府的集權化現象爲中心》,博士學位論文,北京大學 2021 年,第 103 頁。高、金兩位先生的博士論文不易見到,本文主要轉引自唐俊峰:《秦代"執灋"中央二千石官性質申論》第 68 頁注釋 4。

⑤ 陳侃理:《漢代二千石秩級的分化——從尹灣漢簡中的"秩大郡大守"談起》,出土文獻與中國古代文明研究協同創新中心中國人民大學分中心編:《出土文獻的世界:第六屆出土文獻青年學者論壇論文集》,中西書局 2018 年,第 148—149 頁。

⑥ 周海鋒:《秦代官吏法與執灋吏考論》第 247 頁。2021 年周先生在出版《秦官吏法研究》一書時,在相關章節中删去了這一段論述,周先生的看法可能有所改變。

⑦ 周海鋒:《秦代官吏法與執灋吏考論》第 245 頁;周海鋒:《秦官吏法研究》第 213 頁。

在分析相關簡文記載的地方執灋時却轉换了思路,推測它可能泛指某一類職官。

對這一看法論述最爲全面的是唐俊峰先生。他在《秦代"執灋"中央二千石官性質申論》(以下簡稱《唐文》)一文中對嶽麓秦簡所記載的如下三條法令着重進行了討論:

[1] 臣訢與丞相啓、執灋議曰:縣官兵多與黔首兵相類者,有或賜于縣官而傳(轉)賣之,買者不智(知)其賜及不能智(知)其縣官兵殹(也)而挾之,即與盗同灋。[①]

[2] 令曰:叚(假)廷史、廷史、卒史覆獄乘傳(使)馬,及乘馬有物故不備,若益驂駟者。議:令得與書史、僕、走乘,毋得驂乘。它執灋官得乘傳(使)馬覆獄、行縣官及它縣官事者比。[②]

[3] 令曰:御史節發縣官吏及丞相、御史、執灋發卒史以下到縣官佐、史,皆毋敢名發。其發治獄者官必遣嘗治獄二歲以上。不從令,皆貲二甲,其丞、長史、正、監、守丞有(又)奪各一攻(功),(下略)[③]

《唐文》指出,[1]中丞相等皆稱名,唯執灋無名,似乎暗示執灋屬群體,因此無單獨稱名。《唐文》還對[2]、[3]中的執灋屬吏進行了探討,從簡文中"它執灋官"一語來看,包括廷史和卒史在内的佐吏應該都是執灋的屬官,[3]中"正""監"的情况也是如此,在漢代,廷尉屬吏中恰有廷史、文學卒史、廷尉正和廷尉監,這就使執灋與廷尉建立起了聯繫。不過,執灋并不等同於廷尉。[④] 結合簡文中執灋所涉上計、錢財人員調遣等職能,綜合來看,唐先生認爲執灋是秦代丞相和御史大夫以下,中央政府管理内史地區相關事務的二千石官吏的泛稱,設在地方郡一級的執灋則是這些中央機構的派出機構,隨事而置,并不是固定的地方行政單位。[⑤] 這一看法與先前諸説有很大的不同。

由[1]可見,執灋可與丞相等一起在中央議事,《嶽麓書院藏秦簡(陸)》中還有簡文記載執灋和御史大夫、丞相一樣都擁有對吏員的調動權,[⑥]這都體現了其在中央不凡的政治地位,這對"執灋是御史大夫屬官"一類的看法是一種挑戰。

---

① 陳松長主編:《嶽麓書院藏秦簡(陸)》第49頁。爲行文方便,本文所引部分簡文有省略,不具引。

② 陳松長主編:《嶽麓書院藏秦簡(伍)》,上海辭書出版社2017年,第184頁。

③ 陳松長主編:《嶽麓書院藏秦簡(伍)》第110—111頁。

④ 新出嶽麓秦簡中有執灋、廷尉見於同一條法令的記載,説明兩者有所區别。可見唐説有理。見陳松長主編:《嶽麓書院藏秦簡(柒)》,上海辭書出版社2022年,第143—144頁。

⑤ 唐俊峰:《秦代"執灋"中央二千石官性質申論》第67—83頁。

⑥ 陳松長主編:《嶽麓書院藏秦簡(陸)》第65—66頁。

二、"執灋"性質補考

在嶽麓秦簡所記載的一些令文中,常常采用"屬所執灋"的表述方式,這讓人很容易想到史書和張家山漢簡《二年律令》中常見的類似表述方式"所屬二千石官"。[①] 陳侃理先生在探討西漢二千石秩級的分化問題時將兩者聯繫了起來,他指出,當時的二千石既是一種秩級名稱,也代表了一類處於官僚體系中特定層級的官職,他説道:

> "二千石"不僅是表示俸禄的一個秩級,在稱爲"二千石官"時還對應着官僚科層體系中的特定層級。這個較高層級的産生與定型比中層的令長一級要晚,在嶽麓秦簡律令中稱"執灋",應是沿用先秦舊名,表明這一層級的主要職能是秉持和執行法律。"執灋"的俸禄到秦代及漢初確定爲二千石,而"二千石"這個秩級的名稱在律令中成了執灋官的新稱謂。[②]

可見,在陳先生的理解中,秦代的執灋跟漢律中的二千石官一樣,代表官僚體系中的一種特定層級,可能并不是一個擁有明確職掌的事務性機構。"屬所執灋"這類指向不確切(不單一)的表述方式,似乎暗示我們對執灋性質的考慮不能僅限於負責某項事務的某種單一機構,它可能有更廣泛的含義。受此啓發,接下來我們擬在《唐文》的基礎上做一些補充論證,以期使得對執灋性質的認識能够更加明瞭。

《史記》卷二十七《天官書》中有關於執灋的一段記載,以往學者多未措意,或許有助於我們理解這個問題,兹引述如下:

> 南宫朱鳥,權、衡。衡,太微,三光之廷。匡衛十二星,藩臣:西,將;東,相;南四星,執灋;中,端門;門左右,掖門。門内六星,諸侯。[③]

張守節《史記正義》解釋説:

> 太微宫垣十星,在翼、軫地,天子之宫庭,五帝之坐,十二諸侯之府也。其外藩,九卿也。南藩中二星間爲端門。次東第一星爲左執灋,廷尉之象;第二星爲上相;第三星爲次相;第四星爲次將;第五星爲上將。端門西第一

---

① 執灋對縣級司法案件有覆獄的權力,法律要求各單位"上其校獄屬所執灋,執灋各以案臨計",而《漢書》卷二十三《刑法志》云"縣道官獄疑者,各讞所屬二千石官",《二年律令・具律》亦云"上獄所屬二千石官",兩相比較,兩者十分相似。

② 陳侃理:《漢代二千石秩級的分化——從尹灣漢簡中的"秩大郡大守"談起》第148—149頁。

③ (漢)司馬遷撰:《史記》,中華書局1982年,第1299頁。

星爲右執灋,御史大夫之象也;第二星爲上將;第三星爲次將;第四星爲次相;第五星爲上相。[①]

古人常將天象變化、星宿分野與現實政治相聯繫,用實際的朝政構造模擬星官序列,所以《天官書》中星宿分野對官僚體制的比附,很可能有現實的依據。匡衛太微垣的十二星中,南四星爲"執灋",張守節在分析時將執灋與九卿相聯繫,這顯然是值得注意的。

兩漢的九卿制度,大致經歷了從輻輳某一秩級到特指九個官職的演變,西漢前期的九卿,泛指秩級爲二千石中職掌實際事務的中央機構長官,至武帝時經歷秩級整理運動後,轉而泛指中二千石中的同類官職,迄至西漢滅亡,九卿都未特指九職。[②] 大抵西漢時凡二千石中的中央官,皆可稱九卿。[③] 所以,《天官書》中代表九卿的"執灋"其實可以泛指秩級爲二千石(或中二千石)的中央各一級機構長官。

當然,值得説明的是,西漢前期的九卿包括了御史大夫,似乎御史大夫也應該包含在執灋的範圍之内,這與前引簡文中看到的御史、丞相、執灋三者并列顯然是矛盾的。其實不然。戰國以降,御史大夫的職掌多爲制定律令草案、保管文書圖籍,是帶有君主秘書性質的近侍,[④]屬於内朝官,西漢後期隨着律令建設逐漸完善、統治思想發生變化以及高層内部政治鬥争等原因,御史府外遷至宫外,御史大夫逐漸外朝官化,成爲丞相的輔佐,留在宫中的中丞和侍御史逐漸轉爲以監察爲主。[⑤] 從這個演變過程來看,秦代的御史大夫主要是皇帝文書事務的近侍,與作爲外朝官的丞相、九卿性質并不完全相同,三者在律文中的排序也能看出這一點,作爲内朝官的御史常常排在丞相之前,這是因爲御史直接向皇帝匯報,與皇帝更近的緣故。[⑥] 所以,我們雖然認爲秦

---

① (漢)司馬遷撰:《史記》第 1299 頁。

② 孫正軍先生在總結前人研究成果的基礎上,對漢代九卿制度的演變做了詳細的研究,本文對九卿制度演變的論述,參考孫先生文。參見孫正軍:《漢代九卿制度的形成》,《歷史研究》2019 年第 5 期,第 4—21 頁。

③ 閻步克:《從爵本位到官本位——秦漢官僚品位結構研究(增補本)》,生活·讀書·新知三聯書店 2017 年,第 339 頁。

④ 嚴耕望:《中國地方行政制度史》甲部《秦漢地方行政制度》,北京聯合出版公司 2020 年,第 271 頁;[日]大庭脩著,徐世虹等譯:《秦漢法制史研究》,中西書局 2017 年,第 32—33 頁。

⑤ 侯旭東:《西漢御史大夫寺位置的變遷:兼論御史大夫的職掌》,《中華文史論叢》2015 年第 1 期,上海古籍出版社 2015 年,第 167—197 頁。

⑥ 祝總斌:《兩漢魏晋南北朝宰相制度研究》,北京大學出版社 2017 年,第 30—31 頁;周海鋒:《秦官吏法研究》第 215 頁。

代的執灋官泛指中央職掌實際事務的各機構長官，但并不能包括作爲内朝官的御史大夫。

論者在探討傳世文獻所記載的"執灋"時，多引用《史記》卷一百二十六《滑稽列傳》中淳于髡與齊威王的一段對話：

> 髡曰："賜酒大王之前，執灋在傍，御史在後，髡恐懼俯伏而飲，不過一斗徑醉矣。"[①]

有的學者據此認爲執灋是一個具體的官名。[②] 細細體會，將執灋理解爲站立在淳于髡兩側的諸朝官似乎也是可以的，廷中既有負責國家運行諸事務的中央高層（外朝官），尤其是有負責刑獄訴訟的廷尉，又有負責文書記事、律令制定的御史大夫（内朝官），龐大的官僚陣容令其心生恐懼，也是可以理解的。

《戰國策·魏策四》中也記有執灋，其文曰："秦自四境之内，執灋以下，至於長輓者，故畢曰：'與嫪氏乎？與吕氏乎？'雖至於門閭之下，廊廟之上，猶之如是也。"[③]《説文》："輓，引之也。"輓是古代的一種引車，《漢書》卷六十四《主父偃傳》："又使天下飛芻輓粟。"顔師古注："輓謂引車船也。"[④]長輓者即指牽引輓車之人。不過，這其中也包含了幾種不同身份的人，包括戍卒、民衆和徒隸，[⑤]秦簡中有"長輓粟徒"，[⑥]即是負責牽引糧車的徒隸。所以，位於"門閭之下"的長輓者其實是一種泛指，涵蓋了一批身處社會底層的勞動者，相應地，處於"廊廟之上"的執灋也應該是泛稱。南玉泉先生説："此'執灋'作專門的職官解釋似乎不妥。"[⑦]所言當是。當時秦國嫪毐和吕不韋争權，文中所問的是秦國自社會底層以上至於中央高層，是站在嫪氏的一邊，還是站在吕氏的

---

① （漢）司馬遷撰：《史記》第3199頁。

② 楊寬、吴浩坤主編：《戰國會要》，上海古籍出版社2005年，第492—493、516、518頁。

③ （漢）劉向集録，（南宋）姚宏、鮑彪等注：《戰國策》，上海古籍出版社2015年，第553—554頁。

④ （漢）班固撰：《漢書》，中華書局1962年，2800頁。

⑤ 里耶秦簡16-5記載了地方郡縣興發傳送委輸時調動的人員及其徵發順序，其中包括縣卒、徒隸、居貲贖債、司寇、隱官、踐更縣者，在人員不足時還可"興黔首"。參見里耶秦簡博物館、出土文獻與中國古代文明研究協同創新中心中國人民大學中心編著：《里耶秦簡博物館藏秦簡》，中西書局2016年，第207頁。《史記》卷九十九《劉敬叔孫通列傳》也記載："漢五年，戍隴西，過洛陽，高帝在焉。婁敬脱輓輅，衣其羊裘，見齊人虞將軍。"可見當時戍卒也負責委輸工作，見《史記》第2715頁。《漢書》卷一《高帝紀》："丁壯苦軍旅，老弱罷轉餉。"卷三十四《英布傳》："欲戰則不得，攻城則力不能，老弱轉糧千里之外。"可見在特殊情況下即使是年老體弱者也都會被徵調從事運輸工作，見《漢書》第44、1884頁。

⑥ 陳松長主編：《嶽麓書院藏秦簡（肆）》第205、227頁。

⑦ 南玉泉：《再論秦及漢初的"執灋"官》第163頁。

一邊?

《孔叢子・論勢》中記有一則異文,文曰:"今秦四境之内,執政以下,固曰:'與嫪氏乎?與吕氏乎?'雖門閭之下,廊廟之上,猶皆如是。"[①]文中將"執灋"寫作"執政",很好地點明了執灋的性質。南宋鮑彪在爲《魏策四》作注時指出:"執灋,執政之臣。"[②]可見在鮑彪眼中,執灋是對當時執政官的一種泛稱。他大概參考了《孔叢子》的説法。

除去《唐文》所引到一些資料外,嶽麓秦簡中的其他一些記載也能很好地證實"二千石官泛稱説"的這種判斷,爲便於更好地説明問題,玆引述如下:

[4] 辠人久毄(繫)留不决,大費殹(也)。・諸執灋、縣官所治而當上奏當者:・其辠當耐以下,皆令先决論之,而上其奏夬(决)[③]

值得注意的是,令文中對執灋的描述爲"諸執灋",有學者提出,秦代郡中多有執灋,朝廷執灋不可能設有多人,所以此處的執灋是郡一級的執灋。[④] 這主要是因爲先前的學者多從某一具體職官的角度去考察,故而認爲中央執灋不可能同設多人。觀察秦簡法律條文中關於郡縣的描述,似乎很少有"諸郡""諸縣"的提法,若此處的執灋是指設在郡中的執灋,則直言"執灋、縣官所治……"即可,似不必煩言。因此此處的"諸"字就頗值得留意了,這裏的執灋更有可能指中央的執灋。

漢代九卿之中,廷尉主要負責刑獄訴訟之事,但是除廷尉下設有廷尉獄外,列卿官署中亦多下轄有詔獄,如少府所轄之若盧、掖庭,宗正所轄之都司空,大鴻臚所轄之别火等等,史書中稱爲"中都官獄"。[⑤] 我們也常能看到,遇到一些重大司法案件時,列卿常常與廷尉聯合辦理。所以,若從這個角度來看,"諸執灋"所治之獄可能就包括了列卿官署下轄諸獄所辦理的司法案件。

嶽麓秦簡中還有一條與都官有關的法令,值得注意:

[5] 令曰:都官治獄者,各治其官人之獄,毋治黔首獄,其官人亡若有它論而得,其官在縣畍(界)中而就近自告都官,都官聽,書其告,各移其縣。(中略)其御史、丞相、執灋所下都官,都官所治它官獄者治之。[⑥]

---

① 《孔叢子》,上海古籍出版社 1990 年,第 51 頁。

② (漢)劉向集録,(南宋)姚宏、鮑彪等注:《戰國策》第 554 頁。

③ 陳松長主編:《嶽麓書院藏秦簡(伍)》第 65—66 頁。

④ 王四維:《秦郡"執灋"考——兼論秦郡制的發展》第 153—162 頁。

⑤ 有關中都官獄的討論,參見宋傑:《西漢的中都官獄》,《中國史研究》2008 年第 2 期,第 77—104 頁。

⑥ 陳松長主編:《嶽麓書院藏秦簡(伍)》第 119—120 頁。

秦漢文獻中多見有"都官",歷代學者多有討論。《漢書》卷八《宣帝紀》顏師古注:"都官令丞,京師諸署之令丞。"[①]可見都官是京師諸官署,顏注又説:"中都官,謂在京師諸官也。"[②]有些京師官署有時也設在地方,設在中央的官署可稱爲中都官。于豪亮、王輝等先生指出,有些都官雖設在地方,但其性質不是地方官,這些中央派駐地方的都官與同屬於中央某一機構而駐扎在京師的下屬機構都是中央一級機關。[③] 後來,曹旅寧、于振波先生還進一步指出,設在地方的都官多是一些經營性管理機構,并且從尹灣漢簡《集簿》來看,其雖設在地方,但不是地方行政機關。[④] 可見,都官雖設在地方,但受中央直接領導,不納入地方行政管理體系之中。

京師中都官多設有詔獄,設在地方上的都官也兼治刑獄,這是可以理解的。需要引起注意的是簡文中"御史、丞相、執灋所下都官"一句,由令文來看,隸屬於中央各機構的都官也接受御史大夫、丞相和執灋的領導,如此,執灋與中央各機構似乎就建立起了聯繫。若僅把執灋理解爲負責單一事務的具體職官,那麼作爲中央諸署派駐地方的都官爲何受到地方職官執灋的領導?這似與以往的認識略有不符。若將執灋理解爲中央處理各項事務的諸二千石官,那麼設在地方的都官有些或許就是執灋派出的經營性管理機構,受其領導則是很自然的。

嶽麓秦簡中記載,執灋有權免除地方屬吏,如:

> [6] 上攻(功)當守六百石以上,及五百石以下有當令者,亦免除。攻勞皆令自占,自占不☐☐實,完爲城旦。以尺牒牒書,當免者人一牒,署當免狀,各上,上攻(功)所執灋,執灋上其日,史以上牒丞【相】、御史,御史免之,屬、尉佐、有秩吏,執灋免之(下略)[⑤]

國家規定,擔任史以上的官吏免官,需要上報御史,由御史免去,而屬、尉佐、有秩吏等小吏,執灋則有權徑直將其免去。類似的記載還見於如下一條律令:

> [7] 令曰:吏有論毄(繫),二千石,治者輒言御史,御史遣御史與治者雜受

---

① (漢)班固撰:《漢書》第245頁。

② (漢)班固撰:《漢書》第242頁。

③ 于豪亮:《云夢秦簡所見職官考述》,收入《于豪亮學術論集》,上海古籍出版社2015年,第19—21頁;王輝:《"都官"顔注申論》,收入《一粟集:王輝學術文存》,藝文印書館2002年,第703—714頁;陸德富:《西漢工官制度諸問題研究》,《文史》2009年第3輯,中華書局2009年,第44—45頁。

④ 曹旅寧:《秦律新探》,中國社會科學出版社2002年,第117—124頁;于振波:《漢代的都官與離官》,收入《簡牘與秦漢社會》,湖南大學出版社2012年,第238—253頁。

⑤ 陳松長主編:《嶽麓書院藏秦簡(肆)》第210頁。

印;在郡者,言郡守、郡監,守丞、尉丞與治者雜受印,以治所縣官令若丞印封印,令卒史上御史;千石到六百石,治者與治所縣令若丞雜受,以令若丞[雜]受,以令若丞印封,令吏上御史;五【百】以下印行郡縣者,治者受印,以治□☐所執灋;印不行郡縣及乘車吏以下,治者輒受,以治所令、丞印封印(下略)[①]

法令規定,官吏若有罪被拘繫,其官印要被收繳,六百石以上者,其官印最後都被上交至御史。簡文"五百以下印行郡縣者"一段雖有殘缺,但最後并没有"上御史"的説法,可見郡縣中五百石以下的官吏若被拘繫,其官印最後很有可能是上繳給執灋的。

秦漢時期,六百石是官吏等級的重要分界,秩級在六百石以上者在賜爵、賜食、俸禄待遇以及法律特權等方面與低於六百石者都有不小的差别。[②] 睡虎地秦簡《法律答問》:"可(何)謂'宦者顯大夫?'宦及智(知)於王,及六百石吏以上,皆爲'顯大夫'。"[③]説明六百石是認定爲"大夫"的標準之一。[④] 嶽麓秦簡中記載"定陶忠言:律曰:'顯大夫有辠當廢以上勿擅斷,必請之。'"[⑤]大夫以上官員免官需要上報中央批准,郡守不能擅自決斷。秦縣長官的秩級多爲六百石至千石,[⑥]五百石以下多爲屬吏,結合兩條律文來看,執灋可能對郡縣中的屬吏擁有人事權。御史所受的六百石以上官印應是中央朝廷命官,執灋所受的官印則爲地方郡縣任命的官員。[⑦]

可與之合觀的是嶽麓秦簡《置吏律》中的一條律文:

[8] 置吏律曰:縣、都官、郡免除吏及佐、群官屬,以十二月朔日免除,盡三月而止之。其有死亡及故有缺者,爲補之,毋須時。郡免除書到中尉,雖後

---

① 陳松長主編:《嶽麓書院藏秦簡(伍)》第108—109頁。

② 楊有禮:《秦漢俸禄制度探論》,《華中師範大學學報(哲學社會科學版)》1997年第2期,第90—93頁;楊振紅:《秦漢官僚體系中的公卿大夫士爵位系統及其意義——中國古代官僚政治社會構造研究之一》,收入《出土簡牘與秦漢社會(續編)》,廣西師範大學出版社2015年,第31—72頁;閻步克:《從爵本位到官本位——秦漢官僚品位結構研究(增補本)》第64—70頁。

③ 睡虎地秦墓竹簡整理小組編:《睡虎地秦墓竹簡》,文物出版社1978年,第233頁。

④ 楊振紅:《秦漢官僚體系中的公卿大夫士爵位系統及其意義——中國古代官僚政治社會構造研究之一》第34—39頁;閻步克:《從爵本位到官本位——秦漢官僚品位結構研究(增補本)》第338—339頁。

⑤ 陳松長主編:《嶽麓書院藏秦簡(伍)》第56頁。

⑥ 鄒水傑:《簡牘所見秦漢縣禄秩等級演變考》,《北大史學》第12輯,北京大學出版社2007年,第37—49頁。

⑦ 曹旅寧:《説嶽麓秦簡(伍)中的執灋》。

時,尉聽之。①

可見,地方郡縣若免除屬吏,最終需要向中尉匯報。兩相對照,可以發現在免除地方屬吏這一事務上,執灋的人事權力與中尉近似。如此,二者也建立起了聯繫。前已提及,《唐文》利用[2]、[3]兩條簡文將執灋與廷尉建立起了關係,但執灋又不等同於廷尉,新出《嶽麓書院藏秦簡(柒)》中有二者見於同一條法令的記載,即説明兩者有所區别,而在[6]至[8]所反映的郡縣屬吏的人事權問題上,執灋與中尉似又有某種對應關係,再考慮秦簡中執灋所涉諸職能與中央相關機構部分職能重疊這一現象來看,諸多綫索暗合,恐怕不是巧合,將秦簡所見之"執灋"理解爲是一種官僚層級的泛稱似乎還是比較合適的。

從一些秦簡的記載來看,秦代縣中有稱爲"執灋屬官"者,所以有的學者認爲縣一級也設有執灋。② 試看里耶秦簡中的一則記載:

[9] ☐甲子朔戊子,洞庭……下縣,各以道次傳,别書。洞庭尉吏、執灋屬官在縣界中【者,各】下書焉。(下略)③

秦漢時期,中央各機構以及郡府有時因公務需要,會派遣屬吏循行各縣。前文所引廷史、卒史等循行縣官,就屬此類。嶽麓秦簡中也記載"内史有秩吏以下□□□□□□爲縣官事□而死所縣官",④可見内史有時也會派出屬吏前往縣中處理公務。這些被臨時派出公干的屬吏,在縣中也有治所,如秦簡中有"郪覆衣用丞相叚(假)史産治所",⑤"郪"即蜀郡之郪縣;⑥張家山漢簡《奏讞書》中有南郡守府下書"(南郡卒史)蓋廬等治所",⑦此時蓋廬等人正覆獄攸縣。他們有時也在傳舍中治事,嶽麓秦簡《卅四年質日》中有"戊辰騰與廷史治傳舍",⑧里耶秦簡中有"【傳】舍沅陵獄史治所"。⑨ 簡文所

---

① 陳松長主編:《嶽麓書院藏秦簡(肆)》第 141 頁。

② 陳松長:《嶽麓秦簡中的幾個官名考略》,《湖南大學學報(社會科學版)》2015 年第 3 期,第 8—9 頁;周海鋒:《秦官吏法研究》第 215—217 頁。

③ 陳偉主編:《里耶秦簡牘校釋(第二卷)》9－26,武漢大學出版社 2018 年,第 38 頁。

④ 陳松長主編:《嶽麓書院藏秦簡(肆)》第 215 頁。

⑤ 宋少華等編著:《湖南出土簡牘選編》16－886,嶽麓書社 2013 年,第 223 頁。

⑥ 晏昌貴:《秦簡牘地理研究》,武漢大學出版社 2017 年,第 155 頁。

⑦ 張家山二四七號漢墓竹簡整理小組編著:《張家山漢墓竹簡[二四七號墓](釋文修訂本)》,文物出版社 2006 年,第 103 頁。

⑧ 朱漢民、陳松長主編:《嶽麓書院藏秦簡(壹)》,上海辭書出版社 2010 年,第 78 頁。

⑨ 陳偉主編:《里耶秦簡牘校釋(第一卷)》8－940,武漢大學出版社 2012 年,第 251 頁。

記的"執灋屬官在縣界中者"大概是指臨時派往縣中處理公務的屬官,嶽麓簡中有"執灋令吏有事縣官者"的記載,[①]或即屬此類。他們與簡文中作爲郡尉屬官的洞庭尉吏一樣,都是臨時在縣中處理公務的,這并不是一種職官常態,所以公文中特意强調了"在縣界中者"。

綜合而言,秦簡所見之"執灋",其職能豐富,涵蓋甚廣,更像是中央處理各類事務的列卿的一種泛稱,郡中所設之執灋是中央執灋的派出機構,并不是地方行政層級中的一級。這一現象與都官有相似之處,從執灋所涉及的事務來看,地方上的執灋是專門負責處理各類事務的政務性機構,以輔助地方政府規範行政,與經營性機構都官并不相同,兩者并行也不矛盾。

三、地方執灋興廢與郡級體制的發展

那麽,爲何秦代地方上會出現管理多項事務的中央特派機構,爾後又爲什麽消失了? 王四維先生認爲,秦在統一之初,行政體制尚處於摸索階段,在地方上設立執灋機構應與中央對諸郡特别是新設郡的高度提防有關。[②]《唐文》也從中央與地方的關係這一角度去理解這一問題,認爲執灋的出現暗示着"中央——地方"差序格局的形成,秦法令中區分執灋與郡長吏的舉措,是在變相强調中央二千石官的特殊性。[③] 張奇瑋先生也主張地方執灋的設立旨在加强中央對地方的管控,避免形成地方割據勢力。[④]

對此,我們的看法略有不同。郡制的起源與發展,歷來是學者們所關注的焦點問題。近年來,隨着秦漢簡牘尤其是法律文書的不斷出土,學者們對郡的職能、地位、數量、職官體系等問題多有討論,産生了一些不同於以往的新認識。早期的秦郡,并非真正完全意義上的一級地方政區,多帶有軍事性質,所以有的學者把早期的秦郡視爲一種軍區,[⑤]把當時的體制稱爲"軍國體制"。[⑥] 里耶秦簡 7-1 中記載當時稱南郡郡守

① 陳松長主編:《嶽麓書院藏秦簡(陸)》第 173 頁。

② 王四維:《秦郡"執灋"考——兼論秦郡制的發展》第 160—162 頁。

③ 唐俊峰:《秦代"執灋"中央二千石官性質申論》第 77 頁。

④ 張奇瑋:《邦、邦尉與秦郡縣制的發展》,《簡帛研究二〇二一(春夏卷)》,廣西師範大學出版社 2021 年,第 246、248 頁。

⑤ 陳長琦:《戰國秦漢六朝史研究》,廣東人民出版社 1997 年,第 1—34 頁;游逸飛:《從軍區到地方政府——簡牘及金文所見戰國秦之郡制演變》,《台大歷史學報》第 56 期,2015 年,第 1—34 頁。

⑥ 孫聞博:《秦漢軍制演變史稿》,中國社會科學出版社 2016 年,第 99 頁。

爲"軍太守",[①]或是一種很好的證明。從史料記載來看,秦郡從一開始就有着突出的軍事屬性,但其擁有明確的行政和司法等職能則經歷了一個漫長的過程。里耶秦簡之中常見"守府""尉府""監府"的稱謂,即郡守、郡尉和郡監御史所在的官府,秦郡三府并立,各自擁權,職掌又相互交錯,相互制衡,形成了鼎足之局。[②]

正如一些學者所指出的那樣,早期的秦郡政務體系向我們所展現的,似乎是一幅權力交錯分割、科層體系尚不完善、單一事務職權并不明晰的這樣略顯混亂的場景。與此形成鮮明對比的,是内史轄區内久已形成且運行成熟的管理體系。縣制的起源和發展完善比郡制要早,在秦國普遍推行郡縣制以前,縣中的政務直接與朝廷發生聯繫,論者指出,内史轄區内的官僚體系,不是地方長官内史一人獨大的一員長官制,而是朝廷各官多頭管理的共管體系,形成了縣級官僚與朝廷各官分别對應的運作模式。[③] 楊振紅先生指出:

> 秦的内史也非純粹的地方行政長官,而帶有中央官的性質。這樣的特質應源於分封制下的王畿制,王畿制下,内史被視爲中央官的一員,故爲列卿之一。反過來,中央朝廷列卿也是内史(中縣道)的各部門長官。[④]

從一些細節來看,秦的統治者對這套王畿管理模式是比較鍾愛的,以至於在廣泛推行郡縣制的初期,依舊能在地方上見到這套模式的影子。

在秦逐漸統一六國的過程中,所面臨的巨大難題就是對語言、習俗、文化各異的"新地"如何進行統治的問題。秦對天下的快速統一,也促使新的郡縣二級行政體制在六國故地迅速地鋪開。在這期間,一方面需要在六國故地迅速地建立起有效的統治,進而加强中央集權;而另一方面,郡的長官多是軍事武官,或多是軍功出身,不諳民政,對行政、司法等事務并不熟悉。[⑤] 同時,秦人所習慣的管理思維主要是中央直接領導縣的管理方法。因此,原來只適用於京畿地區的治理模式開始被套用至郡與縣,

---

① 張春龍:《里耶秦簡 7-1 和 7-11》,首届中日韓出土簡牘研究國際論壇暨第四届簡帛學的理論與實踐學術研討會。

② 游逸飛:《三府分立——從新出秦簡論秦代郡制》,《"中研院"歷史語言研究所集刊》第 87 本第 3 分,2016 年,第 461—505 頁。

③ 姚立偉:《從諸官到列曹:秦漢縣政承擔者的轉變及其動因考論》第 11 頁;張奇瑋:《邦、邦尉與秦郡縣制的發展》第 248 頁。

④ 楊振紅:《秦漢時"執灋"官的設立與〈商君書·定分〉》第 117 頁。

⑤ 漢初的情况亦是如此,參看周長山:《漢代地方政治史論——對郡縣制度若干問題的考察》,中國社會科學出版社 2006 年,第 59—60 頁。

逐漸在全國推廣。[①]

縱觀整個戰國秦漢時期,在郡縣制度發展早期,它向我們展示的常常是中央與縣級政權直接聯繫的圖景,縣成爲地方政務運行中最活躍的一份子,是國家行政運行和地方治理的重心,[②]這不僅在日常政務運作中充分體現出來,在當時人們的思想認知中似乎也是如此。戰國至西漢初期,人們對籍貫的書寫習慣常常是“縣而不郡”的,[③]秦簡中多見“名事邑里”的書寫格式,“邑”即是户籍所在之縣,人們對籍貫的認識常常只落實到縣,并没有追究所屬之郡,這與西漢中期以後的書寫習慣完全不同。[④] 無論是官方檔案還是人們心中這種對縣的認可度和歸屬感,或許有更深刻的社會背景。

里耶秦簡 8-461 木方中有“郡邦尉爲郡尉”的記載,[⑤]孫聞博先生指出,秦“邦”既指整個秦國,又可以指“郡”,簡中之“邦尉”即指郡尉,但秦中央也有邦尉,郡邦尉之前加“郡”字,可能即爲了與中央邦尉相區别。[⑥] 前引里耶 7-1 中有“洞庭邦尉”,[⑦]出土秦封泥中還有“南陽邦尉”,[⑧]可見孫説當是。高智敏先生在考察秦代郡體制變革後進一步指出,郡邦尉是中央邦尉派駐於郡内的吏員,在統一以後,國家通過名號變更等一系列體制改革將其由中央外派性質的官吏變革爲郡内長官,實現了由臨時派遣到

---

① [日] 藤田勝久:《中國古代國家と郡縣社會》第一編第一章“中國古代の關中開發——戰國秦の郡縣制形成”,汲古書院 2005 年,第 37—73 頁。

② 有關秦代行政重心在縣的研究,可參看于琨琦:《尹灣漢墓簡牘與西漢官制探析》,《中國史研究》2000 年第 2 期,第 47 頁;鄒水傑:《兩漢縣行政研究》,湖南人民出版社 2008 年,第 359—362 頁;吴方基:《秦代中央與地方關係的重新審視——以出土政務文書爲中心》,《史林》2016 年第 1 期,第 24—35 頁。

③ 《後漢書》卷四十《班彪列傳》,中華書局 1965 年,第 1327 頁。

④ 胡寶國:《漢唐間史學的發展(修訂本)》,北京大學出版社 2014 年,第 1—8 頁。學者們一般認爲郡守權力的擴張大概在西漢中期以後,郡的職權和地位在此後得到强化,郡級政區變得日益重要。這方面的研究成果較多,可參看嚴耕望:《中國地方行政制度史》甲部《秦漢地方行政制度》第 76—79 頁;胡寶國:《漢唐間史學的發展(修訂本)》第 1—8 頁;周長山:《漢代地方政治史論——對郡縣制度若干問題的考察》第 60—76 頁;[日] 紙屋正和著,朱海濱譯:《漢代郡縣制的展開》,復旦大學出版社 2016 年,第 200 頁;游逸飛:《製造“地方政府”: 從“郡縣城邦”到“共治天下”》,《中國中古史研究》第 7 卷,中西書局 2019 年,第 334—337 頁;姚立偉:《從諸官到列曹: 秦漢縣政承擔者的轉變及其動因考論》第 5—14 頁。

⑤ 陳偉主編:《里耶秦簡牘校釋(第一卷)》第 157 頁。

⑥ 孫聞博:《秦漢軍制演變史稿》第 57—63 頁。

⑦ 張春龍:《里耶秦簡 7-1 和 7-11》,首屆中日韓出土簡牘研究國際論壇暨第四届簡帛學的理論與實踐學術研討會。

⑧ 許雄志編:《鑒印山房藏古封泥菁華》,河南美術出版社 2011 年,第 35 頁。

固定常設的制度變更。[①] 張奇瑋先生在探討秦郡中的邦官系統時也指出，在戰國秦對外擴張并廣泛置郡的過程中，王畿中的邦官建制被移植到了郡中。[②] 對照來看，地方執灋作爲中央執灋的派駐機構與邦尉的情況十分相似，都是京畿模式在地方的套用。

睡虎地秦簡《法律答問》中有"'辭者辭廷'・今郡守爲廷不爲？爲毆(也)"的記載，[③]郭洪伯先生指出，此中的"廷"是指廷尉，"郡守爲廷"是中央廷尉府與地方郡守府關係的體現，廷尉府是原生(固有)的二千石司法機構，(行使司法職能的)地方郡守府則是由廷尉府横向派生出來的"相當於廷尉府"的二千石司法機構。[④] 在郡級體制形成初期，這種中央機構横向派生權力的實質其實還是王畿舊法在地方的行用，地方權力的成長似乎經歷了一個從臨時到固定的過程。

張家山漢簡《二年律令・秩律》中有一個值得注意的現象：内史和中尉、郡守和郡尉同秩，他們都是二千石官，并且中尉和郡尉系統内部職官設置基本相同，各級屬吏亦完全同秩。孫聞博先生據此指出，從内史和中尉的職事看，他們的關係頗似郡守與郡尉，同時京師與諸郡在軍事上并没有高下之别，秦及西漢早期的郡，或可視爲中央内史地區的平行延伸，而非後來意義上的"中央——地方"格局形態。[⑤] 從軍事角度探討了京師與地方之間的平行套用關係，觀察頗爲敏鋭。

在戰國後期，隨着疆域的不斷擴大，廣設在六國故地的秦郡逐漸成長爲地方行政機構，郡守職權不斷擴大，需要處理除軍事外的各項事務，正是在此一時期，郡邦尉作爲中央派出的專員在郡内輔助處理軍事事務，直至逐漸轉化爲郡内長官。郡監御史的情況也與此相似。[⑥] 可能正是在這種以京畿地區管理模式套用至郡縣的背景下，執灋作爲中央機構的特派官署，在郡中設立起來，輔助郡府長官處理各項事務。從這個角度來看，在未轉化爲郡級長官之前的郡邦尉和郡監御史，其作爲中央臨時派遣的吏員或許就包含在秦簡所見的地方"執灋"這一概念之内。當然，這種管理模式的實質，其實還是秦舊地的舊灋，只不過在地域上進行了一定程度的放大。

學者早已指出，在郡縣制推廣的過程中，秦郡的職權經歷了一個從不健全到健全

① 高智敏：《由"邦"到"天下"——秦"邦"更名所見制度變革及其意義》，《中華文史論叢》2019年第2期，上海古籍出版社2019年，第255—290頁。

② 張奇瑋：《邦、邦尉與秦郡縣制的發展》第235—249頁。

③ 睡虎地秦墓竹簡整理小組編：《睡虎地秦墓竹簡》第193頁。

④ 郭洪伯：《"郡守爲廷"——秦漢時期的司法體系》，第八届北京大學史學論壇，2012年3月24日。

⑤ 孫聞博：《秦漢軍制演變史稿》第99—101頁。

⑥ 相關研究參看高智敏：《由"邦"到"天下"——秦"邦"更名所見制度變革及其意義》第255—290頁。

的過程,[①]郡級職權常常是向中央機構分割權力而形成的,如向内史分割財政權,[②]向太史分割部分考試權及人事權,向廷尉分割司法權,[③]等等。嚴耕望先生在觀察戰國秦代上計制度時也發現"蓋其時地方行政,一級與二級相參,故上計制度亦一級與二級相參也"。[④] 秦簡中既能看到縣直接上計中央的記載(里耶 8-1845"遷陵内史計"),也能看到郡上計中央的法令,大概正是嚴先生所謂的"一級與二級相參"的情況,而這個相參的過程大概也是郡級職權逐漸分割中央權力的階段。

秦簡"執灋"的出現,有助於我們更好地認識這個地方行政制度變革以及郡級權力成長、分割、過渡的動態過程。細細觀察,可以發現以上郡向中央所分割的權力,設在郡中的執灋常有涉及,執灋與郡級長官職能的重叠,看似矛盾,其實正是其作爲中央派出官署輔助行政、過渡權力、理清混沌的過程。在地方上,執灋所代表的,正是中央各一級機構的權力,郡向中央所分割的,其實也就是作爲中央派出機構執灋的權力,過渡完成之後,地方執灋或取消或轉化爲郡級機關,經更名後被納入地方行政體系之中。

2021 年 12 月一稿

2022 年 9 月二稿

2022 年 11 月修訂

附記: 蒙匿名評審專家惠示寶貴意見,小文修改時多已采用,謹致謝忱!

① 栗勁先生即認爲睡虎地秦律所見郡的職權還很不健全。參見栗勁:《秦律通論》,山東人民出版社 1985 年,第 409 頁。

② 游逸飛:《戰國至漢初的郡制變革》,博士學位論文,台灣大學 2014 年,第 187、198—200 頁。

③ 郭洪伯:《"郡守爲廷"——秦漢時期的司法體系》,第八届北京大學史學論壇,2012 年 3 月 24 日。

④ 嚴耕望:《中國地方行政制度史》甲部《秦漢地方行政制度》第 258 頁。

嶽麓秦簡"蜀巴"相關諸問題考辨[*]

楊長玉

摘　要：嶽麓秦簡中的"蜀巴"，并非指"蜀巴郡"。第五卷45—47號簡涉及"蜀巴"相關的諸多問題，如"有辠遷輸及處蜀巴"反映秦律在時空變化中的移植與轉换，"取以爲葆庸""私載""蜀巴畍"的含義等，本文逐一做了討論。

關鍵詞：嶽麓秦簡　蜀巴　蜀巴畍

嶽麓簡中多次出現"蜀巴"二字連書的情况，或以爲這是秦统一前夕设置"蜀巴郡"的證據。[①] 不過，歷來討論秦郡的學者，比如錢大昕、王國維、譚其驤、周振鶴、辛德勇等，[②]都認爲秦郡中包含蜀郡和巴郡，且設置時間基本無異議，即依據傳世文獻，惠

---

* 本文爲京都大學宫宅潔先生主持的"秦代出土文字史料の研究"研究班成果之一，日文版見宫宅潔編：《嶽麓書院所藏簡〈秦律令(壹)譯注〉》，汲古書院2023年，第477—499頁。本稿在日文版基礎上做了較多修改。另外，本文在撰寫和修改過程中，幸得諸多師友幫助，除注釋中提及的各位師友外，復旦大學李曉傑老師、首爾大學金秉駿先生、雲南大學王朔女史以及外審專家也曾提出寶貴意見，在此謹致謝忱。

① 鄒水傑：《嶽麓秦簡"蜀巴郡"考》，《簡帛研究二〇一八(秋冬卷)》，廣西師范大學出版社2019年，第114—126頁。

② (清)錢大昕撰，吕友仁校點：《潛研堂文集》卷十六《秦三十六郡攷》，上海古籍出版社2009年，第258頁；王國維：《秦郡考》，《觀堂集林》卷十二，中華書局1959年；譚其驤：《秦郡新考》，《長水集》上册，人民出版社1987年，第1—12頁；周莊(周振鶴)：《秦一代郡數爲四十八説》，《歷史地理》第八輯，上海人民出版社1990年，第82頁；辛德勇：《秦始皇三十六郡新考》，《秦漢政區與邊界地理研究》，中華書局2009年，第3—92頁。

文王後九年(前316)伐蜀,置蜀郡;惠文王後十一年(前314),置巴郡。二郡延續到秦統一後不改。在秦簡等出土文獻越來越多地揭示出一些新的秦郡(如洞庭郡、蒼梧郡、即墨郡)後,[①]學界對蜀郡、巴郡的設置與存續也鮮有質疑。[②] 最早見到嶽麓秦簡并對其中所含秦郡信息進行專門研究的學者,也未言及秦曾設置"蜀巴郡"。[③] 與此同時,我們注意到,嶽麓秦簡中有不少"蜀""巴"并不連書的情況,并且隨着新材料的公布,也發現有"巴蜀"連書的用例,這促使我們重新思考"蜀巴"這個地理概念相關的問題。

一、嶽麓秦簡中的"蜀巴"并非"蜀巴郡"

雖然嶽麓秦簡中有多處"蜀巴"連書的用例,但同一批簡中,也有單書"蜀"或"巴",以及"巴蜀"連書的例子,可以證明當時秦設置的并非"蜀巴郡",而是"蜀郡"和"巴郡"。

(一)"蜀巴"連書的例子

爲便於討論,首先將嶽麓秦簡中出現"蜀巴"二字連書的簡文迻録如下:

1. 諸書當傳者勿漕└。斷辠輸署(遷)蜀巴者└,令獨水道漕傳。

〔肆〕317(0589)[④]

2. • 諸有辠當署(遷)輸蜀巴及恒署(遷)所者,辠已决,當傳而欲有告及行有告,縣官皆勿聽而亟傳詣署(遷)輸〈輸〉所,勿留。 •十九

〔伍〕033(1123)+034(0966)[⑤]

3. • 諸取有辠署(遷)輸〈輸〉及處蜀巴及取不當出關爲葆庸,及私載出扜關、漢陽關及送道之出蜀巴畍(界)者,其葆庸及所私載、送道者亡及雖不亡,皆以送道亡故徼外律論之。同船食、敦長、將吏見其爲之而弗告劾,論與

---

① 陳偉:《秦蒼梧、洞庭二郡芻論》,《歷史研究》2003年第5期;周振鶴:《秦代洞庭、蒼梧兩郡懸想》,《復旦學報(社會科學版)》2005年第5期;鄭威:《出土文獻所見秦洞庭郡新識》,《考古》2016年第11期;鄭威:《里耶簡牘所見秦即墨考》,《江漢考古》2015年第5期。

② 參徐世權:《學術史視野下的秦郡研究》,博士學位論文,吉林大學2017年。

③ 陳松長:《嶽麓書院藏秦簡中的郡名考略》,《湖南大學學報(社會科學版)》2009年第2期。

④ 陳松長主編:《嶽麓書院藏秦簡(肆)》,上海辭書出版社2015年,第200頁。

⑤ 陳松長主編:《嶽麓書院藏秦簡(伍)》,上海辭書出版社2017年,第49—50頁。

同辠。弗見，貲各二甲而除其故令。　·廿四

〔伍〕045(1105)+046(1124)+047(0967)①

4. ● 諸相與奸亂而𨓚(遷)者，皆别𨓚(遷)之，勿令同郡。其女子當𨓚(遷)者∟，東郡∟、參川∟、河内∟、穎(潁)川∟、請(清)河、河間∟、蜀巴∟、漢中∟、□☐　〔伍〕082(0864)+083(2193)②

5. 自今以來敢有盗取蜀巴洞庭犀牛者，黥爲城旦舂。

〔柒〕第一組 063(0550)③

6. ☐議：諸𨓚(遷)輸〈輸〉蜀巴及它郡縣□毋得去𨓚(遷)輸〈輸〉所，而後有罪當戍新地者□□□□□□□□□□☐　〔柒〕第一組 114(0334)④

目前學界對"蜀巴"作專門討論的，只有鄒水傑《嶽麓秦簡"蜀巴郡"考》一文(以下簡稱鄒文)。鄒文認爲：從簡文"勿令同郡"和各郡名之間起分隔作用的鉤識符可知，簡文中的"蜀巴"是"蜀巴郡"，并非"蜀"與"巴"的分列。并進一步指出："蜀巴郡"存在於秦統一六國前夕，也就是在秦王政二十五年(前 222)至二十六年之間；秦統一後，才分置蜀郡與巴郡。

其實，仔細觀察嶽麓秦簡第五卷 82—83 圖版可以發現，⑤"河間"二字後并無"∟"鉤識符，釋文中的"∟"是整理者補入的；⑥緊接其後的"蜀、巴、漢中"，也只有"巴"字下的"∟"可見，而該簡右側略有殘損，不排除墨鉤脱落的可能性。所以，僅從材料 4 中鉤識符"∟"的使用來斷定"蜀巴"指"蜀巴郡"，説服力不足。再者，我們注意到，四川小田溪墓葬群中出土的"二十六年蜀守武"銅戈，一般認爲"二十六年"即"秦始皇二十六年"。⑦ 這也通常被認爲是秦始皇二十六年有"蜀郡"的考古證據。⑧ 雖然鄒文用了較長篇幅試圖證明此"二十六年"係指"秦昭襄王二十六年"，但一方面并無堅實依憑，另一方面這樣解釋又帶來新的矛盾，比如怎樣解釋昭襄王二十六年同時有兩個蜀守

① 陳松長主編：《嶽麓書院藏秦簡(伍)》第 53—54 頁。

② 陳松長主編：《嶽麓書院藏秦簡(伍)》第 66 頁。

③ 陳松長主編：《嶽麓書院藏秦簡(柒)》，上海辭書出版社 2021 年，第 82 頁。

④ 陳松長主編：《嶽麓書院藏秦簡(柒)》第 99 頁。

⑤ 陳松長主編：《嶽麓書院藏秦簡(伍)》第 6 頁彩色圖版、第 30 頁紅外綫圖版。

⑥ 鄒文已經注意到了"河間"後并無∟鉤識符，但他解釋説該簡"以有重文號的'₌間'起首，故没有標識起分隔作用的鉤識符"(第 116 頁)，似略嫌牽强。

⑦ 于豪亮：《四川涪陵的秦始皇二十六年銅戈》，《于豪亮學術論集》，上海古籍出版社 2015 年，第 199—201 頁。

⑧ 張莉：《秦郡再議》，《歷史地理》第二十九輯，上海人民出版社 2014 年，第 95 頁。

的問題。[①] 基於以上兩點,可以認爲,材料 4 及上述其他"蜀巴"連書的簡文,不能作爲秦曾設置"蜀巴郡"的文獻依據。

(二)"巴蜀"連書的例子

嶽麓秦簡第七卷第二組中有一枚簡,出現了"巴蜀"連書的用例:

7. ☐【自今】以來,有罪當刑……輸**巴蜀**☐　　174(0199-1+0199-2)[②]

此處"巴蜀"理解爲"巴郡"與"蜀郡"當無疑議。看來在秦人眼中,巴郡與蜀郡既可連稱爲"蜀巴",也可連稱爲"巴蜀",并無一定之規。至於"蜀巴"與"巴蜀"除了文字順序上的差異,是否在内涵上有所不同,這一點限於材料,尚無法回答。從嶽麓秦簡的情況來看,"巴蜀"僅此一見,"蜀巴"連書是更爲習見的寫法。

(三)單書"蜀"的例子

8. 者賣之。隸臣妾、城旦、城旦舂司寇、鬼薪、白粲及毄(繫)城旦舂老、[㾓](癃)病、毋(無)賴不能作者,遣就食蜀守☐　　〔肆〕358(0635)[③]

9. 其可爲傳者,爲傳,財(裁)期之蜀,毋故,令蜀☐黔首戍。〔肆〕376(0658)[④]

10. • 自今以來,諸有罪輸蜀及前令有罪輸蜀者,令居縣毋得爲算,徙蜀處不可亡所。及其收妻、子、奴婢輸材官者,皆毋得去處ㄴ輸〈輸〉所,敢有擅去出處所及輸官在所、作所縣畍者,皆黥爲城旦舂。……
〔柒〕第二組 166(1055)+167(1082)+168(1138)[⑤]

11. 死殹(也),自署(遷)耐以上皆輸蜀,蜀守處不可亡所苦作,將司之,令終身毋得免赦。☐使作遠窮山,毋得去ㄴ。其,
〔柒〕第二組 178(1627)+179(1641-2)[⑥]

12. ☐蜀及收人輸☐　　〔柒〕第二組 176(C10.4-7-1)[⑦]

---

① 據傳世文獻記載,從秦昭襄王廿二年(前 285)至三十年(前 277)蜀守都是張若。

② 陳松長主编:《嶽麓書院藏秦簡(柒)》第 140 頁。

③ 陳松長主编:《嶽麓書院藏秦簡(肆)》第 213 頁。

④ 陳松長主编:《嶽麓書院藏秦簡(肆)》第 219 頁。

⑤ 陳松長主编:《嶽麓書院藏秦簡(柒)》第 137—138 頁。

⑥ 陳松長主编:《嶽麓書院藏秦簡(柒)》第 141—142 頁。

⑦ 陳松長主编:《嶽麓書院藏秦簡(柒)》第 141 頁。

材料8"遣就食蜀"後一字圖版殘泐,不能確認,整理小組釋爲"守"。[①] "就食"即外出謀生。[②]《漢書·高帝紀》載漢王二年"關中大饑,米斛萬錢,人相食。令民就食蜀漢";《漢書·食貨志上》載:"高祖乃令民得賣子,就食蜀漢。"不過,"就食"後接的"蜀守"爲官職名,當在"就食"和"蜀守"之間斷句。而其中"蜀"字應指蜀郡。[③] 材料11中"蜀守"之"蜀"以及材料12中的"蜀",皆當釋爲"蜀郡"。材料9中兩個"蜀"字的釋讀無異議;"財(裁)期之蜀"中的"財(裁)期"即裁定日期,也就是限定日期;[④]"之蜀"是到達蜀郡。材料10與材料11中"輸蜀""徙蜀"之"蜀"都指蜀郡。

《睡虎地秦墓竹簡》中也有表明"蜀郡"存在的簡文。比如《封診式》46—49兩次出現"䙴(遷)蜀邊縣",[⑤]記從邊之人從咸陽出發,由途經各縣交替押解,以至蜀郡。[⑥]

(四) 單書"巴"的例子

13. ● 叚(假)正夫言:得近〈從〉人故趙將軍樂突弟└、舍人祒等廿四人,皆當完爲城旦,輸巴縣鹽。請:論輸〈輸〉祒等【廿四人,故】代、齊從人之妻子、同産、舍人及其子已傅嫁者,比故魏、荊從人。· 御史言:巴縣鹽多人,請 〔伍〕013(1029)+014(1028)[⑦]

14. □□盗,爲[詐](詐)僞,辠完爲城旦以上,已谕〈論〉輒盗戒(械),令鄰(遴)徒,毋害吏謹將傳輸巴縣鹽,唯勿失,其耐城旦,已論輸巴縣鹽,有能捕黥城旦辠一人,購金二兩,令臣史相伍,伍人犯令,智(知)而弗告,與同辠,弗智(知),貲 〔伍〕309(1765)+310(1766)[⑧]

15. ☐□及坐人以䙴(遷)輸處巴☐ 〔柒〕第二組175(0850)[⑨]

陳偉先生指出,張家山漢簡《奏讞書》所收幾份秦代案卷稱説縣級地名時并不綴

① 陳松長主編:《嶽麓書院藏秦簡(肆)》第213頁。

② 陳松長主編:《嶽麓書院藏秦簡(肆)》第229頁。

③ [日]宫宅潔編:《嶽麓書院所藏簡〈秦律令(壹)譯注〉》第355頁。

④ 陳松長主編:《嶽麓書院藏秦簡(肆)》第231頁。

⑤ 睡虎地秦墓竹簡整理小組編:《睡虎地秦墓竹簡》,文物出版社1990年,第155頁。

⑥ 陳偉:《秦蒼梧、洞庭二郡芻論》第168頁。

⑦ 陳松長主編:《嶽麓書院藏秦簡(伍)》第43頁。

⑧ 陳松長主編:《嶽麓書院藏秦簡(伍)》第201頁。

⑨ 陳松長主編:《嶽麓書院藏秦簡(柒)》第140頁。

以“縣”字,[①]這一點在嶽麓秦簡中應同樣適用。[②] 這兩條材料中的“巴縣鹽”,莊小霞釋爲“巴郡産鹽縣設置的鹽官工場”,[③]可從。因此,材料 13 和 14 也可以作爲嶽麓簡中存在“巴郡”的依據。而材料 15“罨(遷)輸處巴”則是秦設置“巴郡”的明證。

此外,里耶秦簡 J1(16)5 正面簡文有“今洞庭兵輸内史,及巴、南郡、蒼梧輸甲兵”的記載,這裏并列的幾個秦郡,包括洞庭、巴郡、南郡和蒼梧郡。[④] 文書下達的時間是秦始皇二十七年(前 220),[⑤]距嶽麓秦簡記録的時代并不遠,也可説明秦時期巴郡的存在。

二、釋“諸取有辠遷輸及處蜀巴及取不當出關爲葆庸”

前引材料 3,是秦律中有關流放到蜀郡和巴郡境内的人應該如何管理的規定。這條秦律提到了三種犯罪情形,與此相應,有三類人“皆以送道亡故徼外律論之”。第一類:“取有辠罨(遷)輸〈輸〉及處蜀巴及取不當出關爲葆庸”,對應的人爲“其葆庸”;第二類:“私載出扜關、漢陽關”,對應的人爲“(其)所私載”;第三類:“送道之出蜀巴畍(界)者”,對應“送道者亡及雖不亡”。這種對應關係可圖示如下:[⑥]

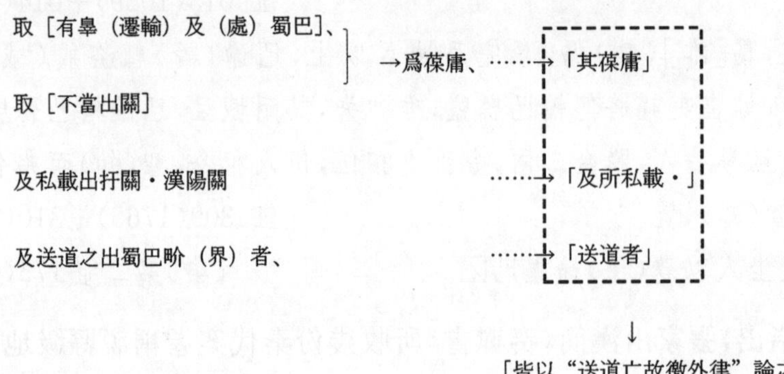
取［有辠（遷輸）及（處）蜀巴］、
取［不當出關］
→爲葆庸、……→「其葆庸」
及私載出扜關・漢陽關
……→「及所私載・」
及送道之出蜀巴畍（界）者、
……→「送道者」
「皆以“送道亡故徼外律”論之。」

① 陳偉:《秦蒼梧、洞庭二郡芻論》第 169—170 頁。

② 筆者查閱了嶽麓秦簡〔肆〕〔伍〕〔陸〕中 357 處出現“縣”字的文書,在“縣”字前綴有地名的,除了材料 13、14 中的“巴縣鹽”外,只有〔陸〕138(0176)+139(2131)的“關内縣”和“關外縣”,以及〔陸〕254(1871)“潦東縣官佐”,顯然也不是縣名。

③ 莊小霞:《秦漢簡牘所見“巴縣鹽”新解及相關問題》,《四川文物》2019 年第 6 期。

④ 周振鶴:《秦代洞庭、蒼梧兩郡懸想》,《復旦學報(社會科學版)》2005 年第 5 期,第 64 頁。

⑤ 陳偉:《秦蒼梧、洞庭二郡芻論》第 168 頁。

⑥ 本文初稿完成提交研究班討論時,宫宅潔先生提示了出土文獻中與“取……爲庸”及“處”相關的材料(見下文),并繪製此示意圖;在後續的討論中,對於“遷”“輸”“處”及“送道亡故徼外律”的理解,宫宅先生也給予了寶貴意見。在此謹致謝忱。

爲了更好地理解這些規定,需要回答這樣幾個問題:“有辠𨗻(遷)輪〈輸〉及處蜀巴”指何種情形?所謂“不當出關者”,指哪些人?如何理解“私載出扜關、漢陽關”?什麽是“蜀巴畍”?爲何“皆以送道亡故徼外律論之”?下文將從這些問題入手,進行討論。

(一)“有辠遷輸及處蜀巴”

如何理解“有辠遷輸及處蜀巴”這條律文呢?首先,“有辠”之“辠(罪)”當指刑罰,即犯下某種罪行并經由司法程序量定的處罰方式。[①] 其二,“遷”指處以“遷刑”并發配到“遷所”,[②]“輸”即輸送,引申爲押解或派遣罪犯。[③] “有辠遷輸蜀巴”可以理解爲因獲刑罰被發配并押解到蜀郡和巴郡。其三,“處”有“居止”“安頓”之意,“處蜀巴”當指前述這些身負刑罰并被流放到蜀巴的人,被以某種特定的方式安置在蜀巴境内。

“處某地”這樣的句式,在嶽麓秦簡中還有其他例子。比如前引材料7、10、11和15。另外,材料13之後,又有律文曰:

16. 令夫輪〈輸〉超【等廿四人,故】代[代]、齊從人之妻子、同産、舍人及其子已傅嫁不當收者,比故魏、荆從人之【妻】子、同産、舍人及子已傅嫁者乚,已論輪〈輸〉其完城旦舂洞庭,洞庭守處難亡所苦作,謹將司,令終身毋得免赦,皆盜戒(械)膠致桎傳之。其爲士五(伍)、庶人者,處蒼梧,蒼梧守均處少人所。疑亡者,戒(械)膠致傳之,其夫妻子欲與,皆許之乚。有等比。·十五

〔伍〕015(0960)+016(0921)+017(0898)+018(1111)[④]

上述諸材料記載的信息有一些共同點,可表列如下:

---

① 冨谷至先生認爲:“罪”一詞具有“犯罪”和“刑罰”兩種含義,説明罪(crime)的概念和與其相對應的罰(punishment)的概念没有被嚴格地區分開來。至少在秦律中,還没有把罪和罚加以區分的意識。參氏著:《秦漢刑罰制度研究》,柴生芳、朱恒曄譯,廣西師範大學出版社2006年,第19頁。

② 嶽麓秦簡(肆)73—74:“遷者、遷者所包有罪已論,當復詣遷所,及罪人、收人當論而弗詣弗輸者,皆遷之。”(陳松長主編:《嶽麓書院藏秦簡(肆)》第63頁)

③ [德] 陶安:《嶽麓秦簡〈爲獄等狀四種〉釋文注釋》,上海古籍出版社2021年,第118頁。

④ 陳松長主編:《嶽麓書院藏秦簡(伍)》第43—44頁。

表一　秦簡中的"處某地"

<table>
<tr><th>涉及的郡及其設置時間</th><th>罪犯類别</th><th>處置措施</th><th>附加條件</th><th>材料在本文的編號</th></tr>
<tr><td>巴郡(惠文王後十一年,前 314)</td><td rowspan="2">有罪當刑……</td><td rowspan="2">輸巴蜀⧄</td><td rowspan="2"></td><td rowspan="2">7</td></tr>
<tr><td>蜀郡(惠文王後九年,前 316)</td></tr>
<tr><td>蜀郡</td><td>諸有罪輸蜀及前令有罪輸蜀者</td><td>輸蜀,令居縣毋得爲算,徙蜀處不可亡所</td><td>及其收妻、子、奴婢輸材官者,皆毋得去處└輸〈輸〉所,敢有擅去出處所及輸官在所、作所縣畍者,皆黥爲城旦舂。</td><td>10</td></tr>
<tr><td>蜀郡</td><td>自署(遷)耐以上</td><td>皆輸蜀,蜀守處不可亡所苦作</td><td>將司之,令終身毋得免赦。⧄使作遠窮山,毋得去└。其,</td><td>11</td></tr>
<tr><td>巴郡</td><td>⧄□及坐人以署(遷)輸處巴</td><td>(處巴)</td><td></td><td>15</td></tr>
<tr><td>洞庭郡(秦王政二十五年,前 222)①</td><td>已論輸〈輸〉其完城旦舂洞庭</td><td>洞庭守處難亡所苦作</td><td>謹將司,令終身毋得免赦,皆盜戒(械)膠致桎傳之。</td><td>13+16</td></tr>
<tr><td>蒼梧郡(秦王政二十五年,前 222)</td><td>其爲士五(伍)、庶人者</td><td>處蒼梧,蒼梧守均處少人所。</td><td>疑亡者,戒(械)膠致傳之,其夫妻子欲與,皆許之└。有等比。</td><td>13+16</td></tr>
</table>

從表一中可以讀出如下信息：首先,巴郡、蜀郡、洞庭郡、蒼梧郡是秦時期較常見的流放犯人之地。其次,蜀郡和洞庭郡,在流放犯人的類别和處置方式上,有相似之處。從犯人類别來看,流放到蜀郡的,一是"有罪輸蜀者",二是"自署(遷)耐以上";流放到洞庭郡的,是"故趙將軍樂突弟、舍人袑等廿四人"中那些"已論輸〈輸〉其完城旦舂洞庭"者。從處置方式來看,流放到蜀地的人,要"徙蜀處不可亡所",或者"蜀守處不可亡所苦作"且"將司之令終身毋得免赦。⧄使作遠窮山,毋得去";流放到洞庭郡的人,"洞庭守處難亡所苦作"且"謹將司令終身毋得免赦"。如所周知,蜀郡初置在秦

① 洞庭郡及蒼梧郡的設置時間,參陳偉:《秦蒼梧、洞庭二郡芻論》第 168—172 頁。

惠文王後九年(前316),洞庭郡初置在秦王政二十五年(前222),所以有關兩地流放犯人的規定,時間上應該有先後,很可能是原先在蜀郡施行的相關政策,在洞庭郡設置之後移植過來。[①] 巴郡的情況,雖無明確材料,但根據材料15可以推斷應與蜀郡接近。第三,蒼梧郡的情況,從流放犯人的類别而言,是受到牽連的“士伍”“庶人”。從處置方式來看,這些人被要求“處蒼梧”,并由“蒼梧守均處少人所”,也就是由太守將他們安置在人煙稀少的地方,并且是“均處”,也就是根據人數分散安置,不使之聚居在同一個地方。

那麽,需要考慮的是,洞庭郡和蒼梧郡同年設置,爲何在有關犯人流放與安置的規定方面,適用於蜀郡的規定可以移植到洞庭郡,却并未移植到蒼梧郡?這或許跟它們所處的地理位置有關。據周振鶴先生考證,洞庭郡位於沅澧流域,西鄰巴郡;蒼梧郡位於湘資流域,西鄰洞庭郡,二者呈西北-東南方位分布。[②] 從方位上來看,洞庭郡更靠近蜀巴地區。不僅如此,從地形地貌上看二郡也有差别。洞庭郡所在的沅澧流域多山地,西南大部是連綿的武陵山脈;蒼梧郡所在的湘資流域,西南一隅是雪峰山,再靠東則是丘陵和平原。材料11載“自署(遷)耐以上皆輸蜀,蜀守處不可亡所苦作”的人,不僅“將司之令終身毋得免赦”,且“☐使作遠窮山、毋得去”。其中“遠窮山”指“遠方的深山”。從這一點來看,洞庭郡和蜀郡一樣,具備“遠窮山”這樣的地理條件,因而在流放犯人的規定方面,可適用於同樣的條款。

此外,從上述秦律有關“蜀守處不可亡所苦作”“洞庭守處難亡所苦作”等規定也可以看出,秦朝廷對流放到蜀郡和洞庭郡這些偏遠之郡的犯人,設置了十分嚴密的管控機制,其主要目的在於防止犯人逃亡。

因此,材料3中的“處蜀巴”,就不僅僅指流放的犯人被安置到蜀郡巴郡境内,而是有更豐富的含義。其一,“處蜀巴”者會在郡守的統一調度下安排到郡中特定的地方,一般是比較邊遠且難以逃亡的地方。其二,按規定“處蜀巴”者應長期在當地居留勞作,不能隨意離開,當地官吏也有防止他們逃亡的職責。

(二)“不當出關”

關於“不當出關”者,“關”主要指下文將論及的扜關、漢陽關等關口。哪些人“不當出關”呢?限於材料,尚無法確切回答,但可以推測,當時被限制在蜀郡和巴郡境内的,除了因獲罪而流放的人外,還有其他一些身份的人。

---

① 此點由陳偉先生提示,耑此致謝。

② 周振鶴:《秦代洞庭、蒼梧兩郡懸想》,《復旦學報(社會科學版)》2005年第5期。

比如,周海峰指出:"秦在統一六國後曾實行大規模的移民政策,將秦故地之人遷到新占領的地區,僅向嶺南一地就遷徙民衆 50 萬人。安土重遷乃人之常情,如何防止被遷徙者重返故園是決策者們不可回避的難題。"①可以推測,秦也有可能向蜀郡和巴郡推行類似的移民政策。前引材料 8 載:"隸臣妾、城旦、城旦舂司寇、鬼薪、白粲及毄(繫)城旦舂老、[庳](癃)病、毋(無)賴不能作者,遣就食,蜀[守]☑。"這些被遣往蜀郡"就食"的人,當可視作移民的一種,不可按自己的意願出入關禁。②

除此之外,普通百姓若想出關,有何規定,也并非無迹可尋。嶽麓簡〔肆〕132—134 載:

> 尉卒律曰:緣故徼縣及郡縣黔齒〈首〉、縣屬而有所【之,必】謁于尉,尉聽,可許者爲期日。所之它縣,不謁自五日以上,緣故徼縣,貲一甲;典、老弗告,貲一盾。非緣故徼縣殹(也),貲一盾;典、老弗告,治(笞)□□。尉令不謹,黔首失令,尉、尉史、士吏主者貲各一甲,丞、令、令史各一盾。③

這條材料中"郡縣"指内史以外諸郡下轄的縣,"緣故徼縣"指除此之外的縣,也就是内史所屬的縣中與舊六國接界的那部分。④ "縣屬",整理小組釋爲"縣的屬吏"。⑤通過這條律文可知,諸郡縣的黔首和縣的吏員,若要去到别的縣,需向縣尉提出申請,縣尉受理後,限定往來日期,并發給"通行令"。如果不履行這樣的手續,或者違反縣尉發給的"通行令",則相關人士都要受到處罰。這條律文既然適用於"緣故徼縣"和諸郡縣,那麽也應該同樣適用於蜀郡和巴郡的縣。從所居縣到别的縣,尚且需要履行此類手續,那麽若要離開所居地并通過關禁到别的地方,當有更嚴格的規定。

綜上,材料 3"不當出關者"所指的對象,除了被流放到蜀郡和巴郡的人之外,可能還有一部分官方政策下的移民,以及未按規定履行出關手續的黔首等。

(三)"取……以爲葆庸"

葆庸,又作"保庸",或單稱"葆(保)""庸(傭)"。目前學界對這個問題的研究,多是將"葆(保)"和"庸(傭)"分開進行探討,且時段多集中在漢代,而以西北屯戍簡(如

① 周海峰:《嶽麓書院藏秦簡〈亡律〉研究》,《簡帛研究二〇一六(春夏卷)》,第 170 頁。

② 此點由宫宅潔先生提示。

③ 陳松長主編:《嶽麓書院藏秦簡(肆)》第 111—112 頁。

④ [日] 宫宅潔編:《嶽麓書院所藏簡〈秦律令(壹)譯注〉》第 159 頁。

⑤ 陳松長主編:《嶽麓書院藏秦簡(肆)》第 164 頁。

肩水金關漢簡)爲文獻基礎。比如裘錫圭、李均明、王愛清、石洋、馬智全、賈麗英、張麗萍等學者都有專門討論。[①] "庸(傭)"作爲傭傭勞動者的身份,一般無異議;而"葆"的含義比較複雜,目前學界至少有六種解釋。本文所討論的"葆庸"之"葆",應該具有類似於"傭工"的性質,可能"并不是指一般意義上的傭工,而是指有人擔保可確定守信的傭工"。[②]

關於秦時期"葆(保)""庸(傭)"的研究尚不多見。[③] 首先,嶽麓秦簡中出現"葆"的用例,除了材料 3,還有兩處。嶽麓〔伍〕091:"它隐除犯令者,坐日六錢爲盗,盗比隸臣不守其所葆職 ㄴ。吏令者,以請寄人灋論之。"其中"葆職",整理小組釋爲"服役人員之職責"。[④] 與本文所討論的"葆"似乎關聯不大。同書 255—256 載:"令曰:毋以隸妾及女子居貲贖者爲吏僕、養、老、守府,及毋敢以女子爲葆(保)庸,令炊養官府、寺舍,不從令,貲二甲,廢。丞、令、令史、官嗇夫弗得,貲二甲。"[⑤]據此可知,秦時期被"取以爲葆庸"的對象,還可能是女性。不過這是針對内史倉曹的令文,跟下文所要論及的私自使戴罪之人成爲葆庸而形成的傭傭關係有别。

其次,關於秦時期"庸(傭)"的研究,相對於"葆"的研究更充分一些。陳侃理解讀了北京大學藏秦簡牘中的幾份傭作文書,并對文書製作者與傭作者的關係、勞動價格、穀物價格等問題做了討論。[⑥] 何有祖對里耶秦簡中"取寄爲傭"諸簡做了復原與研究,確定這幾條文書都是奏讞記録,是因傭傭而引發的案件。通過觀察類似的案例可以發現,某些當事人脱離原工作崗位而與他人私自形成的傭傭關係存在問題,會受到

① 裘錫圭:《新發現的居延漢簡的幾個問題》,《古文字論集》,中華書局 1992 年,第 618—619 頁;李均明:《漢代屯戍遺簡"葆"解》,《文史》第 38 輯,中華書局 1994 年;王愛清:《漢代"葆"身份補正》,《南都學刊》2007 年第 6 期;石洋:《兩漢傭價變遷考證》,《東洋史研究》2012 年 71 卷第 2 號,第 191—218 頁;馬智全:《肩水金關漢簡中的"葆"探論》,《西北師大學報(社會科學版)》2013 年第 1 期;賈麗英:《西北漢簡"葆"及其身份釋論》,《魯東大學學報(哲學社會科學版)》2014 年第 5 期;張麗萍、張顯成:《西北屯戍漢簡中的"庸""葆""就"及相互關係考辨》,《中國社會經濟史研究》2019 年第 3 期。

② 張麗萍、張顯成:《西北屯戍漢簡中的"庸""葆""就"及相互關係考辨》第 3—6 頁。

③ 相關研究由魯家亮先生提示,耑此致謝。

④ 陳松長主編:《嶽麓書院藏秦簡(伍)》第 69、78 頁。

⑤ 陳松長主編:《嶽麓書院藏秦簡(伍)》第 182 頁。并參楊振紅:《嶽麓秦簡中的"作功上"與秦王朝大興土木》,《湖南師範大學社會科學學報》2019 年第 1 期,第 10 頁。

⑥ 陳侃理:《北京大學藏秦代傭作文書初釋》,《出土文獻研究》第十四輯,中西書局 2015 年,第 8—14 頁。另,此文書中"盡"字相關内容的補充討論,參何有祖:《北京大學藏秦代傭作文書木牘 W-014 補説》,簡帛網 2016 年 3 月 27 日,http://www.bsm.org.cn/?qinjian/6658.html。

法律追究。[①]

材料 3 中"取……爲葆庸"的用例,除了上述兩文揭示的北京大學藏秦代木觚中的"可取朝爲庸(傭)",以及里耶秦簡中的"取寄爲傭"外,在其他文書中也有類似的寫法,比如:

取罪人、群亡人以爲庸,智(知)其請(情),爲匿之;不智(知)其請(情),取過五日以上,以舍罪人律論之。 〔肆〕075(2012)[②]

廿年後九月戊戌以來,取罪人、群亡人以爲庸,雖前死及去而後遝者,論之如律。 〔肆〕076(1985)[③]

取亡罪人爲庸,不智(知)其亡,以舍亡人律論之。 《二年律令》172[④]

匿罪人,各與同罪。舍若取亡罪人爲庸(傭),不智(知)其亡,盈五日,罪司寇以上,各以其贖論之。(1329+1328)[⑤]

從以上幾條材料可以判斷,"取……爲庸"的對象,可能是"罪人""群亡人""亡罪人";而取這些人爲庸的行爲,會受到律法制裁,在文書中具體表達爲"以舍罪人/亡人律論之""論之如律"。何有祖曾據上述前三條材料指出,如果所傭傭的對象是亡人,傭主恐會因傭傭亡人而獲罪。[⑥]

反觀材料 3"諸取有辠署(遷)輸〈輸〉及處蜀巴及取不當出關爲葆庸",這裏可能被"取以爲葆庸"的對象有兩類人:一是有辠遷輸蜀巴及處蜀巴者;二是不當出關者。前者本來是戴罪之身,按照秦律可能會被安排到某些官方指定的地方勞作,如果被"取以爲葆庸",也就是脱離原來的崗位與第三方私自形成傭傭關係,那麽他的身份就發生了改變,不僅是"罪人",還可能是"亡罪人"。後者的身份,如前所述,尚不十分明確。如果是官方行爲下的移民或者未取得出入關禁手續的黔首被"取以爲葆庸",那麽他們在離開蜀巴時,身份也會發生轉變,成爲"亡人"或"群亡人"。在這種傭傭關係中,傭主所受到的律法制裁可能就是上述材料中揭示的"以舍罪人/亡人律論之";而

---

① 何有祖:《里耶秦簡"取寄爲傭"諸簡的復原與研究》,《出土文獻》第 11 輯,中西書局 2017 年,第 256—265 頁。

② 陳松長主編:《嶽麓書院藏秦簡(肆)》第 63 頁。

③ 陳松長主編:《嶽麓書院藏秦簡(肆)》第 64 頁。

④ 彭浩、陳偉、[日] 工藤元男等主編:《二年律令與奏讞書: 張家山二四七號漢墓出土法律文獻釋讀》,上海古籍出版社 2007 年,第 158 頁。

⑤ 李志芳、李天虹主編:《荆州胡家草場西漢簡牘選粹》,文物出版社 2021 年,第 34 頁。

⑥ 何有祖:《里耶秦簡"取寄爲傭"諸簡的復原與研究》第 264—265 頁。

被傭傭的一方("其葆庸")以及幫助他們成爲葆庸的人("取以爲葆庸"的施動者),則應"以送道亡故徼外律論之"。

三、私載出扞關、漢陽關

材料3提及的第二種犯罪情形,是"私載出扞關、漢陽關",其"所私載"也要受到相應的懲罰。這裏首先需要討論扞關、漢陽關這兩個地理概念,然後嘗試探討"私載"的含義。

(一)扞關、漢陽關的地理位置

扞關,整理小組已指出:即傳世文獻中的"扞關"。[①]《史記·楚世家》載:"肅王四年,蜀伐楚,取兹方。於是楚爲扞關以距之。"可見扞關本是楚與巴之間的關隘(蜀伐楚,巴居其中),秦滅楚後則成爲秦、巴之間的關口。

扞關的位置,徐中舒、童恩正、朱聖鍾等認爲在今湖北省長陽縣境内;[②]顧頡剛、譚其驤、楊寬、魏嵩山、楊昶、莊卓燐等認爲在今重慶市奉節縣境内。[③] 揆諸地勢,筆者認同後一種觀點。

漢陽關。整理小組云"漢陽關,地名,具體不詳"。爲便於討論,現將漢陽關相關文獻迻録如下:

> 《漢書·地理志》漢中郡褒中縣:"都尉治,漢陽鄉。"
>
> 《太平寰宇記》興元府褒城縣:"漢陽關,在縣西北。即漢時所立。[④] 蜀先主時破魏軍,殺大將夏侯淵于此也。"[⑤]
>
> 《肇域志》陝西汉中府褒城县:"漢陽關,在縣西北二十里。漢時所立,昭

---

① 陳松長主編:《嶽麓書院藏秦簡(伍)》第76頁。

② 徐中舒:《論巴蜀文化》,四川人民出版社1981年;童恩正:《古代的巴蜀》,四川人民出版社1979年;朱聖鍾:《春秋戰國時期巴國疆域考》,《歷史地理》第三十六輯,復旦大學出版社2018年,第58—59頁。

③ 顧頡剛:《論巴蜀與中原的關係》,四川人民出版社1981年,第83頁;譚其驤主編:《中國歷史地圖集》第一册,戰國楚越圖,中國地圖出版社1996年,第45—46頁;楊寬:《戰國史料編年輯證》,上海人民出版社2016年,第267頁;魏嵩山:《楚扞關考》,《江漢論壇》1980年第5期;楊昶:《楚扞關辨正》,《華中師範大學學報(哲學社會科學版)》1986年第5期;莊卓燐:《扞関によって連結された秦漢帝國の南方交通》、《人文》17,2018年,第478—449頁。(此文由宗周太郎博士提示)

④ 筆者按,"漢陽關"出現在秦簡中,説明此處"漢時所立"的説法不確。

⑤ 《太平寰宇記》卷133,中華書局2008年,第2616頁。

烈嘗破夏侯淵於此。"[①]

此外,《元和志》載"甘亭關,在縣北九里,今爲戍"。[②] 此甘亭關與漢陽關是否有關聯,不詳。但據此可知,唐代褒城縣北仍置有關戍,可證其地理位置之重要。王先謙云:"《元和志》漢陽關,在褒中縣北九十里,漢都尉治。"[③]但今通行本《元和志》無此條。

根據上述材料,要明確漢陽關的位置,首先需確定可作爲參照地點的褒城縣的位置。按,漢代褒中縣,隋仁壽元年改爲褒城縣,[④]其治所,一般認爲在今漢中市打鐘寺村一帶。此地西北,可作爲關隘之處,當在今褒城鎮,或稍北的褒谷口附近,此處也正好是褒水(今褒河)流出群山進入盆地的地方,地勢險要,理合設關。且褒城鎮、褒谷口位置都在漢水以北,水北爲陽,與"漢陽"名稱亦合。

綜上,扜關即扞關,是楚故地與巴之間的關口,漢陽關則是秦故地與蜀之間的關口。换言之,扞關、漢陽關是統一後的秦内地與蜀郡、巴郡之間的關口。

(二) 私載

"載"的含義,《説文解字》云:"載,椉也。"段玉裁注"乘者,覆也。上覆之則下載之,故其義相成。引申之謂所載之物曰載","韻會此下有《易》曰大車以載"。[⑤] 材料3中"載"的字面意思應是"裝載",作名詞解則爲"所裝載之人"。

"私載"從字面意思理解,就是私自載運。不過結合後世的文獻來看,"私載"似有特定的含義,即跟水路運輸(船運)有較密切的關係。[⑥] 比如,《南齊書·長沙威王晃傳》:"晃愛武飾,罷徐州還,私載數百人仗還都,爲禁司所覺,投之江水。"此處蕭晃私載的對象是"數百人";私載的方式,從"投之江水"一語來看,船運的可能性較大。再如,《唐律疏議》"乘官船衣糧"條:"諸應乘官船者,聽載衣糧二百斤。違限私載,若受寄及寄之者,五十斤及一人,各笞五十;一百斤及二人,各杖一百,(但載即坐。若家人隨從者,勿論)每一百斤及二人各加一等,罪止徒二年。"[⑦]《宋史·食貨志》載:"明年(元豐三年)詔:近京以通津水門外順成倉爲場。非導洛司船而載商人税物入汴者,許糾告,雖自請税,猶

---

① (清)顧炎武:《肇域志》,上海古籍出版社2004年,第1635頁。

② 《元和郡縣圖志》卷22,中華書局1983年,第559頁。

③ (清)王先謙:《漢書補注》,上海古籍出版社2012年,第2566頁。

④ 《元和郡縣圖志》第559頁。

⑤ (清)段玉裁注:《説文解字注》,上海古籍出版社1988年,第727頁。

⑥ 此點太田麻衣子博士在本條簡文的譯注中已指出。

⑦ 《唐律疏議》卷27《雜律》,上海古籍出版社2013年,第431頁。

如私載法。惟日用物非販易,若蘼箔、柴草、竹木之類勿禁。"這兩條材料揭示的官方禁止私載的對象是"衣糧""商人税物"等物品,而運載的方式,也是船運。

反觀材料3"私載出扜關、漢陽關"者,其"所私載",當"以送道亡故徼外律論之",且"同船食、敦長、將吏見其爲之而弗告劾,論與同辠"。可注意的是,扜關是長江上的關隘,徐廣就徑稱爲"扜水關",[①]所以"私載出扜關"走水道的可能性較大;加上負連帶責任者包含了"同船食",也可佐證當時確有通過船運私自載人通過關禁的現象。另外,前揭材料1云:"諸書當傳者勿漕 ㇗。斷辠輸罨(遷)蜀巴者 ㇗,令獨水道漕傳。"也可説明秦地與蜀巴之間的交通,水運爲其重要形式。

同時也需注意,材料3提到的私載現象,也有"出漢陽關"者。漢陽關雖然位於褒谷口附近,但褒水在秦時期能否通航却存在問題。《史記·河渠書》載:"其後人有上書欲通褒斜道及漕事,下御史大夫張湯。湯問其事,因言:'抵蜀從故道,故道多阪,回遠。今穿褒斜道,少阪,近四百里;而褒水通沔,斜水通渭,皆可以行船漕。漕從南陽上沔入褒,褒之絶水至斜,閒百餘里,以車轉,從斜下下渭。如此,漢中之穀可致,山東從沔無限,便於砥柱之漕。且褒斜材木竹箭之饒,擬於巴蜀。'天子以爲然,拜湯子卬爲漢中守,發數萬人作褒斜道五百餘里。道果便近,而水湍石,不可漕。"其中"水湍石"《漢書·溝洫志》作"水多湍石"。由此看來,漢武帝時期欲用褒水通漕運的嘗試,最終由於"水多湍石"而失敗了。那麽秦時期褒水要通航似也不太可能。因此,"私載出漢陽關"的人,走陸路的可能性更大。

綜上,材料3所言"私載出扜關、漢陽關"者,指未經官府同意私自載運人口經由扜關、漢陽關離開蜀郡和巴郡的人。"私載"的方式,經扜關者多半是用船運,經漢陽關者基本是走陸路。

四、什麽是"蜀巴畍"?

材料3提及的第三類犯罪情形,是"送道之出蜀巴畍(界)"。首先需要關注"畍"這個概念,然後具體討論"蜀巴畍"的内涵。

(一) 關於"畍"

嶽麓秦簡中多次出現"畍"字,同"界"。對秦律中出現"畍"字的内容加以整理,可以發現幾種不同的類型,表列如下:

---

① 《史記·張儀列傳》"不十日至扜關"句《集解》引徐廣語。

表二 秦簡中的"畍"

"畍"的類别	材　料	出　處
郡畍	……爲人除貲贖者,内史及郡各得爲其畍(界)中人除,毋得爲它郡人除ㄴ。……	〔伍〕143(1863),第115頁。①
	【其故爵】之當即者以除貲贖。爲人除貲贖者、内史及郡各得爲其畍(界)中人除、毋得爲它郡人除ㄴ。	〔柒〕第一組030(0362),第71頁。
	● 綰請:令内史及郡,各得爲其畍(界)中人解爵、毋得爵ㄴ。……	〔柒〕第一組033(0389),第72頁。
縣畍	令曰:都官治獄者,各治其官人之獄,毋治黔首獄,其官人亡若有它論而得,其官在縣畍(界)中而就近自告都官,都官聽,書其告,各移其縣。……	〔伍〕155(1894)+156(1683),第119頁。
	● 令曰:叚(假)廷史、諸傳(使)有縣官事給殹(也),其出縣畍(界)者,令乘傳(使)馬,它有等殹(也)。……	〔伍〕263(1917),第185頁。
	● 居室言:徒隸作官,官别離居它縣畍(界)中,遠。請:居室徒隸、官屬有辠當封,得作所縣官,作所縣官令獄史封,	〔伍〕319(1704),第204頁。
	● 郵書過縣廷,縣廷各課其畍(界)中,留者輒却論,署徼〈檄〉曰某縣官課之。已却論⧄	〔陸〕214(1152-1),第167頁。
	● 自今以來、諸有罪輸蜀及前令有罪輸蜀者,令居縣毋得爲算,徙蜀處不可亡所。及其收妻·子·奴婢輸材官者、皆毋得去處ㄴ輸〈輸〉所、敢有擅去出處所及輸官在所·作所縣畍者、皆黥爲城旦舂。典、田典、吏智(知)弗捕告及遣	〔柒〕第二組166(1055)+167(1082)+168(1138),第137—138頁。
	⧄各課其畍(界)中、留者輒却論、署檄曰某縣官課之。⧄,	〔柒〕第五卷遺漏簡(C10.3-4-2+C10.4-5-1+C10.4-2-1+C10.4-6-7),第185頁。

① 陳松長主編:《嶽麓書院藏秦簡(伍)》第115頁。按,本表中的材料皆引自《嶽麓書院藏秦簡》系列,以下表中文獻出處不再逐一注出書名。

續　表

"畍"的類別	材　　料	出　　處
縣官畍/縣道官畍/官道畍	嗇夫同罪。其亡居日,都官、執灋屬官乚、禁苑乚、園乚、邑乚、作務乚、官道畍(界)中,其嗇夫吏、典、伍及舍者坐之,如此律。	〔肆〕057(2111),第57頁。
	伍人乚。所求在其縣道官畍中而脱,不得,後發覺,鄉官嗇夫、吏及丞、令、令史主者,皆以論獄失辠人律論之乚。……	〔伍〕023(0965)+024(0961),第46頁。
	其縣官界中有棄麗邑乚材竹而弗舉及不從令者、貲官嗇夫·吏主者各一甲,丞·令·〖令〗史各一盾。● 十九	〔柒〕第二組161(1081)+162(0870),第136頁。

從表二的信息可以判斷,無論是"郡畍"還是"縣(道)畍",基本都可理解爲"郡境内""縣(道)境内"。换言之,"畍"指的是"界内之地",也就是位於某一界限内的區域。既然是"界内之地",這塊區域自然是有邊界的,所以"畍"也有邊界、界綫的意思。比如嶽麓〔肆〕057"官道畍中",意爲"官道的界綫内",[①]就是將"畍"理解爲界綫。

回看材料3"送道之出蜀巴畍者"中的"蜀巴畍",既可理解爲"蜀郡和巴郡境内",也可以理解爲"蜀巴地區的邊界"。無論作何種解釋,最好是能明確蜀郡和巴郡的區域範圍,那麽最好也要能勾勒出此二郡與其他地區之間的邊界。

(二)"蜀巴畍"考

由於蜀巴地區和秦楚故地的地域範圍都十分廣袤,雙方接壤之地所涉及的範圍也很廣,因此,在現有資料條件下,很難勾勒出"蜀巴畍"的全貌。不過,在唐及以前,所謂地區與地區之間的邊界,往往不是確定的綫狀分界,而是一片比較模糊的相對狹長的地帶;真正能標注相鄰地區界限的"分界點",往往是重要交通道路上的一些主要關隘。[②] 因此,考察"蜀巴畍"的問題,可以轉换爲考察蜀巴與秦内地之間存在哪些這樣的"分界點"。

---

① 秦代出土文字史料の研究班:《嶽麓書院所藏簡〈秦律令(壹)〉訳注稿その(一)》,《東方学報》第九二册、二〇一七、一九四頁。

② 楊長玉:《建中會盟所定唐蕃疆界考》,《中國边疆史地研究》2021年第2期。

從這個角度來看,前文提及的扞關、漢陽關,顯然可以看作蜀巴地區與秦内地的"分界點"。問題是,"蜀巴畍"是否僅僅包含這兩個官方設置的關口呢?

首先看秦内地與蜀郡之間。前文已論,漢陽關是秦、蜀之間的關口,也是褒斜道最南端的關口,而褒斜道是先秦、秦漢時期由秦入蜀最重要的道路。褒斜道之外,先秦時期連接關中與蜀地的,還有另外一條道路:故道。故道的開通早於褒斜道(可能在商周之際),故道上最重要的關口是大散關。① 大散關在今陝西省寶雞市渭濱區神農鎮二里關西,位於清姜河(古扞水)河谷左側。② 儘管由於故道路綫過長(比褒斜道多四百多里路程),在褒斜道開通後,其重要性大大降低,但并未完全廢棄。例如諸葛亮六出祁山,第一、二次就是經由故道北上。③ 因此可以説,大散關也是秦、蜀之間的重要關口,也可視爲秦、蜀間的分界點。

此外,還有一些名不見經傳的小道,也可作爲考察秦、蜀分界點的綫索。《水經·渭水注》載:"渭水又東與綏陽溪水合,……故諸葛亮《與兄瑾書》曰:有綏陽小谷,雖山崖絶重,溪水縱横,難用行軍者,羅候往來,要道通人,今使前軍斫治此道,以向陳倉,足以扳連賊勢,使不得分兵東行者也。"綏陽溪水即今寶雞市東南的馬尾河,位於清姜河(古扞水)與石頭河(古斜水)之間。④ 那麽,諸葛亮所謂可以通行的綏陽小谷,就是位於故道和褒斜道之間的另一條小道。這條小道雖然出現在三國時代的記載中,但其開發和使用,當早於三國時期。

其次看秦内地與巴地之間的界限。在秦滅楚(前224)之前,巴與楚爲鄰,而楚肅王所設扞關可以視爲楚、巴之間分界的標志性地點。楚與巴之間的交通,以長江水道爲主,因此更凸顯出扞關的重要性。儘管目前尚無明確的文獻證據,但可以推斷,在長江主航道之外,楚、巴之間還有其他水陸通道,至少應該有一些非官方的小道,爲當地人所熟悉。那些"送道之出蜀巴畍者",可能正是因爲諳熟當地地形,才能順利避開官方道路上的盤查,完成這一工作。因此秦内地與巴郡之間的分界點,也不止扞關一處。

此外,蜀巴同其西南、南部的少數民族地區之間也有界限,秦漢時稱"蜀故徼"。《史記·西南夷列傳》載:"西南夷君長以什數,夜郎最大;其西靡莫之屬以什數,滇最大;自滇以北君長以什數,邛都最大,……其俗或土箸,或移徙,在蜀之西。自冉駹以

① 鄭一清:《先秦秦漢蜀地南北交通綫研究綜述》,《中國史研究動態》2013年第4期。

② 李曉傑主編:《水經注校箋圖釋——渭水流域諸篇》,復旦大學出版社2017年,第62—64、333頁。

③ 盧弼:《三國志集解·蜀書三·後主傳》。

④ 李曉傑主編:《水經注校箋圖釋——渭水流域諸篇》第69—70、333—337頁。

東北,君長以什數,白馬最大,皆氐類也。此皆巴蜀西南外蠻夷也。……秦時常頞略通五尺道,諸此國頗置吏焉。十餘歲,秦滅。及漢興,皆棄此國而開蜀故徼。巴蜀民或竊出商賈,取其筰馬、僰僮、髦牛,以此巴蜀殷富。"其中,"開蜀故徼"《漢書・西南夷傳》作"關蜀故徼",從上下文意來看,作"關"是。正因爲漢朝關閉了"蜀故徼"上原本可以通行、貿易的關口,巴蜀之民才需要"竊出商賈(走私販賣)",這反而帶來"巴蜀殷富"的景象。那麽,可以推測,在"蜀故徼"尚未關閉的秦代,類似合法或非法的商貿活動也不會間斷。嶽麓秦簡所載"禁黔首毋得買故徼外蠻夷筋角皮革"之條文,[①]亦當適用於"蜀故徼"。因此,主要以故徼關隘作爲分界標志的"蜀巴畍",理應包含"蜀故徼"所代表的西南、南方邊界。

正因爲能代表"蜀巴畍"的,并不僅僅是扜關、漢陽關,還有爲數不少的位於水陸交通道路上的分界點,所以材料3在提及扜關、漢陽關之外,還要特别提及"蜀巴畍",顯示出二者是有區别的。因此,所謂"送道之出蜀巴畍(界)者,其……送道者亡及雖不亡,皆以送道亡故徼外律論之",應該理解爲,那些作爲嚮導秘密送人(通過各分界點)越過邊界離開蜀巴地區(進入秦内地或南方少數民族地區)的人,無論是否逃亡,都要受到相應的懲處。

五、爲何"皆以送道亡故徼外律論之"?

最後還有兩個問題:什麽是"送道亡故徼外律"?爲何前述三種行爲"皆以送道亡故徼外律論之"?

第一個問題,尚無法確切回答。"故徼"一般認爲是秦統一前與六國的邊界,統一後改稱"故徼",里耶秦簡8-461"邊塞曰故塞,毋塞者曰故徼"即指此。[②] 不過從上文的論述可知,舊六國與其他地方的邊徼關隘,有時也被當作"故徼",比如戰國時代楚與巴之間以"扜關"爲代表的邊徼,入秦後也成爲"故徼"之一。據研究,秦代的"故塞""故徼"是秦統一后初期的邊界,其内大體是傳統的"華夏"地區,其外是匈奴、百越等聚集的"蠻夷"地區。[③]

嶽麓秦簡中有與"故徼""道"相關的條文,不過其關注重點在"道徼外來爲閒及來

---

① 陳松長主編:《嶽麓書院藏秦簡(陸)》72—73,第71頁。

② 秦代出土文字史料の研究班:《嶽麓書院所藏簡〈秦律令(壹)〉訳注稿その(一)》,《東方学報》第九二册(二〇一七)、二一二頁。

③ 尚宇昌:《"故塞""故徼"的由來與秦并天下》,《中國边疆史地研究》2022年第1期。

盗略人""道故徼外來誘而舍者"等情形,[①]與"送道亡故徼外"似正相反。嶽麓簡〔肆〕中也有與"故徼""亡"相關的律令條文。比如:

歲,完爲城旦舂。奴婢從誘,其得徼中,黥[顔](顏)頯;其得故徼外,城旦黥之;皆畀主。 100(0186)

誘隸臣、隸臣從誘以亡故塞徼外蠻夷,皆黥爲城旦舂;亡徼中蠻夷,黥其誘者,以爲城旦舂;亡縣道,耐其誘者,以爲隸臣。 101(2065+0780)

道徼中蠻夷來誘者,黥爲城旦舂。其從誘者,年自十四歲以上耐爲隸臣妾└,奴婢黥[顔](顏)頯,畀其主。 102(D187)

[顔](顏)頯,其得故徼外,城旦黥之,皆畀主。 103(1959)[②]

這是針對引誘奴婢、隸臣逃亡之人或聽從引誘而逃亡的奴婢、隸臣的相應刑罰,其中"得故徼外""亡故塞徼外蠻夷"比"得徼中""亡徼中蠻夷"的處罰更重。

將上述律文與"送道亡故徼外律"參觀對照,可得到這樣的印象:二者的相似性在於,都是通過某種方法使人逃往"故徼外"。差別在於,前者受刑罰約束之人是"誘"或"從誘"者,逃亡一方似是被動;後者受刑罰約束之人是"送道者",逃亡一方似是主動。這可能跟二者面對的逃亡者身份不同有關。但從二者的相似性上可以判斷,"送道亡故徼外律"所規定的刑罰當不會輕於針對"奴婢從誘""誘隸臣""隸臣從誘"的刑罰。

第二個問題,爲何材料 3"其葆庸及所私載、送道者亡及雖不亡"這三類人,"皆以送道亡故徼外律論之"? 這可能是因爲:第一,這三類人都可歸入"逃亡者",但因其身份特殊,不能以一般逃亡罪視之,而"送道亡故徼外律"比一般"亡律"處罰更重,較爲適用。第二,這三類人的逃亡方向,部分是通過扞關、漢陽關等關卡前往秦内地;還有一部分則可能通過"蜀故徼"前往西南、南方等少數民族地區,這顯然是逃往"故徼外"了。由於兩種情況都是在違反律法的情況下私自離開蜀巴地區前往他處,且部分有逃離秦地之嫌疑,故不論逃亡方向,一概"以送道亡故徼外律論之"。

結　語

綜上所述,關於嶽麓秦簡中的"蜀巴"及相關文書,目前可得出如下看法:

(1) 雖然材料 4"蜀巴"後有└鉤識符,且其前後都是郡名,但若據此認定存在一

① 陳松長主編:《嶽麓書院藏秦簡(伍)》176—184,第 126—129 頁。

② 陳松長主編:《嶽麓書院藏秦簡(肆)》第 72—73 頁。

個“蜀巴郡”,則略嫌草率。嶽麓秦簡中除了“蜀巴”連書的情況外,還有“巴蜀”連書,或者單書“蜀”或“巴”的用例,可以證明秦時期在蜀巴地區設置的是蜀郡和巴郡。

(2) 材料3“諸取有辠署(遷)輸〈輸〉及處蜀巴及取不當出關爲葆庸”,規定了兩類人不能隨意離開蜀巴。一是因犯罪被流放并被安置到蜀巴地區的人,他們中的一部分人由郡守安排到境内特定的地方從事艱苦的勞作,終身不得赦免,并受到嚴密管控以防止逃亡。二是由於某些别的原因而不具備出關條件的人,比如官方政策下的移民,或者未確定出入關禁手續的黔首。這兩類人如果被“取以爲葆庸”,即離開原來的崗位與第三方私自形成僱傭關係,則身份轉變成“亡罪人”或“亡人”“群亡人”。這種情況下,僱傭雙方都會受到懲處,僱主可能“以舍罪人/亡人律論之”,而被僱傭的一方以及幫助他們成爲葆庸的人,則應“以送道亡故徼外律論之”。

(3) 對“私載出扜關、漢陽關”的理解。扜關即扞關,是秦内地與巴之間的關口,位於今重慶市奉節縣;漢陽關是秦内地與蜀之間的關口,位置在今陜西省漢中市褒城鎮一帶。“私載”與船運密切相關,但應不限於船運,通過陸路私自載運人口出關,也屬“私載”的範疇。

(4) 對“送道之出蜀巴畍(界)”的理解。“蜀巴畍”作“邊界”理解時,其輪廓大致可以勾勒,這主要通過交通道路上的關隘體現出來。比如,由蜀郡東北入秦内地,除了漢陽關,還有其他一些官方或非官方的可通行道路上的節點,比如故道上的大散關、綏陽小谷上的關卡等。由巴郡往東進入楚故地,除扞關以外,當還有一些非官方小道上的節點。由蜀郡往西南方,通過“蜀故徼”可以到達西南夷所在的地區,也就是今天的雲貴高原一帶,因此“蜀故徼”也應包含在“蜀巴畍”的範圍内。

(5) 材料3“其葆庸及所私載、送道者亡及雖不亡”這三類人,“皆以送道亡故徼外律論之”,可能是因爲他們身份特殊,需要處以比一般逃亡罪更重的懲罰。

關於秦時期的“蜀巴”,還有不少本文尚無法解決的問題,比如:爲何秦簡中既有“蜀巴”,也有“巴蜀”這樣的寫法?是隨意的順序調换,還是有特别的含義?秦律中有不少跟蜀郡和巴郡相關聯的規定,尤其是涉及犯人的遷輸和處置問題時,并且相關規定常常跟“邊”“徼”一類概念聯繫在一起,那麽,這個地區在秦時期的政治地理格局中居於怎樣的位置?這些問題,還有待於進一步討論。

秦代的吏治理想與實踐

——以“新地吏”的選任爲中心

李希珺

摘　要： 秦代吏治思想將法令與道德等同，因此“良吏”兼具法令和道德雙重特色。通過吏師制度，秦官府試圖構建完整的吏治藍圖。但在日常行政中吏治實踐并不理想，該問題在“新地”表現明顯。秦官府在統治“新地”時，將較多在“舊地”有失的吏員派遣至此進行日常行政工作。這些“新地吏”難以勝任“新地”的複雜工作，且“新地”吏員缺吏現象严重。面對吏治實踐的複雜問題，秦末吏治脱離道德而全然依托法令，最終成爲秦統治崩潰的原因之一。

關鍵詞： 秦　吏治　新地吏

秦至漢初的基層吏員教育繼承了先秦以來的“宦學”傳統，官府設置“學室”、著録“弟子籍”來加强基層吏員教育。秦漢官府一方面强調吏員教育要使吏員具備合格的行政能力，另一方面要求吏員兼具基本道德水準，對基層吏員的行政準則有塑造作用。基層吏員作爲官府法令、政策的直接推行者，王朝統治的直接執行者，其行政準則對基層社會有重要影響。分析秦代吏治思想有助於討論其時基層統治思想，并進一步瞭解此時期基層社會治理中的現實狀況。

一、“良吏”——秦代吏治的理想

睡虎地秦簡《語書》中對秦代的“良吏”“恶吏”有十分詳細的要求，體現了秦官府對吏員的評價標準：

凡良吏明法律令,事無不能毆(也);有(又)廉絜(潔)敦慤而好佐上;以一曹事不足獨治毆(也),故有公心;有(又)能自端毆(也),而恶與人辨治,是以不争書。恶吏不明法律令,不智(知)事,不廉絜(潔),毋(無)以佐上,緰(偷)隨(惰)疾事,易口舌,不羞辱,輕恶言而易病人,毋(無)公端之心,而有冒柢(抵)之治,是以善斥(訴)事,喜争書。争書,因恙(佯)瞋目扼捾(腕)以視(示)力,訏詢疾言以視(示)治,誈訊醜言麃斫以視(示)險,阬閬强肮(伉)以視(示)强,而上猶智之毆(也)。故如此者不可不爲罰。發書,移書曹,曹莫受,以告府,府令曹畫之。其畫最多者,當居曹奏令、丞,令、丞以爲不直,志千里使有籍書之,以爲恶吏。①

在秦吏治理想中,"良吏"首先便要通曉法律令,在此基礎上,"良吏"需具有廉潔、忠誠、公正等美德。"恶吏"則與之相反,往往因不通曉法律令而難以治事。此處將兩者對立,强調"良吏"應在遵行法令的基礎上,嚴守道德。在定義"良吏"時,《語書》將"明法律令"與"廉潔""有公心"等并列,也隱約可見道德與法令間的共通性。需要注意的是,在秦吏治思想中法令是道德得以實現的前提和基礎,在吏員日常行政中也是以遵法爲主,守德爲輔。

已刊秦律令中,有諸多涉及倫理道德的規定。如毆打祖父母者將被黥爲城旦舂;免老告子女不孝,謁殺,官府應及時執行;同母異父者通姦將棄市等。② 秦代社會將道德内涵於法令,兩者兼備的思想就很自然地投射到了秦代吏治思想中。秦代吏治思想中多見對吏員的道德要求,如《爲吏之道》開篇即言:"凡爲吏之道,必精絜(潔)正直,慎謹堅固,審悉毋(無)私,微密韱(纖)察,安静毋苛,審當賞罰。"③均强調吏員在日常行政中需遵守基本道德。將道德寓於法令中,是秦吏治思想乃至統治思想的特色之一。

但想要達成這種吏治理想,就必須擁有足够數量的"良吏",吏師制度則是秦代吏治理想得以實現的重要基礎。所謂吏師制度:

諸官吏及民有問法令之所謂也於主法令之吏,皆各以其故所欲問之法令明告之,各爲尺六寸之符,明書年、月、日、時,所問法令之名以告吏民……以左券予吏之問法令者,主法令之吏謹藏其右券,木柙以室藏之,封以法令

① 睡虎地秦墓竹簡整理小組:《睡虎地秦墓竹簡》,文物出版社 1990 年,第 15 頁。

② 睡虎地秦簡《法律答問》簡 78:"'毆大父母,黥爲城旦舂。'今毆高大父母,可(何)論? 比大父母。"簡 102:"免老告人以爲不孝,謁殺,當三環之不? 不當環,亟執勿失。"簡 172:"同父异母相與奸,可(何)論? 弃市。"參看睡虎地秦墓竹簡整理小組:《睡虎地秦墓竹簡》第 111、117、134 頁。

③ 睡虎地秦墓竹簡整理小組:《睡虎地秦墓竹簡》第 167 頁。

之長印。①

百姓及吏員有關於法令的疑問則向負責法令的吏員詢問，負責法令的吏員給予相應回答。以左右券形式傳達、存檔并封印。睡虎地秦簡《法律答問》中多記載吏員對法律的疑問及相關吏員給予的回答，這種問答方式應是秦代吏師制度傳統的直接反映。根據睡虎地秦簡《編年紀》所載，《法律答問》類文本在秦始皇統一六國前應已基本形成。因此在秦統一六國前，以法律令、吏、教學爲主的三位一體的吏師制度亦已開始運行。秦所推行的吏師制度核心思想就是"以吏爲師，以法爲教"。《文史通義·史釋》概述吏師制度曰：

以吏爲師，三代之舊法也。秦人之悖與古者，禁《詩》《書》而僅以法律爲師耳。三代盛時，天下之學，無不以吏爲師……秦人以吏爲師，始復古制。而人乃狃於所習，轉以秦人爲非耳。秦之悖於古者多矣，猶有合於古者，以吏爲師也。②

由於三代以"禮""法"兼治天下，吏師制度的教導内容亦應以"禮""法"爲重。章學誠所言極爲精當，但談及秦人僅以"法"爲師，悖於三代，則與秦代實況不符。

實際上，從《商君書》中記載的治國理念看，秦創始於商鞅的吏治理想并非如後世所言僅重視法制，全然忽視道德。商鞅學派提出："法者，所以愛民也。"③在此理論中"法"的基礎是"愛民"，而何謂之法？《商君書·畫策》有言："所謂義者，爲人臣忠，爲人子孝，少長有禮，男女有别，非其義也。餓不苟食，死不苟生，此乃有法之常也。"④"法之常"即爲國家法度的常態，將忠、孝、義、禮作爲常法，可見此時商鞅學派提倡的"法治"并非推行嚴刑峻法，"法"不僅包括一般意義上的法律令也包括禮義。無論從傳世文獻還是出土文獻看，秦吏治理想的核心都是法令，在核心之外也涵蓋了忠、信、仁、義等道德内容。儘管不同於儒家等將道德放置於制高點，但秦吏治設計藍圖中也將道德放到了重要位置。

二、"新地吏"——秦代吏治思想的實踐問題

商鞅變法後，秦國國富兵强，在迅速統一六國的過程中，除需管理舊有統治區外，

---

① 蔣禮鴻：《商君書錐指》，中華書局 1986 年，第 141 頁。

② （清）章學誠著，葉瑛校注：《文史通義校注》，中華書局 2014 年，第 271 頁。

③ 蔣禮鴻：《商君書錐指》第 3 頁。

④ 蔣禮鴻：《商君書錐指》第 113 頁。

還需大量"新地吏"統治广闊的"新地"。目前,學界較爲普遍地認爲"新地"即秦王政即位後的新占領區域,①"新地吏"則是在新占領區域任職的吏員。"新地吏"的職責與舊地略同,但從吏員來源、吏員管理等方面來看却與舊地不甚相同。②

由於"新地"的特殊性,"新地吏"需要通過法律令來管理與教化"新黔首",達到"以教道(導)民,去其淫避(僻),除其恶俗"的目的,③以期化解新建立大一統國家與新占領區域間的諸多矛盾。

目前可知,"新地吏"的主要來源有四:通過軍功而被擢用的軍吏;④由中央直接任命或者調派的吏員;⑤自"新地"中選拔、保舉的吏員;⑥從秦舊地貶黜的吏員。⑦ 儘管很難由此判斷"新地吏"中究竟是秦舊吏較多還是"新地"土著吏員較多,但從"新地吏"的四種來源看,秦官府似乎更傾向於從舊地調任乃至貶黜吏員擔任"新地吏"。這種"偏向"與秦代的吏治理想密切相關。

關於舊地吏員成爲"新地吏"的相關記載多見於嶽麓秦簡,共計五種情况,其中四種是將遷往新地爲吏作爲舊地吏員失職違法的處罰,另一種則是久病痊愈後遷職。

1. 因失職違法罰爲"新地吏"

(1) 違反徵發縣官吏、縣佐官、史的規定

根據嶽麓秦簡《卒令》記載可知,因違反律令規定而被罰爲"新地吏"是一種常規懲罰舊地吏員的方式:

---

① 關於"新地"的討論,學界尚存在一定爭論。于振波將"新地"解釋爲秦新征服地區;孫聞博則提出"新地"應爲秦王政即位後新占領的區域。參見于振波:《秦律令中的"新黔首"與"新地吏"》,《中國史研究》2009年第3期,第69—78頁;孫聞博:《秦漢帝國"新地"與徙、戍的推行——兼論秦漢時期的内外觀念與内外政策特徵》,《古代文明》2015年第2期,第65—73頁等。

② 目前學界關於"新地吏"的共識是:新地吏指秦官府在新占領區域設置的吏員,主要負責對新地的管理工作,來源众多。參見朱錦程:《秦對新征服地的特殊統治政策——以"新地吏"的選用爲例》,《湖南師範大學學報》2017年第2期,第150—156頁;張夢晗:《"新地吏"與"爲吏之道"——以出土秦簡爲中心的考察》,《中國史研究》2017年第3期,第61—70頁;吴方基:《里耶秦簡"日備歸"與秦代新地吏的管理》,《古代文明》2019年第3期,第63—75頁;苑苑:《秦簡"新地吏"再探——兼論秦"新地"統治政策》,《學術探索》2019年第5期,第125—129頁等。

③ 睡虎地秦墓竹簡整理小組:《睡虎地秦墓竹簡》第13頁。

④ 王子今:《秦王朝關東政策的失敗與秦的覆亡》,《史林》1986年第2期,第22—29頁。

⑤ 田昌五:《秦國法家路綫的凱歌——讀雲夢出土秦簡札記》,《文物》1976年第6期,第15—19頁。

⑥ 于振波:《秦律令中的"新黔首"與"新地吏"》,《中國史研究》2009年第3期,第78頁。

⑦ 張夢晗:《"新地吏"與"爲吏之道"——以出土秦簡爲中心的考察》,《中國史研究》2017年第3期,第63頁。

·令曰：御史節發縣官吏及丞相、御史、執灋發卒史以下到縣官佐、史，皆毋敢名發。其發治獄者官必遣嘗治獄二歲以上。不從令，皆貲二甲，其丞、長史、正、監、守丞有(又)奪各一攻(功)，史與爲者爲新地吏二歲。1689+1914[①]

御史徵發縣官吏以及丞相、御史、執法徵發卒史至縣官佐、史都不能指名徵發；徵發治獄者必須曾經從事治獄工作兩年以上。若有違背，除參與此事的丞、長史等皆有相應處罰外，參事的史也將被罰爲"新地吏"兩年。由此可見，前往"新地"爲吏的舊地吏是因在執行官府律令時存在瑕疵而被罰往"新地"爲吏。但"新地吏"實際上面臨着較之舊地更加複雜的行政事務，除了日常行政工作之外，還要處理新地的反叛問題：

廿六年正月丙申以來，新地爲官未盈六歲節(即)有反盜，若有敬(警)，其吏自佐史以上去繇(徭)使私謁之它郡縣官，事已行，皆以彼(被)陳(陣)去敵律論之。吏遣許者，與同辠。以反盜敬(警)事故└，繇(徭)使不用此令。

·十八1018+1014+1015[②]

自秦始皇二十六年正月丙申日始，"新地"爲吏未滿六年發生"反盜"事件或邊境有"警"時，若有佐史以上的吏員脱離徭使工作，私自離崗前往其他郡縣，要以"被陣去敵律"論處。派遣、允許這些吏员离開的官吏，與其同罪。因爲反叛、盜賊、奔警而徭使的吏員不用此條律令。

秦兼并"新地"之後，仍面臨着層出不窮的反叛、盜賊問題。秦官府將之與邊境出現戰事同等看待，對"新地吏"的懲罰措施也與戰區類似。"新地吏"除需完成與舊地相同的行政事務外，還需要防範"新地"不斷出現的反叛及盜賊活動。這些吏員尚不能依法在舊地執行固有的行政事務，在更加繁複的"新地"統治中，能否較好完成相關事務是一個值得考慮的問題。

(2) 爲詐、詐避事、詐課

在日常行政、審核中行"詐"是舊地吏員被貶往"新地"的常見原因。自史學童典試開始行"詐"就已見端倪：

中縣史學童今兹會試者凡八百卌一人└，其不入史者百一十一人。·臣聞其不入者泰抵恶爲吏而與其□繇(徭)故爲詐(詐)，不肎(肯)入史，以避爲吏└。爲詐(詐)如此而毋罰，不便。·臣請，令泰史遣以爲潦東縣官佐

① 陳松長主編：《嶽麓書院藏秦簡(伍)》，上海辭書出版社2017年，第110頁。

② 陳松長主編：《嶽麓書院藏秦簡(伍)》第48—49頁。

四歲,日備免之。日未備而有碁(遷)辠,因處之潦東└。其有耐辠,亦徙之潦東,而皆令其父母、妻子與同居數者從之,以罰其爲詐(詐),便。·臣眛死請。制曰:可。·廿九年四月甲戌到胡陽。 ·史學童詐(詐)不入試令·出廷丙廿七1807+1810+1871+1859①

史學童作爲秦漢時期預備吏員的重要來源,對其進行的考課是秦漢吏員培養的重要一環,史學童通過考核可直接成爲吏員。根據此條,中縣史學童典試爲詐,以避免爲吏,因此請求將這些典試爲詐的史學童派往遼東縣做佐官四年,四年後免官。② 秦設置遼東郡應是在秦王政二十五年滅燕之後,屬於"新地",中縣則多指代内地。内地典試爲詐的史學童罰往"新地"爲佐官,亦是"新地吏"的重要來源之一。

不僅是史學童,正式吏員在日常行政中也存在爲詐問題,簡文中多記爲"詐避事""詐課"。

材料一:詐(詐)避事,所避唯(雖)毋論,貲二甲,廢。以 病 故☐(缺簡)□者以失期不從其事論之└,均□教獄史、内(冗)佐居新地者,皆令□□□新地日,其繇(傜)使及病,若有它(缺簡)□□毋敢過壹,隤 計 過者,令、丞以下均行,詐(詐)避者皆爲新地吏二歲。 ·内史官共令第戊卌一1869+缺簡+1149+C4-3-7+缺簡+1926③

材料二:諸吏爲詐(詐)以免去吏者,卒史、丞、尉以上上御史└,屬、尉佐及乘車以下上丞相,丞相、御史先予新地遠犫害郡,備,【以】次予之,皆令從其吏事新地四歲,日備免之,日未備而詐(詐)故爲它,貲、廢,以免去吏,駕(加)辠一等。·今 泰 史□☐1866+J71-3+1720④

材料三:·定陰忠言:律曰:"顯大夫有辠當廢以上勿擅斷,必請之。"今南郡司馬慶故爲冤句令,詐(詐)課,當廢官,令以故秩爲新地吏四歲而勿廢,請論慶。制書曰:"諸當廢而爲新地吏勿廢者,即非廢。已後此等勿言。"

·廿六1036+1010+1011⑤

所謂"避事"就是逃避職事,"詐課"則是在考課中爲詐。材料一缺簡較多,但可基本得

① 陳松長主編:《嶽麓書院藏秦簡(陸)》,上海辭書出版社 2020 年,第 179—180 頁。

② 學界多認爲"日備歸"是指秦漢時期吏員完成任期後歸家的現象。具體討論參見吴方基:《里耶秦簡"日備歸"與秦代新地吏管理》,《古代文明》2019 年第 3 期,第 63—75 頁。

③ 陳松長主編:《嶽麓書院藏秦簡(伍)》第 186 頁。

④ 陳松長主編:《嶽麓書院藏秦簡(陸)》第 178 頁。

⑤ 陳松長主編:《嶽麓書院藏秦簡(伍)》第 56—57 頁。

知,"詐避事"的吏員本應廢官,却在特殊條件下將前往"新地"爲吏兩年。材料二則規定被免職的秦吏,職位在卒史、丞、尉以上者上報御史大夫,屬、尉佐及乘車以下上報丞相。御史大夫和丞相應優先考慮派遣他們前往"新地"中地處偏僻而戰略地位關鍵之郡爲吏,期滿四年可免官歸家。他們若在"新地"爲吏期間再次犯罪,將加重懲罰。

材料三則記載了相關的具體事例。慶由冤句令升遷爲南郡司馬,後經核查,慶任冤句令期間曾在考課中爲詐,本當廢官。因有令規定詐課的吏員可爲"新地吏"四年,不廢官,請求以此令論處慶。上請制書認同了這種處罰方式,并發布命令,以後都依此例處理。

史學童因不願爲吏而在典試中爲詐,吏員或因想要升遷而詐課、或因想要逃脱責任而"詐避事",這些在舊地德行有虧的吏員被迫成爲"新地吏",在"新地"爲吏二或四年。這種遷轉帶有懲戒意味,僅輕於廢官。吏員被罰廢官後,將被削除官籍,永遠剥奪任官的資格,成爲"新地吏"可視爲廢官的替代懲罰。在遣任"新地"爲吏時甚至可以保留原本的秩級。

(3) 考課爲殿

秦漢時期有較爲完整的吏員考課體系,吏員遷轉多與其有關。考課最佳者稱爲"最",最下等稱爲"殿"。秦吏若在日常考課中評爲"最",會受到賞賜;若是爲"殿",則將被處以誶、笞等作爲懲罰。[①] 除以上懲罰外,根據嶽麓秦簡記載,考課爲"殿"的吏員也會被派往"新地"爲吏。

> ·監御史下劾郡守└,縣官已論,言夬(决)郡守,郡守謹案致之,不具者,輒却,道近易具,具者,郡守輒移御史,以齍(齎)使及有事咸陽者,御史掾平之如令,有不具不平者,御史却郡而歲郡課,郡所移并筭而以夬(决)具到御史者,獄數衛(率)之,嬰筭多者爲殿,十郡取殿一郡└,奇不盈十到六亦取一[郡]。☒亦各課縣└,御史課中縣官,取殿數如郡。殿者,貲守、守丞、卒史、令、丞各二甲,而令獄史均新地☒□如此其熱獄不□有少費。
>
> ·廿五 0963+2059+2097+0831+0910[②]

秦代御史審核各郡情况作郡課,每十個郡取一個最差的郡,如果最後不滿十郡,那麽

① 睡虎地秦簡《秦律十八種·厩苑律》簡13+14:"以四月、七月、十月、正月膚田牛。卒歲,以正月大課之,最,賜田嗇夫壺酉(酒)束脯,爲旱〈皂〉者除一更,賜牛長日三旬;殿者,誶田嗇夫,罰冗皂者二月。其以牛田,牛減絜,治(笞)主者寸十。有(又)里課之,最者,賜田典日旬殿,治(笞)卅。"參見睡虎地秦墓竹簡整理小組:《睡虎地秦墓竹簡》第22頁。

② 陳松長主編:《嶽麓書院藏秦簡(伍)》第54—56頁。

满足六郡也要取一個最差的,縣廷吏員的考課方式也是如此。考課成績最差的守、守丞、卒史、令、丞將貲二甲,而獄史則會被派往“新地”成爲“新地吏”。此條規定在里耶秦簡中得到了印證。

> 廿六年十二月癸丑朔庚申,遷陵守禄敢言之:沮守瘳言:課廿四年畜息子得錢殿。沮守周主。爲新地吏,令縣論言史(事)。·問之,周不在遷陵。敢言之。8-1516[1]

沮縣屬漢中郡,根據《史記·秦本紀》記載“(秦惠文王)十三年……攻楚漢中,取地六百里,置漢中郡”。[2] 周作爲沮縣縣守因在畜息子的考課中得“殿”,被派往“新地”遷陵縣爲吏。兩年後,遷陵縣守禄收到調查周的命令時才發現周并未按要求赴任遷陵。

(4) 坐罪

在日常行政事務中失職的舊地吏員多因坐罪被罰成爲“新地吏”,一般爲期四年。

> ·廿七年十二月己丑以來,縣官田田徒有論毄(繫)及諸它缺不備穫時,其縣官求助徒穫者,各言屬所執灋,執灋□爲調發└。書到執灋而留弗發,留盈一日,執灋、執灋丞、吏主者,貲各一甲;過一日到二日,貲各二甲;過二日,贖耐;過三日,耐└。執灋發書到縣官,縣官留弗下,其官遣徒者不坐其留如執灋└。書下官,官當遣徒而留弗遣,留盈一日,官嗇夫、吏主者,貲各一甲,丞、令、令史貲各一盾;過一日到二日,官嗇夫、吏貲各⍁;令、令史貲各一甲;過二日到三日,官嗇夫、吏贖耐,丞、令、令史貲各二甲;過三日,官嗇夫、吏耐,丞、令、令史爲江東、江南郡吏四歲。智(知)官留弗遣而弗趣追,與同辠,丞、令當爲新地吏四歲以上者輒執灋、〖執〗灋□丞,丞、主者坐之,貲各二甲。執灋令吏有事縣官者,謹以發助徒⍁如律令。·曰可。 ·縣官田□□令
>
> 【甲】九1612+1611+1599+1180+1176+1159+1153+1115[3]

由此看來,自秦始皇二十七年十二月己丑以來,縣官田田徒有論繫或者他缺時,各縣官應上報屬所執法。執法應及時發送文書,否則將隨留書日期不同而獲得相應的懲罰。書已到官署,官署應派遣刑徒而未派,也將隨着滯留日期增長而獲不同懲罰。知道官署没有發遣刑徒而没有再次催促的,涉事吏員也將與之同罪。在這些懲罰中,若

① 陳偉主編:《里耶秦簡牘校釋(第一卷)》,武漢大學出版社 2012 年,第 343 頁。

② 《史記》卷 5《秦本紀》,中華書局 1982 年,第 207 頁。

③ 陳松長主編:《嶽麓書院藏秦簡(陸)》第 171—174 頁。

官署三天以上没有派遣刑徒，丞、令、令史將被發往江東、江南[①]爲吏四年；若明知官署没有發遣刑徒而没有再次催促，丞、令將被發配至"新地"爲吏四年。

里耶秦簡中因坐罪而被遣往"新地"爲吏的例子并不罕見：

> 十一月甲寅，魯陽守丞印下尉：以律令從吏(事)。今亟日夜遣，毋出寅夕，唯毋失期。失期，致嗇夫、吏主者。它盡如遣新地吏令。癰手(正)$_{9-1881}$[②]

十一月甲寅魯陽守丞印下書尉，要求按律令行事，日夜兼程，萬勿失期。若失期則嗇夫、吏主者皆有懲罰，其他相關吏員將按"遣新地吏令"處罰。相應的吏員遷轉也可在里耶秦簡中找到蹤迹：

> 卅二年，啓陵鄉守夫當坐。上造，居梓潼武昌。今徙爲臨沅司空嗇夫。時毋吏。$_{8-1445}$[③]
>
> 卅二年，貳春鄉守福當坐。士五(伍)，居粢(資)中華里。·今爲除道通食。$_{8-2014}$[④]

以上兩例皆爲秦始皇四十二年基層吏員遷轉情况。根據里耶秦簡 8－757"今遷陵廿五年爲縣"[⑤]可知，洞庭郡遷陵縣設置於秦始皇二十五年，應屬於秦"新地"範疇。啓陵鄉、貳春鄉皆屬遷陵縣，亦爲"新地"。根據嶽麓秦簡記録《置吏律》規定："縣除有秩吏，各除其縣中。其欲除它縣人及有謁置人爲縣令、都官長、丞、尉、有秩吏，能任者，許之。"[⑥]規定一般有秩吏應在本地選拔，想任他地之人爲吏，需考察其人是否能任。但以上簡文所載，啓陵鄉守夫、貳春鄉守福的原籍均爲秦舊地。[⑦] 根據里耶秦簡記載，秦洞庭郡遷陵縣内有可考籍貫吏員 19 人，皆非洞庭郡人。[⑧] 可見由舊地吏員因坐罪

---

① 目前學界多將江東、江南理解爲江東、江南地區的泛稱。參見葛劍雄主編：《中國人口史(第一卷)》，復旦大學出版社 2002 年，第 104 頁；周振鶴：《釋"江南"》，《中華文史論叢》第 49 輯，上海古籍出版社 1992 年，第 141 頁；李伯重：《簡論"江南地區"的界定》，《中國社會經濟史研究》1991 年第 1 期，第 100—105 頁等。

② 陳偉主編：《里耶秦簡牘校釋(第二卷)》，武漢大學出版社 2018 年，第 383 頁。

③ 陳偉主編：《里耶秦簡牘校釋(第一卷)》第 327 頁。

④ 陳偉主編：《里耶秦簡牘校釋(第一卷)》第 418 頁。

⑤ 陳偉主編：《里耶秦簡牘校釋(第一卷)》第 217 頁。

⑥ 陳松長主編：《嶽麓書院藏秦簡(肆)》，上海辭書出版社 2015 年，第 136—137 頁。

⑦ 啓陵鄉守夫原屬梓潼武昌，屬蜀郡；貳春鄉守福原屬資中華里，屬巴郡，二者原籍皆爲秦舊地。

⑧ 游逸飛：《里耶秦簡所見的洞庭郡——戰國秦漢郡縣制個案研究之一》，《中國文化研究所學報》2015 年第 61 期，第 59 頁；后收入氏著《製造"地方政府"——戰國至漢初郡制新考》，臺大出版中心 2021 年，第 182 頁。

被派往“新地”爲吏的情况較爲普遍,在“新地”爲吏期間再次坐罪,懲罰仍爲遣往其他“新地”爲吏。究其原因應是此時“新地”吏員確實不足,很難將免官、廢官作爲懲罰有罪“新地吏”的方式。

2. 因病免職後痊癒遷爲“新地吏”

有别於因失職違法被派往“新地”爲吏,根據嶽麓秦簡記載,患病時間較長的秦吏亦可前往“新地”爲官:

> 以上及唯(雖)不盈三,一歲病不視事盈三月以上者,皆免。病有瘳,令爲新地吏及戍如吏。有適過,廢,免爲新地吏及戍者。 ·遷吏令甲 1865+1791[①]

雖前文有缺,但此處簡文看,舊地吏若因病一年中有三月以上不能正常處理行政事務,應被免職,病癒後可被派遣至“新地”爲吏,處理戍邊事務。同因犯錯而貶謫、廢官、免職至“新地”爲吏者一樣。

舊地吏往往因失職違法而成爲“新地吏”,但此後他們仍會再次犯法。律文中有關於“新地吏”犯法的特殊規定:

> ·新地吏及其舍人敢受新黔首錢財酒肉它物,及有賣買叚(假)賃貣於新黔首而故貴賦〈賤〉其賈(價),皆坐其所受及故爲貴賦〈賤〉之臧(贜)、叚(假)賃費、貣息,與盜同灋。其貰買新黔首奴婢畜産及它物盈三月以上而弗予錢者坐所貰賈〈買〉錢數,亦與盜同灋。0895+1113+1037[②]

“新地吏”及其舍人收受“新黔首”賄賂、和“新黔首”交易時故意抬高或降低價格牟利、貸買“新黔首”奴婢、畜産及其他物品三月以上不予其錢財的,都按盜取財物論罪。“新黔首”在賄賂“新地吏”後,若能捕告違法吏員,既可免罪又可領取相應的奬勵。但“故黔首”在發現違反法令的吏員後,没有捕告或知情後没有捕告的,都要以“縱罪人”論罪。從此段簡文後半部分可知,秦代對“新黔首”的態度較之“故黔首”更加温和。根據嶽麓秦簡記載:“自今以來,治獄以所治之故,受人財及有賣買焉而故少及多其賈(價),雖毋枉毆(也),以所受財及其貴賤賈(價),與【盜】【同】灋 ㇗。叚(假)㇗貣賤〈錢〉金它物其所治、所治之親所智(知)……叚(假)賃費貣賤〈錢〉金它物其息之數,與盜同灋 ㇗。叚(假)貣錢金它物其所治、所治之室人、室〚人〛父母妻子同産,雖 毋

① 陳松長主編:《嶽麓書院藏秦簡(伍)》第190頁。

② 陳松長主編:《嶽麓書院藏秦簡(伍)》第51—52頁。

枉 殹(也),以 所 叚(假)賃費貣錢金它物其息之數,與盜〖同〗灋。"[1]秦官府在吏員存在收受賄賂、和黔首交易時故意抬高或降低價格牟利兩個行爲時,判定吏員經濟犯罪。相較而言,秦官府對"新地吏"經濟犯罪的界定更加寬泛,要求更嚴格。

如上文所述,秦官府在統治新占領區域時,將較多在舊地失職違法或身體狀況不良的吏員派遣至"新地",他們并非自願成爲"新地吏"。秦官府雖然設定了與之相關的更加嚴格的法令對"新地吏"群體進行監督。但僅僅嚴格限制"新地吏"無法幫助秦在"新地"迅速站穩脚跟。前文在討論舊地吏因違反徵發縣官吏、縣佐官、史的規定而被派遣至"新地"時提及,"新地"吏員需要完成的不僅是日常行政工作,還有平息"新地"盜賊、反叛等諸多問題。此外,同樣重要的工作還有移風易俗。南郡守騰在秦始皇二十年四月丙戌朔丁亥告各縣、道嗇夫曰:"古者,民各有鄉俗,其所利及好恶不同,或不便於民,害於邦。是以聖王作爲法度,以矯端民心,去其邪避(僻),除其恶俗。"[2]秦廷希望能實現"新地"的政治、文化整合。

"新地吏"在基本吏治思想、統治原則、法律規定等方面都與舊地吏員一致。但從"新地吏"的來源看,從"新地"選拔的本地吏員歷時較長,很難與秦對外擴張的速度匹配。鑒於統治需求,秦官府極力拓寬"新地吏"的任職渠道。將已熟悉行政事務但履歷不佳的舊地吏派遣至"新地"。除此之外,還有一些"新地吏"由有功軍人轉化而來,這些來自秦故地的吏員以及有功軍人固然對秦在"新地"的統治有重要的鞏固作用。另一方面,根據《史記·項羽本紀》記載:"諸侯吏卒異時故繇使屯戍過秦中,秦中吏卒遇之多無狀,及秦軍降諸侯,諸侯吏卒乘勝多奴虜使之,輕折辱秦吏卒。"[3]在滅秦戰爭中,章邯投項羽後,諸侯吏卒因曾經被秦吏卒無禮對待而折辱秦吏卒,儘管此處所言爲"秦中",但亦可由此窺見,由於戰勝國帶來的特殊身份,秦舊地吏難免對"新地"之人存在鄙夷之情。這些都對秦官府在"新地"的統治造成了威脅。

以南郡爲例,秦在進行基層統治時,仍要求吏員在推行法令的同時兼顧道德。但由於"新地吏"主要由舊地工作有瑕疵的吏員、有功軍人組成。原本舊地工作便有瑕疵的吏員在舊地尚會失職違法,在面臨更加複雜的"新地"狀況、嚴格的考課乃至律令上對"新黔首"的寬待時,"新地吏"很難在注重道德的同時完成官府賦予他們的職責,難免走向嚴苛。由軍人轉化爲"新地吏"者,在行政過程中往往會帶有很强的軍事管理色彩,嚴苛程度更高。這些天然的缺陷,導致秦在"新地"的統治愈發艱難,反叛、盜

① 陳松長主編:《嶽麓書院藏秦簡(伍)》第 144—145 頁。

② 睡虎地秦墓竹簡整理小組:《睡虎地秦墓竹簡》第 13 頁。

③ 《史記》卷 7《項羽本紀》第 310 頁。

賊活動此起彼伏。這使得秦官府在“新地”的統治存在兩面性,一方面法令呈現出寬宥“新黔首”的態勢;另一方面吏員由於考課等需要,加强律令的推行力度,形成了較爲嚴苛的吏治局面。秦在“新地”的統治出現了吏治理想與吏治實踐的撕裂。

不僅如此,秦官府雖盡力拓寬的“新地吏”渠道,但仍未解决“新地”吏員不足的問題。根據里耶秦簡 9-633 記載:“遷陵吏志:吏員百三人。令史廿八人,【其十】人繇(徭)使,【今見】十八人。官嗇夫十人。其二人缺,三人繇(徭)使,今見五人。校長六人,其四人缺,今見二人。官佐五十三人,其七人缺,廿二人繇(徭)使,今見廿四人。牢監一人。長吏三人,其二人缺,今見一人。凡見吏五十一人。”[①]就洞庭郡遷陵縣而言,實際定員爲 101 人,[②]只有 51 人在縣廷,令史、嗇夫、校長、官佐、長吏皆有缺或徭使。又據里耶秦簡 8-1137:“吏凡百四人,缺卅五人。·今見五十人。☐”[③]可知,另一時段洞庭郡遷陵縣也出現了大規模缺吏情况。

秦在對“新地”的統治中竭盡所能,但舉措相有抵牾。秦的吏治理想與“新地吏”面對的吏治現實之間存在着較大差距。在此情况下,被遣至“新地”爲吏者想要儘快離開“新地”、完成考核除了厲行峻法之外幾乎别無他法。加之很多“新地吏”本就是吏員考課的失敗者,他們能實踐多少秦吏治理想也是未知之數,但從後世對秦吏酷烈的評價來看,恐怕情况不容樂觀。

三、餘　　論

秦代吏治理想與實踐之間存在一定差異,因此有學者提出正是二者間的巨大割裂導致了秦最終走向了滅亡。[④] 但考察秦末情况,可以發現秦末吏治理想實際上發生了隐秘的轉變。

由於諸子思想不斷挑釁中央皇權,李斯提出廢除諸子思想,推崇嚴格的法治思想,有更强的文化專制意味。爲了在幅員遼闊的國家更好推行法令、鞏固統治,李斯“請史官非秦記皆燒之。非博士官所職,天下敢有藏《詩》、《書》、百家語者,悉詣守、尉

① 陳偉主編:《里耶秦簡牘校釋(第二卷)》第 167—168 頁。

② 簡文中所記吏員總數爲 103 人,但相加上述所見吏員總數之和爲 101 人,比所記少 2 人。參見陳偉主編:《里耶秦簡牘校釋(第二卷)》第 168 頁。

③ 陳偉主編:《里耶秦簡牘校釋(第一卷)》第 282 頁。

④ 張夢晗:《“新地吏”與“爲吏之道”——以出土秦簡爲中心的考察》,《中國史研究》2017 年第 3 期,第 61—70 頁。

雜燒之。有敢偶語《詩》《書》者棄市。以古非今者族。吏見知不舉者與同罪……所不去者，醫藥卜筮種樹之書。若欲有學法令，以吏爲師”。[①] 秦代吏師制度開始從傳統的法令、道德兼修轉變爲只修法令，吏治理想也由此發生了巨大變化。通過吏師制度，皇帝及各級吏員的思想、行爲得到統一，統治者的意志普遍化爲社會意志，百姓可以最大限度地服從政治系統中樞的權力。[②] 此後李斯又進一步提出督責之術：

> 凡賢主者必將能拂世磨俗，而廢其所惡，立其所欲……若此則謂督責之誠則臣無邪，臣無邪則天下安，天下安則主嚴尊，主嚴尊則督責必，督責必則所求得，所求得則國家富，國家富則君樂豐。故督責之術設，則所欲無不得矣。群臣百姓救過不給，何變之敢圖？若此則帝道備，而可謂能明君臣之術矣。雖申、韓復生，不能加也。[③]

吏員的教導模式、行政風格自然隨之發生轉變。秦代吏治不免由此走向酷烈。隨着秦末反叛頻發，秦代刑罰也愈發嚴厲，以致“刑者相半於道，而死人日成積於市。殺人衆者忠臣。”[④]秦王朝試圖通過越來越嚴厲的統治手段加强中央集權，從而挽救危局。秦以往吏治理想中“明法律令”而兼顧道德的吏員愈少，酷烈、專斷的吏員愈多。

從此方面而言，秦末政治的崩盤或應與吏治理想、吏治實踐間的分野無關，恰是因爲吏治理想發生了根本轉變，吏治實踐也隨之發生了巨大變化。秦末吏治脱離了道德，僅强調通過嚴苛的法令鎮壓反叛勢力，最終成了秦帝國崩潰的重要推動力。

---

① 《史記》卷6《秦始皇本紀》第255頁。

② 金太軍：《試論中國封建社會的“以吏爲師”現象》，《廣東社會科學》1995年第1期，第88—92頁。

③ 《史記》卷87《李斯列傳》第2557頁。

④ 《史記》卷87《李斯列傳》第2557頁。

秦代地方農官與基層社會控制

——以簡牘文獻爲中心的考察*

王　佳

摘　要： 秦代地方農官是秦控制基層社會的重要力量之一，鮮有學者關注。秦簡顯示秦代縣級及以下地方農官在管理農事之外，還需要參與維護治安和控制人口的事務。秦代地方農官之所以兼負治安職能，是因爲人口向田野地區的流入、居住形態的變化、野外散居聚落的發展對帝國統治秩序産生了挑戰，帝國需要地方農官填補基層治安防控體系的漏洞，重新建構基層秩序。秦代地方農官嚴格管控轄區，也是秦帝國在文化衝突下，向關東地區强制推行重農政策的需要。

關鍵詞： 簡牘　秦　農官　基層控制

秦統一天下後，如何控制基層社會，維護地方秩序，既是國之大事，也是學界普遍關注的問題。學界一般認爲在秦代由鄉官里吏與亭吏來維護基層社會的秩序與治安。① 然而，越來越多的簡牘文獻表明秦代縣級及以下地方農官也參與了帝國的基層控制。關於秦代地方農官，傳世文獻記載較少，大量簡牘文獻的面世爲相關研究提供了豐富資料。學界圍繞秦代地方農官的建置、農事職責等問題進

*　本文得到教育部人文社科研究青年基金項目“里耶秦簡與秦代酉水中游經濟研究”(19YJC770045)的資助。

①　見張金光：《秦鄉官制度及鄉、亭、里關係》，《歷史研究》1997 年第 6 期，第 22—39 頁；王愛清：《秦漢鄉里控制研究》，山東大學出版社 2010 年，第 37—78 頁；馬新：《中國古代村落形態研究》，商務印書館 2020 年，第 117—157 頁；魯西奇：《中國古代鄉里制度研究》，北京大學出版社 2021 年，第 114—136 頁等。

行了一定探討。[①] 不過,以往的研究極少注意到地方農官是秦維持基層控制的重要力量之一。本文擬以秦代縣級及以下地方農官爲視角,將地方農官置於秦帝國的統治脉絡中進行考察。對秦代地方農官參與基層控制的情況,及地方農官所見秦帝國基層秩序構建、秦制在關東地區的推廣等問題進行探討,以揭示秦帝國統治中被忽略的一些側面。

一、秦帝國統治末梢下的農官職能

據秦簡,秦代管理全縣農事的行政機構爲"田";"田"設於縣廷,主管官員爲田嗇夫。[②] "田"系統吏員還有田佐、田史、田典等。這些農官的本職工作包括編訂田籍、授田、徵收田租、修築田間道路、勸農生産等。又據秦簡,作爲秦帝國統治末梢的地方農官除了管理農事之外,還需要維護基層社會穩定,參與維護治安和控制人口的事務。下面將分述如下:

(一) 維護治安

秦律規定關中地區的地方農官須確保轄境内無逃亡人口,嶽麓秦簡肆 053—057:"郡及襄武、上雒、商、函谷關外人及遷郡、襄武、上雒、商、函谷關外男女去,闌亡、將陽,來入之中縣、道,……其亡居田、都官、執法屬官、禁苑、園、邑、作務、官道畍(界)

---

① 見裘錫圭:《嗇夫初探》,中華書局編輯部編:《雲夢秦簡研究》,中華書局 1981 年,第 248—251 頁;卜憲群:《秦漢之際鄉里吏員雜考——以里耶秦簡爲中心的探討》,《南都學壇》2006 年第 1 期,第 5—6 頁;王勇:《秦漢地方農官建置考述》,《中國農史》2008 年第 3 期,第 16—23 頁;王彦輝:《田嗇夫、田典考釋——對秦及漢初設置兩套基層管理機構的一點思考》,《東北師大學報(哲學社會科學版)》2010 年第 2 期,第 49—56 頁;陳偉:《里耶秦簡所見的"田"與"田官"》,《中國典籍與文化》2013 年第 4 期,第 140—146 頁;鄒水杰:《再論秦簡中的田嗇夫及其屬吏》,《中南大學學報(社會科學版)》2014 年第 5 期,第 228—236 頁;李勉:《再論秦及漢初的"田"與"田部"》,《中國農史》2015 年第 3 期,第 45—55 頁;李勉、晋文:《里耶秦簡中的"田官"與"公田"》,《簡帛研究二〇一六(春夏卷)》,廣西師範大學出版社 2016 年,第 120—131 頁;劉鵬:《也談簡牘所見秦的"田"與"田官"——兼論遷陵縣"十官"的構成》,《簡帛》第 18 輯,上海古籍出版社 2019 年,第 57—74 頁等。

② 見陳偉:《里耶秦簡所見的"田"與"田官"》第 140—143 頁。據里耶秦簡(貳),秦代遷陵縣的"田"還在鄉設有分支機構:"左田"與"右田,見晋文:《新出秦簡中的授田制問題》,《中州學刊》2020 年第 1 期,第 130 頁。

中，其嗇夫吏、典、伍及舍者坐之，如此律。”[①]該簡反映關外以及受遷刑流放至關外之人，逃亡到“中縣道”（關中的縣、道），若逃亡到“田”的管轄範圍内；田嗇夫及其屬吏若没有捕獲，將受到相關法律的處罰。

秦代宦學讀本也將追捕盜賊與逃亡人口列爲地方農官的職責。嶽麓秦簡壹《爲吏治官及黔首》簡 23：“群盜亡人不得。”[②]《爲吏治官及黔首》爲秦代的一種宦學讀本。[③] 史達先生根據《爲吏治官及黔首》簡背劃綫及反印字迹，將簡 23 與簡 68、22、13 復原爲一組。[④] 史達先生與整理者重新編連釋讀的竹簡 69 -（10＋70）-（16＋80）- 82 - 79 - 81 - 83 - 84 - 65 - 67 -（07＋66）- 63 - 64 - 68 - 23 - 22 - 13 正面第二欄簡文連讀爲：

（1）豤（墾）田少員，部佐行田，舉苗治（蟲）不治，□□□□，田徑不除，封畔不正，草田不舉，孤寡瘁（癃）病當巢（隟?），興徭務擅，主吏留難，▨，五穀禾稼，吏弗論治，租税輕重弗審，群盜亡人不得，發徵不盡不僂，黔首不田作不孝。[⑤]

歐揚先生認爲這些内容都涉及田嗇夫、田典的職掌。“群盜亡人不得”反映了田嗇夫工作中的一種失職，後面省略了具體罰則。[⑥] 細看簡文，其中提到的“墾田”、“部佐行田”、“舉苗蟲”、“田徑”、“封畔”（指田間疆界）、[⑦]“草田”、“五穀禾稼”、“租税輕重弗審”（指田租核定不準確）、黔首不田作等均與農事有關。而“部佐”，正是田嗇夫的副手田佐。[⑧] 這組簡文確爲“田”系統官吏日常工作中處理的事宜，將“群盜亡人不得”列於其

---

① 釋文參陳松長主編：《嶽麓書院藏秦簡（肆）》，上海辭書出版社 2015 年，第 56—57 頁；日本“秦代出土文字史料研究”班撰，張奇瑋譯：《嶽麓書院所藏簡〈秦律令（壹）〉譯注一（下）》，《簡牘學研究》第 10 輯，甘肅人民出版社 2021 年，第 112 頁。簡文“其亡居田”的“田”字，由日本“秦代出土文字史料研究”班改釋。

② 陳松長主編：《嶽麓書院藏秦簡（壹—三）釋文修訂本》，上海辭書出版社 2018 年，第 51 頁。

③ 陳松長主編：《嶽麓書院藏秦簡（壹—三）釋文修訂本》第 36 頁。

④ 見[德] 史達著，黄海譯：《〈嶽麓書院藏秦簡·爲吏治官及黔首〉的編聯修訂——以簡背劃綫與反印字迹爲依據》，《出土文獻與法律史研究》第 3 輯，上海人民出版社 2014 年，第 81 頁。

⑤ 見[德] 史達著，黄海譯：《〈嶽麓書院藏秦簡·爲吏治官及黔首〉的編聯修訂——以簡背劃綫與反印字迹爲依據》第 94 頁；陳松長主編：《嶽麓書院藏秦簡（壹—三）釋文修訂本》第 51 頁。

⑥ 歐揚：《嶽麓秦簡〈爲吏治官及黔首〉官曹事務類内容之溯源》，“第七屆出土文獻與法律史研究學術研討會”論文，湖南長沙 2017 年，第 169、174—175 頁。

⑦ 朱紅林：《嶽麓簡〈爲吏治官及黔首〉分類研究（一）》，《出土文獻與法律史研究》第 1 輯，上海人民出版社 2012 年，第 93—94 頁。

⑧ 見裘錫圭：《嗇夫初探》第 249 頁；鄒水杰：《再論秦簡中的田嗇夫及其屬吏》第 231—232 頁；戴衛紅：《從出土資料看伐閲之源流與演變》，杜常順、楊振紅主編：《漢晋時期國家與社會論集》，廣西師範大學出版社 2016 年，第 48 頁。

中,當確與田嗇夫及其屬吏的工作有關。農官兼負捕盜職責,這一制度在東漢仍然存在。《宛令李孟初神祠碑》、五一廣場漢簡等出土文獻即反映東漢時期在縣中設有勸農賊捕掾一職,[①]兼行勸課農桑與輯捕盜賊。[②]

此外,秦地方農官還需在管轄區禁酒,以維護秩序。睡虎地秦簡《田律》:

(2) 百姓居田舍者毋敢醢(酤)酉(酒),田嗇夫、部佐謹禁御之,有不從令者有罪。(12)[③]

田嗇夫和"部佐"需監督"田舍"中的百姓不得賣酒或買酒。[④] 禁酒主要是爲了防止農民飲酒誤農、酗酒鬧事,保障田間良好的農業生産環境。

(二) 控制人口

另外,田嗇夫的屬吏田典由於設於里中,[⑤]和里典輪流掌管里門鑰匙,[⑥]還需要配合里吏來監察百姓是否藏匿逃亡人口與罪人。嶽麓秦簡肆 003—004:"主匿亡收、隸臣妾,耐爲隸臣妾,其室人存而年十八歲者,各與其疑同法,其奴婢弗坐,典、田典、伍不告,貲一盾,其匿□□歸里中,貲典、田典一甲,伍一盾。"[⑦]該秦律規定有人藏匿逃亡的收人、隸臣妾,田典若隐瞞不報將被罰貲一盾。又,嶽麓秦簡肆 060—064:"盗賊旞(遂)者及諸亡坐所去亡與盗同法者當黥城旦舂以上及命者、亡城旦舂、鬼薪、白粲舍人室、人舍、官舍,主舍者不智(知)其亡,贖耐。其室人、舍人存而年十八歲者及典、田典不告,貲一甲。伍不告,貲一盾。當完爲城旦舂以下到耐罪及亡收、司寇、隸臣妾、奴婢闌亡者舍人室、人舍、官舍,主舍者不智(知)其亡,貲二甲。其室人、舍人存而年

① 高文:《漢碑集釋》,河南大學出版社 1997 年,第 175—178 頁;長沙市文物考古研究所等編:《長沙五一廣場東漢簡牘(壹)》,中西書局 2018 年,第 141—142 頁。

② 關於勸農賊捕掾的研究,見徐暢:《〈續漢書·百官志〉所記"制度掾"小考》,《史學史研究》2015 年第 4 期,第 121 頁;孫聞博:《從鄉嗇夫到勸農掾:秦漢鄉制的歷史變遷》,《歷史研究》2021 年第 2 期,第 85 頁等。

③ 睡虎地秦墓竹簡整理小組編:《睡虎地秦墓竹簡》,文物出版社 1990 年,第 22 頁。

④ 陳松長、周海鋒:《讀〈睡虎地秦墓竹簡〉札記》,《湖南大學學報(社會科學版)》2013 年第 3 期,第 30 頁。

⑤ 關於里典,參裘錫圭:《嗇夫初探》第 250 頁;鄒水杰:《再論秦簡中的田嗇夫及其屬吏》第 232—234 頁。

⑥ 張家山漢簡《二年律令·户律》:"典、田典更挾里門籥(鑰),以時開;伏閉門,止行及作田者。"(305—306)見彭浩、陳偉、[日] 工藤元男主編:《二年律令與奏讞書:張家山二四七號漢墓出土法律文獻釋讀》,上海古籍出版社 2007 年,第 215 頁。

⑦ 陳松長主編:《嶽麓書院藏秦簡(肆)》第 39—40 頁。

十八歲以上者及典、田典、伍不告，貲一盾。”[①]這里提到逃亡的盜賊、城旦舂、鬼薪、白粲等借住私宅和官私旅舍，田典若隐瞞不報將被罰貲一甲；又規定逃亡的收人、司寇、隸臣妾、奴婢等借住私宅和官私旅舍，田典若隐瞞不報將被罰貲一盾。此外，田典還需要監督所在地服役的罪犯不得擅自離開。嶽麓秦簡柒 166—169：“諸有罪輸蜀及前令有罪[輸蜀者]，……及其收妻、子、奴婢輸材官者，皆毋得去處輸所，敢有擅去出處及輸官在所、作所縣畍者，皆黥爲城旦舂。典、田典、吏智(知)弗捕告及遣☑。”[②]該秦律規定輸送到蜀地的罪人，這些罪人的妻子、子女、奴婢被没收到材官服勞役，田典需監督這些人不得擅自離開輸送地及服勞役所在的縣界。直至漢初，田典仍有打擊百姓盜鑄錢的義務。張家山漢簡《二年律令·錢律》簡 201：“盜鑄錢及佐者，棄市……正典、田典、伍人不告，罰金四兩。”[③]

二、鄉里社會變遷下秦帝國基層秩序的建構

在秦代，縣尉主管全縣治安，縣以下基層設有專門的治安機構“亭”，鄉官里吏也會負責轄區的治安維護。《漢書·百官公卿表》：鄉有“游徼……徼循禁賊盜……皆秦制也”。[④] 但是目前秦簡牘與其他文獻中并未發現游徼，秦代是否設有游徼還并不確定。[⑤]那麽爲何秦代地方農官在負責農事之外還兼領治安職能呢？試析其原因，主要有：

其一，居住形態的變化，野外散居聚落的發展對秦帝國的基層統治秩序産生了挑戰。在西周、春秋時期，人們主要聚居於封閉的城邑中。至戰國，隨着生産力發展，人口增多，越來越多野外耕地的開墾，一種新的居住方式出現了。[⑥] 如睡虎地秦簡《魏户

① 陳松長主編：《嶽麓書院藏秦簡(肆)》第 58—60 頁。

② 陳松長主編：《嶽麓書院藏秦簡(柒)》，上海辭書出版社 2022 年，第 137—138 頁。

③ 彭浩、陳偉、[日] 工藤元男主編：《二年律令與奏讞書：張家山二四七號漢墓出土法律文獻釋讀》第 170 頁。

④ (漢) 班固撰：《漢書》卷一九上《百官公卿表上》，中華書局 1962 年，第 742 頁。

⑤ 目前秦簡多出土於楚地，也有可能秦代在楚地并未設立游徼。此外有學者認爲游徼設於西漢文帝年間，見張新超：《論漢代縣屬游徼的設立與演變——以考古資料爲中心》，《古代文明》2020 年第 2 期，第 96 頁；也有學者認爲游徼設於漢武帝時期，見孫聞博：《從鄉嗇夫到勸農掾：秦漢鄉制的歷史變遷》第72 頁。

⑥ 侯旭東先生認爲：“自先秦至秦漢，百姓居住場所經歷了由集中在封閉有圍墻的聚落(城居)到逐漸以城居與生活在無圍墻聚落(散居)并存的變化。”見侯旭東：《北朝村民的生活世界——朝廷、州縣與村里》，商務印書館 2005 年，第 42 頁。

律》簡 16 伍—17 伍載:"廿五年閏再十二月丙午朔辛亥,告相邦:民或棄邑居壄(野)。"[①]《魏户律》本由戰國魏安釐王頒發,收録於睡虎地秦簡,表明其反映的社會現象在秦也存在。對於"棄邑居野",張繼海先生認爲反映了"一種居住形態和居住方式的變化",張金光先生認爲"野"反映了"鄉村聚落的發展"。[②] 二説均有一定道理。青島土山屯 147 號漢墓出土《堂邑元壽二年要具簿》亦提到"邑居"一詞,馬增榮先生認爲指居住於城内的聚落形態。[③] "邑"與"野"是相對應的兩個概念。如嶽麓秦簡叁"魏盗殺安、宜等案"簡 167 即提到"一人殺三人田壄(野),去居邑中市客舍"。[④]《詩·魯頌·駉》毛傳:"邑外曰郊,郊外曰野。""棄邑居野"反映有一部分百姓不再居住於封閉的城邑中,而投身於廣闊的田野。

秦時人們居於田野的現象較爲普遍。如嶽麓秦簡壹《爲吏治官及黔首》60-3—07-3:"家室冬夏居田,不居其宇☑。"[⑤]睡虎地秦簡《日書》甲種 144 正:"戊戌生子,好田野邑屋。"[⑥]又如《封診式》簡 61:"到某里士五(伍)丙田舍二百步。"[⑦]嶽麓秦簡叁"同、顯盗殺人案"簡 144:"□□□田舍。"[⑧]嶽麓秦簡叁"猩、敞知盗分贓案"簡 052:"禄等亡居荑(夷)道界中,有廬舍。"[⑨]"廬舍"同"田舍",均是農民農忙時田間的居所。《漢書·食貨志》"廬舍",顔師古注:"廬,田中屋也。"[⑩]《説文解字》:"廬,寄也。秋冬去,春夏居。"[⑪]《漢書·高帝紀》記載漢高祖劉邦還是沛縣亭長時,"嘗告歸之田,吕后與兩子居田中,有一老父過請飲,吕后因餔之……老父已去,高祖適從旁舍來"。[⑫] 這裏的"田

① 睡虎地秦墓竹簡整理小組編:《睡虎地秦墓竹簡》第 174 頁。

② 見張繼海:《睡虎地秦簡魏户律的再研究》,《中國史研究》2005 年第 2 期,第 46 頁;張金光:《戰國秦時期"邑"的社會政治經濟實體性——官社國野體制新説》,《史學月刊》2010 年第 11 期,第 37 頁。

③ 青島市文物保護考古研究所、黄島區博物館:《山東青島土山屯墓群四號封土與墓葬的發掘》,《考古學報》2019 年第 3 期,第 427 頁;馬增榮:《讀山東青島土山屯 147 號墓出土木牘札記——考古脉絡、"堂邑户口薄(簿)"、"邑居"和"群居"》,《簡帛》第 21 輯,上海古籍出版社 2020 年,第 212 頁。

④ 陳松長主編:《嶽麓書院藏秦簡(壹—三)釋文修訂本》第 159 頁。

⑤ 陳松長主編:《嶽麓書院藏秦簡(壹—三)釋文修訂本》第 52 頁。

⑥ 睡虎地秦墓竹簡整理小組編:《睡虎地秦墓竹簡》第 203 頁。

⑦ 睡虎地秦墓竹簡整理小組編:《睡虎地秦墓竹簡》第 157 頁。

⑧ 陳松長主編:《嶽麓書院藏秦簡(壹—三)釋文修訂本》第 156 頁。

⑨ 陳松長主編:《嶽麓書院藏秦簡(壹—三)釋文修訂本》第 144 頁。

⑩ (漢) 班固撰:《漢書》卷二四上《食貨志上》,第 1119 頁。

⑪ (漢) 許慎:《説文解字》,中華書局 1963 年,第 192 頁。

⑫ (漢) 班固撰:《漢書》卷一上《高帝紀上》,第 5 頁。

舍”,不僅可以做飯,旁邊還有相連的“田舍”。這些“田舍”正是野外聚落的來源之一。[①] 田中有人居住與活動,野外居民點漸漸發展,因此政府也要將這些地區納入治理範疇。

此外,先秦時期關東六國也存在一定的野外散居聚落。如《管子·輕重乙》記載齊國邊境荒野地區,百姓“强耕而自以爲落”。[②] 又如《漢書·溝洫志》記載戰國時趙魏齊在距黄河二十五里之處修建堤防,黄河“時至而去,則填淤肥美,民耕田之,或久無害,稍築室宅,遂成聚落”。[③] 對於這些新興的聚落,秦統一之後,也要將它們納入統治秩序之中。這對帝國的統治秩序是一個良好的補充。這些野外散居聚落和居民點多位於“田”的管轄範圍,因此地方農官也需要參與治安維護。

其二,填補帝國基層社會治安防控體系漏洞的需要。在秦代,負責治安的“亭”一般設於交通要道,管轄範圍約十里,[④]有些偏遠地區便難以兼顧;且亭中的亭長加亭卒僅有五六人左右,[⑤]有時難免出現人員不够的狀況,如里耶秦簡 9-1112“【廿】六年二月癸丑朔丙子,唐亭叚(假)校長壯敢言之:唐亭旁有盗可卅人。壯卒少,不足以追。亭不可空。謁遣【卒】索(索)”。[⑥] 説明一旦發生緊急情況,亭卒就不足以維護周邊治安。另外,鄉官里吏更注重維護城邑鄉里的治安。亭吏與鄉官里吏難以顧及的部分田野地區,也會出現各種治安問題,成爲帝國基層治理的漏洞。如里耶秦簡 9-557“☐首皆變(蠻)夷,時來盗黔首、徒隸田蓾者,毋吏卒☐”。[⑦] 反映有人時常盗取遷陵縣百姓和徒隸種植的蓾草。如嶽麓秦簡叁“同、顯盗殺人案”簡 142:“棄婦毋憂縛死其田

① 見侯旭東:《北朝村民的生活世界——朝廷、州縣與村里》第 43 頁;王彦輝:《秦漢時期的鄉里控制與邑、聚變遷》,《史學月刊》2013 年第 5 期,第 24 頁;陳松長等著:《秦代官制考論》,中西書局 2018 年,第 198 頁等。

② 黎翔鳳撰,梁運華整理:《管子校注》,中華書局 2004 年,第 1461 頁。

③ (漢)班固撰:《漢書》卷二九《溝洫志》,第 1692 頁。北大秦簡《水陸里程簡册》中有帶“落”的地名:“彀潤落”,有學者認爲“落”是城及里外的一種散村型聚落,在秦代廣泛存在,見郭濤:《北京大學藏秦〈水陸里程簡册〉與秦漢時期的“落”》,《史學月刊》2018 年第 6 期,第 24—33 頁。另外,也有學者對秦代的聚落形態進行了考察,見符奎:《閭里化與自然性:秦漢聚落形態的演變》,《中國史研究》2022 年第 2 期,第 43—48 頁。

④ 王彦輝:《聚落與交通視閾下的秦漢亭制變遷》,《歷史研究》2017 年第 1 期,第 38 頁。

⑤ [日]水間大輔著譯,朱騰校:《秦漢時期的亭吏及其與他官的關係》,周東平、朱騰主編:《法律史譯評》,北京大學出版社 2013 年,第 45—46 頁。

⑥ 陳偉主編:《里耶秦簡牘校釋(第二卷)》,武漢大學出版社 2018 年,第 260 頁。

⑦ 陳偉主編:《里耶秦簡牘校釋(第二卷)》第 155 頁。

舍。"[①]説明"田舍"中發生了惡性刑事案件。[②]

尤其當越來越多的人口流向田野,田野地區秩序遭到嚴重破壞,甚至出現"徼人婦女"(截擄婦女)的惡性事件。[③] 此外,在秦時人口逃亡現象較爲常見,僅周家台秦簡《日書》中"追亡人"就出現了 27 次。[④] 大量人口逃亡到田野,給社會帶來隐患。嶽麓秦簡叁"猩、敞知盗分贓案"記載一群逃亡者藏匿於"廬舍",謀劃了一場盗墓案件。嶽麓秦簡叁"魏盗殺安、宜等案"則反映隸臣魏在逃亡途中將安、宜等三人殺害於安的"田舍"。這些均表明田野治安問題已對社會穩定形成一定威脅。因此地方農官需要對亭吏的工作進行補充和協助,來完善帝國的基層治安防控體系。

三、文化衝突下秦帝國重農政策在關東地區的推廣

由材料(2)可見秦田嗇夫管控轄區十分嚴格。這是秦推行耕戰政策的需要。秦自商鞅變法後實行耕戰政策,堅持以農爲本,將百姓束縛在土地上。[⑤] 秦并六國,又在被征服地區推廣耕戰政策。但關東六國故地的風俗如謀生方式等與秦本土存在差异,各地百姓對耕戰政策的接受程度也并不一樣。[⑥] 如睡虎地秦簡收録《魏奔命律》簡 23 伍—24 伍:"叚(假)門逆闟(旅),贅壻後父,或衛(率)民不作,不治室屋。"[⑦]其中"率民不作"即指魏國有些人在百姓中帶頭不事農業生産。該簡出自於楚地,説明此問題在楚地也存在。

又,睡虎地秦簡《語書》簡 1—4:"廿年四月丙戌朔丁亥,南郡守騰謂縣、道嗇夫:古者,民各有鄉俗,其所利及好惡不同,或不便於民,害於邦。是以聖王作爲法度,以矯端民心,去其邪避(僻),除其惡俗。……今法律令已具矣,而吏民莫用,鄉俗淫失

① 陳松長主編:《嶽麓書院藏秦簡(壹—三)釋文修訂本》第 155 頁。

② 有學者認爲"由於不少農民住在位置較爲偏僻的田舍,易於滋生不法行爲"。見蔡旭:《里居與田居:秦簡牘所見農民居所補論》,《簡帛研究二〇二一(秋冬卷)》,廣西師範大學出版社 2022 年,第 143 頁。

③ 睡虎地秦簡《魏户律》簡 17 伍—18 伍:"民或棄邑居壄(野),入人孤寡,徼人婦女。"其中"徼"指"攔截之意",見陳偉武:《睡虎地秦簡核詁》,《中國語文》1998 年第 2 期,第 143 頁。

④ 湖北省荆州市周梁玉橋遺址博物館編:《關沮秦漢墓簡牘》,中華書局 2001 年,第 110—117 頁。

⑤ 關於强制百姓務農,見張金光:《秦制研究》,上海古籍出版社 2004 年,第 70—72 頁。

⑥ 見侯旭東:《漁采狩獵與秦漢北方民衆生計——兼論以農立國傳統的形成與農民的普遍化》,《歷史研究》2010 年第 5 期,第 23 頁。

⑦ 睡虎地秦墓竹簡整理小組編:《睡虎地秦墓竹簡》第 175 頁。

(泆)之民不止,……而長邪避(僻)淫失(泆)之民,甚害於邦,不便於民。故騰爲是而修法律令、田令及爲間私方而下之,令吏明布。"[①]這是秦王政二十年(公元前 227 年)南郡守騰在南郡頒發的一篇文告。南郡本爲楚國核心區域,秦白起拔郢後在此置郡。此時秦已在南郡統治半個世紀,但仍存在一些需要整飭的"惡俗"。周振鶴先生認爲"惡俗就是不利於國家穩定、社會安定的習俗與風氣,包括熱衷商賈,不務本業"等。[②]《語書》反映秦統治下的南郡存在一定"邪僻淫泆之民",所謂"邪僻淫泆之民"與《商君書·墾令篇》中的"辟淫游惰之民"相對應,正是秦推行耕戰政策嚴厲打擊的對象,《墾令篇》對此類人列舉道"重刑而連其罪,則褊急之民不鬥,很剛之民不訟,怠惰之民不游,費資之民不作,巧諛惡心之民無變也。五民者不生於境内,則草必墾矣"。[③]《語書》後面南郡守騰又强調要將"田令"整理出來讓大家遵守。之所以强調"田令",是因爲楚俗在這方面與秦矛盾較大,秦楚兩國田制不一樣,[④]兩國對農商的態度也不一樣。秦人重農抑商,然而楚人喜商。[⑤]《史記·貨殖列傳》也形容南郡地區"通魚鹽之貨,其民多賈"。[⑥] 這顯然有悖於秦帝國的耕戰政策。而《語書》反映的基調便是秦帝國"要徹底清除各地在原有的價值體系上存在的風俗習慣,全面施行秦的法律"。[⑦]

材料(2)是田嗇夫强制百姓務農的手段之一。田嗇夫在管轄區内禁酒、維護秩序,也是爲了監督百姓務農。《商君書·墾令篇》亦有言"民不能喜酣奭,則農不慢……民不慢農,則草必墾矣"。[⑧] 材料(2)在楚地出土,正反映了秦耕戰政策在楚地的推廣。類似的法律條文也見於嶽麓秦簡《田律》:

(3) 黔首居田舍者毋敢醘〈藍(酤)〉酒,不從令者遷之,田嗇夫、【士】吏、吏部弗得,貲各二甲,丞、令、令史各一甲。(115)[⑨]

(4) 田律曰:黔首居田舍者毋敢醘〈藍(酤)〉酒,有不從令者遷之,田嗇夫、士

① 睡虎地秦墓竹簡整理小組編:《睡虎地秦墓竹簡》第 13 頁。

② 周振鶴:《從"九州异俗"到"六合同風"——兩漢風俗區劃的變遷》,《中國文化研究》1997 年第 4 期,第 62 頁。

③ 蔣禮鴻撰:《商君書錐指》,中華書局 2014 年,第 13 頁。

④ 見陳蘇鎮:《漢代政治與〈春秋〉學》,中國廣播電視出版社 2001 年,第 30—31 頁。

⑤ 見郭仁成:《楚國經濟史新論》,湖南教育出版社 1990 年,第 1—5 頁;王勇:《秦楚對立的文化分析》,《青海社會科學》2009 年第 1 期,第 117 頁。

⑥ (漢) 司馬遷撰:《史記》卷一二九《貨殖列傳》,中華書局 1982 年,第 3267 頁。

⑦ [日] 工藤元男著,莫枯譯:《雲夢秦簡〈日書〉所見法與習俗》,《考古與文物》1993 年第 5 期,第 111 頁。

⑧ 蔣禮鴻撰:《商君書錐指》第 13 頁。

⑨ 陳松長主編:《嶽麓書院藏秦簡(肆)》第 106 頁、163 頁注 12。

吏、吏部弗得,貲二甲。(280)[①]

士吏由縣尉任命,主要負責軍事、維持治安活動。[②] 材料(3)(4)中稱百姓爲“黔首”,學界一般認爲這是秦統一以後的律文;而材料(2)則爲秦統一以前的律文。[③] 對比材料(3)(4)與(2),田嗇夫之後由“部佐”變爲帶有軍事性質的士吏,説明秦統一後加大了對田間秩序的管理力度,不僅對不遵守該法律條文的百姓予以“遷之”的處罰,而且對失職的田嗇夫、士吏及相關小吏罰以“貲二甲”,甚至連縣丞、縣令及令史也要受罰。

秦之所以在統一後對《田律》做此修訂,或是因爲秦帝國需要將耕戰政策推向全境。秦統一後將“上農除末”定爲國策,秦始皇琅邪刻石中即提到“皇帝之功,勤勞本事,上農除末,黔首是富……匡飭异俗”。[④] 而關東除楚地之外,其他也有地區存在熱衷商賈、不事農作的習俗。如《漢書·藝文志》“《神農》二十篇”,班固自注云“六國時,諸子疾時怠於農業,道耕農事,託之神農”,[⑤]表明關東自六國時便存在一定不好農耕的現象。嶽麓秦簡柒最新公布了一條秦代法令,也提到“新黔首或不勉田作……非善俗也”。[⑥] 又如周地“巧僞趨利……熹爲商賈”;韓地南陽“其俗夸奢,上氣力,好商賈漁獵,藏匿難制御也”;趙地“鍾、代、石、北,迫近胡寇,民俗懁忮,好氣爲奸,不事農商”;魯地“俗儉嗇愛財,趨商賈”。[⑦] 這些都不利於秦耕戰政策的推廣。於是,在風俗衝突下,秦帝國需要在境内强制性的推行重農政策。這也是秦帝國“匡飭异俗”,重建社會新秩序,達至天下同風的需求。

四、結　　語

綜上所述,以往學界一般認爲秦代的基層控制主要藉由鄉官里吏與亭吏來實現,而秦簡反映秦代縣級及以下地方農官在負責本職工作農事之外,也需要參與維護治

---

① 陳松長主編:《嶽麓書院藏秦簡(肆)》第161頁。

② 關於士吏,見[日]水間大輔:《里耶秦簡〈遷陵吏志〉初探——通過與尹灣漢簡〈東海郡吏員簿〉的比較》,《簡帛》第12輯,上海古籍出版社2016年,第194頁;吴方基:《簡牘所見秦代縣尉及與令、丞關係新探》,《中華文化論壇》2017年第2期,第8頁。

③ 見曹旅寧:《睡虎地秦簡〈法律答問〉性質探測》,《西安財經學院學報》2013年第1期,第116頁;周海鋒:《嶽麓書院藏秦簡〈田律〉研究》,《簡帛》第11輯,上海古籍出版社2015年,第102頁。

④ (漢)司馬遷撰:《史記》卷六《秦始皇本紀》,第245頁。

⑤ (漢)班固撰:《漢書》卷三十《藝文志》,第1742頁。

⑥ 陳松長主編:《嶽麓書院藏秦簡(柒)》第77頁。

⑦ (漢)班固撰:《漢書》卷二八下《地理志下》,第1651、1654、1656、1663頁。

安和控制人口的事務,是帝國維持基層統治的重要力量之一。秦代地方農官兼負治安職能,是因爲居住形態的變化、人口向田野地區的流入及野外散居聚落的産生與發展對秦的基層統治提出了挑戰,帝國需要地方農官來填補基層治安防控體系的漏洞。秦地方農官對轄區的嚴格管控,也是秦并六國後在關東地區推行耕戰政策的需要。關東地區與秦風俗存在衝突,有的地區仍存在阻礙農業發展的舊俗,有違秦的重農國策。地方農官需要强制性的推行耕戰政策、監督百姓務農。秦代地方農官的基層控制,反映了鄉里社會變遷下秦帝國對基層秩序的建構及文化衝突下秦帝國重農政策在被征服地區的推廣,可爲我們從另一個視角把握秦帝國的統治機制提供新思路。

附記:本文寫作過程中,魯家亮、薛夢瀟兩位先生及匿名評審專家提供了寶貴的修改意見,謹致謝忱!

秦及漢初"叚母"身份考辨*

孫玉榮

摘　要：秦及漢初的"叚母"包含"後母"和父之旁妻。"後母"是父繼娶的"後妻"，身份是"正妻"，前妻子稱其爲"後母"，亦稱"叚母"。男子可有下妻、偏妻等旁妻，旁妻子稱父之後妻"主母"而不稱"後母"。正妻子稱父之旁妻爲"叚母"，旁妻子亦稱其他旁妻爲"叚母"。

關鍵詞：叚母　後母　主母　父之旁妻

"叚母"是建立在非直系血緣關係基礎上的一種女性家庭成員身份，在傳世文獻和簡牘資料中皆有出現。秦及漢初"叚母"的身份，目前研究較少，主要是王子今、范培松《張家山漢簡〈賊律〉"叚大母"釋義》一文作了一些梳理和辨析，①"叚母"的身份究竟如何，學界尚未達成共識。近年公布的《嶽麓書院藏秦簡》(叁、伍)爲相關研究提供了更多資料，本文試對秦及漢初簡牘中的"叚母"及相關身份作進一步考辨。

《説文・又部》云："叚，借也。"段玉裁注曰："《人部》'假'云'非真也'。此'叚'云借也。然則凡云假借當作此字。""叚"通"假"，"叚母"應即"假母"。秦及漢初簡牘中"叚母"的相關身份，初見於張家山漢簡所載"叚大母"：

(1) 張家山漢簡《二年律令・賊律》簡 35：

子牧殺父母，毆詈泰父母、父母、叚(假)大母、主母、後母，及父母告子不

* 本文爲國家社科基金一般項目"禮律視域下秦漢至隋唐時期婦女家庭身份地位變遷研究"(批准號：22BZS015)和國家社科基金重大項目"秦漢三國簡牘經濟史料彙編與研究"(批准號：19ZDA196)階段性成果。

① 王子今、范培松：《張家山漢簡〈賊律〉"叚大母"釋義》，《考古與文物》2003 年第 5 期，第 52—56 頁。

孝,皆棄市。[①]

"叚大母"即"假大母"。傳世文獻對"假大母"無載,但對"假母"有多處記載和注釋。《史記·淮南衡山列傳》載:"元朔四年中,人有賊傷王后假母者。"《漢書·衡山王傳》對此事亦有載。"假母",《史記集解》引《漢書音義》曰:"傅母屬。"但《漢書·衡山王傳》師古注曰:"繼母也。一曰父之旁妻。"存在分歧。吕雅婷經考證認爲,"'傅母'之説出於後人注解","懷疑'假母'雖爲無血緣關係而擁有母名之人,但却限定需與父親有婚姻關係";[②]楊振紅亦認爲,《漢書音義》説假母是"傅母屬"的説法缺乏依據。[③]頗有見地。

"假大母",張家山漢簡整理小組據《漢書·衡山王傳》師古注認爲:"庶祖母或繼祖母。"[④]王子今、范培松認爲,假大母"應當是非親生的,没有直接血緣關係的祖母輩長者,有可能是其父的繼母、後母。至於以爲'假大母'即大父之'旁妻'的理解,其實與稱所謂'繼大母'并没有根本的差别",[⑤]恐怕不妥。"旁妻"是指男子正妻之外的"妻",秦及漢初簡牘中目前法律和户籍資料所見有"下妻""偏妻"等,[⑥]與離婚或喪偶後另娶的"後妻"有明顯差異。作爲大父"旁妻"的"假大母",與作爲"繼大母"的"假大母"是兩種不同的身份。整理小組謂之"庶祖母或繼祖母"更爲合理。秦及漢初簡牘中的"叚母"應與"叚大母"類似,指"後母"或"父之旁妻"。

後世所言"繼母"在秦及漢初的簡牘中稱爲"後母",男子妻亡或棄妻更娶的"後妻"對於前妻之子皆是"後母"。"後妻"身份在簡牘中較常見,如《嶽麓書院藏秦簡(叁)》"識劾婏案"簡 136 整理者釋文爲:"吏議: 婏爲大夫□妻;貲識二甲。或曰: 婏爲庶人;完識爲城旦,纍(縲)足輸蜀。"[⑦]"□妻",張岩岩、鐘意從文例并結合殘存字迹認爲可能是"後妻"。本案中婏自述:"沛妻危以十歲時死,沛不取(娶)妻。居可二歲,沛免婏爲庶人,妻婏。"後文鄉唐、佐更也説:"沛免婏爲庶人,即書户籍曰: 免妾。沛後

① 張家山二四七號漢墓竹簡整理小組編著:《張家山漢墓竹簡[二四七號墓](釋文修訂本)》,文物出版社 2006 年,第 13 頁。

② 吕雅婷:《秦與漢初律令反映的親屬關係》,碩士學位論文,臺灣大學 2012 年,第 28 頁。

③ 楊振紅:《〈嶽麓書院藏秦簡[伍]〉有關女子重組家庭的法令與嫪毐之亂》,《簡牘學研究》第 8 輯,甘肅人民出版社 2019 年,第 178 頁。

④ 張家山二四七號漢墓竹簡整理小組編著:《張家山漢墓竹簡[二四七號墓](釋文修訂本)》第 14 頁。

⑤ 王子今、范培松:《張家山漢簡〈賊律〉"叚大母"釋義》,《考古與文物》2003 年第 5 期,第 55 頁。

⑥ 參見孫玉榮:《張家山漢簡中的"偏妻"身份考辨》,《社會科學》2018 年第 11 期,第 146—152 頁。

⑦ 朱漢民、陳松長主編:《嶽麓書院藏秦簡(叁)》,上海辭書出版社 2013 年,第 162 頁。

妻婏，不告唐、更。”[①]可見，沛在妻危死後，又以婏爲妻。婏是沛繼娶的妻子，即後妻。[②]此案中沛與前妻危無子，若有子，則後妻婏即爲前妻子之“後母”。

(2)《嶽麓書院藏秦簡(伍)》簡 208—209：

> 黔 首有子而更取(娶)妻，其子非不孝殹(也)，以其後妻故，告殺、罨(遷)其子。有如此者，盡傳其所以告☑吏自佐以上毋敢罰黔首。不從令者貲二甲，免。[③]

(3) 張家山漢簡《二年律令·置後律》簡 380—381：

> 棄妻子不得與後妻子争後。後妻毋子男爲後，乃以棄妻子 男。[④]

簡(2)中的“後妻”是“黔首有子而更取(娶)”之妻，是子之“後母”。該令規定，百姓不可因“後妻”的好惡而“告殺、罨(遷)”其“非不孝”之子。簡(3)中的“後妻”亦指男子“棄妻”後再娶的妻。需要説明的是，“後妻”的身份一般是“正妻”。“後母”身份的記載除簡(1)外還有：

(4) 張家山漢簡《二年律令·賊律》簡 40：

> 婦賊傷、毆詈夫之泰父母、父母、主母、後母，皆棄市。[⑤]

其中“主母”與“後母”的區别在於：旁妻子稱父之前妻和後妻等父之正妻皆爲“主母”，前妻子稱父後娶之正妻爲“後母”。

“叚母”的材料主要是嶽麓秦簡和張家山漢簡相關律令：

(5)《嶽麓書院藏秦簡(伍)》簡 203—204：

> 【自】今以來，毆泰父母，棄市，奊訽詈之，黥爲城旦舂。毆主母，黥爲城旦舂，奊訽(詬)詈之，完爲城旦舂。……毆兄、姊、叚(假)母，耐爲隸臣妾，奊訽詈之，贖黥。[⑥]

(6) 張家山漢簡《二年律令·户律》簡 340：

---

① 朱漢民、陳松長主編：《嶽麓書院藏秦簡(叁)》第 154、159 頁。

② 張岩岩、鐘意：《試釋〈嶽麓書院藏秦簡(叁)〉簡 136“後妻”、簡 158“大官”》，簡帛網 2014 年 6 月 26 日，http://www.bsm.org.cn/?qinjian/6217.html。

③ 陳松長主編：《嶽麓書院藏秦簡(伍)》，上海辭書出版社 2017 年，第 137 頁。

④ 張家山二四七號漢墓竹簡整理小組編著：《張家山漢墓竹簡[二四七號墓](釋文修訂本)》第 60—61 頁。

⑤ 張家山二四七號漢墓竹簡整理小組編著：《張家山漢墓竹簡[二四七號墓](釋文修訂本)》第 14 頁。

⑥ 陳松長主編：《嶽麓書院藏秦簡(伍)》第 135—136 頁。

諸(?)後欲分父母、子、同産、主母、叚(假)母,及主母、叚(假)母欲分孽子、叚(假)子田以爲户者,皆許之。[①]

簡(5)中的"叚母",整理者認爲指"父之後妻",[②]即"後母"。劉欣寧亦據簡(6)認爲,"主母"與"孽子"對稱,而"叚(假)母"與"叚(叚)子"一組,再加上綜合比對簡(1)和簡(4),"有後母則無假母,反之亦然",似乎可證實《二年律令》整理者所認爲的"假母"即是"後母"。[③]

按,以上説"叚母"可指"後母"當無疑問,但作爲法律中的專用身份術語,簡(1)(4)與簡(5)(6)對"後母"與"叚母"進行明確區分,且簡(1)(4)(6)皆爲張家山漢簡,這説明"後母"與"叚母"存在差别,不能等同。簡(1)(4)中的"後母"指父後娶之正妻無疑,[④]但簡(5)(6)中的"叚母"除指作爲父之正妻的"後母"外,還應包括"父之旁妻",即法律中的"叚母"應包含"後母""父之旁妻"兩種身份,僅指"父之後妻"時表述爲"後母"。劉欣寧所言簡(1)(4)(6)中"有後母則無假母"的原因,可能與簡(1)(4)與簡(6)律文的性質以及律文所針對的對象不同有關。

簡(1)(4)是"賊律",類似於現代的"刑事法",列舉各身份的目的在於規定侵害不同對象的懲處原則。簡(1)中"父母"之"母"與"主母、後母"等諸母并列,顯然指親生母。秦及漢初簡牘中明言爲"親父母",或未説明爲何種父母而僅言"父母"者,一般皆爲"親父母"。如睡虎地秦簡《秦律十八種·軍爵律》:"欲歸爵二級以免親父母爲隸臣妾者一人,及隸臣斬首爲公士,謁歸公士而免故妻隸妾一人者,許之,免以爲庶人。"[⑤]歸爵所免者僅爲"親父母"。《嶽麓書院藏秦簡(伍)》簡285—287:"·令曰:吏及宦者、群官官屬、冗募群戍卒及黔首繇(徭)使、有縣官事,未得歸,其父母、泰父母不死而謾吏曰死以求歸者,完以爲城旦;其妻子及同産、親父母之同産不死而謾吏曰死及父母不病而【謾吏】曰病以求歸,皆䙴(遷)之。"[⑥]其中亦明言"親父母之同産",説明"叚父""叚母"與親生父母在法律地位上存在區别。親生"母"與"子"的關係是直系血親。親生"母"可能是父之"正妻"或"旁妻",認定原則是血緣而非"嫡庶"。"主母",張家山

① 張家山二四七號漢墓竹簡整理小組編著:《張家山漢墓竹簡[二四七號墓](釋文修訂本)》第55頁。
② 陳松長主編:《嶽麓書院藏秦簡(伍)》第159頁。
③ 劉欣寧:《由張家山漢簡〈二年律令〉論漢初的繼承制度》,臺灣大學出版會2007年,第121頁。
④ 邢義田:《張家山漢簡〈二年律令〉讀記》,《地不愛寶:漢代的簡牘》,中華書局2011年,第194頁。
⑤ 睡虎地秦墓竹簡整理小組編:《睡虎地秦墓竹簡》第93頁。
⑥ 陳松長主編:《嶽麓書院藏秦簡(伍)》第193頁。

漢簡整理小組注云:“本爲奴婢對女主人之稱,此處疑指名義上有母子關係的女主人。”[①]彭衛、楊振紅認爲:“‘主母’爲戰國兩漢時期習語,用於親族關係指正妻。”[②]不管哪種解釋,“主母”的身份是“正妻”當無異議。

需要指出的是,“主母”和“後母”是針對不同主體而言。“主母”是旁妻子對父之正妻的稱謂,旁妻子稱父之正妻爲“主母”,父之正妻又有原配正妻和後娶之正妻兩種情况。“後母”是父繼娶的“正妻”,旁妻子亦稱其爲“主母”。正妻(包括前妻和後妻)之子稱父之旁妻爲“假母”。若男子有兩個以上旁妻,則旁妻子稱其他旁妻爲“叚母”。前妻之子稱父之後妻爲“後母”,亦稱其爲“叚母”。“叚母”所包含的“後母”是前妻子對父後娶之正妻的稱謂,旁妻子則對父後娶之正妻不稱“後母”而稱“主母”。簡(1)中“主母”“後母”皆爲父之正妻,其與親“母”的差别是與子無直系血緣關係。“主母”單列,亦説明子之親“母”可能是“父之旁妻”。簡(4)與之類似。兩條律文僅列“後母”而不稱“叚母”,是因爲其規定僅針對假母的情况之一“後母”,而不包括“叚母”的另一情况“父之旁妻”。這説明在“子”侵害“母”或“婦”侵害夫之“母”時,僅對被侵害者是親生母或主母、後母等父之正妻時處以“棄市”,對無直系血緣關係的父之旁妻,則未見明確規定。這從一個側面反映出血緣關係和嫡庶身份在漢初法律中的地位。簡(5)亦與賊律相關,反映出秦令中侵犯不同對象的刑罰,其原則是被侵犯者身份越尊懲處越重。從其規定可以看出,叚母與兄、姊的地位類似而低於泰父母和主母。

簡(6)是《户律》,類似於現代的“民事法”,其中列舉不同身份的目的,在於規定“後”與“父母、子、同産、主母、叚(假)母”,“主母”與“孽子”,“叚(假)母”與“叚(假)子”之間在分産和立户時的權益關係,應盡可能包括所有享有立户權的家庭身份。其中,與母相關的身份包括了“後”的親生母、主母和“叚母”,“叚母”又包含了“後母”和“父之旁妻”。既然“叚母”已包含“後母”,自然不需再將“後母”單列。“前妻”和“後妻”皆爲“正妻”,所生之子皆爲“嫡子”,但據簡(3),“棄妻子”和“後妻子”在置後和立户中的地位并不相同。其中“棄妻子”即夫之前妻子,存在兩種情況,一是隨母改嫁,二是留在父家。簡(3)的規定在第一種情況下較易理解。第二種情況下,“棄妻子”雖可能是嫡長子,但“後妻子”亦是嫡子,“棄妻子”在置後中地位低於“後妻子”的原因是其母與父的婚姻關係不復存在。只有在後妻無子男的情況下,才能以棄妻子男爲後,這反映出母方因素對子在父家地位的影響。并且母方因素還對同産之間“後”的承襲産生影響,如張家山漢簡《二年律令・置後律》簡 378 規定:“同産相爲後,先以同居,毋同居

① 張家山二四七號漢墓竹簡整理小組編著:《張家山漢墓竹簡[二四七號墓](釋文修訂本)》第 14 頁。

② 彭衛、楊振紅:《中國婦女通史(秦漢卷)》,杭州出版社 2010 年,第 76 頁。

乃以不同居,皆先以長者。其或異母,雖長,先以同母者。"[①]這説明在漢初,同産之間相爲後的排序依據并不完全按照長幼,同時也參考是否同母,如爲"異母"則"雖長,先以同母者",亦從一個側面反映出,漢初置後法定次序所遵循的并不是單純的父系嫡庶長幼原則,母與父的婚姻存續狀態以及母方的血緣因素均是參照的重要依據。

簡(3)中"棄妻子"對"後妻"而言是"假子"(夫前妻之子),"後妻"對"棄妻子"而言是"叚母"的情況之一"後母"。棄妻子與後妻的關係是叚子與叚母。簡(6)規定,"諸(?)後欲分父母、子、同産、主母、叚(假)母,及主母、叚(假)母欲分孽子、叚(假)子田以爲户者,皆許之"。其中的"後"分"叚母"包括兩種情況。一是"後"分"後母",可能與簡(3)所規定的後妻無子,棄妻子爲後,分後母田爲户有關。二是"後"分"父之旁妻",即嫡子爲後,分田予父之旁妻爲户。"主母、叚母"分"孽子、叚子",可能是"後"分"主母""叚母"田爲户後,"主母"對"孽子""叚母"對"叚子"的再次分田立户。

邢義田指出,簡(1)的規定,"自父母、祖父母以下,只及父母之繼祖母、主母、繼母,完全不提父母之繼祖父、主父或繼父,十分值得注意。"同樣的情形又見於簡(4),"棄市的懲罰也不及於主父和繼父"。簡(6)"涉及分産和立户,也不及主父和繼父;主母、繼母却和父母、子、同産并列。這樣一致地只提母方,不提父方,主要是父方身份認定較少疑義,而母却有各種不同身份,法律條文有必要分别列明"。[②]

按,此説可進一步討論。由於秦漢時期的男子有多個法律承認的配偶,除正妻外還有偏妻、下妻等,因此會出現主母、父之旁妻等差别。而女子只有一位法律承認的配偶,因此不存在所謂"主父"的問題。雖然文獻中亦有"主父"的記載,但多不是對"父"而言。如文獻中多次出現的"妾進藥酒"故事。"客有遠爲吏而其妻私於人者,其夫將來,其私者憂之,妻曰'勿憂,吾已作藥酒待之矣'。居三日,其夫果至,妻使妾舉藥酒進之。妾欲言酒之有藥,則恐其逐主母也;欲勿言乎,則恐其殺主父也。於是乎詳僵而弃酒"。[③] 邢義田認爲,"妾也可以主父、主母稱已夫及其妻",即"主父"是妾對其夫的稱呼。[④] 但先秦時期的"妾"是否專指"妻妾"之"妾",值得探討。

"妾"作爲一種身份,起源於先秦,在産生之初,其身份較爲複雜。段玉裁在《説文》中將妾分爲三種:一爲"有辠女子給事之得接於君者";二爲"《春秋》云:女爲人妾";三是"妾,不娉也"。第一類爲因罪没入官府的女奴,《説文·辛部》釋"童"字:"男

① 張家山二四七號漢墓竹簡整理小組編著:《張家山漢墓竹簡[二四七號墓](釋文修訂本)》第60頁。
② 邢義田:《張家山漢簡〈二年律令〉讀記》,《地不愛寶:漢代的簡牘》第194—195頁。
③ (漢)司馬遷:《史記》卷六九《蘇秦列傳》,中華書局1959年,第2265頁。
④ 邢義田:《張家山漢簡〈二年律令〉讀記》,《地不愛寶:漢代的簡牘》第194頁。

有罪曰奴,奴曰童,女曰妾。”可見“妾”爲有罪女奴的稱呼。出土文獻中“隸妾”作爲一種施加於女子的刑徒名亦印證了這一點。此種妾可稱之爲“罪妾”。第二類爲與“人臣”相對應的婢女,即《左傳》僖公十七年所云:“男爲人臣,女爲人妾。”《尚書・費誓》亦云:“踰垣牆,竊馬牛,誘臣妾。”孔安國傳曰:“役人賤者,男曰臣,女曰妾。”戰國時期,妾作爲私人財産可以買賣,《戰國策》載:“賣僕妾售乎閭巷者,良僕妾也。”“百姓不聊生,族類離散,流亡爲臣妾,滿海内矣。”[①]里耶秦簡所載“臣曰聚”“妾曰□”亦證明了上述觀點。[②] 此種“妾”未必有罪,亦是對女奴的稱呼,可稱之爲“婢妾”。“罪妾”與“婢妾”在春秋之前皆指“女奴隸”而言。第三類爲“妾,不娉也”。如陳顧遠所言妻者“蓋嫁必依禮,不以買,不以奔,有異於妾,遂以妻稱也”,[③]與之相較“妾”即是相對於妻“嫁必依禮”的途徑而言,以“買”“奔”的形式與君子有“接”者。妾的地位低下,不宜聘娶,“不聘妾何? 人有子孫,欲尊之,義不可求人以爲賤也”。[④] 此種“妾”是相對於“嫡妻”而言,指丈夫在嫡妻之外有性關係者,是對一夫一妻多妾制下與妻相對的女子的特定稱謂。由此,“妾進藥酒”故事中的“妾”有可能不是“妻妾”之“妾”,而是“女奴”。不管哪種理解,“主父”皆不指“父”,而更可能是一種敬稱。

至於完全不提“父母之繼祖父”“繼父”的原因,可能與秦以來父權和夫權的不斷加强有關。一方面法律禁止前夫子與母之後夫同居。嶽麓秦簡所載秦令規定“廿六年十二月戊寅以來,禁毋敢謂母之後夫叚(假)父”,即禁止前夫子與母之後夫産生繼父子關係,并同時禁止母之後夫與前夫子、前夫子與後夫子同居共財,二者間不得“相與同居共作務錢財”,如有此種情況需“亟相與會計分異相去”,“令到盈六月……不分異相去者,皆與盗同法”。[⑤] 另一方面,《會稽刻石》云“有子而嫁,倍死不貞”,《正義》謂“夫死有子,棄之而嫁”。又云“妻爲逃嫁,子不得母”,《正義》謂“棄夫而逃嫁於人”,“言妻棄夫逃嫁,子乃失母”。[⑥] 由此推測,可能現實生活中前夫子隨母改嫁的情況本來也較少。

與此同時,再嫁而有後夫的女子與前夫子的關係亦受到法律限制。秦律規定:“有後夫者不得告罪其前夫子。”[⑦]劉楚煜認爲,秦代父母對子女雖不像後世具有法律

---

① (漢) 劉向集録:《戰國策》卷三《秦一》、卷六《秦四》,上海古籍出版社 1985 年,第 127、248 頁。

② 湖南省文物考古研究所編著:《里耶發掘報告》,嶽麓書社 2007 年,第 203、205 頁。

③ 陳顧遠:《中國婚姻史》,商務印書館 2014 年,第 133—134 頁。

④ (清) 陳立撰,吴則虞點校:《白虎通疏證》卷 10《嫁娶》,中華書局 1994 年,第 471 頁。

⑤ 陳松長主編:《嶽麓書院藏秦簡(伍)》第 39—40 頁。

⑥ (漢) 司馬遷:《史記》卷六《秦始皇本紀》第 262、263 頁。

⑦ 陳松長主編:《嶽麓書院藏秦簡(伍)》第 40 頁。

上的絶對權威,但仍具有一定特權。法令規定有後夫者不得告罪其前夫子,其原因可能是秦認爲婦女改嫁之後不再屬於前夫家族,改嫁後的母親雖與前夫子有母子關係,但對前夫子已無法律上的特權。① 此簡亦可從一個側面反映出前夫子與改嫁之母關係的疏遠。與親生母親尚且如此,更何況與母之後夫的關係。由此推測,在秦及漢初,法律規定和現實生活中前夫子與母之後夫間的關係可能一般較爲疏離,或許這才是簡(1)(4)(6)所載漢初法律"自父母、祖父母以下,只及父母之繼祖母、主母、繼母,完全不提父母之繼祖父、主父或繼父"的主要原因。

綜上所述,秦及漢初的"叚母"是建立在非直系血緣關係基礎上的一種女性家庭成員身份,包含兩種情況,一是父之後娶正妻"後母",二是父之旁妻。"叚母"身份又與"後母""主母""母"等相關。"後母"是父繼娶的"正妻",前妻子稱父後娶之正妻爲"後母",亦稱其爲"叚母"。除正妻外,秦及漢初男子還可有下妻、偏妻等旁妻。正妻之子稱父之旁妻爲"叚母"。"主母"是旁妻子對父之正妻的稱謂,旁妻之子稱父之前妻和後妻等正妻皆爲"主母",對父之"後妻"不稱"後母"而稱"主母"。若男子有兩個以上旁妻,則旁妻子稱其他旁妻爲"叚母"。"母"則指親生之母,而不論其家庭身份。

① 武漢高校讀簡會:《〈嶽麓書院藏秦簡(伍)〉研讀記録(二)》,簡帛網 2018 年 6 月 24 日,http://www.bsm.org.cn/?qinjian/7910.html。

説“袀玄”

彭　浩　張　玲

摘　要：張家山三三六號漢墓竹簡《朝律》中的“袀玄”是西漢承襲秦代的禮服名。它是交領右衽、長過膝部的玄色衣，與絳色袴組合，搭配長冠和印綬，合成一套禮服。本文大致勾畫出秦至西漢間袀玄、常服的使用秩序：袀玄用於祭天、宗廟祭祀和大朝會；官員的常服是皂衣；無秩級的郎官及給祠祀者在典禮場合着皂服。袀玄源自秦代軍吏服式，西漢承襲不改。袀玄是“滅去禮學”的産物，是秦漢建立新統治秩序的需要。

關鍵詞：朝律　袀玄　皂衣　絳色袴

近期公布的張家山三三六號漢墓竹簡《朝律》是首次發現的漢文帝初年施行的歲朝儀式制度，①開篇文字即“朝者皆袀玄”（圖一），是對出席者衣着的規定，其重要性自不待言。歲朝是在歲首十月朔日舉行的賀歲大禮。出席的文職官員從丞相至三百石吏；武職官員從太尉至“故軍吏二千石”，不論秩級高低，皆着“袀玄”之服。以《朝律》對照《史記・刺客列傳》“秦王乃朝服，設九賓”，②可知兩者有相同的儀節，漢代《朝律》極可能是沿襲秦制而來。《漢書・叔孫通傳》記漢高祖七年“群臣朝十月”之儀節，與《朝律》大體相同，皆無鐘鼓之樂。肩水金關漢簡有一條西漢早期的令文：“……諸侯王謁拜、正月朝賀及上計，飭鐘張虡，

圖一　《朝律》“朝者皆袀玄”（原載《张家山漢墓竹簡（三三六號墓）》上，第65頁，簡335）

---

① 彭浩主編：《張家山漢墓竹簡（三三六號墓）》上，文物出版社2022年，第211頁，簡335。與《朝律》同出有《七年質日》，各月朔日干支與《臨沂出土漢初古曆初探》（《文物》1974年第3期）所列《漢高祖元年至漢武帝元封六年朔閏表》中漢文帝前元七年（公元前173年）曆朔相合，也是《朝律》的年代下限。

② 《史記》卷八十六《刺客列傳》，中華書局1963年，第2534頁。

從樂人及興、卒。制曰：可。孝文皇帝七年九月乙未下。""孝文皇帝七年九月乙未下"是頒行的時間。據《漢書·文帝紀》,漢文帝於後元七年六月己亥(公元前 157 年六月初一)去世,隨後漢景帝劉啓即位。是年仍沿用文帝後元七年紀年,次年(前 156)十月改爲景帝前元元年。令文表明,景帝即位之年,在朝賀等重要的典禮場合已經朝着興禮樂的方向邁出了重要一步。[①] 歲朝比普通朝會禮儀更爲隆重,"朝者皆袀玄"是百官出席大朝會時的必守之規。

秦和西漢時期的祭服常用袀玄,如《續漢書·輿服下》所言,"秦以戰國即天子位,滅去禮學,郊祀之服皆以袀玄。漢承秦故"。在名目衆多的國家祭祀中,祭天的郊祀因是帝王正統性的體現,[②]尤顯重要。從史書有限的記載中大致可知,秦始皇定郊祀三年一次。西漢一代,除武帝元光二年後"常三歲一郊",其餘帝王或少有親郊或少有舉行。郊祀之服也間用其他顔色,如秦代"三年一郊。……秦以冬十月爲歲首,故常以十月上宿郊見,通權火,拜於咸陽之旁,而衣上白";[③]漢文帝"十六年,上親郊見渭陽五帝廟,亦以夏答禮而尚赤"。[④] 秦和西漢的郊祀服色以"玄色"爲主,間用其他顔色。東漢時期,宗廟、社稷諸祀,皆"袀玄長冠",[⑤]應是沿襲前朝制度。文獻另有秦和西漢保留有"玄衣絳裳"和"玄冠絳衣"冕服的記載,[⑥]學者多有質疑,[⑦]也與上面列舉的文獻記載并不吻合,或另有所指。

文獻中的"袀"字出現較晚。《左傳》僖公五年"均服振振",在秦漢文獻中,如《漢書·律曆志》引作"袀服振振",[⑧]《五行志》亦同。[⑨]《左傳》杜注:"戎事上下同服。"孔

---

① 甘肅簡牘博物館等編:《肩水金關漢簡(肆)》,中西書局 2015 年,上册第 244 頁,下册第 122 頁,73EJT37:1573;彭浩:《肩水金關漢簡所見漢景帝初年的一條令文》,《出土文獻》2021 年第 2 期。

② 《漢書》卷二十五《郊祀志下》:"帝王之事莫大乎承天之序,承天之序莫重於郊祀。"中華書局 1964 年,第 1253—1254 頁。

③ 《史記》卷二十八《封禪書》,第 1377 頁。

④ 《史記》卷十《孝文本紀》,第 430 頁。

⑤ 《續漢書·輿服下》。

⑥ 《太平御覽》卷六九〇《服章部七》注引摯虞《決疑要注》,中華書局 1960 年,第 3080 頁。《晋書》卷二十五《輿服》:"魏秘書監秦静曰:'漢氏承秦,改六冕之制,但玄冠絳衣而已。'"中華書局 1974 年,第 772 頁。

⑦ 閻步克:《服周之冕:〈周禮〉六冕禮制的興衰變異》,中華書局 2009 年,第 162—163 頁;李建培:《西漢朝廷服制着色政治藴意探析》,《咸陽師範學院學報》2013 年第 1 期。

⑧ 《漢書》卷二十一《律曆志下》:"故傳曰:(章)〔童〕謡云:'袀服振振,取虢之旂。'"中華書局 1964 年,第 1019 頁。

⑨ 《漢書》卷二十七中之上《五行志》,第 1393 頁。

疏：“‘均服’者，謂兵戎之事，貴賤上下，均同此服也。”[①]《吕氏春秋・悔過篇》：“今袀服回建”高注：“袀，同也。兵服上下無别，故曰袀服。”[②]秦始皇陵園出土的秦俑，各種級别的軍吏與士兵，皆着樣式相同的軍服，依然延續東周時期“上下無别”的“均（袀）服”傳統。

袀服也指同色之服。《文選・閒居賦》“服振振以齊玄”注引服虔云：“袀服，黑服也，音均。”[③]《漢書・五行志》顔師古注因之。[④] 竹添光鴻指出，服注與《國語・吴語》記載“吴王爲方陣”，中軍白色、左軍赤色、右軍元（玄）色不合。[⑤] 就《左傳》“均服振振”指軍服而言，竹添氏的批評是合理的。從另一角度看，服虔的釋義直接反映了秦漢學者心目中的“袀服”不僅服式相同，且服色單一。

在秦和西漢早期的簡牘中，“㐱”“勻”雖有若干細微特徵可以區别，但容易混淆，[⑥]類似現象亦見於傳世文獻。《儀禮》的《士冠禮》《士昏禮》中有“袗玄”一詞。《士冠禮》“兄弟畢袗玄”鄭注：“袗，同也。玄者，玄衣、玄裳也。……古文袗爲均也。”[⑦]鄭注影響甚大，史家多有采納。段玉裁認爲：“今《士昏禮》、《月令》袀皆訛作袗。知其字形相近易誤矣。”[⑧]“袗”字本義應如《禮記・曲禮下》“袗絺綌”鄭玄注：“袗，單也。”[⑨]故《儀禮》所記“袗玄”無誤，實爲玄色單衣裳，與秦漢禮服“袀玄”有别。

㐱、勻形相近之誤也見於東漢許慎《説文解字》。宋版大徐本未收“袀”字，僅存“袗”字，釋爲“玄服”。段玉裁指其誤，於《説文解字注》另列袀字：“袀，玄服也。各本無此篆，而袗篆下云玄服也，蓋誤合二爲一，正與鼎部鼒鼐同。”

---

① 《春秋左傳注疏》卷十二，僖公五年，李學勤主編：《十三經注疏》，北京大學出版社 2000 年，第 395、396 頁。

② 許維遹撰，梁運華整理：《吕氏春秋集釋》卷十六，中華書局 2009 年，第 410 頁。

③ 《文選》卷十六《閒居賦》，上海古籍出版社 1986 年，第 703 頁。

④ 《漢書》卷二十七中之上《五行志》，第 1393 頁。

⑤ ［日］竹添光鴻：《左氏會箋》，巴蜀書社 2008 年，第 421 頁。

⑥ “㐱”“勻”字形的區别參看：張新俊：《張家山漢簡〈葢廬〉字詞二則》，中共金塔縣委等編：《金塔居延遺址與絲綢之路歷史文化研究》，甘肅教育出版社 2014 年，第 157—164 頁。陳劍：《結合出土文獻談古書中因“勻”“㐱”及“勿”旁形近易亂而生的幾個誤字》，復旦大學出土文獻與古文字研究中心等編：《出土文獻與中國古典學》，中西書局 2018 年，第 121—134 頁。

⑦ 《儀禮注疏》卷二《士冠禮》，李學勤主編：《十三經注疏》，第 33 頁。

⑧ （清）段玉裁：《説文解字注》八篇上，上海古籍出版社 1981 年，第 389 頁。

⑨ 段玉裁：“袗，禪衣也。各本作玄服也。今按：《論語》：‘當暑袗絺綌。’陸云：‘本又作袗。’《下曲禮》注引《論語》作袗。孔安國曰：‘暑則單服。’《玉藻》：‘振絺綌，不入公門。’鄭云：‘振讀爲袗。袗、禪也。’依此二注定其解。”《説文解字注》八篇上，第 389 頁。

宋本《春秋經傳集解》:"均,……《字林》作袀。"[①]據《魏書·江式傳》,《字林》是晋吕忱依《説文》體例編著,[②]或可證明年代更早的《説文解字》原收有"袀"字。《文選·閒居賦》"服振振以齊(齋)玄"李善注:"《説文》曰:'袀,玄服也,音均。'"[③]可證晋唐時《説文解字》皆有"袀"字,許慎釋爲玄服,應是東漢時人的看法。

玄,黑中含紅之色。《詩·豳風·七月》:"載玄載黄,我朱孔陽。"毛傳:"玄,黑而有赤也。"[④]文獻記載有布帛、羽毛顔色的染法,但未見玄色。《周禮·考工記》:"鍾氏染羽……三入爲纁,五入爲緅,七入爲緇。"[⑤]緅,"色赤而微黑"。[⑥] 緇,黑色。鄭玄推測:"凡玄色者,在緅、緇之間,其六入者與?"[⑦]孫詒讓認爲"玄與緇同色,而深淺微别,其染法亦以赤爲質",[⑧]與《説文》"黑而有赤色者爲玄"的解釋相近。

史書另記有紺色之服。《漢書·王莽傳下》"時莽紺袀服"師古曰:"紺,深青而揚赤色也。袀,純也。純爲紺服也。"[⑨]《説文》"紺"段注:"《釋名》曰:'紺,含也。青而含赤色也。'按:此今之天青,亦謂之紅青。"依此説,紺接近玄色。

秦漢通用的禮服袀玄應是上下同色的玄色衣,官員的公務常服皆爲皂衣。皂,黑色。《漢書·蕭望之傳》"(張)敞備皂衣二十餘年"注引如淳曰:"雖有五時服,至朝皆着皂衣。"[⑩]五時服,也稱五時衣,不同時節之服名。[⑪] 張敞位至"列卿",常着皂衣,應是

---

① 《字林》,見中華再造善本《春秋經傳集解僖公上第五》(中國上海圖書館藏宋刻本影印),北京圖書館出版社,2004 年。陸德明《經典釋文》作"字書"(北京圖書館藏宋刻宋元遞修本影印),上海古籍出版社 2013 年,第 912 頁。

② 《魏書》卷九十一《江式傳》:"晋世義陽王典祠令任城吕忱表上《字林》六卷,尋其况趣,附託許慎《説文》。"中華書局 1974 年,第 1963 頁。又,《封氏聞見記》卷二:"晋吕忱撰《字林》七卷,亦五百四十部,凡一萬二千八百二十四字。"學苑出版社 2001 年,第 11 頁。

③ 《文選》卷十六《閒居賦》,第 703 頁。

④ 《毛詩正義》卷八,李學勤主編:《十三經注疏》,第 583 頁。

⑤ 《周禮注疏》卷四十《鍾氏》,李學勤主編:《十三經注疏》,第 1307—1308 頁。

⑥ 《儀禮注疏》卷二《士冠禮》"爵弁服"鄭注:"爵弁者,冕之次,其色赤而微黑,如爵頭然,或謂之緅。"李學勤主編:《十三經注疏》,第 22 頁。

⑦ 《周禮注疏》卷四十《鍾氏》,李學勤主編:《十三經注疏》,第 1308 頁。

⑧ (清)孫詒讓:《周禮正義》卷七十九《鍾氏》,中華書局 1987 年,第 3316 頁。

⑨ 《漢書》卷九十九下《王莽傳》,第 4190—4191 頁。

⑩ 《漢書》卷七十八《蕭望之傳》,第 3277 頁。

⑪ 《後漢書》卷四十二《光武十王列傳》"乃命留五時衣各一襲"注:"五時衣謂春青,夏朱,季夏黄,秋白,冬黑也。"第 1438—1439 頁。

常服。谷永升任光禄大夫後，上書稱“擢之皂衣之吏”。[①]《獨斷》云：“公卿、尚書衣皂而朝者曰朝臣”，[②]可見皂色是兩漢官員常服的標準色。

《朝律》規定，出席歲朝的官吏按秩級站位，一律着袀玄。另有大批郎官執兵立於殿上和東西陛，中郎和郎中并協助“受幣”。[③] 他們是否也着玄色禮服？郎官不同於一般官吏，是皇帝的近侍，在西漢初年的《二年律令》中稱作“宦皇帝”。[④] 裘錫圭先生指出，郎官、謁者之流本是門廊近侍，有類家臣，故以“宦”稱。[⑤] 閻步克先生繼而指出，“宦皇帝者”不承擔政務，没有“以若干石”的俸禄額度爲級差的“禄秩”。[⑥]“宦皇帝”的郎官、謁者等與出席歲朝之官吏不同，擔任衛士，因無秩級，皆不能着玄色禮服。在禮儀或公務場合，他們的着裝是何種顏色？《漢書·梁丘賀傳》記載的一個故事提供了綫索。[⑦] 漢宣帝欲祀“孝昭廟”，按制當服袀玄，[⑧]執事官員也应着禮服。任章是衛尉屬官公車司馬令之丞，有“掌殿司馬門，夜徼宫中”職務之便，[⑨]得以側身值守郎官之中。因“郎皆皂衣，故(任)章玄服以厠也”。[⑩]“郎皆皂衣”即郎官衣服爲皂色。因玄、皂色近，夜間不易分别，任章得以混迹其間。

在祭祀場合，給祠祀者，如尸祝等多是無秩級的平民，出於儀節的需要，皆着皂衣(黑色齋服)。《淮南子·齊俗》有一段記述：“譬若芻狗土龍之始成，文以青黄，絹以綺繡，纏以朱絲，尸祝袀袨，大夫端冕，以送迎之。”高誘注：“袀，純服。袨，墨齊(齋)衣

---

① 《漢書》卷八十五《谷永杜鄴傳》，第 3454 頁。

② 《獨斷》卷上，王雲五主編：《叢書集成》初編 0811，商務印書館 1939 年，第 5 頁。

③ 《朝律》，《張家山漢墓竹簡(三三六號墓)》第 211 頁。

④ “吏官庳(卑)而爵高，以宦皇帝者爵比賜之”，“爲吏及宦皇帝，得買舍室”。張家山二四七號漢墓竹簡整理小組：《張家山漢墓竹簡[二四七號墓](釋文修訂本)》，文物出版社 2006 年，第 49、53 頁。閻步克：《論張家山漢簡〈二年律令〉中的“宦皇帝”》，《中國史研究》2003 年第 3 期。

⑤ 裘錫圭：《説“宦皇帝”》，《文史》第六輯，中華書局 1979 年。

⑥ 閻步克：《論張家山漢簡〈二年律令〉中的“宦皇帝”》。

⑦ 《漢書》卷八十八《儒林傳》：(宣帝)“會八月飲酎，行祠孝昭廟……有兵謀，不吉。上還，使有司侍祠。是時，霍氏外孫代郡太守任宣坐謀反誅，宣子章爲公車丞，亡在渭城界中，夜玄服入廟，居郎間，執戟立廟門，待上至，欲爲逆。發覺，伏誅。”師古曰：“郎皆皂衣，故章玄服以厠也。”第 3600 頁。

⑧ 《續漢書·輿服下》：“長冠……祀宗廟諸祀則冠之。皆服袀玄。”

⑨ 《漢官儀》：“掌殿司馬門，夜徼宫中，天下上事及闕下，凡所徵召皆總領之。”[(清) 孫星衍輯，周天游點校：《漢官六種》，中華書局 1990 年，第 133 頁]《二年律令》簡 450：“公車司馬……秩各八百石，有丞、尉者半之”(張家山二四七號漢墓竹簡整理小組：《張家山漢墓竹簡[二四七號墓](釋文修訂本)》第 71—72 頁)。

⑩ 《漢書》卷八十八《儒林傳》，第 3600 頁。

也。"[①]尸祝身份卑微,[②]不可能超越自身的社會等級,獲得着玄色禮服的資格。高誘解釋"尸祝袀袨"爲着黑色齋服,也就是説,在應穿着袀玄禮服的場合,身份低下者着黑色(皂色)齋衣,當是秦漢時期的定制,無須額外指明。

依上文所論,漢代官吏的禮服爲玄色,常服爲皂色。服色雖整齊劃一,但缺乏不同秩級的區别。因此,附加在衣着上的印和綬便成爲官吏級别的標志。據《漢書·百官公卿表上》,相國、丞相、太尉,金印紫綬;"凡吏比二千石以上,皆銀印青綬";"秩比六百石以上,皆銅印黑綬,大夫、博士、御史、謁者、郎無。其僕射、御史治書尚符璽者,有印綬。比二百石以上,皆銅印黄綬"。[③] 秩二百石以下吏無專用官印,共用長方形官署印,也稱半通印,是最低一級的官印,[④]《二年律令》稱"小官印"。[⑤] 謁者、郎是專供皇室驅使的"宦皇帝者",無秩,故無印。徐州北洞山西漢楚王墓出土的陶俑身上多繪有綬帶,部分綬帶末端的長方形空白中有"郎中""中郎"字樣。[⑥] 考古報告整理者出於謹慎,對其性質未作判斷。如將其視作"半通印",[⑦]與上引《漢書·百官公卿表》郎無印綬的記載相抵牾。陶俑佩戴的綬以紅色爲多,間有黑色、白色、朱色。除黑色綬帶外,其餘皆不見於史書記載。[⑧] 由此或可判斷,徐州楚王墓中"郎中""中郎"的印綬并非真實存在,只是標明他們是楚王宫周邊的宿衛者,區别於宦者組成的

---

① 劉文典撰,馮逸、喬華點校:《淮南鴻烈集解》,中華書局1989年,第359頁。

② 西漢的卜、祝、樂人多世代相襲,按更次服役(踐更)。"謁任史、卜上計修法,謁任卜學童,令外學者,許之。□□學佴敢擅繇(徭)使史、卜、祝學童者,罰金四兩。史、卜年五十六,佐爲吏盈廿歲,年五十六,皆爲八更;六十,爲十二【更】。五百石以下至有秩爲吏盈十歲,年當睆老者,爲十二更,踐更。皆令監臨庳(卑)官,勿令坐官。疇尸、茜御、杜主樂皆五更,屬大祝。祝年盈六十者,十二更,踐更大祝。"《張家山漢墓竹簡[二四七號墓](釋文修訂本)》第82頁。

③ 《漢書》卷十九上《百官公卿表上》,第724、725、743頁。

④ 《法言義疏》卷十九《孝至》:"五兩之綸,半通之銅"李軌注:"綸如青絲繩也。五兩之綸,半通之銅,皆有秩嗇夫之印、綬,印、綬之微者也。"參(漢)揚雄撰,汪寶榮注疏,陳仲夫點校:《法言義疏》,中華書局1987年,第534頁。

⑤ 《二年律令》簡10:"僞寫徹侯印,棄市;小官印,完爲城旦舂。"《張家山漢墓竹簡[二四七號墓](釋文修訂本)》第9頁。

⑥ 徐州博物館、南京大學歷史學系考古專業:《徐州北洞山西漢楚王墓》,文物出版社2003年,第83、84、87頁。

⑦ 孫聞博主張陶俑身佩的"郎中""中郎"是半通印。參見《秦漢中央宿衛武官演變考論》,《國學學刊》2015年第4期。

⑧ 王方對此有討論,參見氏著《徐州北洞山漢墓陶俑配綬考》,《中國國家博物館館刊》2015年第8期。

宫内侍衛。[①]

從現存史料和考古圖像,可窺見秦與西漢時期朝服或常服的大致樣式與組合。秦代朝禮的記載見於《史記·刺客列傳》。荆軻奉燕王之命出使秦國,秦王“乃朝服,設九賓,見燕使者咸陽宫”。由“設九賓”即“設九賓禮於廷”可知,[②]秦王是以正式的國禮會見荆軻,朝廷各級官員皆依職位、秩級排列站位。依《朝律》“朝者皆袀玄”推斷,秦王與下屬官員所着當是玄色朝服。東漢武梁祠畫像石“荆軻刺秦王”圖像中,秦王戴通天冠,着交領右衽直裾之衣,長至膝下小腿中段,下服是袴,可見露出的袴脚。[③]旁邊郎官的衣着樣式與秦王相同,也是衣和袴的組合(圖二)。據前文所論,兩者唯有衣色之别,秦王是玄色,郎官是皂色。秦始皇陵園 K0006 陪葬坑出土的文職吏着交領右衽直裾衣,長及膝部,下部露出袴腿(圖三),[④]服式的結構和組合與畫像石中的秦王、郎官并無二致。秦漢之際的雲夢鄭家湖 M234 槨室内木門上有描繪某種禮儀場合的彩畫(圖四),[⑤]下段繪八人,戴高冠、佩劍,皆着交領曲裾衣和袴,身份類士大夫。其中四人着黑衣,另外二人分着紅衣和白衣,着絳色袴。上衣有不同顏色,相配的袴全是絳色。黑色曲裾單衣加絳色袴也是秦漢士大夫階層流行的一種組合。

圖二　武梁祠左石室后壁小龕西側畫像
(原載《中國畫像石全集·第一卷》第 56 頁,圖八〇)

---

① 參見本頁注⑥引孫聞博文。

② 《史記》卷八十一《廉頗藺相如列傳》,第 2440—2441 頁。

③ 俞偉超主編,蔣英炬、吴文琪卷主編:《中國美術分類全集·中國畫像石全集·山東漢畫像石》第一卷,圖八〇武氏祠左石室後壁小龕西側畫像,山東美術出版社 2000 年,第 56 頁。周錫保認爲,秦王所着是常服,與《史記·刺客列傳》“乃朝服,設九賓,見燕使者咸陽宫”記載不合。周氏之説參見《中國古代服飾史》,中國戲劇出版社 1984 年,第 63 頁。

④ 秦始皇陵考古隊:《秦始皇陵園 K0006 陪葬坑第一次發掘簡報》,《文物》2002 年第 3 期。關於秦代袴的結構,可參見彭浩、張玲:《北京大學藏秦代簡牘〈制衣〉的“裙”與“袴”》,《文物》2016 年第 9 期。

⑤ 湖北省文物考古研究院、雲夢縣博物館:《湖北雲夢鄭家湖墓地 2021 年發掘簡報》,《考古》2022 年第 2 期。

圖三　秦始皇陵園出土文吏俑
(原載《秦始皇陵園 K0006 陪葬坑第一次發掘簡報》,《文物》2002 年第 3 期,圖八 1 號俑)

圖四　雲夢鄭家湖 M234 椁室内木門上的彩畫(局部)
(原載《湖北雲夢縣鄭家湖墓地 2021 年發掘簡報》,《考古》2022 年第 2 期)

西漢時期仍延續秦代的禮服樣式——衣和袴組合。西漢時期的《衛官令》規定，進入宫城必須着袴："二出入殿門、司馬門、衛門，毋得白冠、素履、竹簪、不絝(袴)。入殿門，門者止。犯令及門者弗得，罰金四【兩】。"①徐州北洞山西漢楚王墓出土有大量陶俑，皆塑有衣着。其中標明身份爲"郎中"的俑，屬楚王衛士，外層衣着皆是衣與袴的組合(圖五)。衣色有黑、黄、緑等，以黄色爲多。袴色多不可辨，少數可見絳色。②因劉邦微時常戴長冠的緣故，西漢時置於顯要地位，長冠加袀玄應該是漢初禮服的主流。

图五 着皂衣"郎中"陶俑
(原載《徐州北洞山西漢楚王墓》彩版三一，EK3：1正面)

秦與西漢時期通行的上衣與下袴的禮服搭配，與周代上衣下裳分離的冕服迥然有别；袀玄的玄衣絳袴，也與冕服的玄衣纁裳相異。從考古圖像可知，秦代禮服源自軍吏服式，僅作服色的限定。馬上得天下的秦王朝，以袀玄取代冕服，不僅標志改朝

① 荆州博物館、武漢大學簡帛研究中心編著：《荆州胡家草場西漢簡牘選粹》，文物出版社2021年，第197頁，2249簡。

② 徐州博物館、南京大學歷史學系考古專業：《徐州北洞山西漢楚王墓》彩版三一，EK3：1。

换代,更是"滅去禮學"建立新的統治秩序的需要。西漢因襲秦制,在禮制方面少有建樹。

二百餘年後,東漢初年"始正火德,色尚赤",[①]開啓新一輪的服色更易。明帝輿服改革後,天子與九卿郊祀"皆冠旒冕,衣裳玄裳纁下"。袀玄長冠見於"五嶽、四瀆、山川、宗廟、社稷諸沾秩祠",退居次要地位。之後,隨着朝代更迭和禮制復興,由秦始皇一手推出并延續兩漢的禮服"袀玄",退出了歷史舞臺。

① 《後漢書》卷一上《光武帝紀》,第27頁。

睡虎地漢簡《質日》中的“算”與“定算”*

陳　偉　蔡　丹

摘　要： 本文梳理睡虎地漢簡《質日》“算”與“定算”方面的資料，結合傳世文獻和先前出土的鳳凰山漢簡等簡牘資料中的相關記載進行分析、比較，認爲新發現的資料進一步證實八月“户”、“算”是緊密銜接的兩項工作，其地點在鄉而不是縣；除歲末的七、八、九三個月份未見記載之外，鄉在其他各月月末均到縣廷“定算”，在核准承擔“算”的人數的同時，可能也繳納算錢；在有限資料中，提交算志的時間不一致，與縣在“十月望”時完成對郡的“上計”不同步，大概未包括在“上計”内容之中。

關鍵詞： 睡虎地漢簡《質日》　算　定算　算志　上計

質日是秦漢時期流行的一種文獻形式，通常是在一年曆表的基礎上，簡要記述公私事務，類似後世的日記。睡虎地 77 號西漢墓出土的簡册包含有文帝十年（前 170 年）至後元七年（前 157 年）連續十四年的《質日》，通過質日記述者，亦即墓主越人的手筆，保存了一些珍貴的原始史料。有關“算”與“定算”的記載即是其中一部分。

秦漢時期的“算”，關係到國家對民衆賦役的掌握和管理，涉及重要的經濟制度。在《史記》《漢書》《後漢書》及其注釋中，記載少且零碎，學者曾作過梳理、探討。① 1973

---

* 本文爲國家社會科學基金重大項目“雲夢睡虎地 77 號西漢墓出土簡牘整理與研究”（16ZDA115）、“古文字與中華文明傳承發展工程”規劃項目“睡虎地西漢簡牘整理與研究”（G1412）階段性成果。

① ［日］加藤繁：《關於算賦的小研究》，《史林》第 4 卷第 4 期，1920 年 10 月，今據吴傑譯：《中國經濟史考證》第 1 卷，商務印書館 1959 年，第 125—139 頁；韓連琪：《漢代的田租、口賦和徭役》，《文史哲》1956 年第 7 期。

年江陵鳳凰山10號墓發現兩件記録算錢的木牘,[①]其後又出土天長紀莊木牘《算簿》等相關簡牘,引起更深入的討論。[②] 睡虎地漢簡《質日》中的記載,進一步豐富了西漢早期與"算"有關的資料,有助於推進對漢代"算人""定算"等問題的認識。[③]

睡虎地漢簡質日的資料,有兩點應預先説明。其一,越人在《十年質日》中開始出現的時候,已是當時南郡安陸縣的一名官佐。文帝十四年(前166年)八月乙丑調任陽武鄉佐("徙爲陽武鄉"),後元元年(前163年)十二月丙申正式到陽武鄉履職("初視事陽武")。[④] 其二,十四個年份質日的保存狀況不一,十六年與後元四年的《質日》折斷較多但可大致復原,十一年、十五年和後元五年的損壞嚴重,其他九年的基本完好。還有3枚記敘"算"的殘簡具體歸屬不詳,[⑤]殘損的年份應該還有一些相關記載缺失。

"户"與"算"

這方面記載共6條,即:

(1) 十年十月己酉(22日),"筭(算)都鄉"。

(2) 十三年十月丙午(6日),"與尉瑣筭(算)離鄉"。

(3) 後元元年八月丁亥(15日),"户"。

---

① 長江流域第二期文物考古工作人員訓練班:《湖北江陵鳳凰山西漢墓發掘簡報》,《文物》1974年第6期;裘錫圭:《湖北江陵鳳凰山十號漢墓出土簡牘考釋》,《文物》1974年第7期;湖北省文物考古研究所:《江陵鳳凰山西漢簡牘》"十號墓",中華書局2012年,第89—150頁(基於上揭裘先生論文)。4、5號木牘編號和其中一件的正背面,裘先生文與簡報不同,簡報4號正面及背面裘先生改作5號背面及正面,簡報5號木牘裘先生改作4號。研究者稱述或沿用簡報。

② 天長市文物管理所、天長市博物館:《安徽天長西漢墓發掘簡報》,《文物》2006年第11期;青島市文物保護考古研究所、黄島區博物館:《山東青島土山屯墓群四號封土與墓葬的發掘》,《考古學報》2019年第3期;湖南省文物考古研究所:《沅陵虎溪山一號漢墓》,文物出版社2020年,第119—122頁;研究論文如袁延勝:《天長紀莊木牘〈算簿〉與漢代算賦問題》,《中國史研究》2008年第2期;楊振紅:《從出土"算"、"事"簡看兩漢三國吴時期的賦役結構——"算賦"非單一稅目辨》,《中華文史論叢》2011第1期;臧知非:《"算賦"生成與漢代徭役貨幣化》,《歷史研究》2017年第4期。

③ 《漢張遷碑》稱"八月筭(算)民",今學者或也稱"算民",俱見後文。

④ 參看蔡丹、陳偉、熊北生:《睡虎地漢簡中的〈質日〉簡册》,《文物》2018年第3期;陳偉、熊北生:《睡虎地漢簡中的功次文書》,《文物》2018年第3期。

⑤ 這3枚殘簡記"壬申筭(算)都鄉""癸酉筭(算)已"和"〚之〛廷定筭(算)"。第一、二枚疑屬十一年、十五年、十六年中的某年十月,第三枚疑屬後元四年或五年。

(4) 後元元年八月戊子(16日),“筭(算)”。

(5) 後元三年八月癸卯(13日),“户、筭(算)陽武”。

(6) 後元六年八月乙卯(12日),“户、筭(算)陽武”。

其中(1)(2)是越人在縣署任職時所爲,(3)—(6)是他在陽武鄉任職時所爲,(3)(4)未言地點,看時間和表述,應該也是在陽武。

漢代八月“算人”和“案户”,有多條文獻涉及。《漢書·高帝紀上》高祖四年載:“八月,初爲算賦。”《後漢書·皇后紀上》載:“漢法常因八月筭人,遣中大夫與掖庭丞及相工,於洛陽鄉中閲視良家童女,年十三以上,二十已下,姿色端麗,合法相者,載還後宫,擇視可否,乃用登御。”注引《漢儀注》曰:“八月初爲筭賦,故曰筭人。”《後漢書·孝安帝紀》:“方今案比之時,郡縣多不奉行。”注引《東觀記》曰:“方今八月案比之時。”《後漢書·皇后紀下·靈思何皇后紀》載:“靈思何皇后諱某,南陽宛人。家本屠者,以選入掖庭。”注引《風俗通》曰:“漢以八月筭人。”《續漢志·禮儀志》載:“仲秋之月,縣道皆案户比民。”《周禮·地官·小司徒》:“及三年,則大比,大比則受邦國之比要。”注引鄭司農云:“五家爲比,故以比爲名,今時八月案比是也。”不過,《淮南子·時則》“三月官鄉”高誘注:“三月料民户口,故官鄉也。”[①]基於這些資料,學者多相信漢代八月案户、算人,但也有少數學者以爲西漢在三月,東漢改在八月。[②]

上揭六條資料中的“户”、“算”,應即傳世文獻中的“案户”、“算人”,即户口調查和核計承擔“算”的人口。其中資料(3)(4)分别在前後兩天,説明資料(5)(6)中的“户、算”是同一天舉行的兩件事情。佐藤武敏先生曾設問:“調查算賦的該當者與調查户口是分開進行的,還是根據户口調查來課算賦的?”[③]從資料(3)—(6)看,兩者分爲二事,前後銜接,“算人”很可能是在“案户”基礎上推進。曾有學者以爲“案户”即“算人”。[④] 現在看到這些記載,可以有把握地把二者區分開來。

“算”的時間,資料(1)(2)所記的兩個年份都是在十月,資料(4)—(6)所記的三個年份都是在八月,[⑤]三月或其他月份并無所見。對於三月案户、算人之説,曾有學者提

---

① 料,本或作“科”。參看何寧:《淮南子集釋》,中華書局1998年,第394頁。

② [日]佐藤武敏撰,姜鎮慶譯:《漢代的户口調查》,《簡牘研究譯叢》第2輯,中國社會科學出版社1987年,第307—312頁;孫筱:《秦漢户籍制度考述》,《中國史研究》1992年第4期。

③ [日]佐藤武敏撰,姜鎮慶譯:《漢代的户口調查》。

④ 王毓銓先生認爲:“因爲是‘案户比民’,所以又稱作‘算民’”。見氏撰《“民數”與漢代封建政權》,《中國史研究》1979年第3期。臧知非先生認爲“八月筭人”即漢初的“𥡴案户籍”。見氏撰《“算賦”生成與漢代徭役貨幣化》。

⑤ 資料(3)—(6)户、算的具體時間都在八月中旬,或許是制度性安排。

出駁議。[①] 邢義田先生指出:"算民的重要作用在確定身份以及由身份所引起的賦役義務的改變。在這一點上,秦漢制度一貫。睡虎地秦簡《倉律》有一條:'小隸臣妾以八月傅爲大隸臣妾,以十月益食。'大、小隸臣妾的口糧配給不同,他們身份改變的時間在八月,秦因以十月爲歲首,故自十月益食。在八月變更身份的恐怕不只是隸臣妾,而是一種普遍性的制度,適用於所有百姓。秦代如此,東漢如此,如果説西漢反而不在八月,是很難説得通的。"但他也承認:"目前的確缺少西漢於八月算民的直接證據。"[②]資料(3)—(6)提供了西漢文帝後元時期八月案户、算人的多條明確證據。三月案户、算人在傳世典籍中缺乏確切的記載,在出土簡牘中亦無蹤迹,恐怕難以取信。

不過,資料(1)(2)兩度記載十月爲"算",也提出了新問題,是否文帝前元年間(至少十三年以前)是在十月算人,稍後才改到八月。這兩條記載都未涉及"户"。由於户、算關係密切,[③]而年代更早的《二年律令·户律》簡 328 已明言"恒以八月令鄉部嗇夫、吏、令史相雜案户籍",[④]文帝前元年間常規的"算"在八月舉行的可能性更大。資料(1)(2)所記,或許是在八月算人之後,由於某種原因在十月再次覆核。

户、算的地點,也存在不同理解。《後漢書·江革傳》載:"每至歲時,縣當案比,革以母老,不欲摇動,自在轅中挽車,不用牛馬,由是鄉里稱之曰'江巨孝'。"《漢張遷碑》稱其在故穀城長任上"八月筭(算)民,不煩於鄉。隨就虚落,存恤高年。"[⑤]主要依據這些記載,學者多認爲各縣算人集中在縣城。[⑥] 蘇誠鑒先生則指出:《張遷碑》正是表明張遷遵守制度"算民於鄉",因他"不煩",才有人給他立碑頌德。[⑦] 邢義田先生進一步認爲: 碑文似乎更意味着,如果按常規,算民是"煩於鄉",在鄉舉行。張遷體恤百姓,連上鄉這一趟都免了,故百姓感激。[⑧] 對史籍中縣道案比方面的記述,邢先生認爲這是表示推動和負責的在縣道這一級基層單位。[⑨] 資料(1)—(6)顯示,户、算皆在鄉舉

---

① 杜正勝:《編户齊民》附録二"八月案比",聯經出版事業股份有限公司 1990 年,第 427—428 頁。

② 邢義田:《治國安邦: 法制、行政與軍事》,中華書局 2011 年,第 224—225 頁。

③ 資料(3)—(6)之外,年代在西漢中期偏早的天長紀莊 19 號墓出土的 40 號木牘,正面爲《户口簿》,背面爲《算簿》,也顯示户、算關係密切。見天長市文物管理所、天長市博物館:《安徽天長西漢墓發掘簡報》。

④ 彭浩、陳偉、[日] 工藤元男主編:《二年律令與奏讞書》,上海古籍出版社 2007 年,第 222 頁。

⑤ 中國碑刻全集編輯委員會:《中國碑刻全集》第 2 卷,人民美術出版社 2009 年,第 177 頁。

⑥ 王毓銓:《"民數"與漢代封建政權》;池田温著,龔澤銑譯:《中國古代籍帳研究》,中華書局 2007 年,第 33 頁。

⑦ 蘇誠鑒:《"頭會箕斂"與"八月算人"》,《中國史研究》1983 年第 1 期。

⑧ 邢義田:《治國安邦: 法制、行政與軍事》第 214 頁。

⑨ 邢義田:《治國安邦: 法制、行政與軍事》第 213 頁。

行。其中(1)(2)越人作爲縣署官佐參與都鄉、離鄉的“算”(十三年十月是與縣尉一起),(3)—(6)作爲陽武鄉鄉佐參與本鄉的“户”、“算”,證明當時户、算確實是在各鄉舉行,而非集中到縣城。縣尉、縣署官佐到各鄉案户,正是縣署掌控并直接參與户、算的實例。

“定　算”

“定算”一語,先前僅見於江陵鳳凰山 10 號墓 5 號木牘:

▌當利正月定筭(算)百一十五。
正月筭(算)卌二給轉費。卩
正月筭(算)十四吏奉(俸)。卩
正月筭(算)十三吏奉(俸)。卩
正月筭(算)九傳送。卩
正月筭(算)□□□□。卩
▌當利二月定筭(算)百。
二月筭(算)十四吏奉(俸)。卩
二月筭(算)十三吏奉(俸)。卩
二月筭(算)廿□□□繕兵。卩
三月筭(算)十四吏奉(俸)。卩
三月筭(算)十三吏奉(俸)。卩
三月筭(算)六傳送。[①]

同墓所出 4 號木牘記有市陽二至六月、鄭里二月交納各種算錢的數據。[②] 其中市陽二月的一段如下:

市陽二月百一十二筭(算),筭(算)卅五錢,三千九百廿,正偃付西鄉偃、佐纏,吏奉(俸)。卩。　受正忠二百卌八。

市陽二月百一十二筭(算),筭(算)十錢,千一百廿,正偃付西鄉、佐賜(賜),口錢。卩。

市陽二月百一十二筭(算),筭(算)八錢,八百九十六,正偃付西鄉偃、佐

① 湖北省文物考古研究所:《江陵鳳凰山西漢簡牘》第 100—101 頁。

② 湖北省文物考古研究所:《江陵鳳凰山西漢簡牘》第 98—100 頁。

纏,傳送。卩。

其中“市陽二月百一十二筭(算)”對應於5號木牘中的“當利正月定算百一十五”“當利二月定算百”,“算卅五錢……吏俸”“算十錢……口錢”“算八錢……傳送”等大致對應於5號木牘中“定算”以外的各條。4號木牘其他内容,各類算錢的總額及其付受人,則未見於5號木牘。

黄盛璋先生認爲:“‘定算’當是一月各算總和。”①永田英正先生引述居延漢簡中“定作”之例指出:“定”是除去一部分以後的總計,在另一個意義上講也就是實際數額的意思。四號牘中正月的“定算”一百十五,二月的“定算”是一百,三月没有記載,這很可能説明正月和二月之間在人數上發生了變化,而二月和三月之間没有變化,故三月的定算被省略了。死亡或遷移等或許是人數變化的原因,也可能正是因爲人數上時有變動,所以纔用了“定算”這一用語。4號牘的定算是算的總數,是當利里負擔算錢的實際成人數。② 把4號和5號木牘聯繫起來看,永田先生的判斷更爲可信。

青島土山屯147號墓出土木牘《堂邑元壽二年要具簿》有一段記載:

凡筭(算)六萬八千五百六十八,其千七百七十九奴婢,
復除罷癃筭(算)二萬四千五百六十五,
定事筭(算)四萬四千三,多前六百廿二。③

沅陵虎溪山漢簡《計簿》有一段記載:

凡筭二千四百八十,少前二,以死故。(54)
復筭百七十,多前四,以産子故。(59)
事筭二千三百一十,如前。(143+136+182)④

這裏的“定事算”“事算”是排除復算後的實際數額,可以印證永田先生的分析。

---

① 黄盛璋:《江陵鳳凰山漢墓簡牘及其在歷史地理研究上的價值》,《文物》1974年第6期。

② [日]永田英正著,張學鋒譯:《居延漢簡研究》,廣西師範大學出版社2007年,第482—483頁。其中木牘編號從簡報。

③ 青島市文物保護考古研究所、黄島區博物館:《山東青島土山屯墓群四號封土與墓葬的發掘》。

④ 湖南省文物考古研究所:《沅陵虎溪山一號漢墓》第119—122頁,圖版六、一二、一五。143+136+182三個殘片綴合,見該書附表五《竹簡綴合表》第166頁。三簡編次依晋文:《沅陵漢簡〈計簿〉中的人口與“事算”新證》,《中國社會科學報》2021年12月22日第10版。

楊振紅教授在永田先生研究基礎上，提出"定算"指核定算數，大致當是。①

在越人履職陽武鄉之後，質日中出現較多"定算"記載，以下列表呈示：

表一 文帝後元元年至七年陽武鄉吏之廷定算記載一覽

	元年	二年	三年	四年	五年	六年	七年
十月							
十一月		己巳（29/30）之廷定筭			己未（6/29）道定筭來	乙巳（28/29）之廷定筭	辛丑（30/30）之廷定筭
十二月		戊戌（28/29）之廷定筭		丁巳（29/30）鄉期之廷定筭		丙子（30/30）之廷定筭	
正月					辛巳（29/30）之廷定筭		
二月	甲辰（30/30）之廷定筭				庚戌（28/29）□□之廷定筭		
三月	庚戌(6/30)道定筭來；甲戌（30）之廷定筭	己亥（1/30）佐胡人代定筭	辛卯（29/30）之廷定筭		辛巳（30/30）之廷定筭		
四月	丁丑(3/29)道定筭來；癸卯（29）之廷定筭	丙申（28/29）之廷定筭	辛丑(9/29)道定筭來；庚申（28）之廷定筭		己酉（28/29）之廷定筭		
五月	丁未（4/30)道定筭	癸卯(6/30)道定筭；丙寅（29）之廷定筭	甲子(3/30)道定筭來；辛卯（30）之廷定筭				

① 楊振紅：《從出土"算"、"事"簡看兩漢三國吴時期的賦役結構——"算賦"非單一税目辨》，《中華文史論叢》2011 第 1 期。

續 表

	元年	二年	三年	四年	五年	六年	七年
六月	辛丑(28/29)之廷定算	丙申(29/30)之廷定算				壬申(28/29)之廷定算	
七月						己卯(6/30)定筭誤,罰金一兩	
八月							
九月							

對於鳳凰山10號墓5號木牘,黄盛璋先生推測:“此牘背面所記正、二月這兩筆帳,很可能就是景帝三年平定吴楚七國時期,由於當時糧運與軍務緊急,而交納給官府的税賦。”①裘錫圭先生則針對4號木牘指出:“算錢是分多次徵收的。例如市陽里的算錢在二、三兩月都收了三次,四月收了四次,五月收了三次,六月收了一次,共爲十四次。這一年其他六個月裏收算錢的情况由於材料缺乏無法知道,估計次數也不會少。”②認爲一年十二個月都在收繳算錢。永田英正先生分析説:“據四號牘、五號牘可知,算錢是按月徵收的,這一點非常引人注目……不過,按月徵收的口錢即算賦,是否每個月都上供呢? 這又是一個問題。”③看上表,在文帝後元元年至七年,“之廷定算”或類似記録(“佐胡人代定算”等)見於十一月至六月的八個月中。其中正月至三月與鳳凰山10號墓5號木牘所記月份重合,二至六月與4號木牘所記月份重合。後元五年十一月己未有“道定筭來”的記載。如同後元元年甲辰二月“之廷定筭”與三月庚戌“道定筭來”、四月癸卯“之廷定算”與五月丁未“道定筭”兩兩對應形成從陽武鄉到縣廷定算的一次往返一樣,④後元五年十一月己未“道定筭來”,意味着必定有十月某日“之廷定算”的存在。⑤ 這樣,在質日資料中,衹有七至九月缺少“之廷定算”的記

① 黄盛璋:《江陵鳳凰山漢墓簡牘及其在歷史地理研究上的價值》。

② 湖北省文物考古研究所:《江陵鳳凰山西漢簡牘》第144頁。

③ [日]永田英正著,張學鋒譯:《居延漢簡研究》第484頁。

④ “道定算來”猶從定算來,“道定算”爲省略説法。

⑤ 後元二年三月己亥(1日)記“佐胡人代定算”。後元五年十一月己未(6日)“道定筭來”的往程,發生在當月初的可能性不能完全排除。但即便如此,所“定”也應是上月之“算”。參看下文。

載。除了當時缺載和簡册殘損的可能性之外,也有可能是這幾個月不作"定算"。果如此,或許與這三個月位於歲末有關。鳳凰山10號墓4、5兩件木牘顯示,定算與算錢交納直接關聯。不作定算的月份,大概也不需要交納算錢。

上表中,在記日干支後用括號標出當日日期以及當月的總天數。從中可見,陽武鄉吏到縣廷定算的日期絶大多數都是在各月最後一天或倒數第二天。只有後元二年三月己亥是該月1日。這次是由"佐胡人代定算",或許因爲某種原因而遲至次月初。就絶大多數數據而言,鄉吏在月末"之廷定算"應是當時的定例。鳳凰山4、5號木牘所記爲各里向鄉提交的數據,[①]里到鄉"定算"的日期應當更早一點。永田英正先生推測5號木牘三月定算的内容因與二月相同而省略。表中可見多個年份連續多月"之廷定算"。在鄉對縣層面,即使本月數據與上月相同,恐怕還是需要"之廷定算",而不存在省略。

上表顯示,從文帝元年二月以後,越人承擔了陽武鄉"之廷定算"大部分工作。[②]《六年質日》七月己卯還記有"定筭誤,罰金一兩",大概是越人在此前一次(六年六月壬申)"之廷定算"發生錯誤,因而被罰金一兩。[③] 就現存資料而言,例外的只有三次,即後元二年三月"己亥佐胡人代定算",後元四年十二月"丁巳鄉期之廷定算",後元五年二月"庚戌□□之廷定算"。最後一條"之"上一字看殘畫,很像是"期"字。如然,這次"之廷定算"與後元四年十二月的那次一樣,也是鄉嗇夫期。從後元二年三月己亥的表述看,越人大概是後元元年至七年期間陽武鄉定算的主要擔當者。

"算狀""算志"與"上計"

睡虎地漢簡質日中還有幾條與"算"相關的記載:

(7) 十年十一月辛酉(4日)越人休來,之江陵上筭(算)狀。

(8) 十二年二月辛未(27日),之府上筭(算)志。

---

① 參看湖北省文物考古研究所:《江陵鳳凰山西漢簡牘》第138—149頁。

② 對比質日中相關記載,并聯繫睡虎地77號漢墓同出的文書,可知質日中未帶名字的各條記述事主亦當是越人。參看蔡丹、陳偉、熊北生:《睡虎地漢簡中的質日簡册》,《文物》2018年第3期。越人在陽武鄉負責"定算",可能與他在縣署已從事相關工作有關。

③ 睡虎地秦簡《效律》簡58—60云:"計脱實及出實多於律程,及不當出而出之,直(值)其賈(價),不盈廿二錢,除;廿二錢以到六百六十錢,貲官嗇夫一盾;過六百六十錢以上,貲官嗇夫一甲,而復責其出殹(也)。人户、馬牛一以上爲大誤。誤自重殹(也),減辠(罪)一等。""定算誤",大概是指核計時發生一人以上的錯誤。

(9) 十四年四月壬申(11日),上筭(算)志廷。

(10) 後元三年五月丁亥(26日),鄉式輸轉費廷。

江陵是當時安陸縣所屬南郡的郡治所在。《玉篇》:“狀,書狀。”《漢書·趙充國傳》:“充國上狀曰:‘臣聞帝王之兵,以全取勝,是以貴謀而賤戰……臣謹條不出兵留田便宜十二事。’”西北漢簡中屢見“劾狀”,記載年號而時間偏早的有居延漢簡 20.6(宣帝元康三年)、居延新簡 E.S.C:12(哀帝建平二年)。[①] 嶽麓書院藏秦簡奏讞書有“爲獄□狀”(簡 137)“爲氣(乞)鞫狀(簡 139)”“爲覆奏狀(簡 140)”等文句。整理者先前據《玉篇》等文獻,認爲“狀”是陳述意見或事實的文書。[②] 後更改説:“其實傳世文獻中能確定爲‘文書’義的辭例不早於東漢中後期,在西漢以前的文字資料中,無論傳世文獻還是出土資料,難以找出‘文書’義的‘狀’字。”根據“狀”有形、貌等訓,把“爲獄□狀”等代表的簡册理解爲“通過文書實例向文官傳授辦案等職務的參考材料,即辦案等範例集”。[③] 上揭《漢書》和西北漢簡中的“狀”,大致均屬文書。睡虎地漢簡質日中的“算狀”,則當是與“算”有關的文書。具體内涵待考。

資料(8)中的“府”,應是“守府”即太守府的簡稱。資料(8)(9)分别是將“算志”呈交給郡府和縣廷。里耶秦簡有《卅四年啓陵鄉見户當出户賦者志》《……芻稾志》《遷陵吏志》等以“志”命名的文書,分别記載某一方面的具體數據。[④] 這兩處“算志”大概屬類似性質,分别記載各年安陸縣“算”的數據。

就資料(8)(9)所載,似乎看不到時間上有什麽規律。十二年二月辛未呈交郡府的算志,當在此前備好。而十四年四月壬申提交縣廷的算志,只能在更晚才可送至郡府。看這僅存的兩條記載,無從推知算志向縣、郡呈交作何時間安排。

(10)中的“轉費”,亦見於鳳凰山 10 號墓 6 號木牘,爲算錢中的一種。陽武鄉向安陸縣輸送算錢,僅此一見。我們懷疑,陽武鄉算錢大多是在“之廷定算”的同時完成交納。或許可以認爲,“定算”本來就包括核定承擔“算”的人數和提交相應算錢這兩項

① 簡牘整理小組:《居延漢簡(壹)》,中研院歷史語言研究所 2014 年,第 68 頁;甘肅省文物考古研究所、甘肅省博物館、中國文物研究所等:《居延新簡》,中華書局 1994 年,上册第 254 頁(釋文)、下册第 600 頁(圖版)。

② 朱漢民、陳松長主編:《岳麓書院藏秦簡(叁)》,上海辭書出版社 2013 年,“前言”第 3 頁。

③ [德] 陶安:《岳麓秦簡〈爲獄等狀四種〉釋文注釋(修訂本)》,上海古籍出版社 2021 年,“前言”第 3 頁。

④ 陳偉主編:《里耶秦簡牘校釋》第 1 卷,武漢大學出版社 2012 年,第 123、172 頁;陳偉主編:《里耶秦簡牘校釋》第 2 卷,武漢大學出版社 2018 年,第 152、167—168 頁。《卅四年啓陵鄉見户當出户賦者志》兩片的綴合(8-254+8-518),見謝坤:《讀〈里耶秦簡(壹)〉札記(三)》,簡帛網 2016 年 12 月 28 日,http://www.bsm.org.cn/?qinjian/7437.html。

相關工作。

與“上算志”看不出時間安排形成對照的是，質日中所見的“計”相當有規律：

(11) 十二年十月戊辰(23日)夕，道計來。

(12) 十三年八月己未(24日)，治計廷，不視事。

(13) 十四年十一月甲午(1日)，道上計來，休十日。

(14) 九月壬子(23日)，計事已，視事田。

(15) 十五年九月癸卯(20日)，計已，視事，兼都鄉。

(16) 十六年九月辛丑(24日)，入計廷。

(17) 後元元年八月庚寅(18日)，入計廷。

(18) 九月壬戌(21日)，上計江陵。

(19) 後元二年十月壬辰(21日)，道上計來。

(20) 後元三年七月庚辰(20日)，之廷上當計者書。

(21) 八月甲辰(14日)，入計，佐胡人視事。

(22) 八月丙午(16日)，入計。

(23) 後元六年八月丁巳(14日)，之廷入計。

(24) 八月庚午(27日)，入計廷。

(25) 九月甲午(22日)，計事已。

資料(12)越人作爲縣署官佐，十三年八月己未(24日)在廷治計，(14)(15)分別記十四年九月壬子(23日)和十五年九月癸卯(20日)縣中治計業已完成。資料(20)記越人在後元三年七月庚辰(20日)從陽武到縣廷“上當計者書”，(17)(21)(22)(23)(24)是有關各年越人作爲陽武鄉佐向縣廷提交計簿的記載，時間多在八月中旬(衹有24在下旬)。這與(12)記載縣廷在八月下旬治計正相對應。(25)記後元六年九月甲午(22日)“計事已”，與(14)(15)相當。猜測這是越人臨時到縣廷協助治計。

資料(18)是唯一一條越人代表安陸前往江陵上計的記載。不過，(11)(13)(19)分別記叙三個年份完成上計從江陵回到安陸。其中(19)爲(18)的返程，(11)(13)可據以反推從安陸出發前往江陵上計的時間應與(18)近似。《嶽麓書院藏秦簡(肆)》簡346—352是秦代關於上計的令文，其中規定“上計冣(最)、志、郡〈群〉課、徒隸員簿，會十月望”。[①] 看

① 陳松長主編：《岳麓書院藏秦簡(肆)》，上海辭書出版社2015年，第209—211頁。這篇令文的解讀，參看曹天江：《〈岳麓書院藏秦簡(肆)〉“縣官上計執法”令文考釋——兼論漢以前的“上計制度”》，《出土文獻》2022年第3期。

來,西漢早期沿用這一時間規定,在十月十五日完成縣道對郡的上計。不過,縣對郡提交算志,就睡虎地質日有限記録看,并不與上計同時。

结　語

睡虎地漢簡《質日》所見算的相關記載提示我們:"户"、"算"是密切相關的兩項工作,分别是户口調查和核計承擔"算"的人口。"算"有八月舉行的多條記録。不過,大致同時還有十月爲"算"的記載,這與八月"算"的關係有待釐定。"算"的具體地點在鄉而不是縣。與江陵鳳凰山漢簡所載的里在多個月份逐月向鄉"定算"的情形對應,睡虎地漢簡《質日》除七至九月之外,存有多個年份中的多個月份陽武鄉到安陸縣廷"定算"的記録。陽武鄉吏"之廷定算",大多是在月末。在核定實際承擔"算"的人數的同時,大概同時也完成了相應算錢的繳納。此外,"算狀"僅見一次,詳情待考。"算志"出現兩次,時間上看不出規律性安排。縣鄉官吏在每年七、八月作準備工作,大概九月中旬備齊資料,十月十五日以前完成在郡府的"上計"。"算志"提交當時不與"上計"同步,因而其内容也應不在"上計"的範圍。

附記:本文修訂時,得到黄浩波博士的幫助。

晋寧河泊所漢簡《富紗與青等人書》初識[*]

李天虹　雷海龍

摘　要： 晋寧河泊所漢簡《富紗與青等人書》是富紗寫給位於滇池的青、平等五人的私人信件，時代大致在西漢晚期到東漢早期。此信寫於春季，行文與漢代書信禮儀相合，多套語，不少語句可與里耶秦簡、西北漢簡、天長漢牘等資料中的書信内容相比照，是漢代文化一統的一個縮影。

關鍵詞： 河泊所漢簡　《富紗與青等人書》　書信

2021 至 2022 年，晋寧河泊所遺址出土大量漢代簡牘，已知有字者 2 000 餘枚，其學術價值和意義，相關單位和學者已經作有介紹，[①]可以參看。

這批簡牘主要出土於 H18。該灰坑緊鄰上蒜第一小學建築體，目前衹發掘了約四分之一的面積。整體來看，簡牘殘損嚴重，少部分有火燒痕迹。儘管如此，在初步整理過程中，已經在殘片綴合上取得進展，對文本内容也有了一定認識。河泊所遺址發掘簡報公布一枚由五個殘片綴合、大部分保存較好的書信木牘照片，并附有釋文：

富紗伏地再拜請 I

青、平、子林、文先、少〖□〗足下：毋恙，甚善。春時不和，願强進酒食，近

*　本文爲國家社科基金重大項目"荆州胡家草場 12 號西漢墓出土簡牘整理與研究(20&ZD255)"的階段性研究成果。

①　雲南省文物考古研究所、武漢大學簡帛研究中心：《河泊所簡牘：漢代治理西南邊地的文獻見證》，《中國文物報》2023 年 3 月 24 日第 3 版；雲南省文物考古研究所、昆明市晋寧區文物管理所：《雲南昆明市河泊所青銅時代遺址》，《考古》2023 年第 7 期。

衣,慎察左右,毋□Ⅱ

易(易)。會□□□增〖□〗,毋勿(物)所進。今蔺苦從南道,毋恙,甚善。有往來〖□〗者□賜Ⅲ

□,□督事,富〖紗〗幸甚。伏地再拜。Ⅳ H18⑤－269－1＋3＋4;H18⑤－271＋H18⑤－273－1

限於體例,發掘簡報没有展開討論。我們不揣淺陋,兹就此牘的綴合和文字試作解釋和討論,望方家不吝指正。

⑤－269－1＋3＋4 係左右拼合,拼合後牘的上端及兩側完整,下方斷口大體持平,長約 5.1、寬 6 釐米。⑤－271＋⑤－273－1 上下綴合,下端完整,斷口處右半基本相合,左半有缺損,長約 17.5、寬 6 釐米。⑤－269－1＋3＋4 與⑤－271＋⑤－273－1 不能直接綴合,但是木質紋理一致,寬度相同;字的行間距和字體風格一致,文義相關,屬於同一枚牘無疑,可以上下遥綴。牘現存長度合計約 22.6 釐米。

牘文第四行"富""幸"二字位於遥綴處。"富"字下半的筆畫有缺損,"幸"字殘去上半,結合書信格式和起始語、慣用語可釋。疑"富"字後殘去"紗","富紗"是寫信人,將"富紗"與下面的"幸甚"連讀,文義順暢,第四行這裏有可能僅殘去了一個字。相應地,第二行起始書收信人,遥綴處"少""足"之間,大概殘去一到兩個字的位置,姑以一個字計,其後接"足下",也很通順。"少□"很可能是一個人的名字。那麽,第三行遥綴處"增""毋"之間殘去的簡面可能僅容一個字。現存第一行的文句和格式,與漢代書信禮儀相合,詳參下文。由此,⑤－269－1＋3＋4 與⑤－271＋⑤－273－1 上下間可能衹殘去一兩個字的長度,加上該牘現存長度,其原本長度大概在一尺左右(1 漢尺約合 23.1 釐米),屬於"尺牘"。漢代書信木牘大多爲尺牘,[1]可以在一定程度上支持我們對這枚書信牘殘損情況的推測。

這枚牘大部分字迹比較清晰,少部分字的筆畫模糊或者有殘缺。第三行前半涉及私事之處,文義難解,其他地方則多爲書信套語,爲殘損字的釋讀提供了思路。更值得慶幸的是牘文首尾齊具,内容大體完整,所以可以知曉大意。

"富紗伏地再拜請"書於⑤－269－1＋3＋4 第一行,[2]是書信的開頭語。富紗是寫信人,姓富名紗。"伏地再拜請"是書信的慣用敬語。原牘在"請"字下殘斷,其下遥綴的⑤－271＋⑤－273－1 第一行留白,而提行另寫收信人及其提稱語,符合漢代書信已

---

① 參看楊芬:《出土秦漢書信匯校集注》,博士學位論文,武漢大學 2010 年,第 185—186 頁。

② 紗,原文作 ,陳偉先生懷疑可以釋爲"紃"。今按,釋"紃"的可能性確實存在,不過該字右旁跟"小"的常見寫法還是更爲接近。

經流行的“平出”之式。①

第二行“青”“平”“子林”“文先”的右下方，原有短横形標識，提示他們都是收信人。在人名之間加標識以示區分，也見於其他漢代書信，如居延新簡《賀與君卿、舒君書》，原簡在“卿”字右下方有一鉤形標識（EPT58∶42A），②將兩位收信人“君卿”“舒君”區分開來。加上“少〖□〗”在内，這封信至少寫給了五個人。收信人之多，雖然少見，但不乏其例，如肩水金關漢簡《贏與少翁等人書》（73EJH2∶43）的收信人也是五個。③ 按照慣例，這封書信可以擬名作《富紨與青等人書》。從“子林”看，富紨是以字稱呼收信人，又自稱姓名，符合漢代的書信禮儀。“先”字下部跟常見寫法有一定區别。④ 古代有字“文先”者，如東漢名臣楊彪字文先。⑤ “足下”是古代下稱上或同輩間相稱的敬語。“毋恙甚善”，問候語，漢代書信多寫作“善毋恙”，“毋恙”即“無恙”。

“春時不和”，指春季時氣不調，漢代書信也寫作“春時風氣不和”（《敦》779）、⑥“春氣不和”（《敦》933）、⑦“始春不和”（185.4A）等。類似語又可見“盛寒不和”（495.4B）。“强進酒食，近衣”，意思是注意飲食和穿衣。漢代書信中與“强進酒食”類似語，有“數進酒食”（《敦》779）、“强幸酒食”（495.4）等；“近衣”類似語，⑧可見“慎衣”（《敦》779）、“調衣”（34.7）、“謹衣”（185.4）、“適衣”（Ⅱ90DXT0114③∶611）等。

“慎察左右”，漢代書信相應之處，或作“慎察所臨”（EPS4T2.14）、“慎察吏事”（Ⅱ90DXT0114③∶610）、“察事”（Ⅱ90DXT0114③∶611）等。“左右”或指身边之事或身边之人。末尾“毋”下之字，紅外照片作  ，綜合字形和文例看，疑當釋爲“自”。原文中部的豎形痕迹可能是由下衍的墨漬或印痕而形成，右側筆畫有缺損。西北漢

① 平出，即提行另寫收信人及其提稱語，以示對收信人的尊敬。參看馬怡：《讀東牌樓漢簡〈侈與督郵書〉——漢代書信格式與形制的研究》，《簡帛研究二〇〇五》，廣西師範大學出版社 2008 年，第 177—178 頁。

② 馬智全：《居延新簡集釋（四）》，甘肅文化出版社 2016 年，第 268 頁。

③ 甘肅簡牘博物館等：《肩水金關漢簡（肆）》，中西書局 2015 年，中册第 266 頁。

④ 先，或疑當釋爲“光”。金關漢簡有名“文光”者（73EJT23∶1042）。

⑤ 《後漢書》卷 54《楊彪傳》，中華書局 1965 年，第 7 册，第 1786 頁。

⑥ 本文所引敦煌漢簡編號和釋文，均據甘肅省文物考古研究所：《敦煌漢簡》，中華書局 1991 年（正文中省稱《敦》），有不同時隨文出注。

⑦ 不和，從劉樂賢先生釋。氏作：《天長紀莊漢墓“丙充國”書牘補釋》，《簡帛》第 3 輯，上海古籍出版社 2008 年，第 270 頁。

⑧ 近，或許應該讀爲“謹”。斤、堇聲字相通的例證，參看高亨纂著，董治安整理：《古字通假會典》，齊魯書社 1989 年，第 123、124 頁。

簡“自”字或作 (EPT51：591、233A)、 (73EJT21：162A),可參。“毋自”當與第三行第一字“易”連讀。這裏的“易”即“易”,秦漢簡帛文獻的“易”往往寫作“易”形。漢代書信中,居延簡 332.7A、金關簡 73EJT21：294“毋自易”的“易”,都是寫作“易”。這封信的“賜”字也是寫作从“易”。《史記·魏其武安侯列傳》:“魏其者,沾沾自喜耳,多易。”《集解》引張晏曰:“多易,多輕易之行也。”[①]楊芬博士認爲書信中的“自易”似指“放縱自己、不自我珍重”。[②]“慎察左右,毋自易”,大意是謹慎行事,不要自我輕易。

第二至三行這段較長的文字是漢代書信的套語,依次對收信人日常衣食、平日事務、行事等表示關切、勉戒。敦煌漢簡《時與翁糸書》“方春不和,時伏願翁糸將侍近衣,幸酒食,明察烽火事,寬忍小人,毋行所溤”(《敦》1448),[③]居延大灣遺址出土漢帛書《信與次君、君平書》“寒時,信願次君、君平近衣,强酒食,察事,毋自易”(乙附 51),[④]金關漢簡《壽與長倩書》“寒時,壽伏願長倩節衣,强幸酒食,慎出入,辟小人,察所臨,毋行決決”(73EJH2：47A)等,[⑤]可以相互比照。

第三行“會□□□增□”,[⑥]文義不明。“會”或是適逢、恰巧的意思。這種用法的“會”在漢代書信中多見。如司馬遷《報任少卿書》:“書辭宜答,會東從上來,又迫賤事,相見日淺,卒卒無須臾之閒,得竭至意。”[⑦]金關簡《張宣與稚萬書》:“願伏前,會身小不快,更河梁難,以故不至門下拜謁。”(73EJT30：28A)[⑧]“毋勿(物)所進”,“所”訓爲“可”。《經傳釋詞》卷九:“所,猶可也。”[⑨]“毋物所進”即没有物品可以進獻、奉送。居延新簡《與偉書》“累偉少多請已足之,不敢忽,它毋勿可已進。叩頭死罪”(EPT51：98A),[⑩]“勿”也可能讀爲“物”,“可已”即“可以”,“毋物可以進”義同“毋物

① 《史記》卷 107《魏其武安侯列傳》,中華書局 2014 年,第 9 册,第 3437 頁。

② 楊芬:《出土秦漢書信匯校集注》第 82 頁。

③ “幸”“所溤”從嘉峪關市文物保管所《玉門花海漢代烽燧遺址出土的簡牘》釋,載甘肅省文物工作隊、甘肅省博物館編《漢簡研究文集》,甘肅人民出版社 1984 年,第 28 頁。“溤”也許用爲“毒”,也可能是“海”的訛字,用爲“悔”,漢代“毒”“每”字形相近。“寬忍小人,毋行所溤”,可對比額濟納漢簡書信“辟小人,毋行所悔”(2000ES7SH1：6A),參看魏堅主編:《額濟納漢簡》,廣西師範大學出版社 2005 年,第 199 頁。

④ 謝桂華、李均明、朱國炤:《居延漢簡釋文合校(下)》,文物出版社 1987 年,第 677 頁。

⑤ 甘肅簡牘博物館等:《肩水金關漢簡(肆)》,中册第 267 頁。

⑥ “會”下一字或是“衣”。

⑦ 《文選》卷 41《書上·報任少卿書》,中華書局 1977 年,第 576 頁。

⑧ 甘肅簡牘博物館等:《肩水金關漢簡(叁)》,中西書局 2013 年,中册第 172 頁。

⑨ (清)王引之撰,李花蕾點校:《經傳釋詞》,上海古籍出版社 2014 年,第 207 頁。

⑩ 李迎春:《居延新簡集釋(三)》,甘肅文化出版社 2016 年,第 217 頁。

所進”。書信中的類同表述，又可參里耶秦簡《贛與芒季書》：“居者（諸）深山中，毋物可問，進書爲敬。”（8－659＋8－2088）《予與柏書》：“毋以問，進書爲敬。”（8－823＋8－1997）[①]“問”是饋贈之義，跟“進”用法相當。[②] “會□□□增□”或許與“毋勿所進”文義相關，有“適逢‘□□□增□’”，所以“毋勿所進”之意。

“蕑”，上部也可能從“竹”，則同“簡”，疑用爲人名。漢代書信可見“苦道”“勞道”語，如金關簡《轉與幼卿書》“幼卿足下善毋恙，甚苦道，來至，甚善”（73EJT30：27＋T26：21A）、[③]《張宣與稚萬書》“稚萬足下善毋恙，勞道，決府，甚善”（73EJT30：28A），是對收信人的問候，路上辛苦、勞累的意思。[④] “今蕑苦從南道，毋恙，甚善”，大意是説現在蕑由南而來，一路辛苦，一切都好。蕑應該是收信人的親人或朋友，所以富紗在信中告知蕑的現況。這句話可能上承“毋勿所進”而來，可以與里耶簡“毋物可問，進書爲敬”相類比。

“有往來□者□賜”應與第四行起始一字連讀。“來”“者”居於殘片的綴合處，中間簡面有缺失。“來”字下端筆畫在殘去的簡面上。所謂“者”字右上方有一殘存的横行墨痕，有可能跟“者”屬於同一個字的筆畫，不過我們傾向於它是羨筆，與第二行“察”字所从“示”旁向左延伸的筆畫有關。如果“者”的釋讀無誤，從上下字的間距看，“來”“者”之間很可能殘去了一個字。“往來□者”指可以帶信的人。漢代書信中的類似語常見“來者”“往來者”等。“賜”上一字的下部从“女”，上部筆畫比較模糊，或是“數”字。書信套語中，與此字相應之處多作“數”，不過此字上部輪廓與“數”的常見寫法有一定區别，姑且存疑。第四行第一字殘泐嚴重，結合文義看，疑是“記”，指書信。

第四行“督事”，《漢書・蕭何傳》：“及高祖起爲沛公，何嘗爲丞督事。”顔注：“督謂監視之也。何爲沛丞，專督衆事。”[⑤]漢楊惲《報孫會宗書》：“足下哀其愚矇，賜書教督以所不及，殷勤甚厚。”李善注引《爾雅》：“督，正也。”[⑥]這封信裏的“□督事”，大概是督導富紗行事的意思。

---

① 陳偉主編，何有祖、魯家亮、凡國棟撰著：《里耶秦簡牘校釋（第一卷）》，武漢大學出版社 2012 年，第 194、233 頁。

② 毋物可問、毋以問，吕静先生語譯作“没有（什麽）禮物帶去問候”。氏作：《里耶秦簡所見私人書信之考察》，《簡帛》第 15 輯，上海古籍出版社 2017 年，第 60、61 頁。

③ 甘肅簡牘博物館等：《肩水金關漢簡（叁）》，中册第 171 頁。

④ 參劉樂賢：《讀肩水金關漢簡〈張宣與稚萬書〉》，《出土文獻研究》第 17 輯，中西書局 2018 年，第 299—300 頁。

⑤ 《漢書》卷 39《蕭何傳》，中華書局 1962 年，第 7 册第 2006 頁。

⑥ 《文選》卷 41《書上・報孫會宗書》，第 582 頁。

漢代書信裏,常有寫信人懇請對方托往來之人帶信告安、賜教一類的話,如敦煌簡《時與翁糸書》:"時伏願翁糸,有往來者幸賜時記,令時奉聞翁糸緩急、嚴教。"(《敦》1448)金關簡《譚與丈人書》:"往來人,願數來書記,使譚日夜奉聞丈人萬年毋恙。叩頭,幸甚。"(73EJT24:65B)[①]懸泉置帛書《建致中公、夫人書》:"來者數賜記,使建奉聞中公所欲毋恙,建幸甚幸甚。"(Ⅱ90DXT0114③:610)[②]"有往來□者□賜記,□督事",大意是説有帶信人的時候,希望寫信指教。

《富�與青等人書》寫於春季。推測這是一封已經收閲的信,那麽收信人青、平、子林、文先、少□等人應該在滇池本地,而寫信人富�可能居於此地之北,蔺是他們都熟識的人。與這封信共存的簡牘主要是官方文書,説明收信人可能在官府工作。信中多套語,没有特别謙卑的字眼;提稱語爲"足下",希望收信人"毋自易",賜書信"督事",説明富紺與收信人大概是朋友關係,身份地位差不多。通過對已知相關資料的梳理,可以發現信中的長段套語與西漢中晚期書信相近,而與長沙東牌樓、尚德街等東漢晚期簡牘書信的差别較大。[③] 上文所舉書信之例大都出自西北漢簡,西北漢簡的時代主要在西漢中晚期,少量晚至東漢初年。這裏再舉兩例安徽天長西漢中期(偏早)謝孟墓出土的書信。《丙充國與謝孟書》:"春氣始至,願孟馬侍前强幸酒食,慎出入","有□□,充國願得奉聞孟緩急毋恙。"(40-5)[④]《霸與謝卿書》:"霸願卿爲侍前者幸强酒食,近衣炭,以安萬年。霸伏地幸甚。有來往幸賜教,使霸奉聞卿玉體毋恙。"(06)[⑤]結合文字書體,推測《富紺與青等人書》屬於西漢晚期到東漢早期的可能性較大。

這封信雖然篇幅不算長,套語也多,但據之亦可一窺其時其地的風土人情。其行文風格與大體同時期西北邊塞及中東部出土的書信如出一轍,是其時文化一統的一個縮影。

---

① 甘肅簡牘博物館等:《肩水金關漢簡(貳)》,中西書局 2012 年,中册第 284 頁;劉樂賢:《金關漢簡〈譚致丈人書〉校釋》,《古文字論壇(第 1 輯):曾憲通教授八十慶壽專號》,中山大學出版社 2015 年,第 274 頁。

② 甘肅省文物考古研究所:《敦煌懸泉漢簡釋文選》,《文物》2000 年第 5 期,第 39 頁;胡平生、張德芳:《敦煌懸泉漢簡釋粹》,上海古籍出版社 2001 年,第 185 頁。

③ 長沙市文物考古研究所、中國文物研究所:《長沙東牌樓東漢簡牘》,文物出版社 2006 年;長沙市文物考古研究所:《長沙尚德街東漢簡牘》,嶽麓書社 2016 年。

④ 天長市文物管理所、天長市博物館:《安徽天長西漢墓發掘簡報》,《文物》2006 年第 11 期,第 14、16 頁。釋文還參考了何有祖:《天長漢墓所見書信牘管窺》,《簡帛》第 3 輯,第 261 頁;劉樂賢《天長紀莊漢墓"丙充國"書牘補釋》,第 273 頁。"充國"上二字,劉樂賢推測可能是"來者"。

⑤ 楊以平、喬國榮:《天長西漢木牘述略》,《簡帛研究二〇〇六》,廣西師範大學出版社 2008 年,第 198 頁。

附記：爲行文簡潔，本文所引簡帛資料未一一出注。楊芬博士惠賜她的博士學位論文《出土秦漢書信匯校集注》（武漢大學2010年）修改稿，爲本文寫作提供了很大便利。寫作過程中曾向王志平先生請教。僅此一并致謝。

附圖：

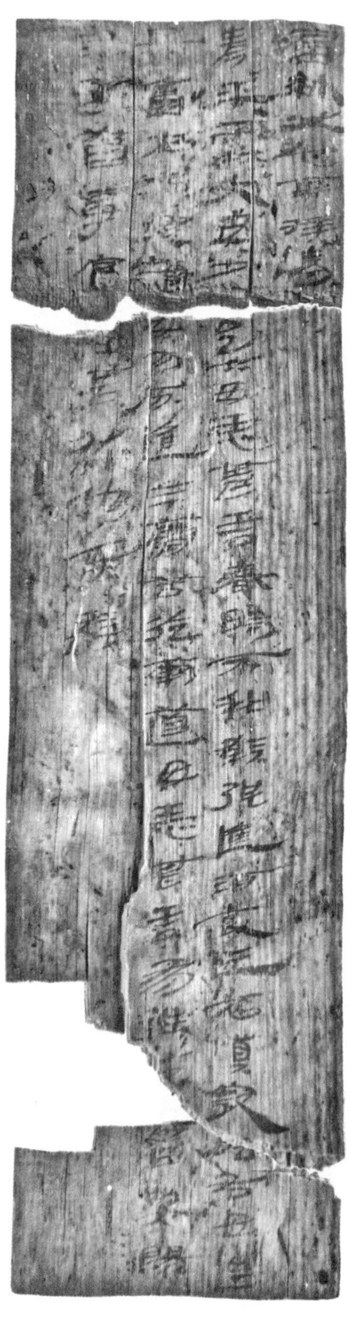

“富�與青等人書”牘

《肩水金關漢簡》采集簡綴合舉隅

謝明宏

摘　要：肩水金關漢簡的采集簡，在跨探方綴合中具有不可替代的重要性。本文在學界已有的采集簡綴合基礎上，發現采集簡還可與T9、T21、T22、T29、T35、H2等探方綴合，并對簡文内容進行校讀和考釋。這些采集簡跨探方綴合的拓展，揭示了西北漢簡綴合還有潛在空間，也爲未來其他簡牘的整理提供了鏡鑒。

關鍵詞：肩水金關漢簡　綴合　采集簡

金關采集簡，據《肩水金關漢簡》整理者介紹一共有六百八十枚。其中采集於1972年的簡牘共290枚，編號爲72EJC：1－290。采集於1973年的簡牘共390枚，編號爲73EJC：291－680。雖然采獲年份不同，但地點是一處，故編號時連續編出。[①]

學界目前對采集簡的綴合成果豐碩，包括跨年綴合在内一共有12組。其中《肩水金關漢簡綴合》一書統計了11組，[②]未被該書收録的一組72EJC：31＋73EJT15：9由姚磊先生發表於武漢大學簡帛中心網站。[③] 此前，采集簡可與73EJT7、73EJT10、73EJT15、73EJT24、73EJT25、73EJT37這六個探方綴合，我們在此基礎上發現采集簡還可與73EJT9、73EJT21、73EJT22、73EJT29、73EJT35、73EJH2這六個探方綴合。現將這些綴合條陳寫下并做出相應考釋，向大家請教。

---

① 甘肅簡牘博物館等編：《肩水金關漢簡（伍）》（上册），中西書局2016年，第2頁。

② 姚磊：《肩水金關漢簡綴合》，天津古籍出版社2020年，第413—447頁。

③ 姚磊：《〈肩水金關漢簡（伍）〉綴合（十四）》，簡帛網2020年7月13日，http://www.bsm.org.cn/?hanjian/8284.html。

一、采集簡與 T7

73EJT7：32 釋文作：

南書三封居延都尉章　A1

一封詣　B1　一封詣□　B2 73EJT7：32

73EJC：403 釋文作：

□詣張掖大守府　A1　詣大司農府　A2　張掖都尉府　A3

□付　B1　73EJC：403

今按：觀察圖版，在“一封詣”的右側還有殘筆，根據數詞“三封”反推，該殘筆由兩字組成，應釋爲“一封”。兩簡茬口密合，綴合後可復原茬口處的“詣”“大”“張”諸字，其中“詣”字圖版作 。綴合釋文作：

南書三封居延都尉章　A1

一封詣張掖大守府　B1　一封詣大司農府　B2　一封詣張掖都尉府　B3

□付　C1　73EJT7：32＋73EJC：403(見附圖 A)

二、采集簡與 T9

73EJC：640A 釋文作：

乘所占用馬二匹當舍傳舍從者如律令　73EJC：640A

73EJT9：167 釋文作：

令/掾□守屬安樂書佐宗　73EJT9：167

今按：兩簡茬口密合，綴合後可復原“令”字的尾筆，簡面豎向紋路的疏密度一致，當可綴合。整理者所釋“安”字，何茂活、王錦城、姚磊均認爲當存疑不釋，可從。[①] 此簡爲通關文書，“用馬二匹”爲通關者交通工具使用情況記録，肩水簡有較多文例。如 73EJT37：782A＋836A＋1255A：“五鳳四年十一月戊辰朔己丑，居延都尉德、丞延壽謂過所縣道津關，遣屬常樂與行邊兵丞相史楊卿從事移簿丞相府，乘所占用馬二匹，當舍傳舍從者如

① 姚磊：《肩水金關漢簡綴合》第 109 頁。

律令/掾仁屬守長壽給事佐忠。"[①]73EJT21：113A："建昭三年三月丁巳朔乙亥，令史□敢言之□令史□迎受騎馬張掖郡中，乘所占用馬一匹軺車一乘。"[②]綴合釋文作：

乘所占用馬二匹，當舍傳舍從者如律令/掾□守屬□樂書佐宗 73EJC640A+73EJT9：167(見附圖 B)

三、采集簡與 T21

73EJT21：224 釋文作：

會水未央里張未央　牛　73EJT21：224

73EJC：343 釋文作：

車一兩正月庚寅出　73EJC：343

今按：兩簡茬口密合，簡面豎向紋路的疏密度一致，文意相關可連綴出"牛車一兩"，當可綴合。未央里，屬酒泉郡會水縣，還見於 73EJT8：16："朔乙巳，臨利隧長辟兵受會水未央里王閭。"[③]該枚簡爲家屬符，正月庚寅的出關時間符合探親的民俗。有學者曾指出吏卒家屬憑家屬符前往候官探親，有利於戍守在自然條件惡劣的西北邊塞的戍卒們安心屯戍，保衛國家邊疆。[④] 綴合釋文作：

會水未央里張未央　牛車一兩正月庚寅出　73EJT21：224+73EJC：343(見附圖 C)

四、采集簡與 T22

73EJT22：114 釋文作：

·檄謂騂馬農令田卒九人行道物

故爰書問同車邑子移爰書都　73EJT22：114

---

① 三簡由姚磊綴合，參《肩水金關漢簡綴合》第 258 頁。

② 釋文從胡永鵬，參《讀〈肩水金關漢簡(貳)〉札記》，簡帛網 2013 年 9 月 17 日，http://www.bsm.org.cn/?hanjian/6086.html。

③ 甘肅簡牘博物館等編：《肩水金關漢簡(壹)》(上册)，中西書局 2011 年，第 180 頁。

④ 韓蓓蓓：《論肩水金關漢簡中的家屬符》，《天水師範學院學報》2022 年第 2 期，第 64 頁。

73EJC：321 釋文作：

□□　一封　73EJC：321

今按：兩簡茬口密合，一封前兩字據綴合圖版應釋作"尉府"。騂馬農，騂馬田官下轄部農機構。73EJT26：13："牛一，黄涂犗白口腹下左斬齒七歲絜八尺第八百九十二人，元鳳四年閏月丙申，守農令久左尻以付第五令史齊卒張外人。"73EJT22：114＋73EJC：321 應爲騂馬農令田卒九人將物故爰書移交都尉府的郵書記録。其中"問同車邑子移爰書"一語，尚未在肩水金關漢簡中看到類似的文例，疑是爰書傳遞過程中的一種移交。綴合釋文作：

·檄謂騂馬農令田卒九人行道物
故爰書問同車邑子移爰書都尉府
一封　73EJT22：114＋73EJC：321(見附圖 D)

五、采集簡與 T29

73EJT29：16 釋文作：

正月　騂北亭長宗　73EJT29：16

73EJC：494 釋文作：

敢言之　73EJC：494

今按：兩簡茬口呈波紋型嵌合，且簡面豎向紋路疏密度一致，書體風格相類，文意銜接流暢，當可綴合無疑。騂北亭是橐他候官與肩水候官南北郵路上承擔文書傳遞工作的郵亭，侯旭東先生考證騂北亭就在金關内側的塢内。[①] 騂北亭長除了73EJT29：16 所見的"騂北亭長宗"，還有 73EJT37：1240A＋1311A＋1233A 所見的"騂北亭長何"，[②]73EJT21：46＋73EJT23：1062＋1040 所見的"騂北亭長王禹"。[③]

① 侯旭東：《西漢張掖郡肩水候官騂北亭位置考》，《湖南大學學報(社會科學版)》2016 年第 4 期，第 32—37 頁。

② 三簡由姚磊綴合，參《〈肩水金關漢簡(肆)〉綴合(三十八)》，簡帛網 2017 年 6 月 6 日，http://www.bsm.org.cn/?hanjian/7557.html。亦見《肩水金關漢簡綴合》第 294 頁。

③ 73EJT21：46＋73EJT23：1062 由姚磊綴合，73EJT21：46＋73EJT23：1062＋1040 由我們補綴，參《〈肩水金關漢簡〉綴合拾遺(一)》，簡帛網 2022 年 6 月 6 日，http://www.bsm.org.cn/?hanjian/8717.html。

按一般文例,“敢言之”後應接騂北亭長宗的報告内容,木簡下殘致簡文不全。此前探方T29僅見内部間的幾組綴合,73EJT29：16+73EJC：494是其首例跨探方綴合,揭示了采集簡與各探方之間的複雜關係。綴合釋文作：

正月　騂北亭長宗敢言之　73EJT29：16+73EJC：494(見附圖E)

六、采集簡與T35

73EJT35：15釋文作：

承弦一
枲長弦
稾矢□　73EJT35：15

73EJC：484釋文作：

□□□□
革鞮瞀一　楯
靳干三
靳幡三　73EJC：484

今按：73EJT35：15的“枲”字,高一致先生認爲字形似“吴”,可從。根據兵物簿的常見名物,此仍釋作“枲”。[①] 同樣的訛寫也出現在73EJT21：46+73EJT23：1062中,張俊民先生認爲“枲長弦没問題,但枲確是‘吴’形”。[②] 兩簡紋路頗具辨識度,左右兩側粗疏寬度不均,中部細密。對比簡面紋路,我們認爲兩簡當是同一段松木材料書寫的兵器簿。“枲長弦”下當有數字,疑因茬口處有脱落而不顯。綴合釋文作：

□□□□
承弦一　革鞮瞀一　楯
枲長弦　靳干三
稾矢□　靳幡三　73EJT35：15+73EJC：484(見附圖F)

---

① 高一致：《初讀〈肩水金關漢簡(肆)〉筆記》,簡帛網2016年1月14日,http://www.bsm.org.cn/?hanjian/6595.html。

② 姚磊：《〈肩水金關漢簡(貳)〉綴合(二十八)》,簡帛網2020年6月28日,http://www.bsm.org.cn/?hanjian/8278.html。

七、采集簡與 H2

73EJH2：11 釋文作：

·東部甘露二年三月吏卒　73EJH2：11

73EJC：493 釋文作：

□箅簿　73EJC：493

今按：兩簡茬口密合，且簡面豎向紋路的疏密度一致，綴合後可復原“被”字，當可綴合無疑。唯原釋“箅”字，我們認爲當釋作“兵”字。《居延漢簡語詞匯釋》有“被兵簿”的條目。[①] 該條目彙集了陳直、永田英正等先生的五條意見，大體不脱戍卒配備兵器名單的意涵。另外，73EJT37：1339 記“中部五鳳三年正月吏卒被兵簿”，可參。綴合釋文作：

·東部甘露二年三月吏卒被兵簿　73EJH2：11＋73EJC：493(見附圖 G)

八、采集簡内部綴合

(1) 72EJC：99＋73EJC：622

72EJC：99 釋文作：

□卿

……　72EJC：99

73EJC：622 釋文作：

……　73EJC：622

今按：73EJC：622 似存四字，第一字圖版作，當釋爲“西”，第二字圖版作，當釋爲“六”。兩簡同爲金關采集簡，但采集年份不同。72EJC：99 采集於 1972 年，73EJC：622 采集於 1973 年。兩簡茬口密合，簡面豎向紋路疏密度一致，當可跨年綴合。釋文作：

□卿　西六□□

---

① 沈剛：《居延漢簡語詞匯釋》，科學出版社 2008 年，第 220 頁。

…… 72EJC：99＋73EJC：622(見附圖 H)

(2) 73EJC：618＋72EJC：47＋25

73EJC：618＋72EJC：47 爲整理者綴合，其釋文作：

其一封居延都尉章詣張掖大守府
南書三封 □□□□ 一封張肩塞尉詣肩水都尉府
…… 73EJC：618＋72EJC：47

72EJC：25 釋文作：

正月丙寅平旦卒充受莫當卒禹七分卒
付沙頭卒生 72EJC：25

今按：兩簡茬口處無字，但是簡面紋路疏密度一致，上部爲郵書的發件地和收件地，下部爲具體交付人員和交付時間，符合郵書簡的書寫規律，當可綴合無疑。釋文作：

其一封居延都尉章詣張掖大守府 A1
南書三封 □□□□ 一封張肩塞尉詣肩水都尉府 A2
…… A3
正月丙寅平旦卒充受莫當卒禹七分卒 B1
付沙頭卒生 B2 73EJC：618＋72EJC：47＋25(見附圖 I)

九、結 語

金關采集簡原可與 73EJT7、73EJT10、73EJT15、73EJT24、73EJT25、73EJT37 這六個探方綴合，我們在研讀過程中發現采集簡還可與 73EJT9、73EJT21、73EJT22、73EJT29、73EJT35、73EJH2 這六個探方綴合。由此，采集簡可與多達 12 個探方進行跨探方綴合。占總共 38 個探方的 31.57％，①其重要性不言而喻。雖然整理者没有公布采集簡具體的采集位置，但通過其對 12 個探方的覆蓋，可以證明 1972 年與 1973 年兩次采集的範圍是很大的。

在目前所見的肩水金關漢簡 600 餘組的綴合中，跨探方綴合占比較少，采集簡與其他探方的綴合比例更小，跨年綴合更是鳳毛麟角。應該説，在一批簡牘的"前綴合時期"探方内部綴合較多也較易得，在其"後綴合時期"跨探方綴合地位凸顯但綴合難

① 38 個探方不包括《肩水(伍)》收録的居延大灣、居延查科爾帖、居延地灣、居延布肯托尼。

度提升。當一批簡牘進入“後綴合時期”,需要有學者長期關注才能啃下硬骨頭。姚磊先生曾預測:“以肩水金關漢簡爲例,餘下的很多是難綴合的。跨探方、跨區域,是一個突破口。”①楊小亮先生也指出,在五一簡木質簡牘綴合較多的對比下,五一簡竹質簡牘的綴合工作尚未真正開始。②

就目前的情況看,已經出版完成的肩水金關漢簡、居延漢簡、居延新簡基本都進入了“後綴合時期”。小文以肩水金關漢簡采集簡的綴合爲例,企盼更多學者關注到這一容易被忽視的領域。

附表:

肩水金關漢簡采集簡綴合表

序號	簡 牘 編 號	綴合人	備 注
1	73EJT3:23+73EJC:361	姚 磊③	
2	73EJT7:24+72EJC:155	林宏明④	跨年綴合
3	73EJT7:32+73EJC:403	謝明宏⑤	
4	73EJC:640A+73EJT9:167	謝明宏	
5	73EJT21:224+73EJC:343	謝明宏	
6	73EJT22:114+73EJC:321	謝明宏	
7	73EJT24:908+73EJC:498	姚 磊	
8	73EJT24:941+73EJC:492	姚 磊	
9	72EJC:31+73EJT15:9	姚 磊	跨年綴合

① 此預測來自姚磊 2020 年 7 月 6 日的朋友圈發言。

② 楊小亮:《五一簡第 1—6 卷綴合情況統計與補充》,簡帛網 2021 年 11 月 19 日,http://www.bsm.org.cn/?hanjian/8486.html。

③ 表中凡屬姚磊所綴,均參考《肩水金關漢簡綴合》,下不另注。

④ 林宏明:《漢簡試綴三則》,先秦史研究室網站 2016 年 11 月 13 日,https://www.xianqin.org/blog/archives/7426.html。

⑤ 拙文:《〈肩水金關漢簡〉綴合拾遺(二十四)》,簡帛網 2023 年 2 月 10 日,http://www.bsm.org.cn/?hanjian/8896.html。表中凡屬本人所綴,均可在簡帛網按簡號搜索原綴合文章,下不另注。

續 表

序號	簡 牘 編 號	綴合人	備 注
10	73EJT29：16＋73EJC：494	謝明宏	
11	73EJT35：15＋73EJC：484	謝明宏	
12	73EJT37：243＋73EJC：469	姚 磊	
13	73EJH2：11＋73EJC：493	謝明宏	
14	72EJC：99＋73EJC：622	謝明宏	跨年綴合
15	72EJC：146＋73EJC：613	姚 磊	跨年綴合
16	73EJC：358＋72EJC：163	姚 磊	跨年綴合
17	73EJC：481＋73EJT10：308	姚 磊	
18	73EJC：482＋73EJT25：124	姚 磊	
19	73EJC：527＋73EJT10：146	姚 磊	
20	73EJC：618＋72EJC：47＋25	謝明宏	跨年綴合
21	73EJC：621＋72EJC：70	姚 磊	跨年綴合

附圖：

A	B	C	D	E

F	G	H	I

西北漢簡校讀續札*

魯普平

摘　要：本文主要根據《居延新簡集釋》和中研院歷史語言研究所新出版的《居延漢簡》所公布的紅外綫圖版和釋文，結合相關研究成果，對《居延新簡集釋》和《居延漢簡》中的10處釋文進行了校補工作。

關鍵詞：居延新簡　居延漢簡　札記

一

《居延新簡》EPT50：213：

□複裏裘一領卩昔出利取卩
皁布複絝一兩卩
犬絑二兩[①]

複裏裘，《居延新簡集釋》云："雙裏層的皮衣，裘，一般指用帶毛鞣製的皮革製成的皮衣。"[②]裘，查看圖版，其字形作 。《居延新簡——甲渠候官與第四隧》《居延新

* 本文爲教育部人文社會科學重點研究基地重大研究項目"古文字編碼字符集研究（出土秦漢文字、民族古文字部分）"（項目編號：22JJD740024）、江蘇省社會科學基金項目"江蘇出土簡牘整理與研究"（項目編號：21YYC003）的階段性成果。

① 凡《居延新簡》的釋文均取自《居延新簡集釋》，以下無特別說明，不再一一標注。

② 張德芳主编：《居延新簡集釋（二）》，甘肅文化出版社2016年，第529頁。

簡——甲渠候官》《中國簡牘集成》以及《居延新簡釋校》均釋爲"裘"。[①] 今按:應爲"襲"字。《居延新簡》EPT56:9:"福負卒王廣袍、襲錢。"襲,查看圖版,其字形作,可作資證。"複裹襲"應指"雙裹層的一種襲衣"。"複襲""裹襲"西北漢簡習見,如《居延新簡》EPT51:727:"皁練復襲▨。"《居延漢簡》179.2:"[練]裹襲一領。"

二

《居延新簡》EPT51:270:

▨□詔書律變告乃訊問辭

□,查看圖版,其字形作。《居延新簡——甲渠候官與第四隧》《居延新簡——甲渠候官》《中國簡牘集成》《居延新簡釋校》均缺釋。應爲"言"字。《肩水金關漢簡》EJT4:28:"□敢言之。"言,查看圖版,其字形作,可作資證。"變告",《居延新簡集釋》云:"《中國簡牘集成》第一〇册(頁105)認爲'變'借爲'辯'。"[②]類似法律用語,西北漢簡有見,如《居延新簡》EPS4T2:7:"而不更言詔書律辨告乃訊由辭曰……"可作資證。

三

《居延新簡》EPT61:7B:

▨臨今不得▨

臨,《居延新簡——甲渠候官與第四隧》《居延新簡——甲渠候官》《中國簡牘集成》《居延新簡釋校》均釋爲"臨"。[③] 臨,查看圖版,其字形作。西北漢簡中的"臨"

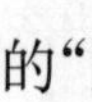

---

① 甘肅省文物考古研究所等編:《居延新簡——甲渠候官與第四隧》,文物出版社1990年,第167頁;甘肅省文物考古研究所等編:《居延新簡——甲渠候官》,中華書局1994年,第72頁;中國簡牘集成編委會編:《中國簡牘集成(十)》,敦煌文藝出版社2001年,第53頁;馬怡、張榮强:《居延新簡釋校》,天津古籍出版社2013年,第262頁。

② 張德芳主編:《居延新簡集釋(三)》第487頁。

③ 甘肅省文物考古研究所等編:《居延新簡——甲渠候官與第四隧》第417頁;甘肅省文物考古研究所等編:《居延新簡——甲渠候官》184頁;中國簡牘集成編委會編:《中國簡牘集成(十一)》第227頁;馬怡、張榮强:《居延新簡釋校》第661頁。

字,其草書作[字形]、[字形]、[字形]、[字形]、[字形]。[1] [字形]與上述草寫的"臨"字形相差較大,不爲一字。[字形]應該釋爲"訖"。[字形]的左邊字形顯然是"言"字的草寫,"言"作爲構件,在西北漢簡中經常草寫作此,如"詣"寫作[字形]。[2] [字形]的右邊字形顯然是"乞",如《肩水金關漢簡》73EJT37∶161A:"游徼徐宣送乞鞫囚禄福獄。""乞",其字形作[字形],可作資證。《懸泉漢簡》I90DXT0110①∶102:"訖今還下。""訖",其字形作[字形],可作資證。《肩水金關漢簡》73EJF3∶633:"☑淩吾訖,即旦,毋它簿,怒言☑。"訖,其字形作[字形],亦可資證。"訖今"即至今,此語在傳世文獻和出土文獻中有見,如《漢書·王莽傳》:"秦知順民之心,可以獲大利也,故滅廬井而置阡陌,遂王諸夏,訖今海内未厭其敝。"《長沙五一廣場東漢簡牘》CWJ1③∶325-1-31:"孟爲家私湘西界中,訖今未還。"

四

《居延新簡》EPT58∶73:

革韋二兩

革,《居延新簡——甲渠候官與第四隧》《居延新簡——甲渠候官》《中國簡牘集成》《居延新簡釋校》均釋爲"革"。[3]《居延新簡集釋》認同《中國簡牘集成》的説法,認爲"革韋"即"皮革制成的繩子"。[4] 今按:革,查看圖版,其字形作[字形],應爲"章"字。《肩水金關漢簡》73EJT37∶1459:"田卒河南郡新鄭章陽里公乘朱兄,年卅。"章,查看圖版,其字形作[字形],可作資證。《居延漢簡》113.18:"廣德内史章。"章,查看圖版,其字形作[字形],亦可作資證。"章韋"指繪有文采的皮革。在西北漢簡中,"章衣""章單衣"習見,《居延漢簡》8.2:"皁布章衣一兩卩。"《居延漢簡》498.14:"墨[布]章衣一。"《敦煌漢簡》2327:"皁布章單衣一領,見。"《居延漢簡》210.19:"官章單衣一領。"《居延新簡》EPT52∶638:"皁布章襌衣一領。"章衣即會有文采的衣服。章襌衣即章單衣,

---

① 白海燕:《"居延新簡"文字編》,博士學位論文,吉林大學2014年,第619頁;李洪財:《漢代簡牘草書整理與研究(下)》,中國社會科學出版社2022年,第436頁。

② 白海燕:《"居延新簡"文字編》第171頁。

③ 甘肅省文物考古研究所等編:《居延新簡——甲渠候官與第四隧》第354頁;甘肅省文物考古研究所等編:《居延新簡——甲渠候官》第154頁;中國簡牘集成編輯委員會編:《中國簡牘集成(十一)》第108頁;馬怡、張榮强:《居延新簡釋校》第556頁。

④ 張德芳主編:《居延新簡集釋(四)》第528頁。

指會有文采的單層無裹子的衣服。“章韋”與“章衣”“章單衣”在辭例上相類。

五

《居延新簡》EPT68：20－21：

夏侯譚争言、鬭，憲以所帶劍刃擊傷譚匈一所，廣二寸，長六寸，深至骨。

長，《居延新簡——甲渠候官與第四隧》《居延新簡——甲渠候官》《中國簡牘集成》《居延新簡釋校》均釋爲“長”。① 今按：查看圖版，其字形作  。西北漢簡“長”有兩種寫法，一種爲隸書寫法作  ，一種爲草書寫法作 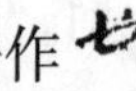 。  與“長”的隸書寫法和草書寫法，字形相差較大，顯然不是一字。  應爲“袤”，《居延新簡》EPT68：172：“相擊，尊擊傷良頭四所，其一所創袤三寸。”袤，其字形作  ，可作資證。《居延新簡》EPT58：36：“人受袤尺三寸。”袤，其字形作  ，亦可資證。在西北漢簡，經常使用“廣”和“袤”來表示創傷處之大小，如《居延新簡》EPT51：324：“□一所廣二寸袤六寸。”《居延新簡》EPT68：188：“頭四所，其一所創袤三寸，三所創袤二寸半，皆廣三分，深至骨。”

六

《居延新簡》ESC：63A：

☐爲今又當扁書次東部元□☐
☐使持詣前不敢久留□□勿還☐

□□，《居延新簡·甲渠候官》《中國簡牘集成》《居延新簡釋校》均釋作“唯□”。② 今按：查看圖版，這兩個字的字形分别作 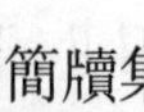 、  。 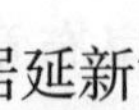 顯然是“唯”字。《居延新簡》EPF22：62A：“唯官簿出七月盡九月四時。”唯，其字形作 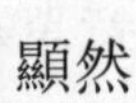 ，可作資證。 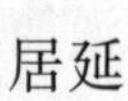 應釋爲“恙”，《居延新簡》EPT2：5A：“張掾執事毋恙。”恙，其字形作 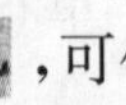 ，可作資證。“唯”爲

① 甘肅省文物考古研究所等編：《居延新簡——甲渠候官與第四隧》第 457 頁；甘肅省文物考古研究所等編：《居延新簡——甲渠候官》第 201 頁；中國簡牘集成編輯委員會編：《中國簡牘集成(十二)》第 7 頁；馬怡、張榮强：《居延新簡釋校》第 723 頁。

② 甘肅省文物考古研究所等編：《居延新簡——甲渠候官》第 256 頁；中國簡牘集成編委會編：《中國簡牘集成(十二)》第 258 頁；馬怡、張榮强：《居延新簡釋校》第 912 頁。

"因爲"義,此義古籍習見,如《禮記•檀弓下》:"予唯不食嗟來之食以至於斯也。"《左傳》僖公二年:"冀之既病,則亦唯君故。"簡文"唯恙勿還",意爲因爲抱恙没有返回。

七

《居延新簡》EPF22∶489:

> 君馳推辟到呑遠隊,逢臨木守候長業。

業,《居延新簡——甲渠候官與第四隧》《居延新簡——甲渠候官》《中國簡牘集成》《居延新簡釋校》均釋作"業"。[①] 今按:查看圖版,其字形作 [字形],應爲"禁"。《居延新簡》EPF22∶25:"恩與業俱來到居延。"業,其字形作 [字形],與 [字形] 顯然不是一字。《居延新簡》EPF22∶49:"部吏毋犯四時禁者。"禁,其字形作 [字形],與 [字形] 字形相同。《懸泉漢簡》I90DXT0114①∶95:"□主茭佐程崇以給柱傳馬食。"崇,其字形作 [字形],此字也應爲"禁"字。禁,作爲人名,西北漢簡習見,《肩水金關漢簡》73EJT3∶55:"故魏郡原城陽宜里王禁自言:二年戍,屬居延,犯法,論,會正月甲子赦令,免爲庶人,願歸故縣。"《肩水金關漢簡》73EJT33∶40A:"五月己未,删丹長賀、守丞禁,移過所,寫移,毋苛留止,如律令。"《居延新簡》EPT51∶385:"戍卒潁川郡許西京里游禁。"

八

《居延漢簡》81.4A:

> ☐年二月壬午朔己酉奉捷丞勝移過所縣道守河津遣令史李實逐殺人
> ☐賞李子威金城武威張掖居延界中從者如律令[②]

守,《居延漢簡甲乙編》《中國簡牘集成》《居延漢簡釋文合校》均釋作"守"。[③] 今

① 甘肅省文物考古研究所等編:《居延新簡——甲渠候官與第四隧》第510頁;甘肅省文物考古研究所等編:《居延新簡——甲渠候官》第225頁;中國簡牘集成編輯委員會編:《中國簡牘集成(十二)》第112頁;馬怡、張榮强:《居延新簡釋校》第804頁。

② 凡《居延漢簡》的釋文均取自史語所新出版的《居延漢簡》,以下無特別説明,不再一一標注。

③ 中國社會科學院考古研究所編:《居延漢簡甲乙編(下)》,中華書局1980年,第60頁;中國簡牘集成編輯委員會編:《中國簡牘集成(五)》第236頁;謝桂華、李均明、朱國炤:《居延漢簡釋文合校》,文物出版社1987年,第143頁。

按：查看圖版，其字形作 　，應釋爲“官”。《居延漢簡》220.5＋188.16：“他縣民爲部官吏卒。”官，其字形作 　，可作資證。《肩水金關漢簡》73EJF1：14：“十一月己酉，張掖肩水都尉譚、丞平下官、下當用者。”官，其字形作 　，亦可作資證。本簡中的“移過所縣道官河津”，在西北漢簡中亦有出現，如《肩水金關漢簡》73EJT4：101：“☑道官河津金關，毋苛留止，敢言之☑。☑□移過所縣道官河津金關，毋苛☑。”“縣道官河津”在西北漢簡中多作“縣道河津”，例如：

(1) ☑□□□□□□馬二匹、軺車一乘，謹移過所縣道河津關，毋苛留止，如律令。

☑令史宗行丞事，移過所如律令。/佐定、安世。

(《肩水金關漢簡》73EJT5：72)

(2) 地節三年六月丙戌朔甲辰，尉史延年敢言之：遣佐廣齋三老賜名籍對大守府會，乘軺車一乘、牛一，與從者平里紀市俱，謁移過所縣道河津關，毋苛留止，敢言之。(《肩水金關漢簡》73EJT37：519A)

(3) 甘露三年六月癸丑朔庚辰，佐赦之敢言之：遣令史安世移簿□☑

☑一編，[移]過所縣道河津金關，毋苛留止，如律令，敢言☑。

(《居延漢簡》43.12A)

“縣道河津”應是“縣道官河津”省稱，“縣道”和“縣道官”均爲“河津”的修飾定語。“縣道官河津”即縣、道官府所管轄的河渡口。

九

《居延漢簡》160.19：

稾矢銅鍭百完卒李雁　　故史野主

故，《居延漢簡考釋・釋文之部》釋爲“候”。[1]《居延漢簡甲乙編》《中國簡牘集成》《居延漢簡釋文合校》均釋爲“故”。[2] 今按：查看圖版，其字形作 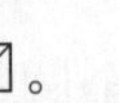　，應爲“數”。《肩水金關漢簡》73EJT30：28A：“錢少不足，請知數。”數，其字形作 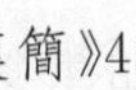　，可作資證。

① 勞榦：《居延漢簡考釋・釋文之部》，商務印書館 1949 年，第 388 頁。

② 中國社會科學院考古研究所編：《居延漢簡甲乙編(下)》第 112 頁；中國簡牘集成編輯委員會編：《中國簡牘集成(六)》第 142 頁；謝桂華、李均明、朱國炤：《居延漢簡釋文合校》第 264 頁。

“數史”一詞在西北漢簡中還出現過 2 次,《居延新簡》EPT53∶215:“稾茧矢銅鍭百完卒張賜擇。數史充主。”《居延新簡》EPT56∶249:“☐□□四隧卒李得之擇。數史充主。”這兩個“數”,其字形分别作  、  。  字形清晰,顯然是“數”字,《肩水金關漢簡》EJT5∶120:“負責數千錢。”數,其字形作  ,可作資證。  字形殘缺,整理者顯然是根據殘筆確定爲“數”。“數史”,《居延新簡集釋》認爲“可能是專職統計物品數量的人員”。①

十

《居延漢簡》255.40B:

印曰馬忠印

三月乙巳金關卒□以來

此枚簡背的釋文,《居延漢簡甲乙編》《中國簡牘集成》《居延漢簡釋文合校》均因簡文不清晰,而未著録。今按:□,查看圖版,其字形作 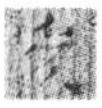 。 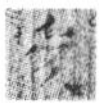 有些筆畫的墨迹較淡,但是仔細辨識,可以確認此字即“延”。《居延漢簡》67.15:“居延甲渠第十五☐。”延,其字形作  ,可作資證。“延”作爲人名,在西北漢簡中經常出現,《居延漢簡》177.15:“稾并山隧卒賈延六月食。”《居延新簡》EPT56∶290:“壬子王延迹。”《肩水金關漢簡》73EJT37∶521:“大昌里趙延自言爲家私使居延。”

① 張德芳主編:《居延新簡集釋(四)》第 440 頁。

張家山漢簡醫學文獻瑣記

方　勇　張文君

摘　要： 文中對張家山漢簡醫學類文獻中的《脈書》《引書》等材料進行了一些探討。本文認爲《脈書》中第 4 簡中的"馬"應讀爲"瘍"，爲馬刀之省稱，指癰疽類疾病；第 5 簡中原被釋爲"踝"的字應从肉旁，字形待考；第 26 簡中原被釋爲"外"的字，應被釋爲"赴"，指"趒(跳)"字誤字；《引書》26 簡中的"甬莫"可讀爲"蛹瞙"，指蠶蛹眼睛不清晰的樣子；第 36 簡中被釋爲"瘗〈痹〉"的字應釋爲"瘤(瘤)"，指瘤腫。

關鍵詞： 瘍　赴　冥　瘤　顯

一

《脈書》有如下内容： ①

1. • 病在頭，農(膿)爲甕，疕爲禿，養(癢)爲鬠。在目，泣出爲浸(浸)，脈蔽童(瞳)子爲脈浸(浸)。在目際，靡(糜)，爲赧。在鼻，爲肒(鼽)；其疕【2】痛，爲蟦(蟦)食。在耳，爲聾；其農(膿)出，爲澆。在脣(唇)，爲胗。在口中，靡(糜)，爲篡。在齒，痛，爲虫(蟲)禹(齲)；其癰，爲血禹(齲)。在齕，癰，爲䗪。【3】在脥(喉)中，痛，脥(喉)踝〈踝—痹〉㕧。在面，疕爲包(皰)。在頤下，爲瘻。在頸，爲瘻。在肩，爲[illegible]。在夜(腋)下，爲馬。在北(背)，癰，爲王身。在掌中，爲蠚。在【4】身，轂₌[轂轂]然，頯之不智(知)人，爲踝(?)。【在身，疕如疏，養(癢)】，爲加(痂)。在身，炙痛以行身，爲

---

① 本文釋文主要參考《張家山漢墓竹簡[二四七號墓](釋文修訂本)》一書，文物出版社 2006 年，以下簡稱"《張本》"。

火₌疢₌[火疢。火疢],赤氣毆。在戒,不能弱(溺),爲閉;其【5】塞人鼻耳目,爲馬蛕(痏)。在胃管(脘),癰,爲鬲(隔)中。在肺,爲上氣欬(咳)。在心胠下,堅痛,爲□□蒸□□。在腸中,小者【6】如馬戻(矢—屎),大者如桮(杯),而堅痛,榣(摇),爲牡叚(瘕)。在腸中,痛,爲血叚(瘕)。肘(疛),其從脊胷(胸)起,使腹張(脹),得氣而少可,氣叚(瘕)毆。其腹【7】

簡 4 中的"馬",連劭名認爲即指"馬刀",腋下所生癰疽。① 馬繼興認爲即指瘰癧。② 高大倫認爲,生腋下堅而不潰的癰疽,即後世所稱之"馬刀""馬刀挾癭",本癥實即瘰癧,因其生於腋下,形如馬刀,故名。一説馬讀爲瘍。《説文·疒部》:"瘍,目病;一曰惡氣著身也;一曰蝕創。"這裏指腋下惡氣著身,即狐臭。③ 筆者按,"馬"讀爲"瘍"可從,但不是指狐臭義。我們認爲指癰疽病名稱,應是"馬刀"的簡稱。"瘍"又見《五十二病方》。方勇與袁開惠合寫的關於"馬鞍、牛領"的文章對此有專門討論,可供讀者參考。④

簡 4 中的"[illegible]",整理者未釋。高大倫疑爲"疽"字,韓厚明認爲字从亻旁。袁開惠提醒筆者認爲,將此字和傳世醫書進行比較,可知應是讀爲"疵"一類的字形。⑤ 我們認爲此形右側部分殘泐太多,應闕疑存考。

簡 5 中的"頺"字從韓厚明釋,指精神萎靡不振。⑥ 同簡中的"踝"字,《張本》整理者認爲是"蹕"字誤字。高大倫讀爲"躄",指肢體萎弱廢用的一類病症。韓厚明認爲此字左似从象右似从巫。筆者按,此形左側爲肉形,右側殘泐嚴重,不知爲何字,待考。此外,"【在身,疕如疏,養(癢)】"一句的釋文也讓人懷疑,其字形殘泐太多,亦需再考。

2. ·陽明之脈,毄(繫)於骭骨之外廉,循骭而上,穿膭(髕),出魚股之廉,上穿乳,穿頰,出目外廉,環顏(顔)。是動(動)則病:洒₌[洒洒]病【23】塞〈寒〉,喜信(伸),數吹(欠),顏(顔)墨(黑),病穜(腫),至則恶人與火,聞木音則狄(惕)然驚,心惕然欲獨閉户牖(牖)而處,病甚則欲乘高【24】而歌,棄衣而走,此爲骭蹷(蹶—厥),是陽明脈主治。其所産病:顏(顔)痛,鼻

---

① 連劭名:《江陵張家山漢簡〈脈書〉初探》,《文物》1989 年第 7 期,第 76 頁。

② 馬繼興:《張家山漢簡〈脈書〉中的五種古醫籍》,《中醫雜志》1990 年第 5 期,第 44—47 頁。

③ 高大倫:《張家山漢簡〈脈書〉研究》,成都出版社 1992 年,第 10 頁。下引同,不另注。

④ 見方勇、袁開惠:《漢簡載"馬鞍""牛領"詞義考辨》(未刊稿)。

⑤ 見袁開慧先生 2022 年 5 月 6 日來函。

⑥ 韓厚明:《張家山漢簡字詞集釋》,博士學位論文,吉林大學 2018 年,第 221 頁。下引同,不另注。

肒(㔷)，領〈頷〉疢，乳痛，脣(肩)痛，心與胠痛，腹外【25】穜(腫)，腸痛，厀(膝)赴〈越—跳〉，柎(跗)上踝〈踝—痹〉，爲十二病。【26】

“牖”，《張本》直接釋爲“牖”，我們從韓厚明的隸定，讀爲牖。實際上，秦漢簡中的“牖”多作“牖”形，劉釗有專文論述，可以參看。①

簡文中的“脣”，韓厚明根據《長沙馬王堆漢墓簡帛集成》的意見讀爲“肩”，并認爲此處“脣(肩)痛”爲衍文，同時引高大倫的意見認爲下文“十二病”中“二”也是衍文。筆者按，此説可從。

簡文中的“赴”字，《張本》疑爲“外”字。韓厚明先生釋爲“跳”字。其形爲 ，此形左側明顯爲走形，如本篇第 25 簡的“走”作 形，可証之，而其右側明顯爲匕形。或者考慮此形爲“赴”形，此處“卜”形和“匕”形區别很大，雖然在漢簡中常見“外”形所从卜形和“匕”形譌混，但此處還應釋爲“赴”形較爲合理。“赴”字應爲“越”字譌形，“跳”爲“越”字的後起字。如此則與馬王堆帛書《陰陽十一脈灸經》甲本“厀(膝)跳”的内容能够對應起來。

二

《引書》有如下内容：

1. ·虎匽(偃)者，并(并)兩臂，後揮肩上左右。·甬莫〈莫〉者，并兩手，左右上下揮之。【26】

高大倫解釋爲：“虎匽(偃)，并攏兩臂，向肩後上下左右揮動。”筆者按，可從。馬王堆帛書有《導引圖》，其中的圖 26 如下：

(修復圖)

(原圖)

① 劉釗：《談考古資料在〈説文〉研究中的重要性》，《中國古文字研究》第一輯，吉林大學出版社 1999 年，第 223—241 頁。又見氏著《古文字考釋叢稿》，嶽麓書社 2005 年。

我們認爲圖中的文字爲“虎揠（偃）引”，應和此處張家山漢簡的“虎匽（偃）”同，但是二者的動作可能不完全相同。

“甬莫”之釋爲《張本》肇端，史常永先生認爲，“甬莫”借作蛹幕，其狀若蛹之作繭布絲。高大倫先生認爲，甬莫，讀踴蟆，如蝦蟆之跳躍。

筆者按，其中被釋爲“莫”的字形作形，很明顯此形與秦漢簡的“莫”形有區别，即中間的字形爲目，而非日，應隸定爲“莫”形，因張家山漢簡《二年律令》及《引書》42簡中的“莫”皆作此形，故“莫”即爲“莫”字譌字。我們懷疑其讀爲“瞙”，指目不明之義，《玉篇·目部》：“瞙，《字統》云：‘目不明。’”“瞙”字又見於馬王堆帛書《陰陽十一脈灸經（甲本）》中的“少陰脈”。[1] 此外，在關沮周家臺秦簡《病方及其他》簡中也有“今日庚午利浴曹（蠶），女毋辟（避）瞀暮=（瞙瞙）者，目毋辟（避）胡者，腹毋辟（避）男女牝牡者”的内容。[2] 以上的“瞙”均指目不明之義。

因爲蛹（此處可能就是指蠶蛹）眼睛不明，所以它的頭部經常上下左右轉動，故以此命名爲“甬（蛹）莫（瞙）”，後文的“左右上下揮之”的動作似乎也能説明這一點。

2. ·項痛不可雇（顧），引之，炎（倓）卧，冥（瞑）目，信（伸）手足□☒【31】☒已，令人從前後舉其頭，極之，因徐直之，休，復之十而已；因□力拘毋息，須臾之頃，汗出走（腠）理，極已。【32】

“炎（倓）”，《張本》引《説文》認爲爲“安也”。韓厚明認爲，亦作“惔卧”，安卧。平躺，身心放鬆。《諸病源候論·消渴候》引《養生法》曰：“解衣惔卧……惔卧者，無外想，使氣易行。”

“冥”字作形，諸家皆不識，缺釋。此字應是“冥”字左側一邊的剩餘字形，如馬王堆帛書中的“冥”作、、諸形可証。[3] “冥”應是讀爲“瞑”，指合目。《説文》：“瞑，翕目也。”“瞑目”爲後世常見的詞彙。

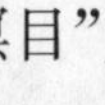

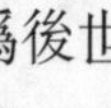

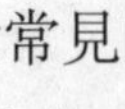

32簡中的“力”字上一字，《張本》釋爲“□也”。何有祖認爲實僅一字，疑是“忍”字。“忍”指抑制，克制。[4] 筆者按，此形下部爲“心”旁是對的，但是上部字形殘泐太

① 裘錫圭主編：《長沙馬王堆漢墓簡帛集成（伍）》，中華書局2014年，釋文第202頁。

② 陳偉主編：《秦簡牘合集（叁）》，武漢大學出版社2014年，釋文第74頁。

③ 劉釗主編，鄭健飛、李霜潔、程少軒協編：《馬王堆漢墓簡帛文字全編》，中華書局2020年，第773頁。下引同，不另注。

④ 何有祖：《張家山漢簡釋文與注釋商補》，簡帛研究網2004年12月26日，http://www.jianbo.org/admin3/html/heyouzhu07.html。

多，應闕疑。“因□力拘毋息”應句讀在一起，“因□”與“力拘毋息”不應該分開。

3. ·病痿瘤(瘤)，·引之₌[之之]方，右手把丈(杖)，鄉(嚮)壁，毋息，左足踱(蹠)壁，卷(倦)而休；亦左手把丈(杖)，右足踱(蹠)壁，亦卷(倦)而休。頭氣【36】下流，足不痿瘤(瘤)，首不蹱(腫)鳩(鼽)，毋事恒服之。【37】

簡文開頭的“痿”字，《張本》疑爲“瘳”字，其形爲，和下文的“痿”字形比較即可看出，形爲“痿”字無疑。其下一字形爲，此形下部有·墨點，應爲標記符號，《張本》釋爲“瘻”，諸家皆無異説。其實和下文的形進行比較，雖然二者稍有不同，但是即可明白這兩個字形應該是一个字。其中的字，《張本》釋爲“瘻〈痹〉”，高大倫亦主此説。劉釗認爲是“癉”字的異體，指手足風癱。① 張雪丹、張如青釋爲“癉”，《説文》：“足氣不至也。”②韓厚明認爲“瘻”字右側有墨點，疑因字形有誤，書手所做標記。“痿痹”肢體不能動作或喪失感覺。《急就篇》：“癰疽瘛瘲痿痹痕。”又作“痿痺”，《漢書·哀帝紀》：“即位痿痺，末年寖劇。”

我們認爲以上諸家的考釋皆難密合字形，其實仔細觀察這二者就會看到“疒”旁裹面的形體上部爲“留”形，和劉釗所説的“癉”形所从“單”旁上部十分相近，但是此形上部很明顯是从“卯”形，尤其是形，而形所从“卯”形已經譌形爲吅形，但是其下部和“曰”形是相連的，故此形是進一步譌誤的字形。正像韓厚明所説，形右側是一個誤字標記。我們認爲形下部的標識符號也應是如此作用。整個字形下部似爲“止”形譌形，留止之義比較明顯，所以我們隸定此形爲“瘤”形，其爲“瘤”字異體。此外，閲讀簡文“頭氣下流，足不痿瘤(瘤)，首不蹱(腫)鳩(鼽)，毋事恒服之”，即可發現“流”“瘤(瘤)”“鳩(鼽)”幾者上古音皆爲幽部，十分叶韻。這些字和後文的“之”字亦是韻部旁轉關係。此外，簡文開頭即説“病痿瘤(瘤)”，與下文“足不痿瘤(瘤)”正是相應的。

綜上，雖然典籍中常見“痿痹”聯言，但是字形上并不支持此字爲“痹”，下文 48 簡中就以“畀”表示“痹”，也能説明抄手的用字習慣。我們認爲“瘤(瘤)”之釋要稍好一些。“瘤”即指體表或者筋骨間長出的贅生物。《釋名·釋疾病》：“瘤，流也。血流聚而生瘤腫也。”《説文》：“瘤，腫也。”簡文中的“頭氣下流”，高大倫認爲指頭頂上的陽氣

① 劉釗：《〈張家山漢墓竹簡〉釋文注釋商榷(一)》，《古籍整理研究學刊》2003 年第 3 期，第 2 頁。

② 張雪丹、張如青：《張家山漢簡〈脈書〉〈引書〉中“癉”字考釋》，中華中醫藥學會：《全國醫古文研究學術年會論文集》2009 年 7 月 1 日，第 38 頁。

往下流通。《脈書》簡 57“首不蹱(腫)鳪(鼽)”一句,《張本》注釋指頭腫鼻塞。我們認爲以上解釋可從,如此“足不痿瘇(瘤)”則是指下肢不會痿痹和瘤腫,我們認爲這應該是簡文所要表達的確切含義。

4. ·引北(背)甬(痛)└,熊經十,前□十└,端立,夸(跨)足,前復(腹),備(負)手傅地,十而已。【50】

簡文中“熊經”,《張本》解釋爲術式名。見《莊子·刻意》《淮南子·精神》,亦見馬王堆漢墓帛書《導引圖》。韓厚明認爲,馬王堆漢墓帛書《導引圖》“熊經”圖畫人物束腰,半側身作轉體運動狀,兩臂微屈向前。《引書》簡 101“熊經以利脢(脢)背”。

簡文中的“前”下一字,《張本》釋爲“據”,其作  形,此形右側殘泐較多,可再考。

簡文中的“復”,《張本》釋爲“後”,諸家皆無異説。其形作  ,很明顯此形爲“復”,不是“後”。

簡文中的“偋(俛)”,爲《張本》所釋。韓厚明先生指出此字與《引書》中常見的“偋”有不同。其形作  ,韓先生的看法是正確的,此字與“偋”明顯不一樣,我們懷疑其爲“備”字之誤字。

此段簡文需要深入思考。或可考慮“復”讀爲“腹”,“前復(腹)”即患者腹部盡力靠前。“備”或讀爲“負”,“備”字上古音爲并母職部,“負”字爲并母之部,二者字音關係很近,“備(負)手”,指雙手交叉於後背。“負手”是典籍中常見之語,如《禮記·檀弓上》:“孔子蚤作,負手曳杖。”“負手傅地”可能與上引馬王堆帛書《導引圖》中的第 28 圖的“偹(俛)欮”動作類似。

5. ·支尻之上甬(痛)└,引之,爲木鞠,談(倓)卧,以當甬(痛)者,前後榣(摇)之,三百而休;舉兩足,指上,手撫席,舉尻以力引之,三而已。【52】

“支”字爲《張本》所釋。高大倫先生讀爲“肢”。筆者按,似以“支”爲是,不需通假,“支尻”見於下文的 59 簡“右足支尻”即支撑作用義。“木鞠”,《張本》釋爲木球,可从。此處簡文是指將木球放於痛處,爲輔助治療器械。

6. ·引□,其在左,反左手頭上,右手句(勾)左手而力引之;其在右,反右手頭上,左手而力引之。危坐,夸(跨)股,□手交【55】指以癴(摩)面,以下盾(揗)之至股,而前軵手,反而舉之,而力引之,壹上壹下,壹左壹右而休。【56】

簡文開頭的“引”作 形,很明顯此形中間多出一些筆畫,即  形,比較其下一字

形的字,應是整理者誤將形斑駁簡片置入"引"字形中,此與形應爲一體,合并後爲形,《張本》認爲此字从疒旁,是正確的,但是因爲中間形殘泐太多,無法辨認。此字應是表示某種疾病名稱。

7. ·□□上□,敦踵(踵),壹敦左,壹敦右└,三百而已。信(伸)左足,右手據右厀(膝),左手撫左股,而引左之股三,有(又)引右股三;【61】□└,因昫(呴)之卅└,去卧,據則(側)而精虖(呼)之卅,精昫(呴)之卅└,精炊(吹)卅。端談(倓),吸精氣而咽之,瞋少腹,以力引陰,三而已。【62】

《張本》釋缺字第一字右从"寺",第二字右从"耑",第四字右从"巨"。高大倫認爲,據後文"敦踵(踵)以利匈(胸)中",此疑指胸部病症。

筆者按,"上"下一字作形,其右側確如《張本》整理者所云,爲"巨"形,觀察字形,其左側應是"止"或者"足"形,故此字應爲"歫"或者"距"字。

此導引術究竟是治療何種疾病的,仍需進一步研究。

8. ·苦腹張(脹)└,夜日談(倓)卧而精炊(吹)之卅;無益,精嘑(呼)之十└;無益,精昫(呴)之十└;無益,復精炊(吹)之卅;無益,起,治八經之引。【74】去卧,端伏,加兩手枕上,加頭手上,兩足距壁,興心,印(抑)頤,引之,而賈(固)箸(著)少腹及股厀(膝),三而已。【75】·去卧而尻壁,舉兩股,兩手鉤兩股而力引,極之,三而已。·□吴【76】

筆者按,簡文所提的75簡,在《張家山漢墓竹簡(二四七號墓)》一書中未公布其圖版。"鉤"字,《張本》釋爲从糸从句之字,讀爲"鉤",從圖版來看,應直接釋爲"鉤"。此外,何有祖指出76簡中原釋文作"力引之,極之","力引"後無"之"字。[①] 筆者按,此説至確。

76簡最後的字形"□吴",《張本》認爲是抄寫者名。缺字右从"頁"旁。筆者按,其形作,我們疑其爲"顛"字,可與張家山漢簡《奏讞書》169簡中的"顛"作形比較。馬王堆漢墓帛書中的"顛"亦與此雷同,如、等,故形爲"顛"字應該是可以的。秦簡中亦是作如此形,且讀爲"願",我們認爲此處可讀爲"原",表示姓氏。

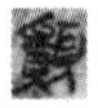

① 何有祖:《張家山漢簡釋文與注釋商補》,簡帛研究網2004年12月26日,http://www.jianbo.org/admin3/html/heyouzhu07.html。

據研究,周文王子封於原,爲原伯,晋滅之,封先軫,號原軫,其後并姓原。春秋時魯國有原亢,孔子弟子。漢代有原涉,茂陵人。[①] 故"䫙(原)旲"爲人名無疑,即抄寫者名字。

附記:本文蒙審稿專家提出寶貴修改意見,在此表示誠摯謝意!

① 慕容翊編撰:《中國古今姓氏辭典》,黑龍江人民出版社1985年,第252頁。

孔家坡《日書》"蚩尤"信仰溯源

——兼論日書與地方治理[*]

熊佳暉

摘　要： 孔家坡漢墓出土的《日書》帶有許多秦系擇日術特徵，但以其中的"蚩尤"信仰爲例，考察秦漢之際秦、楚人的活動，可證其源出楚地而非秦地，説明在"承秦制"之外，楚文化也是漢文化的源流之一。孔家坡《日書》包含的信仰體系與其出土地政權歸屬的文化體系相合，表明孔家坡《日書》的形成受到出土地文化變遷的影響。這一特點再次證明低級官吏墓中的日書是當地文化的産物，其原因一方面是低級官吏多爲當地人，另一方面也與日書可幫助低級官吏更便利地進行日常治理相關。

關鍵字： 孔家坡　日書　神話　地域文化

日書類文獻作爲日常生活的指導性文本，其内容與地域文化密切相關。《史記·太史公自序》："齊、楚、秦、趙爲日者，各有俗所用。"但司馬遷所著《日者列傳》失傳，從褚少孫所補的内容中已看不到對秦漢時期各地日書的記述。20世紀以來經考古發現了多批戰國至漢代的數術類文獻，使今人有幸得以窺見當時日書的原貌。前輩學者通過對比九店楚簡日書、睡虎地秦簡日書和放馬灘秦簡日書，已證明當時流傳的日書

* 本文爲國家社科基金重大項目"荆州胡家草場12號西漢墓出土簡牘整理與研究"（項目編號：20&ZD255）、"古文字與中華文明傳承發展工程"資助項目（項目編號：G1410）成果之一。

至少有秦、楚兩個系統。[①] 其中屬楚系日書的九店日書出土於楚地,屬秦系日書的放馬灘日書出土於秦地,而兼有秦、楚兩系日書的睡虎地日書的出土地,原爲楚核心地域,後屬秦南郡。[②] 可能由於自然環境的局限,目前還未在齊、趙等地發現日書類文獻,[③]但出土日書大體已可印證司馬遷所説各地日者皆依其俗的判斷。過去學界對日書系別的劃分,主要以出土地文化背景明確的九店《日書》和放馬灘《日書》爲標準與新見日書比較,對於無法對比的,主要以新見篇目中涉及的天文、曆法等體現出明顯地域區別的内容爲依據。對於擇吉依據的另一大類——日書中的地方信仰目前研究尚少,對出土日書與地域文化關係的討論更無法擴及已全面承襲秦曆但地域區別依舊明顯的漢初。[④] 作爲目前已公布的最爲全面系統的漢代日書版本,孔家坡《日書》的部分内容或可以爲探討這一問題提供幫助。

孔家坡《日書》出土於隨州孔家坡 8 號漢墓,據墓中木牘記載,墓主生前的最後身份爲"庫嗇夫",下葬年代爲漢景帝後元二年,這也是墓中《日書》抄寫年代的下限。[⑤] 自孔家坡簡牘於 2006 年完全公布以來,在多位學者的努力下,該批《日書》的釋讀、編聯、綴合等問題總體上得到解決,爲進一步的内涵研究打下了堅實基礎。本文將着重

① 參看劉信芳:《九店楚簡日書與秦簡日書比較研究》,張光裕等編:《第三届國際中國古文字學研討會論文集》,香港中文大學中國文化研究所、中國語言及文學系 1997 年,第 517—544 頁;胡文輝:《睡虎地秦簡中的楚〈日書〉》,《中國早期方術與文獻叢考》,中山大學出版社 2000 年,第 74—87 頁;劉樂賢:《簡帛數術文獻探論》(增訂本),中國人民大學出版社 2012 年,第 40—53 頁;劉樂賢:《楚秦選擇術的異同及影響——以出土文獻爲中心》,《歷史研究》2006 年第 6 期。

② 各地日書所見的居住習俗與當地環境相符,也可作爲出土日書與當地文化關聯的例證。參看晏昌貴、梅莉:《楚秦〈日書〉所見的居住習俗》,《民俗研究》2002 年第 2 期。

③ 《史記·孟嘗君列傳》載孟嘗君以五月五日生而不爲父舉,孟嘗君問其故,父對曰:"五月子者,長與户齊,將不利其父母。"《史記索隐》引《風俗通》注曰:"俗曰五月五日生子,男害父,女害母。"這段故事中的風俗近似於日書類文獻中的"生子占",或是戰國時日書類文獻流行於齊地的證據。

④ 也有部分文章探討了日書中的鬼神,如李曉東、黄曉芬:《從〈日書〉看秦人鬼神觀及秦文化特徵》,《歷史研究》1987 年第 4 期;郝振楠:《〈日書〉所見秦人鬼神觀念述論》,葛志毅主編:《中國古代社會與思想文化研究論集(三)》,黑龍江人民出版社 2008 年,第 52—70 頁;劉樂賢:《釋孔家坡漢簡〈日書〉中的幾個古史傳説人物》,《中國史研究》2010 年第 2 期;梁超:《孔家坡漢簡〈日書〉中所見幾個鬼神名試釋》,《北京教育學院學報》2014 年第 3 期;魏超:《從睡虎地秦簡〈日書〉看秦人的鬼神觀念》,《華夏文化》2015 年第 1 期;賈西周:《秦簡牘資料所見鬼神信仰研究》,碩士學位論文,陝西師範大學 2016 年;晏昌貴:《〈日書〉中的鬼神》,蔡萬進、鄔文玲主編:《簡帛學理論與實踐》第一輯,廣西師範大學出版社 2021 年,第 316—362 頁。但這些文章或是主要疏通文句,或是集中於秦地的信仰,未涉及漢代,尤其是交替經歷了楚、秦文化長期洗禮地區的日書中的信仰來源。

⑤ 湖北省文物考古研究所、隨州市考古隊:《隨州孔家坡漢墓簡牘》,文物出版社 2006 年,第 32—35 頁。

探尋孔家坡《日書》中"蚩尤"神話的來源及其反映的地域文化，在此基礎上，嘗試結合其他日書類文獻一窺隨州地區戰國晚期至西漢初年的文化變遷，并就出土於地方小吏墓中的日書與當地文化關聯的原因略陳己見，祈請方家指正。

一、"蚩尤"神話溯源

孔家坡《日書》中有一條以蚩尤爲立論依據的日禁之術。

入月二旬齒(蚩)尤死日也，[1]不可哭臨、聚衆、合卒。183 壹

這條簡文原被歸在"嫁女"篇，王强認爲應將此簡從"嫁女"篇中分離，單列一章，命名爲"蚩尤死日"。[2] 周家寨漢簡中有與此簡内容相同的篇目，自題爲"哭聚"，[3]可證王强的篇目劃分意見正確。"哭臨"，陳炫瑋認爲指人死後集衆舉哀或至靈前弔祭。[4]《漢書·高帝紀》："故以魯公葬羽於穀城。漢王爲發喪，哭臨而去。"可爲陳説之證。"合卒"與兵事相關。簡文的禁忌與漢代祭祀體系中蚩尤的"兵主"身份相合。

"蚩尤"的傳説在先秦時期流傳廣泛。在黄帝爲正統的神話體系中，蚩尤長期以來作爲失敗的"亂臣"存在。至戰國時期，關於蚩尤"作五兵"的記述逐漸增多，[5]蚩尤的"兵主"形象日趨豐滿，并在秦漢時期正式進入國家祭祀的序列，[6]成爲漢代國家信仰——尤其在軍事領域中具有重要地位的神靈。現有的研究基本理清了蚩尤成爲"兵主"的過程和秦漢時期蚩尤的祭祀情況，但對戰國至漢初蚩尤"兵主"傳説影響的地域關注較少。

孔家坡《日書》的出土地隨州，自西周初訖戰國中期是姬姓曾國的核心區域，但從春秋中期起，曾國逐漸向楚國靠攏，深受楚文化浸染。[7] 隨着秦國南下，隨州地區成爲

---

① "蚩尤"之釋，參看劉樂賢：《釋孔家坡漢簡〈日書〉中的幾個古史傳説人物》。

② 王强：《孔家坡漢墓簡牘校釋》，碩士學位論文，吉林大學 2014 年，第 76—77 頁。

③ 李天虹、凡國棟、蔡丹：《隨州孔家坡與周家寨漢簡〈日書〉"嫁女"篇的編次與綴合》，《考古》2017 年第 8 期。

④ 陳炫瑋：《孔家坡漢簡日書研究》，碩士學位論文，臺灣"清華大學"2007 年，第 118 頁。

⑤ 王睿：《八主祭祀研究》，博士學位論文，北京大學 2011 年，第 42—45 頁；李桂民：《蚩尤的傳説及其地位變遷研究》，《聊城大學學報(社會科學版)》2019 年第 2 期。

⑥ 田天：《秦漢國家祭祀史稿》，生活·讀書·新知三聯書店 2015 年，第 93 頁；王睿：《八主祭祀研究》第 48—55 頁；王子今：《漢代"蚩尤"崇拜》，《秦漢社會意識研究》，商務印書館 2012 年，第 321—336 頁。

⑦ 參看方勤：《曾國歷史與文化：從"左右文武"到"左右楚王"》，上海古籍出版社 2019 年，第 130—163 頁。

秦南陽郡下的隨縣,受秦統治至少六十餘年。[①] 秦、楚文化最有可能是孔家坡《日書》中蚩尤信仰的直接來源。

漢文帝以前,秦、楚兩地流傳的文獻中均已出現了"兵主"蚩尤的身影。清華簡《五紀》:"蚩尤既長成人,乃作五兵。"[②]寫成年代最晚在漢初的馬王堆帛書《陰陽五行甲篇·上朔》:"順七下朔,名爲蚩【尤,4上百】事莫可,兵事獨甚。4下"[③]《陰陽五行乙篇·上朔》:"【後】一〈四〉辰日也爲亞朔,亞朔蚩尤,三凶,20下兵事尤甚。"[④]《天文氣象雜占》有:"蚩尤之尸。兵隨之。"[⑤]"蚩尤之旌,益地。"[⑥]"蚩尤旗,兵在外,歸。"[⑦]所記蚩尤形象均與兵事相連。李學勤曾指出馬王堆帛書中能推定作者地望的大多是楚人的作品,其中就包括《陰陽五行》和《天文氣象雜占》。[⑧]《吕氏春秋》:"人曰'蚩尤作兵',蚩尤非作兵也,利其械也。"[⑨]王家臺秦簡《歸藏》多涉上古神話,其中有"勞曰昔者蚩尤卜鑄五兵而攴占赤□〼"。[⑩] 北大秦簡《死刃》:"死刃,曰:'莫先爲白旌,天帝蚩尤使就鑄若九江之間。'"[⑪]但需要注意的是,明確來源於楚文化的文獻均承認了蚩尤爲兵主。而《吕氏春秋》雖然也將蚩尤與兵相連,但削弱了蚩尤在其中的地位,且《吕氏春秋》集衆家而成,反映的未必是秦本地思潮。王家臺簡雖然出自秦墓,但整理者提到"《歸藏》形體最古,接近楚簡文字,應爲戰國末年的抄本"。[⑫] 則王家臺秦簡《歸藏》存在直接抄寫自楚文字底本和由秦文字底本轉寫爲楚文字兩種可能。考慮到目前所見出土文獻中尚未有將秦國文獻轉寫爲楚文字,却存在如睡虎地《日書》將楚地

---

① 對於秦置南陽郡的進程與背景的討論,參看周書燦:《戰國南陽地名考辨——兼論秦南陽郡之建置》,《中國歷史地理論叢》2014年第3期;晏昌貴:《秦簡牘地理研究》,武漢大學出版社2017年,第48、78—89頁。

② 清華大學出土文獻研究與保護中心編,黄德寬主編:《清華大學藏戰國竹簡(拾壹)》,中西書局2021年,第124頁。

③ 裘錫圭主編:《長沙馬王堆漢墓簡帛集成(伍)》,中華書局2014年,第73頁。

④ 裘錫圭主編:《長沙馬王堆漢墓簡帛集成(伍)》第135頁。

⑤ 裘錫圭主編:《長沙馬王堆漢墓簡帛集成(肆)》,中華書局2014年,第247頁。

⑥ 裘錫圭主編:《長沙馬王堆漢墓簡帛集成(肆)》第270頁。

⑦ 裘錫圭主編:《長沙馬王堆漢墓簡帛集成(肆)》第271頁。

⑧ 李學勤:《新出簡帛與楚文化》,湖北省社會科學院歷史研究所編:《楚文化新探》,湖北人民出版社1981年,第28—39頁。

⑨ 許維遹:《吕氏春秋集釋》,中華書局2009年,第158頁。

⑩ 王明欽:《王家臺秦墓竹簡概述》,[美]艾蘭、邢文編:《新出簡帛研究》,文物出版社2004年,第32頁。

⑪ 北京大學出土文獻與古代文明研究所編:《北京大學藏秦簡牘(肆)》,上海出版社2023年,第853頁。

⑫ 王明欽:《王家臺秦墓竹簡概述》第28頁。

文獻轉寫爲秦文字的現象,秦始皇統一文化的舉措以及後文將討論的秦國的蚩尤之祀,該篇文獻抄寫自楚文字底本的可能性更大。這篇帶有卜筮性質的文獻出土於故楚地,且字形近於楚文字,説明它的源頭或流向中必有一個指向楚文化群體,更可能是蚩尤傳説流傳於楚地而非秦地的證據。北大秦簡據推斷來自秦南郡地方官吏之墓,抄寫年代在秦始皇時期,①也不是秦故地流行"兵主"蚩尤信仰的直接證據。

書籍的流傳具有一定偶然性,祭祀直觀地反映着祭拜者的精神世界,一種被廣泛認可的祭祀的形成往往與一個地區的習俗、信仰密切相關。蚩尤之祀在秦、楚文化體系均有一席之地。

秦國與蚩尤信仰的接觸始於秦始皇東巡齊地。《史記·封禪書》:

> 於是始皇遂東游海上,行禮祠名山大川及八神,求僊人羡門之屬。八神將自古而有之,或曰太公以來作之。齊所以爲齊,以天齊也。其祀絶莫知起時。八神:一曰天主……。三曰兵主,祠蚩尤。蚩尤在東平陸監鄉,齊之西境也……皆各用一牢具祠,而巫祝所損益,珪幣雜異焉。

在經多代秦君整合後最終確立的秦本土祭祀中并無蚩尤的身影。在東巡之後,秦朝整合固有和新吸納的神主,形成了新的祭祀體系:以雍四畤爲代表的國家最高祭祀,"太祝常主,以歲時奉祠之";以"他名山川諸鬼及八神之屬"爲代表的第二等級,"上過則祠,去則已";以"郡縣遠方神祠"爲代表的第三等級,由"民各自奉祠,不領於天子之祝官"。②"兵主"蚩尤所屬的八主僅在原地立祠,且不入常祀,與秦關中的本土祭祀形成了鮮明對比,抄寫年代在秦始皇統一天下後的嶽麓秦簡"廷卒令"中有一條涉及"哭臨"的文獻:

> ● 自今以來,禁毋以壬、癸哭臨,葬(葬)以報日。犯令者,貲二甲。
> ·廷卒乙十七 165/1706+1784③

該令没有説明避忌理由,但以壬、癸日爲忌日,和以"入月二旬"爲忌日所依據的不是一套擇日術,也是"蚩尤"信仰未在秦本土産生影響的證據。

不過從另一方面看,非秦傳統祠祀的八主祭祀得以保留并被納入秦朝祭祀的第二等級,説明這一信仰在山東地區可能有較大的影響力,因此得到秦皇的重視。將之納入國家祭祀應當與秦始皇整合東、西方信仰體系進而鞏固大一統政權的意

① 北京大學出土文獻與古代文明研究所編:《北京大學藏秦簡牘(壹)》,上海古籍出版社 2023 年,"前言"第 1 頁。

② 秦地的本土祭祀和秦始皇對天下祠祀的分級處理見《史記·封禪書》。

③ 陳松長主編:《嶽麓書院藏秦簡(伍)》,上海辭書出版社 2017 年,第 123 頁。

圖有關。[①]

幾年之後,秦始皇病逝,關東各地興起了反秦起義。以劉邦爲首的起義軍將祭祀蚩尤作爲立號儀式的重要部分。《史記·高祖本紀》:

> 秦二世元年……父老乃率子弟共殺沛令,開城門迎劉季,欲以爲沛令……於是劉季數讓。衆莫敢爲,乃立季爲沛公。祠黄帝,祭蚩尤於沛庭,而釁鼓旗,幟皆赤。

據《史記集解》引應劭:"《左傳》曰黄帝戰於阪泉,以定天下。蚩尤好五兵,故祠祭之求福祥也。"漢代將蚩尤作爲兵神,劉邦起兵之時祭祀蚩尤,應當與這一信仰有關。彼時劉邦方豎起反秦旗號,很難想像起兵之初他就設計好國家祭祀體系的藍圖,此次祭祀爲了樹立旗號,凝聚人心,所挑選的祭祀對象最大可能是在他本人認識及鄉里中具有影響力的神祇。雖然劉邦本爲魏人,且其所居地豐邑魏人仍有一定勢力,[②]但劉邦起在沛縣,隨從的主要組成人員:芒碭山群盜集團、沛縣故吏、沛縣父老子弟,基本上都是沛縣出身的舊楚國人。其起兵理由是回應陳涉張楚政權,起兵後用楚制,稱縣公,建立起楚國屬下的沛縣政權。[③] 劉邦以楚人領袖的身份出現,依楚人習俗建立信仰體系是他凝聚人心的最佳選擇。

對比"蚩尤"祭祀在秦、楚間的待遇可見在漢初以前,蚩尤兵主的形象在南方地區已廣爲傳播,其被引入關中則應在秦亡以後。由此可以推測孔家坡《日書》中的"蚩尤"禁忌應源自楚地。

二、隨州地區戰國晚期至漢初的文化變遷

《史記·項羽本紀》載范增語:"楚南公曰:'楚雖三户,亡秦必楚。'"後世史家對"三户"的含義尚有争議,但多對"亡秦必楚"深信不疑。觀諸史籍,楚國旗號在反秦鬥争掀起的初期幾乎成了起義合法代名詞。田餘慶認爲楚人充當反秦主力的原因在於戰國晚期足以與秦抗衡的唯有楚國,楚被滅後,潛力還在,所以陳勝一呼而楚境震動,

① [美]柯馬丁著,劉倩譯:《秦始皇石刻:早期中國的文本與儀式》,上海古籍出版社2018年,第101—102頁;田天:《秦漢國家祭祀史稿》第58—89頁。

② 參看陳蘇鎮:《〈春秋〉與"漢道"——兩漢政治與政治文化研究》,中華書局2020年,第39—42頁。

③ 李開元:《漢帝國的建立與劉邦集團:軍功受益階層研究》(增訂版),生活·讀書·新知三聯書店2023年,第134—135頁;又見陳蘇鎮:《〈春秋〉與"漢道"——兩漢政治與政治文化研究》第43—44頁。

關東沸騰，張楚的號召力量非其他五國能比，進而提出“非張楚不能滅秦”的論斷。[①] 陳蘇鎮進一步補充，認爲“非張楚不能滅秦”不僅在於楚人有反秦的實力，也因爲楚人對秦的統治更加反感，其原因在於秦法與楚俗的衝突。[②] 琴載元肯定反秦過程中楚人的貢獻，但他同時指出“亡秦必楚”的説法有一定局限性，秦末的反秦活動并未在以郢爲中心的故楚核心發生。經過六十餘年的統治，秦的法律體系在此地已經根深蒂固。他進而舉出睡虎地秦簡中《日書》中的《除》篇、所用曆法等證據來説明在秦文化的影響下，南郡地區的楚文化已處於逐漸被淘汰的地步。[③] 沈剛、張夢晗等結合新資料探討了秦在南方占領地區的統治秩序，證明秦在南方已建立起卓有成效的統治系統，[④] 是對這一觀點的有力支撐。

如琴載元等先生所説，新出材料證明秦文化在故楚地留下了深刻的印記，但同樣需要注意的是，鄭家湖秦墓葬具上有繪畫，這一傳統目前集中於江漢地區；繪畫的形式、内容和載體都有楚文化的痕迹。[⑤] 即使在睡虎地秦墓群中，M3 和 M11 中也隨葬有銅鼎、盒、壺或鼎、鈁、匜和勺等多見於楚文化墓葬中的禮器。[⑥] 李天虹梳理了以江漢地區爲主的戰國至西漢出土簡册墓葬中簡册的隨葬方式，發現西漢早期墓葬簡册一般置於槨室内棺室外，與戰國楚墓類同。[⑦] 孔家坡墓群的隨葬器物也顯示楚文化的影響在當地直到景帝時期仍在延續，并且相較於江陵地區更爲濃厚。[⑧] 可見隨州地區一直都流行着部分楚文化傳統。

漢承秦制，也部分承繼了秦文化。據《史記·封禪書》，漢二年，劉邦“悉召故秦祝

---

① 田餘慶：《説張楚——關於“亡秦必楚”問題的探討》，《歷史研究》1989 年第 2 期，收入田餘慶：《秦漢魏晋史探微》（重訂本），中華書局 2023 年，第 1—30 頁。

② 陳蘇鎮：《〈春秋〉與“漢道”——兩漢政治與政治文化研究》第 27—38 頁。

③ ［韓］琴載元：《反秦戰爭時期南郡地區的政治動態與文化特徵——再論“亡秦必楚”形勢的具體層面》，西北師範大學歷史文化學院、甘肅簡牘博物館編：《簡牘學研究》第 5 輯，甘肅人民出版社 2014 年，第 129—140 頁

④ 沈剛：《簡牘所見秦代對南方新占領地區特殊統治政策探析》，西北師範大學歷史文化學院、甘肅簡牘博物館編：《簡牘學研究》第 6 輯，甘肅人民出版社 2016 年，第 80—89 頁；張夢晗：《“敗亡與重生”：“亡秦必楚”的歷史探究》，博士學位論文，中國社會科學院研究生院 2018 年，第 58—68 頁。

⑤ 湖北省文物考古研究所、雲夢縣博物館：《湖北雲夢縣鄭家湖墓地 2021 年發掘報告》，《考古》2022 年第 2 期。

⑥ 《雲夢睡虎地秦墓》編寫組：《雲夢睡虎地秦墓》，文物出版社 1981 年，第 73 頁。

⑦ 李天虹：《戰國楚地墓葬出土簡册的考古學觀察》，朱淵清、蘇榮譽主編：《有鳳來儀：夏含夷教授七十華誕祝壽論文集》，中西書局 2022 年，第 125—144 頁。

⑧ 湖北省文物考古研究所、隨州市考古隊：《隨州孔家坡漢墓簡牘》第 34 頁。

官,復置太祝、太宰,如其故禮儀”,又詔曰:“今上帝之祭及山川諸神當祠者,各以其時禮祠之如故。”亦没有全然拋棄舊有的楚文化,如漢五年在長安新立的祝祠中就包含源自楚文化的神主。這意味着在尚未確定自己文化面貌的漢初,中央不存在刻意排斥秦文化或楚文化的傾向。同時也要認識到,這些祠祀均集中在關中地區,除“靈星”外,未見在天下設立統一的國家神祇祠祀,相反還承認各地的民社。① 因此,雲夢、隨州等地的秦漢墓葬中的楚文化因素應當來自當地民衆自覺地承襲,而非漢代政權的强力推行。孔家坡《日書》中的蚩尤信仰應當也屬於傳承的一部分。

從近年新見材料出發,或可以看到經歷了“楚——秦——漢”變革後隨州地區更真實的文化面貌。秦的占領在故楚地留下了印記,如楚故地在被秦占領後最終都改用了秦文字和曆法,并被漢所繼承。但在最保守的葬俗上,楚文化仍占有一席之地。反映在孔家坡《日書》中,即《建除》《叢辰》等篇目在睡虎地秦簡中尚有楚的版本,在孔家坡中則完全消失。② 不過,這些内容所依據的背景知識只是與自然規律相關的專業性知識,離普通人的生活尚有一段距離,其改變是相對容易的。而如神話傳説這類涉及信仰的文化,仍然在秦的統一政策下頑强地存活。

三、低級官吏墓出土“日書”與地域文化關聯的原因

睡虎地秦墓《日書》公布不久,李學勤即據《論衡・譏日》提出《日書》爲古代民間所常用,可以之作社會史的考察。李先生雖未明言《日書》與地域文化的關係,但其指出睡虎地秦、楚日書的相異反映了秦、楚不同的社會狀況,③已隐含着日書是地方社會文化的反映這一態度。其後,蒲慕州通過考察睡虎地《日書》所關涉的事類,明確提出《日書》反映出當時的民間信仰,其使用者主要是當時社會的中下階層人士。④ 但基於

① 田天:《秦漢國家祭祀史稿》第90—102頁。

② 孔家坡《建除》與已出秦、楚系日書《建除》的對比參看孫占宇:《戰國秦漢時期建除術討論》,《西安財經學院學報》2010年第5期。秦、楚系《叢辰》的對比參看劉樂賢:《楚秦選擇術的異同及影響——以出土文獻爲中心》。孔家坡《辰》見湖北省文物考古研究所、隨州市考古隊:《隨州孔家坡漢墓簡牘》第131—133頁。

③ 參看李學勤:《睡虎地秦簡〈日書〉與楚、秦社會》,《江漢考古》1985年第4期。

④ 蒲慕州:《睡虎地秦簡〈日書〉的世界》,《“中研院”歷史語言研究所集刊》第62本第4分,1993年,第623—675頁;蒲慕州:《追尋一己之福——中國古代的信仰世界》,上海古籍出版社2007年,第77—98頁。

“讀寫能力”的視角，日書類文獻的使用者應當是至少接受過一定程度教育的社會少數群體，[①]這意味着擁有較低讀寫能力的人至少可能會被動地接受非本地文化塑造的日書，而擁有較高讀寫能力的人，甚至可以主動收藏或選擇非本地文化産出的日書。秦漢時期的日書的確影響到從社會高層到低級吏員的生活。《史記・日者列傳》：“孝武帝時，聚會占家問之，某日可取婦乎？五行家曰可，堪輿家曰不可，建除家曰不吉，叢辰家曰大凶，曆家曰小凶，天人家曰小吉，太一家曰大吉。辯訟不决，以狀聞。制曰：‘避諸死忌，以五行爲主。’”沅陵侯吴陽墓中隨葬有整理者命名爲《閻昭》的書籍，該書内容多爲教人以五行相生相勝原理擇日，整理者認爲即《漢書・藝文志》中歸屬於五行家的《閻昭》。[②] 石洋經過詳細比勘秦、漢日書中“占亡”與“占盗”的異同，并將之與秦漢律中對捕盗、捕亡的規定相聯繫，認爲這些篇目服務的對象主要是基層執法者，造成“占盗”“占亡”差異的主要原因是王朝的規定。[③] 但就出土日書的實例來看，至少目前所見出土自低級官吏墓中的日書均與當地文化密切相關。究其原因，一方面秦漢小吏一般需用本地人，[④]由新見出土文獻可知，秦及漢初，除都官外，規定必須用本地人的官秩上限大致在有秩級别。[⑤] 他們成長於地域文化之中，自然深受其影響；另一方面，日書對於地方小吏的意義可能也不限於自用。[⑥] 日書或許也是輔助地方小吏進行地方治理的工具。

李學勤結合傳世文獻對書籍隨葬的記載和隨葬書籍的實例論述了殉葬書籍一定程度上是死者身份和思想傾向反映的觀點。[⑦] 藤田勝久進一步明確目前所見官員墓葬中的書主要是“法律、軍事等，傾向於諸子書、兵書、術數書、方技術中與職務相關的、比較特殊的方面……其出土書籍限於跟職務有關的書。”[⑧]强調了官員墓中隨葬書

---

① Donald Harper, “Daybooks in the Context of Manuscript Culture and Popular Culture Studies”, Donald Harper and Marc Kalinowski ed, *Books of Fate and Popular Culture in Early China: The Daybook Manuscripts of the Warring States, Qin and Han*. Leiden: Brill, 2017, pp.97 - 104.

② 湖南省文物考古研究所編著：《沅陵虎溪山一號漢墓》，文物出版社 2020 年，第 117 頁。

③ 石洋：《秦簡日書所見占盗、占亡之異同》，《文史》2020 年第 3 輯。

④ 相關成果衆多，如卜憲群：《秦漢官僚制度》，社會科學文獻出版社 2002 年，第 293—294 頁；嚴耕望：《秦漢地方行政制度》，北京聯合出版公司 2020 年，第 351—353 頁。

⑤ 熊佳暉：《張家山 M336〈功令〉讀札》，簡帛網 2023 年 3 月 23 日，http://www.bsm.org.cn/?hanjian/8941.html。

⑥ 本文中“自用”的概念指遵照日書的指導在自己的生活中擇吉避忌。地方官吏通過日書瞭解地方習俗以輔助治理地方也可以説是一種“自用”，但應與前者相區别。

⑦ 李學勤：《馬王堆帛書與〈鶡冠子〉》，《江漢考古》1983 年第 2 期。

⑧ ［日］藤田勝久著，曹峰、［日］廣瀨薰雄譯：《〈史記〉戰國史料研究》，上海古籍出版社 2008 年，第 39 頁。

籍與其治理地方任務的關聯。具體到日書,工藤元男認爲日書是官吏觀察基層社會習俗的視窗。①

由於早期史料很少直接記录普通民衆的日常生活,且口傳、習俗等對地方社會生活有重大影響的力量在史籍中很難查證,我們不能找到普通民衆直接使用日書的記录,但出土日書中存在一個不可忽視的現象,其所涉的事類諸如衣食住行、生老病死、農商生業等主要關涉着中下階層的日常生活。② 當時社會的市井中存在專業日者,如《墨子·貴義》:"子墨子北之齊,遇日者。日者曰:'帝以今日殺黑龍於北方,而先生之色黑,不可以北。'"③《史記·日者列傳》:"司馬季主者,楚人也。卜於長安東市。"無法閱讀的普通百姓除可通過口傳等方式傳承擇吉避忌知識外,還可以向他們求助。但日者與求助者之間并非單純傳授與接收知識的關係,求助者實際上是日者的生存之本,《鹽鐵論·散不足》:"今世俗飾僞行詐,爲民巫祝,以取厘謝,堅頟健舌,或以成業致富,故憚事之人,釋本相學,是以街巷有巫,閭里有祝。"④因此取信於求助者尤其重要。從日書中結構完整的條文來看,一條完整的日書條文就是一個論證,例如:

> 春心,夏輿鬼,秋婁,冬處,不可出血若傷,必死。血忌,帝啓百蟲口日也。甲寅、乙卯、乙酉不可出血,出血,不出三歲必死。397(《孔家坡日書·血忌》)⑤

需要具備時間、事項、依據和犯忌的後果等要素。其中依據——即日書的知識背景是説服求助者的關鍵。爲了增强説服力,日者往往會選用求助者較爲熟悉的知識作爲依據。

胡雅麗將楚人時日禁忌之術的源頭歸結爲楚人的信仰,認爲時日禁忌之術的核心是規範人的行爲以迎合神靈的好惡,神靈中的一大部分是自然神靈,這部分的内容多與自然規律相聯繫,另一部分是人類鬼神,多牽涉德行、修養。⑥ 概而言之,即楚人時日禁忌的依據來源於對自然規律的認識和對人類鬼神的信仰。董濤將考察對象擴

① [日] 工藤元男著,莫枯譯:《雲夢秦簡〈日書〉所見法與習俗》,《考古與文物》1993 年第 5 期;[日] 工藤元男著,[日] 廣瀨薰雄、曹峰譯:《睡虎地秦簡所見秦代國家與社會》,上海古籍出版社 2018 年,第 146 頁。

② 蒲慕州:《睡虎地秦簡〈日書〉的世界》第 623—675 頁。

③ 吴毓江:《墨子校注》,中華書局 2006 年,第 674 頁。

④ 王利器:《鹽鐵論校注》,中華書局 2015 年,第 391 頁。

⑤ 湖北省文物考古研究所、隨州市考古隊編:《隨州孔家坡漢墓簡牘》第 179 頁。

⑥ 胡雅麗:《楚人時日禁忌初探》,楚文化研究會編:《楚文化研究論集》第 6 輯,湖北教育出版社 2004 年,第 439—449 頁。

及秦日書,提出了類似的觀點,他的表述更爲具體:擇日術的一個起源是要避忌親屬、重要或著名人物、神話傳説人物的受難日;另一個起源是對感知到的自然規律的遵從。[①] 避忌歷史、傳説人物的原因不僅在於對他們受難日的紀念,還可能出於對重要歷史事件或傳説的記憶,比如嶽山秦墓木牘有:

> 丙寅,羿射封豕,不可入豕及殺之。壹Ⅱ(《殺日》)[②]

總而言之,董濤提出的擇日術的第一個起源主要關涉到的是日書使用群體的歷史記憶與信仰。就自然規律而言,在極重天時的農業時代,雖然它不被普通人掌握,但普通民衆知曉其存在,乃至瞭解一般概念是可以想像的。日書的立論依據與使用者承繼的文化傳統密切相關,在民間廣泛流傳的日書就不免受到當地文化的影響。日書關聯着地域文化,由此成爲地方官治理的參考材料,這與地方小吏多選本地人背後的考慮是一致的。

官吏重視日書,除其内容關係到"俗"外,與其以巫、祝的形式呈現恐怕也不無關聯。巫祝之術古已有之,戰國以來更是在民間盛行,成長爲一股足以影響國家秩序的力量。[③] 如在首事反秦的陳涉大澤鄉起義中,假以巫卜之術就發揮了重要作用,《史記·陳涉世家》:

> 乃行卜。卜者知其指意,曰:"足下事皆成,有功。然足下卜之鬼乎!"陳勝、吴廣喜,念鬼,曰:"此教我先威衆耳。"乃丹書帛曰"陳勝王",置人所罾魚腹中。卒買魚烹食,得魚腹中書,固以怪之矣。又閒令吴廣之次所旁叢祠中,夜篝火,狐鳴呼曰"大楚興,陳勝王"。卒皆夜驚恐。旦日,卒中往往語,皆指目陳勝。

從輔助統治的角度考慮,官員掌握日禁之術,除用以瞭解地方風俗從而因俗而治外,未嘗没有與巫者争奪話語權,或者在瞭解鄉俗後進而移風易俗的用意。[④] 現今發現的日書多出於低級官吏墓中,[⑤]也與地方官吏的這種需要相合。

---

① 董濤:《擇日術的起源——以〈日書〉爲中心的考察》,鄔文玲主編:《簡帛研究二〇一七(春夏卷)》,廣西師範大學出版社 2017 年,第 215—226 頁。

② 陳偉主編:《秦簡牘合集:釋文注釋修訂本(叁)》,武漢大學出版社 2016 年,第 270 頁。

③ 參看[日]增淵龍夫著,吕静譯:《漢代的巫與俠》,《中國古代的社會與國家》,上海古籍出版社 2017 年,第 93—108 頁。

④ 余英時:《漢代循吏與文化傳播》,《士與中國文化》,上海人民出版社 2003 年,第 117—189 頁。

⑤ 參看石洋的梳理。石洋:《秦簡日書所見占盗、占亡之異同》。

因此,可以認爲至少在低級官吏墓中隨葬的日禁之書與當地的地域文化有密不可分的關係。

四、結　　語

審視孔家坡《日書》全篇,以《建除》《叢辰》爲代表的涉及自然規律之類專業知識的篇目多同於秦系日書,與地域信仰相關的神話傳説則有取材自楚地文化的例子。將視野擴大到戰國晚期以來隨州地區的政權變化以及周邊的出土材料,可以認爲秦對楚地的改造是卓有成效的。但在秦統一政策的高壓下,楚地本身的信仰并未全部消亡,孔家坡《日書》是秦、楚文化碰撞與融合的産物。同時,孔家坡《日書》的背景知識來源與當地政權歸屬變革相一致的特徵再一次證明出土於低級官吏墓中的日書類文獻多合於當地文化。這一現象出現的原因,除低級官吏多爲本地人,其有用以指導自己日常生活的需要外,也可能與低級官吏需要以之輔助治理地方有關。

談帛書《五星占》“金星占”中的“出恒以丑未，入恒以辰戌”句及相關問題*

任　達

摘　要： 馬王堆帛書《五星占》第74行的文字介紹了金星經常出入在“辰戌丑未”四支這一運行規律，與之類似的説法亦見於一些與金星或水星有關的傳世文獻。通過分析可知，水星諸句與“正四時之法”有關，其中術語“辰戌丑未”是水星四仲躔宿的指代符號；與金星有關的《五星占》等句則應源自水星諸句，在傳鈔過程中被轉寫到專論金星的章節中。這一情況集中反映出數術文獻的“雜抄”性質。

關鍵詞： 馬王堆帛書　《五星占》　金星　水星　辰戌丑未

馬王堆帛書《五星占》是一篇專講五星運行規律及占測的文獻，其中74行的内容與金星“太白”的運行規律有關。與之類似的説法，亦見於一些與金星或水星“辰星”有關的傳世文獻。本文試對《五星占》等文獻中的關鍵術語“辰戌丑未”四支的涵義進行解釋，在此基礎上對這些文獻進行解讀，并對它們的文本來源等問題加以討論。

《五星占》74行的文字最初由馬王堆漢墓帛書整理小組（以下簡稱“整理小組”）整理爲：

> 太白出恒以【辰戌，入以丑未】，候之不失。①

* 本文是國家社會基金冷門絶學研究專項“簡帛數術文獻圖文轉换及相關問題研究”（項目批準號：20VJXG043）的階段性成果。

① 馬王堆漢墓帛書整理小組：《馬王堆漢墓帛書〈五星占〉釋文》，《中國天文學史文集》（第一集），科學出版社1978年，第9頁。

缺文"辰戌,入以丑未"乃係整理小組據相關傳世文獻所補。[①]

《長沙馬王堆漢墓簡帛集成》(以下簡稱《集成》)在對圖版進行重新整理的基礎上指出"恒以"下一字完整當爲"丑",其後一字粘在第45行上半最末處當爲"未",其後四字可據反印文釋爲"入恒以辰",其後三字可據殘筆及反印文釋爲"戌,以此"。[②] 從而將缺文全部釋出,將此句讀爲:

(1) 大白出,恒以丑未,入,恒以辰戌,以此候之不失。[③]

我們讚同《集成》的整理意見。

文獻(1)介紹了金星經常出入在"辰戌丑未"四支這一運行規律,依傳世星占文獻的分類原則應屬"行度"類。其中"出入"是一組用來區分行星視運行不同階段的天文術語:"出"即出現,是指行星轉變爲可見狀態;"入"即没入,是指行星轉變爲伏行狀態。

與之類似的説法亦見於以下傳世文獻,但這些文獻中出入與地支的搭配關係與文獻(1)正相反:

(2)《淮南子·天文》:〔太白〕出以辰戌,入以丑未。

(3)《史記·天官書》:〔太白〕出以辰戌,入以丑未。

(4)《開元占經》卷四十五"太白行度二"引石氏:太白出以辰戌,入以丑未,出入必以風。

對"辰戌丑未"四支進行解釋,是解讀上引諸文獻的關鍵。在描述五星行度的占文中,十二支通常是用來指代以東、西、南、北爲代表的十二方位,如下圖所示:

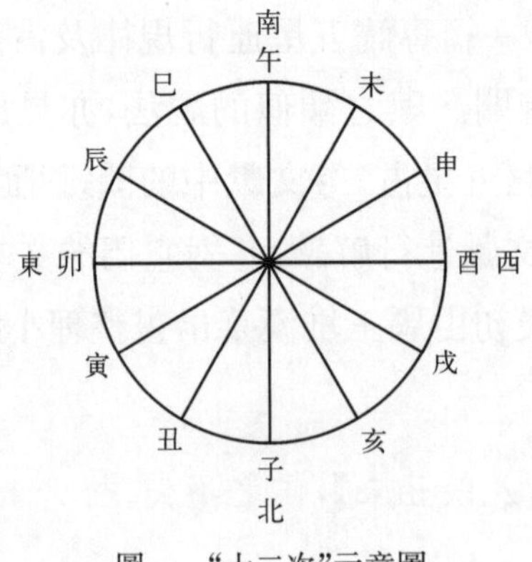

圖一 "十二次"示意圖

① 主要包括下文之文獻(1)、(2)、(3)。

② 裘錫圭主編:《長沙馬王堆漢墓簡帛集成(肆)》,中華書局2014年,第237頁。

③ 裘錫圭主編:《長沙馬王堆漢墓簡帛集成(肆)》第236頁。

文獻(1)中的"辰戌丑未"，以往研究者亦多按此理解。如鄭慧生先生據整理小組釋文將文獻(1)譯爲"金星的出現，一定在東方偏南的辰或西北偏北的戌的方位；它的没入，一定在北方偏東的丑或南方偏西的未的方位"；[①]陳久金先生亦據整理小組釋文譯爲"太白星，永遠從辰、戌之位出現，從丑、未位進入"。[②]

今按，鄭説、陳説非是，這裏的"辰戌丑未"不能按十二方位來理解。若按此理解，則上引諸文獻的説法既與金星行度類文獻的一般説法相矛盾，又與天文學常識相違背。按照此類文獻的一般説法，金星可出入於多數地支，而不唯此四支。程少軒先生曾據《五星占》69—72 行與 73—74 行關於金星行度的兩段占辭指出，金星既可隨黄緯變化(即在日南或日北之變)而位於卯、酉、辰巳、未申、戌亥、丑寅等方位，又可隨黄經變化(即在黄道上十二個均分區域之變)而常位於辰巳、申未之間，有時甚至到達午位，即所謂"太白經天"。[③] 因此，上引諸文獻中"辰戌丑未"涵義暫未得到合理的解釋。

與上引諸文獻類似的説法還見於一些與水星有關的文獻，但尚未引起足够的重視。據上下文文義可知，這些文獻與水星"正四時之法"有關，具體介紹了水星常在四仲出現這一運行規律，而其中"辰戌丑未"爲水星四仲躔宿的指代符號。據此我們認爲，上引《五星占》等文獻則與金星"正四時之法"有關，而其中"辰戌丑未"應爲金星四仲躔宿的指代符號。下文即對此觀點進行闡述。

水星經常出入在"辰戌丑未"的説法主要見於以下傳世文獻：

(5)《淮南子·天文》：辰星正四時，常以二月春分效奎、婁，以五月下以五月夏至效東井、輿鬼，以八月秋分效角、亢，以十一月冬至效斗、牽牛。**出以辰戌，入以丑未**，出二旬而入。

(6)《史記·天官書》：〔辰星〕是正四時：仲春春分，夕出郊奎、婁、胃東五舍，爲齊；仲夏夏至，夕出郊東井、輿鬼、柳東七舍，爲楚；仲秋秋分，夕出郊角、亢、氐、房東四舍，爲漢；仲冬冬至，晨出郊東方，與尾、箕、斗、牽牛俱西，爲中國。**其出入常以辰戌丑未**。

(7)《史記·天官書》："察日辰之會。"《史記正義》引晋灼曰："〔辰星〕常以二月春分見奎、婁，五月夏至見東井，八月秋分見角、亢，十一月冬至見牽牛。**出以辰戌，入以丑未**，二旬而入。晨候之東方，夕候之西方也。"

---

① 鄭慧生：《古代天文曆法研究》，河南大學出版社 1995 年，第 206 頁。

② 陳久金：《帛書及古典天文史料注析與研究》，(臺北)萬卷樓圖書有限公司 2001 年，第 118 頁。

③ 參看程少軒《利用圖文轉换思維解析出土數術文獻》一文。此文曾在第一届"出土文獻與中國古代史"學術論壇暨青年學者工作坊宣讀，待刊，蒙程先生賜示，謹致謝忱。

(8)《開元占經》卷五十三"辰星行度二"引《春秋緯》:辰星出四仲,爲初紀,春分,夕出;夏至,夕出;秋分,夕出;冬至,晨出;**其出常自辰戌入丑未**。

(9)《開元占經》卷五十三"辰星行度二"引皇甫謐《年曆》:辰星春分立卯之月,夕效於奎、婁;夏至立午之月,夕效於東井;秋分立酉之月,夕效於角、亢;冬至立子之月,晨效於斗、牛;**出以辰戌,入以丑未**。其星將出,必先陰風,辰之情也。

關於水星諸句中出入與地支的搭配關係,文獻(5)、(7)、(8)、(9)中的所討論文句與文獻(2)、(3)、(4)一致,而與文獻(1)相反。文獻(6)"其出入常以辰戌丑未"句則較爲特殊,是將"出入"與四支共同相配。

想要理解水星諸句的涵義,可以借助於它們之前的内容。之前的内容主要介紹了水星的"正四時之法",與之類似的説法還見於《五星占》32 行,以及《開元占經》卷五十三"辰星行度二"所引甘氏、石氏、《洛書》等傳世文獻。

所謂"正四時之法",是指古人用來確定四時的方法。二分、二至是古人最早認識的節氣,因此與它們所在的"四仲"一起成爲區分四時的重要標志。[①] 節氣本由太陽視運行的位置確定。但由於太陽自身過亮,其星宿背景難以被觀測到,因而古人是無法直接通過觀察太陽的位置來確定節氣的,而需要借助於其他的方法。中國古代定四時的方法,主要有觀察黄昏星宿的出没、用土圭來觀測日影等。[②] 以上文獻所述的以水星正四時之法,亦爲方案之一。

水星之所以被古人選擇爲正四時之星,是因爲其視運行位置始終與太陽相近,而可以用來指示太陽的位置。水星是距離太陽最近的"内行星";[③]從地球觀測,它和太陽的最大夾角約爲 28°,而不及一"辰"。[④] 據《漢書·律曆志》所載,水星視運行速度爲"日行一度",這正與太陽每日均行一度、一歲行一周天的規律的規律一致。

按漢晋時人的觀念,水星經常在四仲俱出;但按現代天文學常識,水星是難以保證在四仲俱出的。[⑤] 實際上,隋唐以後的天文文獻已認識到這一點,并指出早期文獻之誤。如

① "四仲"是指四季中每季的第二個月。

② 陳遵嬀:《中國天文學史》,上海人民出版社 1982 年,第 196—197 頁。

③ 五星之中,木星、火星、土星的繞日運行軌道在地球以外,稱爲"外行星";金星與水星的繞日運行軌道在地球以内,稱爲"内行星"。

④ 古代稱 30 度爲一"辰"。附帶一提的是,關於"辰星"的命名原因,有一種説法即認爲是水星大距不及一辰。

⑤ 鈕衛星、陳鵬等學者從地平高度對觀測水星的影響出發,認爲水星完全可能在四仲看不到,因此難以用來正四時。參看鈕衛星:《張子信之水星"應見不見"術及其可能來源》,載江曉原、鈕衛星:《天文西學東漸集》,上海書店出版社 2001 年,第 187—203 頁;陳鵬:《"辰星正四時"暨辰星四仲躔宿分野考》,《自然科學史研究》2013 年第 1 期,第 1—12 頁。我們認爲水星"正四時之法"并非源於實測,據文獻(8)《春秋緯》之"爲初紀"可知,此類文獻所載水星在仲春、仲夏、仲秋夕出,而在仲冬晨出的現象只是在曆元之年發生的特殊情況,并不會經常發生。

《開元占經》卷五十三"辰星行度二"曰："旧説皆云辰星效四仲，以爲謬矣。"不過即便如此，水星還是有很大概率在四仲出現的。清人錢塘指出："（水星）兩見八十日，餘即兩伏日，伏皆十七日有奇，而見歲有六見伏有奇，則四仲月俱得有辰星，故可以正四時。"①當水星出現於四仲之時，人們即可通過水星躔宿來判斷太陽的位置，從而達到"正四時"的目的。

既已明確古人以水星替代太陽來正四時的原理，則可知所討論文句之前内容中的奎婁、井鬼、角亢、斗牛等宿不僅是水星四仲躔宿，也大體是太陽四仲躔宿。據與日躔有關的材料可知，②這些星宿正是太陽四仲所在。

既然之前的内容皆與水星"正四時之法"有關，那所討論文句也很可能與此有關。循此思路我們認爲，所討論文句是對其之前内容的總結，亦是對水星四仲躔宿的説明。而其中"辰戌丑未"則是水星四仲躔宿的指代符號。十二地支與二十八宿的對應關係，常見於目前已公布的各類式圖或式盤資料之中，例如：

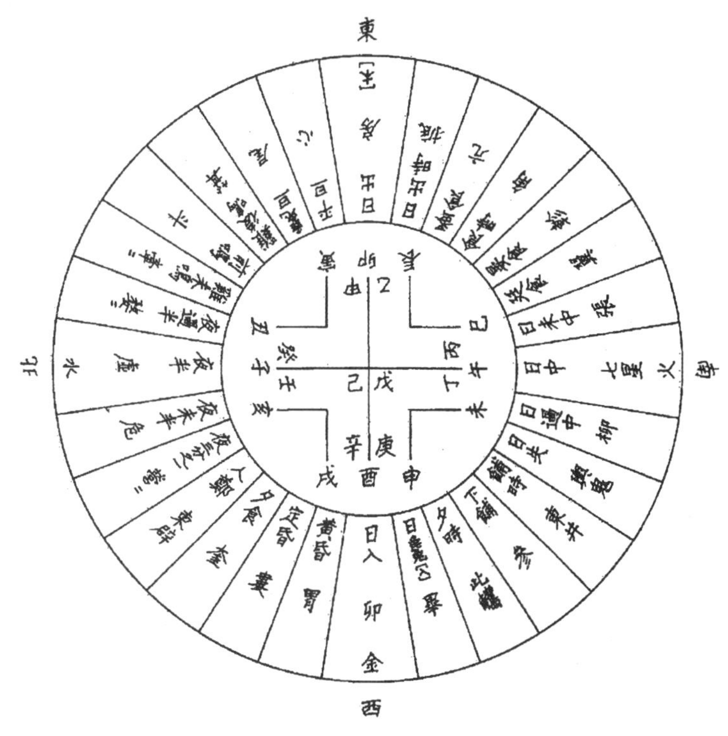

圖二 周家臺秦簡《二十八宿占》圖③

① 錢塘：《淮南天文訓補注》，載劉文典《淮南鴻烈集解》，中華書局 1989 年，第 794 頁。

② 出土文獻主要包括九店楚簡《十二月宿位》，睡虎地秦簡"直心"篇、"除"篇、"玄戈"篇，放馬灘秦簡"星分度"篇、"天閻"篇，馬王堆帛書《出行占》，孔家坡漢簡"星官"篇、"直心"篇，北大漢簡《堪輿》《雨書》及汝陰侯墓的六壬式盤等；傳世文獻主要有《禮記・月令》《吕氏春秋・十二紀》《淮南子・天文》等。

③ 湖北省荆州市周梁玉橋遺址博物館：《關沮秦漢墓簡牘》，中華書局 2001 年，第 107 頁。

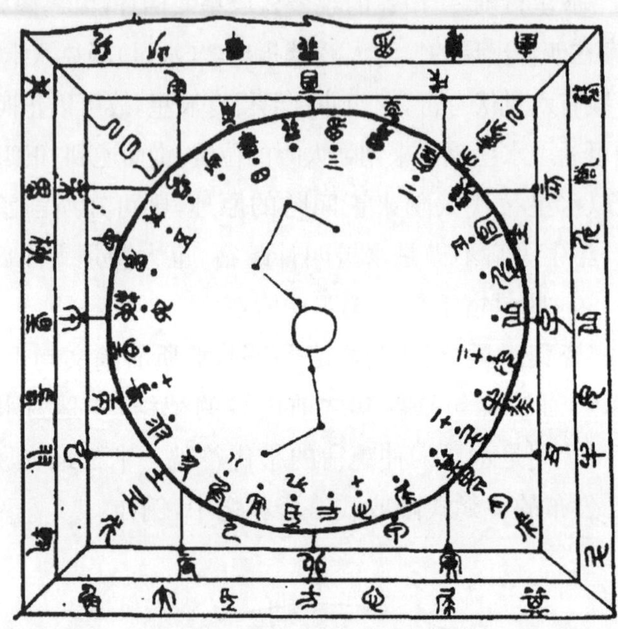

圖三　阜陽雙古堆汝陰侯墓六壬式盤①

又如,香港中文大學藏漢簡日書"帝篇"第 62 號簡背面有句云:

> 爲剽。凡冬三月爲室營₌(營室)、東壁,爲責(刺)玄戈、牽₌(牽牛)。

王强先生指出,"凡冬三月爲室營₌(營室)、東壁"對應睡虎地秦簡日書甲種"帝篇"之"冬三月帝爲室〈亥〉",地支亥大致對應營室或在營室與東壁之間。②

《五星占》19—20 行亦有將"辰戌丑未"稱爲"維辰",將與之相應的角亢、奎婁、斗牛、井鬼等宿稱爲"維宿星"的説法:

> 歲星與大陰相應也,大陰居維辰一,歲星居維宿星二˪;大陰居中(仲)辰一˪,歲星居中(仲)宿星【三】。③

據此可知,所討論文句的"辰戌丑未"分别對應了水星或太陽的四仲躔宿,其中"戌"爲二月的奎、婁等宿,"未"爲五月的井、鬼等宿,"辰"爲八月的角、亢等宿,"丑"爲十一月的斗、牛等宿。

這些文獻在介紹水星四仲躔宿之後,還采用地支符號來指代它們,大概是由於水

① 殷滌非:《西漢汝陰侯墓出土的占盤和天文儀器》,《考古》1978 年第 5 期,第 338—343 頁。

② 王强:《香港中文大學藏漢簡日書"帝篇"補釋》,《湖南省博物館館刊》第十四輯,岳麓書社 2018 年,第 353—357 頁。

③ 裘錫圭主編:《長沙馬王堆漢墓簡帛集成(肆)》第 228 頁。

星若出現則必然會與太陽存在着一定的距離；相較於將周天劃分爲二十八個區域的星宿體系，十二支體系的分區範圍更大，因此更適合用來同時標示水星和太陽的位置。

所討論文句的實際涵義雖然是一致的，但亦存在着不同的出入與地支的搭配關係，可能是由於以下兩點。一是文句中的"出"與"入"、"辰戌"與"丑未"可能皆爲互文見義的關係。不論是何種搭配方式，這些文句實際都是將"出入"與這四支共同相配。二是其中一些説法或許并非出自專業人士之手，而是據此前的説法轉寫而成。如文獻(8)《春秋緯》"其出常自辰戌入丑未"句，是將"出"與"入"、"辰戌"與"丑未"割裂開來，據上文所述可知，這并不符合天文原理。

綜上所述，文獻(5)—(9)主要圍繞水星的"正四時之法"而展開：首先介紹的是水星常在四仲出現這一規律及出現時所在星宿；然後采用"辰戌丑未"來指代這些星宿位置。此外，文獻(5)、(7)在所討論文句之後還謂"(出)二旬而入"，則是在介紹水星每次從出現到没入的時間，這也與所討論文句存在關聯。

最後再回過頭來看與金星有關的《五星占》及傳世文獻諸句。這些文句中出入在"辰戌丑未"的説法與金星運行規律明顯不符，金星的會合周期約爲 584 日，這與四時更替的時間并不一致。我們認爲，這些文句應源自上文所討論的水星四仲躔宿的説明文字，在傳鈔過程中被轉寫到專論金星的章節中。

水星四仲躔宿的説明文字被轉寫到專論金星的章節中，這是因爲，從理論上來説，由於其視運行位置始終與太陽相近，金星也可用以"正四時"。金、水二星皆爲"内行星"，關係極爲密切，其運行規律與星占意義皆相似。傳世文獻中，金星作"大(太)正"，水星作"小正"，其命名或即與兩星皆可"正四時"有關。《五星占》中的"小白"雖然不見於傳世文獻，但從文義及帛書文句與傳世文獻對讀等方面看，只能是水星異名，[①]也與"大(太)白"對應。

但是，文獻中未見金星"正四時之法"的説明文字，這是由於，在指示太陽位置的精確性上，金星不及水星。金星和太陽的最大夾角約爲 48°，而遠大於一辰；在二者夾角超過一辰的情況下，古人是不便於利用金星來確定太陽位置的。

金星"正四時之法"雖不見於文獻，與之相關的金星出入在"辰戌丑未"的説法却見於文獻。這是因爲，古人有時也會利用金星來爲太陽定位。金、水二星的運行規律較爲相似；且相較於水星，金星更容易被觀測到。由於與太陽的距離過近，水星出現的時間非常短，且即便出現也常因太陽過於明亮而難以被直接觀測到；金星則與水星

① 劉樂賢：《馬王堆天文書考釋》，中山大學出版社 2004 年，第 198 頁。

不同,它每次“晨出”或“夕出”的時間長達 224 日,且較爲明亮,因此更容易被觀測到。

綜上所述,出入在“辰戌丑未”的内容本來只與水星“正四時之法”有關,是對水星四仲躔宿進行的説明,但由於在多數情況下水星難以被觀測到,而金星有時也可以用來確定太陽位置,這一内容亦在傳鈔過程中被轉寫到專論金星的章節中。

《五星占》等數術文獻往往并非出自於一人之手,而是在不同來源底本的基礎上編纂而成。由於在對底本説法的取捨上較爲隨意,因此這些文獻常會出現一些矛盾之處。例如,劉樂賢先生指出,《五星占》將總論五星的文句抄在了專論金星的章節中,而《史記·天官書》則將總論五星的文句抄在了專論土星的章節中,像這樣五星總論和五星專論相混的情況,很可能是早期五星占文的一個特色。① 本文所討論的《五星占》等文獻將關於水星的文句抄録於專論金星的章節中這一情況,是數術文獻“雜抄”性質的典型例子。

附記:本文初稿蒙導師馮勝君師、程少軒老師審閲指正,王强兄亦提出很多寶貴意見,受益良多,謹致謝忱!

① 劉樂賢:《馬王堆天文書考釋》第 209 頁。

池田知久對於簡本《老子》的獨特研究

——《郭店楚簡〈老子〉新研究》評介*

曹　峰

摘　要: 池田知久繼承日本傳統的文獻批判與思想分析研究法,認爲《老子》不可能是一時一地一人之作,各章内部以及各章之間也不可能前後一貫,明白無誤。這一點恰恰通過郭店楚簡《老子》得到證明。《老子》并非不可拆分,這是一個内部充滿張力的文本,只能用文本的動態形成才能解釋這一現象。此書讓我們感受到作者對於中國文化的癡迷和熱愛,對於學術的執着和嚴謹。

關鍵詞: 郭店楚簡　老子　池田知久　日本漢學

中國早期文獻,尤其先秦時期的文獻,在文本上存在着各種各樣的問題,文本充滿複雜性、不確定性,思想内部充滿矛盾,是先秦文獻普遍的特徵。如果不能合理地解釋這些矛盾産生的原因,就無法順利展開後面的研究。這些矛盾有可能是文本自身混亂引發的,也有可能是後人誤解導致的。不管怎樣,從事先秦思想研究的第一步,就是充分瞭解研究材料的文獻性質,對於材料的真僞、變化、年代、作者以及材料之間的相互關係做出基本的判斷。如果没有很好邁過這一步,其研究往往是不可靠的。一個能够對文本做出精到分析的學者,其思想研究的成果也更有説服力,但這樣的學者并不多。大多數學者由於没有文本分析的實力,往往只能依賴别人的文本研究成果,去從事自己的思想研究。因此一個在文本和思想上都能做出傑出研究的人,在學界備受尊重。

《老子》就是這樣一部在文本上存在很多問題的著作。雖然《老子》的出土文獻最

* 本文爲中國人民大學科學研究基金項目成果(批準號: 23XNLG09)。

多,有郭店楚簡本、馬王堆甲乙本,以及北大漢簡本四個古本,使得《老子》的文本研究相對其他古文獻要方便很多,但是古本的多次出現,在使《老子》的部分問題得到解答的同時,又産生了很多新的疑點。例如,《老子》五千言究竟是何時成書的? 是不是春秋晚期一個名李耳字老聃的人,在歸隐途中,被關令尹喜强留下來之後一口氣寫出來的? 隨葬於戰國中期的郭店楚簡本究竟是一個全本的摘抄,還是尚在形成途中的文本? 這樣一些關鍵問題依然没有最終的結論。我想,這也正是《老子》的魅力所在吧。這部玄之又玄的中國哲學第一書,吸引了一代又一代的學者癡迷之中,不惜耗費一生的心血和精力。不僅僅在中國,在國外也有很多這樣的學者,日本學者池田知久就是其中的一位。

一、池田知久其人其學

池田知久先生曾任東京大學教授,日本最大的人文學術團體東方學會的理事長,前幾年還曾被國内山東大學聘請擔任過兩年一級教授。現在雖然已經完全卸任教職,但仍活躍於學界,而且筆耕不輟,時常有論文問世。他最主要的研究領域在中國古代道家思想、《周易》以及出土文獻。在《老子》《莊子》《淮南子》《易傳》、郭店楚簡、馬王堆帛書等領域都有專著。在國内已經翻譯出版的書有《馬王堆漢墓帛書五行研究》(中國社會科學出版社 2005 年)、《池田知久簡帛研究論集》(中華書局 2006 年)、《道家思想的新研究——以莊子爲中心》(中州古籍出版社 2009 年),《問道:〈老子〉思想細讀》(廣西師範大學出版社 2019 年)。在筆者看來,池田先生用功最深、影響最大的還是他的《老子》研究,近年出版的《郭店楚簡〈老子〉新研究》,雖然以郭店楚簡《老子》研究爲焦點,但其實彙集了他長年來老子思考的結晶。

日本有研究《老子》的悠久傳統,如武内義雄的《老子原始》、木村英一的《老子的新研究》、島邦男的《老子校正》、金谷治《老子:無知無欲的勸説》、楠山春樹的《老子傳説的研究》等,都是漢學界的名著,小野澤精一的《韓非子》也包含對老子的精到研究。池田先生的研究建立在日本《老子》研究的優秀傳統基礎之上,這一傳統的重要特徵就是文獻批判與高等批判,這是日本學者在追溯近現代的學風和特徵時,常常用到的兩個詞。“批判”并無貶義,只是用來表示嚴謹的立場和科學的方法,有時不輕信古人古書,有時又對古人古書有着超乎尋常的同情瞭解和深入體貼。當然,一切觀點都必須經過嚴苛的材料審查和思想分析才能得出。這也可以説是一種中西和古今兼用的方法。武内義雄被認爲是文獻批判的高手,他的《老子》研究,特别注重收集一切可以利用的資料,特别擅長對語言表達、觀念類型的分析,特别强調對成書年代上不同層次的辨别。而津田左右吉則擅長高等批判,即運用思想演變的綫索,對古代文獻所記載故事、觀念、見解等做出分析，通過考察彼此的相互關係，通過對照、比較其他文獻，確定研究對象的思想地位和意義。日本學界特别推崇這兩種風格，認爲在古典研究中，兩者缺一不可，而前者更是基礎。顯然池田先生很自覺地將這兩種方法結合了起來。他的書中不乏大的視野，例如《問道》一書就以"《老子》的哲學""《老子》的倫理思想""《老子》的政治思想""《老子》的養生思想""《老子》的自然思想"的框架去概括老子思想，但在具體的分析上，顯然不同於同類的著作。可以發現，他的觀點簡明扼要，但用於證明觀點的材料則極爲豐富，甚至到了繁雜的程度。讀者往往被他巨量的引文和注釋震撼，從字數看，材料常常十倍於觀點，使得每一個結論都有豐厚的材料支撑。對於文本的細密考察到了令人眼花繚亂的程度，不放過一切有用的信息和綫索，然後將其有機地串聯起來，以導向最後的結論。正因爲這種極度認真和高度自信，使他在書中敢於對前人做出毫不留情的批評，無論是中國的、歐美的，還是日本本國的學者。我們先不評價其學術觀點，僅僅就其學術精神而言，確實令人尊重。反觀國内一些論述，少量的、信手拈來的材料可以引出大段的論述，對於學界前輩或者朋輩，總是維護多，批判少，不願做出直率的批評。這顯然是不利於學術長期發展的。

二、將《老子》視爲動態形成的文本

在《老子》成書問題上，池田先生有着非常鮮明的觀點，那就是《老子》五千言并非春秋晚期一人一時一口氣完成的，這種觀點，在上個世紀古史辨派風行的時候達到極致，例如錢穆、馮友蘭等大家都是這樣認爲的，但是近年來采信這一觀點的人越來越少了，更多學者相信《老子》的春秋晚期成書説。池田先生在結論上和古史辨派一致，認爲《老子》的最終成書要晚至漢初，但是他的論證却有很多不同的地方，可以説郭店《老子》的發現爲他的論證提供了全新的資料。如果不知道作者這個基本立場，那麽在閱讀時勢必會遇到很多迷惑，因爲裏面的觀點與我們熟知的有太多不同。通過特有的、細密的文本分析，作者告訴我們，《老子》并非不可拆分，相反，這是一個内部充滿張力的文本，因此只能用文本的動態形成才能解釋這一現象。就是説，《老子》中即便存在早期的思想痕迹，但其大部分思想仍然是在戰國中期到晚期的時代大變局中形成的，因此《老子》不可能是一時一地一人之作，各章以及各章之間也不可能是前後一貫，明白無誤的。正因爲《老子》是動態形成的，所以有矛盾出現也就能够得到合理解釋。

在此，我們并不打算復述他的具體觀點，而想側重談談他的研究方法，這是此書最值得注意的地方。如果在這本書中找一個最能代表作者研究風格的章節，那我們首選第六編《郭店楚墓竹簡〈老子〉各章的上中下段——從〈老子〉文本形成史的角度出發》。八十一章《老子》是非常後起的文本,早先的《老子》其實并没有固定的章節,民國學者馬叙倫就曾經把今本《老子》分成一百多個段落,打亂之後重新考察《老子》的内在脈絡。池田先生也是這樣,他把郭店《老子》可以和今本對應的章節再細分成上段、中段、下段,然後區别出"缺乏上段之各章","缺乏中段之各章""缺乏下段之各章",再和馬王堆甲乙本、王弼本作出一一對應。他的分析有一套固定的格式,即首先考察這些段落的文本特徵,如是否有標識章節的符號,因爲這些符號爲古人所加,因此是否設置,在哪裏設置,在池田先生看來有着重要的價值。然後進行文句的詳細對照和思想的條分縷析。例如第五章,郭店《老子》只有中段"天地之間,其猶橐籥與?虚而不屈,動而愈出"。經過池田先生的分析,可以看出後世的《老子》文本,上段和中段之間,只不過是用"天地"一個共通的詞彙才好不容易聯繫起來,而下段幾乎没有任何的關聯。所以,郭店甲本第五章出現只具中段,而缺乏上段、下段的形態是十分正常的,可以説這才是《老子》本來的面貌。從郭店甲本到馬王堆甲乙本成書爲止的過程中,很可能上段與下段的文章被新寫出來,或從别的什麽地方找出來,插到了中段前後。總之《老子》思想的複雜性、文本的不確定性恰好證明了《老子》有過一個動態形成的過程,而這個過程正好和時代發展的脈絡可以呼應起來。

就這樣,池田先生以一種類似匠人的細緻和耐心,以一種固定不變的模式,對郭店《老子》的上中下段做了一番全面的梳理。别人或許也零星地做過類似的工作,但没有像池田先生這樣完全徹底,也正因爲徹底,所以在池田先生看來,他得出了很難推翻的結論,那便是郭店《老子》的時代,《老子》還没有完全成書。

不僅第六編,我們在書中隨處都能看到這樣的手法,即先把《老子》徹底拆分,同一章的不同段落,在池田先生看來很可能是不同時代的産物,然後再依據材料的重新排列組合、通過與其他文獻的比對,用歷史演進和思想變遷的綫索來爲研究的對象尋找合理的位置,從而證明《老子》是歷史形成的産物,因爲裏面藏有無數藴含歷史信息的資料。

此書不僅只有竹簡文本的注釋和分析,在其第五編《郭店楚墓〈老子〉的主要思想》中,池田先生從"政治思想""倫理思想""養生説""哲學思想"這樣幾個角度對郭店楚簡《老子》的主要思想做了概括。這裏僅以"養生説"爲例做一些説明。

無人否認,《老子》中有着豐富的養生思想,後世河上公本就是着重從養生角度做出的注釋。在河上公本看來,老子養生思想前後一貫、相互補充,并不存在矛盾。但池田先生以一種冷静的審視的眼光,在與先秦各種文獻做充分對比的基礎上,對《老子》中的養生材料重新做出條分縷析,試圖闡明這些材料之間存在時代先後,并指出了其歷史成因。在池田先生看來,《老子》所見養生思想存在這樣兩種主要的矛盾關係。首先,是對待養生的態度問題。池田先生認爲《老子》早期思想中存在否定養生的傾向,對於人爲的、勉强的養生,老子甚至用極其嚴厲的口吻指責其爲“不道”而加以排斥。然而,在《老子》所見後期的思想中,如“貴以身爲天下,若可寄天下;愛以身爲天下,若可托天下”所示,老子開始把養生和治國結合起來,養生成爲獲得天下統治權的重要前提。其次,是養生和“道”“德”的關係。池田先生認爲,這兩者雖然互爲因果,但早期的思想把“道”“德”的把握視爲主要的目的,養生是其副産品,像“專氣致柔”“滌除玄覽”“骨弱筋柔”這些養生技術,正是得道狀態下的生命形態,即得道者才能養生。然而隨着時間的推移,其傾向反過來表現爲,養生成爲主要的目的,“道”“德”的把握成了養生的背景。

所以,池田先生認爲,《老子》對於養生的評價有一個從低到高的過程,直至最後把養生看作是最高的最終的人生目標。除了常見的“養形”,即生命、身體的不老長壽外,作爲領先時代的新的嘗試,老子也開始提倡“養神”,即追求靈魂、精神的死後永存。之所以會出現這樣的變遷,池田先生認爲和戰國中晚期的走勢有關。一方面,在諸子百家全都認可養生思想的大勢中,道家也漸漸收起早先批判的立場,開始變得認可養生,把養生當作是修道者因爲達到了“道”“德”及無知、無欲、無爲的境界而獲得的成果。同時,因應戰國混亂的終結和秦漢帝國的誕生這樣的時代大變革,《老子》也必須調整、克服早期道家養生與政治間的矛盾、對立,竭力將兩者統一起來。

這本書確實不好讀,可以説這是一本不討巧的書,池田先生以一種自討苦吃的方式寫作,例如他是按照竹簡的序號,逐條地加以解讀,而不是按照段落做出解釋。他還不厭其煩地將所有的古文字及其通假字、異體字標識出來。但如果仔細閲讀,又會發現其論證過程非常簡單清晰,池田先生以一種近乎死板的方式,一方面竭力保留出土文獻的原始面貌,無比尊重文本自身透露的信息,一方面把整個論證過程有條不紊地呈現出來,這樣既讓自己容易發現可能會出現什麽漏洞,也可以以最坦白的態度接受讀者的挑剔,因爲已經無法有意地掩藏什麽了。

在我看來,池田先生的學風既承襲了乾嘉學派,也有西方實證主義的影響,强調研究過程中絶對的冷静和細緻,既不要讓自己的偏見,也不要讓别人的觀點引領干擾研究的過程。對於這種研究方法,池田先生自己也有交代,“立足於這樣一個學術態度,即不以老子及《老子》已有的既存的知識(亦即固有觀念)爲依據作外在的説明,而是盡可能把一切既存的知識當作一張白紙,棄之不用,從内在的角度,緊密結合每個地方的文章表達方式及思想内容加以探討”。這種自討苦吃的做法當然使得整個研究過程變得極爲辛苦,因爲需要有一顆冷静的頭腦,需要最大程度地閲讀相關的原始文獻,需要充分瞭解别人的見解,需要反復辨析各種推論的可能性,然後從中找出一種相對穩妥的、文獻依據最爲充實的觀點作爲結論。不能説使用這種學術態度和研究方法産生的結論,就顛撲不破了,我們在閱讀過程中也會有不完全贊同的地方,例如,看似作者使用了海量的材料,但是分析處理這些材料的方法却比較單一,即總是將這些材料在時間分出先後,然後連成一條綫索,用以説明是誰影響了誰。這種先有命題後有反命題的研究方法固然有一定的道理,但未必能放之四海而皆準。因爲,隨着出土文獻的大量增加,很多思想史上的問題非但没有迎刃而解,反而變得更爲複雜,也就是説,文本的複雜性,思想的多元性告訴我們,不同材料之間未必只是直接的因果關聯,其間的關係要比想像的更爲複雜,因此,無法用單綫演進方式加以解釋。而本書的很多結論都建立在單綫演進論基礎上。所以將來隨着材料的增加,其結論需要修改甚至推翻,都是可能的。但我們還是要佩服他嚴謹的態度,這正是值得我們學習的地方。池田先生的書讓我們看到,任何一個結論,哪怕是簡單的結論,都需要盡最大的努力去論證,學術來不得半點投機取巧。

池田先生此書出版之後,又有了北京大學藏漢簡《老子》,此書没有使用這一最新的材料,這或許是一點遺憾,但是在我們看來,池田先生關於《老子》演變的基本綫索和基本觀點已經在此書中充分呈現出來,不會因爲北大漢簡有大的改變,其學術價值并没有因此削弱、過時。

總之,這是一本純學者的書,他讓我們深刻地感受到一個日本學者對於中國文化的癡迷和熱愛,對於學術的執着和嚴謹。確實池田先生的很多結論都顯得標新立異,似乎一下難以接受。但如果你沿着他的文本分析思路,認真審視他所提供的大量資料,恐怕會很難輕易地否定他的結論。我覺得我們應該有這份勇氣和寬容,接受這種獨特的研究方式,并接受這樣的事實,即某種意義上講,傳統的、以文本分析爲主的研究方式反而需要從海外引進了。在這樣一個哲學史研究、思想史研究幾乎被哲學研究、思想研究取代的今天,池田先生這本獨特的書,有助於提醒我們再次正視文本的複雜,再次加强文本分析的訓練。

“小”“大”之間

——讀宮宅潔著《ある地方官吏の生涯—木簡が語る中国古代人の日常生活—》

曹天江

摘　要: 日本學者宫宅潔先生的新著《ある地方官吏の生涯—木簡が語る中国古代人の日常生活—》一書,以睡虎地11號秦墓墓主“喜”的一生爲主綫,將秦統一前後的“生活史”與“制度史”勾連起來,在“小”“大”之間,展現出秦史研究新的深度與廣度,爲今後的秦史研究提供了重要的啓發。

關鍵詞: 秦史　睡虎地秦簡　宫宅潔　制度史　生活史

2021年7月,京都臨川書店出版了日本東洋史學者宫宅潔先生的大作《ある地方官吏の生涯—木簡が語る中国古代人の日常生活—》。[①] 本書屬於“京大人文研東方学叢書”系列第一期第9册,既可以理解爲面向日本大衆讀者的學術讀物,也可以認爲是作者在中國古代法制史、軍制史及秦漢簡牘學領域耕耘多年之後,一部集成性的學術總結。

在本書的腰封上,寫有兩行充滿激情的推薦語:

始皇帝曾踏足的大地
曾縈繞着劉邦的空氣

① 宫宅潔:《ある地方官吏の生涯—木簡が語る中国古代人の日常生活—》,臨川書店2021年。書名意爲“一位地方官吏的生涯——木簡講述的中國古人日常生活”。此書尚無中譯本,本文所引文字皆由筆者據日文轉譯而來。對本書,日本學界當前有兩篇簡短的介紹文章,分别爲飯田祥子(《古代文化》74-1,2022,第134頁)和西真輝(《史林》105-4,2022,第612—613頁)所執筆。

如書名所示,本書所描繪和分析的對象是湖北雲夢睡虎地 11 號秦墓墓主"喜"的一生,但又如腰封所言,"喜"雖是基層一介普通的"小"人物,却確實生活在一個豪傑輩出、風雲變幻的"大"時代。"小""大"之間,由千絲萬縷的史料分析與推理想像所聯結,考驗着作者的史學功底和方法論創造。接下來擬先對全書内容作簡要介紹,再細述本書將"制度史"與"生活史"相結合的研究視角及其學術史意義,最後探討本書在研究方法上的特點,并提出若干疑問,祈請宫宅先生及讀者賜教。

一、全 書 梗 概

睡虎地 11 號秦墓發掘於 1975 年,出土不少遺物,其中有一編《編年記》,提供了墓主"喜"從生到死的生活綫索。本書也以此爲叙述脈絡,在九章篇幅裏展開闡述喜的個人生命與秦的制度建設歷程,乃至時人的日常生活與社會面貌。

第一至三章是對喜出生與成長環境的總體概述。第一章題爲"人的誕生",講述了喜出生之時——秦昭襄王四十五年(前 262)的時代環境,及古人面對妊娠與生子的心態。一方面,從《日書》《胎産經》等對生子方式的占算,解説占卜預言對古人生活方式的影響;另一方面,從秦律有關孕婦鬥毆、"生子不舉"等問題的規定,探討官府如何劃定法秩序和家内秩序的界限,指出家長對家内成員有着較强的支配權力。最後,談及古人對新生子的期待心情。

第二章題爲"出生證明——中國古代的户籍制度",闡述了戰國至秦代户籍制度的演變,尤其强調戰争對行政變革的影響。本章指出,户籍制度的整備,使百姓受到本籍地的嚴格管理,這主要是因應於軍事環境的日益緊張與兵員補充的需求;從最初以身高爲占籍的基準,到秦始皇十六年(前 231)"初令男子書年",秦的户籍制度逐步確立并精確化。本章也述及户口調查與户籍文書製作的流程。

第三章題爲"圍繞着喜的人們——家庭制度、鄉里制度"。本章先從喜的家庭狀況入手,結合出土文字史料和聚落遺址,探討當時小家庭的居住樣態,及因血緣關係結成的"家庭"如何在國家意志下化歸爲制度性的"户";再擴大到囊括多個家/户的鄉里社會的面貌,闡述了什伍組織與里典、里老的設置,及里内成員的生活羈絆。什伍組織與里典、里老的設置,既是出於監視民衆生活、保證賦役兵源、維持地方統治的需要,也進一步形塑了基層各成員生活的空間和形態。

第四至七章,探討記載相對豐富的喜的中青年時代,并根據喜的一些生活變動來安排叙述。第四章題爲"通向書記官之路——教育制度"。在概觀當時書吏教育、任用與身份變遷的基礎上,作者作出了若干研判。如主張《編年記》記載喜"揄史"(提拔爲史)并非意味着他可以直接開始工作,而是他"獲得了做史的資格",其具體的人事任命是三個月後的"除安陸□史";爲獲得這一"做史的資格",喜需要經過刻苦的學習和嚴格的測試。又如,對於秦律令所見史職的世襲性與實際上可能存在的非世襲性,作者指出,因爲專制君主體制的成立與文書行政的整備,對書記官的需求大大增加,秦代書記官的供給源在實際上已經多樣化了。此外,本章還探討了文字知識習得的場所、文本與當時的教育環境。

第五章題爲"官吏生活的開始——地方行政制度、審判制度"。本章將喜的仕宦履歷與里耶秦簡、嶽麓秦簡所見的若干官吏履歷進行對照,基於既有研究,勾勒出地方官府的結構與官吏調動的程序;又從秦時"獄"的概念出發,深入當時"治獄"的現場,描繪喜所從事的"治獄"工作可能如何進行,并探討審判理念與現實之間的矛盾性。

第六章題爲"結婚與夫妻關係——婚姻制度"。《編年記》記録了喜三個孩子的出生時間,但并未提及喜的婚姻。作者援引儒家經典和律令文書,來説明當時理想與現實中多樣化的婚姻形態。秦時的夫妻關係,一方面以丈夫爲尊、視妻子爲丈夫的財産,另一方面,男尊女卑現象還不如後代那麽嚴重。值得一提的是,本章特别關注到了被離婚(休棄)的女人以及寡婦們的生活狀態。

第七章題爲"從軍生活——秦的戰役史與軍事制度"。喜在秦始皇十三年和十五年曾兩度從軍,所參與的戰争背景都可推知。作者闡述了秦代軍事制度,尤其是徵發兵員與犒賞軍功爵的細節,并通過睡虎地 4 號墓所出黑夫與驚的家書,探討了秦代普通兵士的日常生活及待遇。作者推測,因爲喜有書記方面的技能,他在軍中可能也是擔任"軍吏"。

第八、九章講述記載相對較少的喜的後半生。第八章題爲"在那以後的喜",即喜從軍之後。這段時間,《編年記》不再有職務變動的記録,而生活記録主要是兩個部分:一是秦始皇十六年(前 231)、二十年(前 227),喜的父母相繼亡故。作者分析了秦代爵位與財産繼承的相關法規與案例,據而推測喜此時可能已成爲一介農民。二是秦始皇二十八年(前 219),始皇巡幸經過安陸縣。作者結合秦始皇乃至古代帝王巡幸山川的意圖,聯繫普通百姓的日常生活,探討了皇帝的巡幸、恩賞與直達基層的統治,如何影響階級社會中"臣民"的心態,使讀者能更爲切近地認識帝制時代百姓的觀念世界。

第九章題爲"衰老與死亡——人生的終章"。喜在四十餘歲時去世,不屬於時人眼中的短壽,但也未到達"老人"的基準。在"衰老"方面,本章闡述了國家對於接近六十歲以及年事更高的老人所采取的恩賞措施,并根據出土《日書》《醫方》等文獻,推測時人如何看待、治療疾病。在"死亡"方面,作者結合傳世文獻(如《儀禮》和《漢書·原涉傳》故事)、出土律令文書和考古發掘遺址狀况,描述當時送葬的儀節、葬具與陪葬品的安排及下葬時間與地點的選擇。行文中,也探討了遣策、告地策等墓葬相關文書的性質與書寫問題。最後,論及時人的死亡與靈魂觀念。睡虎地 11 號墓中,法律文書被置於喜的身側,刀筆等文具置於外部的頭厢,而頭厢與棺室之間有一道"木門"相連。作者認爲,喜的靈魂在地下世界,還可以穿行於這道門,拿起他的刀筆,繼續他作爲法律吏的生涯。

二、視角:"制度史"與"生活史"

毫不誇張地説,1970 年代雲夢睡虎地秦簡的出土,爲兩千年來的秦史研究揭開了嶄新的一頁。其後,四川青川秦木牘、甘肅天水放馬灘秦簡、湖南里耶秦簡、嶽麓書院藏秦簡等大量秦簡牘資料相繼面世,連同相近時代的包山楚簡、張家山漢簡、睡虎地漢簡等等,將秦史研究推向一波又一波的高潮,至今不衰。經過近五十年的研究工作,睡虎地秦墓與秦簡的方方面面都已積累了相當深厚的研究成果。

目前我們所見的秦簡牘資料,主要是地方基層官府使用的文書與律令,這樣的資料性質在很大程度上影響甚至規定了秦史研究的發展方向。睡虎地秦律與後來的張家山漢律有着相當緊密的關聯,再加上嶽麓秦簡《秦律令》,首先就使我們對秦代法律建設的認識日趨精細和精確,在秦律令生成、分類與體系,法制原則與思想,司法體系與實踐等方面的研究都有了長足進展。

在此基礎上更進一步,則是對秦代基層社會諸制度(如徭役、軍事、户籍等)的探討。通過釋讀、集成散碎的律條,將它們安置進一系列制度結構,學者們逐步搭建起秦王朝前後統治制度的基础。[①] 而秦漢帝國的制度演進,包括軍事、刑制、律令、官僚諸層面,也正是本書作者多年來致力耕耘的領域。作者在結語引用了庫朗日在《古代城邦》中的論述,認爲要理解古人與今人大異其趣的思想世界,必須先正確理解古人的社會制度。[②] 或許正是因此,本書每章副標題都以某一類制度爲旨歸,力圖勾畫出喜及時人所身處的制度環境。比如,談及審判制度的第五章與談及秦的征服史的第七章,看似篇幅不長、

① 相關學術史,可參看曹旅寧:《睡虎地秦律研究綜述》,《中國史研究動態》2002 年第 8 期,第 11—18 頁;徐世虹、支强:《秦漢法律研究百年(三)——1970 年代中期至今:研究的繁榮期》,中國政法大學法律古籍研究所編:《中國古代法律文獻研究》第 6 輯,社會科學文獻出版社 2012 年,第 95—170 頁。

② 宫宅潔:《ある地方官吏の生涯—木簡が語る中国古代人の日常生活—》第 230—231 頁。

深入淺出,但其中對於秦漢"獄"的定性判斷、審判程序的劃定、秦王朝的兵源構成等問題的討論,背後其實都有作者過去堅實的研究成果作爲支撑。[①]

當然,歷史中的"制度"并不是全然剛性的,而是時常在現實調適中發生變形,作者對此間的張力也有充分措意。即以第五章"審判的理念與現實"一節爲例,作者分析指出,當時審判務求公正、以避冤罪的理念,却也使官吏傾向於"造作""編織"調查文書,導致冤罪更難被發現,民衆更産生"能不能得到公正判决都看運氣"[②]的消極心態,不信任官府程序,而訴諸占卜求神。這一觀察追問審判弊病的根由,觸及了文書行政的内在矛盾,即本爲提高行政效率、監督行政工作而産生的文書,却往往反過來抑制效率、妨礙監督,值得進一步深思。

對秦代制度的認知日益豐富之後,學者們自然熱切希望能利用簡牘資料,真正深入歷史現場,更進一步瞭解秦人生活與秦王朝統治的所有實際。因而,秦史研究的第三步就存在兩種可能方向:一是"大"的方向,從時代變遷着眼,關注周秦鼎革的時代性問題,力圖從材料透視當時中國的國家結構、統治秩序、社會運作模式有否發生、發生了怎樣的質變。二是"小"的方向,即從普通人的生活着眼,關注"日常生活"與"一般性物質文化"的切面,如秦代的交通商貿、兒童娛樂、名物器具等,從而與秦文化史的命題相鏈接。[③]

---

① 本書作者在法律或審判制度方面的研究成果可舉《中國古代刑制史の研究》,2011 年初刊,中譯本《中國古代刑制史研究》,楊振紅等譯,廣西師範大學出版社 2016 年;《中國古代「罪」的概念——罪穢、淨化、分界》,柳立言主編:《史料與法史學》,中研院史語所 2015 年,第 69—102 頁;《里耶秦簡"訊敬"簡册識小》,《簡帛》第 15 輯,上海古籍出版社 2017 年,第 31—39 頁;以及後文將談到的對《嶽麓秦簡》等出土律令的整理與解讀。在秦的征服史與軍事徭役制度方面,則有宫宅潔:《秦の戦役史と遠征軍の構成—昭襄王期から秦王政まで—》,宫宅潔編:《中国古代軍事制度の総合的研究》,科研費報告書 2013 年,第 41—63 頁;《秦代遷陵県志初稿—里耶秦簡より見た秦の占領支配と駐屯軍—》,《東洋史研究》75 - 1,2016 年,第 1—32 頁;《秦代徵兵制度研究の現在—基本史料の解釈をめぐって—》,《歴史と地理》第 716 卷,2018 年,第 1—13 頁;《征服から占領統治へ—里耶秦簡に見える穀物支給と駐屯軍—》,宫宅潔編:《多民族社會の軍事統治—出土史料が語る中国古代—》,(京都)京都大学学術出版會 2018 年,第 51—85 頁;《秦代徭役・兵役制度の再検討》,《東方学報》第 94 卷,2019 年,第 1—32 頁;《釋秦代的"徭"和"戍"》,《簡牘學研究》第 11 輯,甘肅人民出版社 2021 年,第 90—103 頁。

② 宫宅潔:《ある地方官吏の生涯—木簡が語る中国古代人の日常生活—》第 120 頁。

③ 學界對於秦史研究未來性的思考,亦可參土口史記:《秦史の全体像復元のために》,收入籾山明、ロータール・フォン・ファルケンハウゼン編:《秦帝国の誕生—古代史研究のクロスロード—》,六一書房 2020 年,第 137—142 頁;王子今:《秦史的文化價值與秦文化的歷史地位——〈秦史與秦文化研究叢書〉總序》,《秦漢研究》2021 年第 1 期,第 53—62 頁。

站在秦史研究的第三步階梯上觀察本書,儘管它的副標題有"日常生活"一詞,作者結語也自稱采取了"生活史"的進路,但我認爲它并不是單純的"生活史"作品。本書所處理的,毋寧説正是"小""大"之間的關係:在喜從生到死的這一條"明綫"之外,本書其實還埋伏有一條"暗綫",那就是秦的崛起與統一之路,兩條綫交織相成。僅從本書的章節標題就可看到,它大體囊括了至今爲止睡虎地秦簡研究、乃至於秦統一史研究的所有基本課題。作者在談論喜時,意欲處理的是更爲宏大的問題,那就是在秦帝國的誕生期,社會如何迎接這個巨大的轉折?各方面規範如何條備?當然,最重要的還是,在這種宏大背景下的無數個普通人,他們如何繼續自己日復一日的生存?

但"小"的視野仍然帶給讀者不同於一般"大"歷史的體驗。最爲明顯的是對個人主觀能動性與多樣化心態的關照——個體雖然生活在時代之中,但個體與時代并非簡單的反映論關係。如在談論父母對子女的態度時,作者援引了當時多種親族犯罪的法令,指出家長對家内秩序及其子女有絶對的支配權,一旦告發子女不孝,子女可能被判處死刑;這不僅是一種紙面上的威懾,而且有《封診式》的案例支撑。寫到這裏,尚只是對已知事實的精細化——中國古代的家内秩序一貫如此,并不是新奇的知識。但作者筆鋒一轉:"一不小心談到了有些殺氣騰騰的話題。但是……當時的人們爲孩子設想的心情,無疑也有和現代共通之處。"接下來,便利用馬王堆所出《禹藏圖》《雜療方》等資料,細緻描繪古人迎接新生兒時的忐忑與期待,"喜的父親一定也會將自家孩子的胞衣收進壺中,埋藏在家的西北角,祈禱他的健康吧。這樣的心情,和現代的我們將孩子們的臍帶鄭重收入木箱的感情,恐怕没有很大的區别"。[①] 儘管由於資料所限,無法達致民族志"深描"的效果,但已然使看似鐵板一塊的歷史産生了縫隙,無數情感從中湧流出來。這提示我們,社會的制度建設雖然會對人們的心智模式産生相當大的影響,但主導人們行爲選擇的,仍可能是若干與大環境保持距離的情感因素。

無獨有偶,與本書幾乎同時,國内學者魯西奇也出版大作《喜:一個秦吏和他的世界》。[②] 二書討論的對象相同,書名相近,旨趣相似,可見此類主題的寫作在中日學界已開始受到重視。在此,也有必要對二書稍作對照。從内容上説,二書所涉及的問題和引用的資料都有不少暗合之處,而論述編排有所不同:魯書分三個部分——喜的生平、社會生活與官宦生涯——分别展開,宫宅書則如前所述,將喜從生到死的歷程凝成一條綫索。從視角和宗旨上説,魯書更重視喜,乃至當時千千萬萬小吏們在秦帝國

① 宫宅潔:《ある地方官吏の生涯—木簡が語る中国古代人の日常生活—》第32、34頁。

② 魯西奇:《喜:一個秦吏和他的世界》,北京日報出版社2022年。

官僚體系的“權力結構”中的位置與言行，探討統治秩序與統治方式的變革對於被統治者而言意味着什麽；①宫宅書則將喜的一生“抻開”，采取平視普通人的眼光，探討秦統治對個人生活各個角落的影響，尤其希望從中國古代諸“制度”中探尋古人獨特的觀念世界，②喜的仕宦及喜與官僚制的關係只是其中一個部分。不過，二書所采取的“生活史”進路和共情式寫作方法仍是最大的相似點，對古“人”的生存面貌和精神世界的重視是相通的，并且都爲打通“小”“大”之間的區隔做出了很大的努力。宫宅在結語中自我批評道，本書在“生活史”方面做得不够，在搭建起“骨架”之後，“血肉”稍顯不足。但筆者以爲，其書立足於秦史研究的前沿，已然做出了相當可貴的嘗試。

三、方法、疑問與展望

本書所屬的“京大人文研東方学叢書”第一期，乃是由冨谷至先生作爲總負責人（世話人）、以介紹京都大學人文科學研究所東方學研究部的最新成果爲目的的學術著作系列，當前已出版了岡村秀典、古勝隆一、船山徹等多位學者的專著，本書即爲該期的收官之作。而在人文研東方學的研究傳統之上，還必須提及京都大學在簡牘文書學方面的學術脈絡。20 世紀 60 年代，森鹿三於京都大學人文研組建“居延漢簡研究”共同研究班，其後發展爲長期的簡牘研討傳統，影響了魯惟一、藤枝晃、米田賢次郎、大庭脩、永田英正、籾山明、冨谷至、宫宅潔等一代又一代學人。③ 傳承至今，課題幾經遷换，當前係由宫宅潔主持，以“秦漢法制史料の研究”爲課題，仍注目於簡牘文書史料，持續展開研討。

故而，本書在材料的處理上延續日本東洋史學界一貫的謹慎與詳實之風，又加以作者獨特的想像力發揮，以鮮明而個性化的綫索，恰如其分地串聯展示了宫宅先生及京大人文研在簡牘學乃至歷史學研究上的研究成果。本書所引用的簡牘資料，全都附有相當細緻的日文翻譯，有些還屬日文首出，品質極高，其背後無疑有作者精勤的

---

① 魯西奇在訪談中解説，自己將秦縣中的官僚體系視作一個“權力結構”，其書三部分“斯人”“黔首”“爲吏”的編排，其實是講述“喜怎樣從一個有血有肉的自然人演變成一個官僚統治體系的符號”。參見《魯西奇、羅新談秦史“喜”與他的世界》，澎湃新聞・上海書評 2022 年 7 月 24 日，https://www.thepaper.cn/newsDetail_forward_19145577。

② 宫宅潔：《ある地方官吏の生涯—木簡が語る中国古代人の日常生活—》第 230、234 頁。

③ 詳參籾山明《日本居延漢簡研究的回顧與展望——以古文書學研究爲中心》，顧其莎譯，中國政法大學法律古籍整理研究所編：《中國古代法律文獻研究》第 9 輯，社會科學文獻出版社 2015 年，第 156—165 頁。

研究做支撑,想來也得益於京大人文研長年舉辦的研究班的討論。[①]

但本書也并非僅注重新見史料,對於不少傳世文獻的説法,也都予以充分措意。從多種史料的運用來説,作者往往用傳世文獻(主要是禮典或史書)來提供大的背景,而用出土文獻和考古資料來描繪生動的細節。二者并非是簡單的以此證彼的關係,作者也不强求二者的一致或互證,而是尋求共通、互存的解釋可能。即使是出土文獻之中,律令與文書也往往存在齟齬,"史"在《二年律令》中規定的世襲性與它實際上的非世襲性即是一例。在第四章的討論中,作者通過富有説服力的勾連討論,展示出了現實生活的多元與流動性,在社會各方面都經歷着快速變革的秦代前後,尤其需要注意史料中的這類參差。

綜言之,本書建基於厚重的研究積澱,而語言明快,叙述簡潔,文筆靈動,新見迭出,體現了日本學界在秦史研究方面的思考高度。不過,拜讀全書之後,亦有一些疑問,借此機會,不揣冒昧,向宫宅先生與讀者請教。

最爲首要的疑問仍在於展現主題的方法,也是如何對待作者已指出過的"制度史"與"生活史"之間存在的隔膜。每一章的討論看似都有整體的目標,但行文上是較爲分散的,可説是采取了一種"連綴"的方法,即在一個問題域内,不斷充實各種研究發現。那麽,是否有可能更進一步,從結構的搭建進入到結構之間各種關係的串聯,使每一個制度、每一種生活方式都不再是孤立存在?這或許也是以後的秦史研究需要致力的方向。

其次,本書對材料的處理,尤其是對貫穿全書的核心史料《編年記》的處理,仍有不盡之義。

一方面,書中所引的《編年記》文字已經經過了作者的剪裁,略去了若干作者認爲屬於"秦國的大事件"的部分,[②]但這可能言之過早,或至少需要稍作説明。比如,《編年記》載廿一年"□屬",過去往往視爲昌平君相關史料,所以作者直接略去了它,但根據其他學者對喜宦歷的解讀,該條可能是指喜擔任了南郡郡屬。[③] 如果不略去它,向讀者直接呈現《編年記》的原貌、再解釋本書如何取材,當會使全書體例更爲渾然和嚴謹,還有可能提供新的視點。

另一方面,仍需注意《編年記》的一些文書學、文獻學問題。《編年記》上的字迹是

① 該研究班當前主要致力於嶽麓秦簡的解讀,較新的成果集成可見宫宅潔编《嶽麓書院所藏簡〈秦律令(壹)〉訳注》,汲古書院 2023 年。

② 宫宅潔:《ある地方官吏の生涯—木簡が語る中国古代人の日常生活—》第 8 頁。

③ 陳侃理:《睡虎地秦簡〈編年記〉中"喜"的宦歷》,《國學學刊》2015 年第 4 期,第 49—50 頁。

否完全一致？書寫者的身份應該如何確認？這些問題，在過去曾引起學界紛紜的争議，想必也都曾縈繞於作者的腦海，可惜在行文中却不曾提及。它們與《編年記》的書寫目的及書寫内容息息相關，甚至可以解釋爲何有的内容會寫、有的内容不寫。比如作者談到，在喜的後半生階段，除了孩子的誕生之外，"唯一傳達出他的興奮的是秦始皇二十八年巡幸經過安陸縣的特別記載"，[①]但如果考慮到《編年記》可能存在多位書寫人，那麽這一條記載就會存在其他的解釋。

再者，作爲一本通論性的學術著作，本書也有面向日本一般讀者的取向，時刻注意與讀者對話和互動，這是本書令人倍感親切之處，但也難免存在若干過於"現代"的解讀。比如，因爲喜的三個孩子出生較晚，作者考量他晚婚晚育的原因時，説到："這是因爲他是個風采不足的男人呢，還是説他更優先重視學業和公務呢？雖然他理應不會爲金錢發愁，但也可能正因如此，反而在選擇對象時過於慎重。"[②]這樣的猜想確有一定合理性，只可惜證據太少，[③]從兩千年前中國古代的現實出發，還可以做出一些更加貼切的推測。一方面，儘管喜的長子出生較晚，但也不能説明喜一定晚婚；漢武帝在 16 歲時已經成婚，但直到 29 歲才迎來長子的出生，這樣的事例恐怕并不罕見。另一方面，亦如作者談到的，古代嬰兒死亡率較高，《編年記》中所記載的三個孩子年齡差也很大，很可能除他們之外，喜還有過其他的孩子但夭折了。這恐怕比作者所描繪的那幅喜的畫像更具可能性。

行文至此，掩卷沉思，喜的一生如走馬燈一般從眼前掠過，兩千年前一位秦代地方官吏的喜怒哀樂、生老病死，仍舊會觸動今日的心弦，這是作者功力至深之處。進言之，當前有關秦漢時代基層社會的史料日益豐富，在里耶秦簡、五一廣場東漢簡牘、走馬樓吴簡等材料中，如喜一樣的地方官吏，乃至普通百姓的生活切面也俯拾皆是，今人應如何深入這些普通人的内在世界，如何理解他們與時代的關係？這仍是一個未竟的課題。

以上是筆者拜讀本書後的一些粗淺看法，不當之處，還請宫宅先生及各位讀者多多指教。期待本書中譯本的問世，也期待越來越多此類著作的出現，不斷拓寬我們歷

---

① 宫宅潔：《ある地方官吏の生涯—木簡が語る中国古代人の日常生活—》第 189—190 頁。

② 宫宅潔：《ある地方官吏の生涯—木簡が語る中国古代人の日常生活—》第 128 頁。

③ 魯西奇書中則對喜的身材樣貌有比較詳細的考述。如據棺木尺寸與遺體狀況，推斷喜的身高大致爲五尺七吋(171—173 cm 之間)，略高於當時平均值；遺體用竹笄綰着頭髮，他可能生前有濃密的長髮，乃至好看的鬍鬚；隨葬銅鏡、木梳、竹笄等物，説明他可能重視容貌修飾；等等。見魯西奇《喜：一個秦吏和他的世界》第 6—18 頁。

史想像的邊界。

附記：筆者於 2019—2020 年訪學於京都大學人文科學研究所時,曾旁聽宫宅先生開設的“簡牘史料が語る中国古代人の暮らし”課程,有幸聆聽到宫宅先生寫作此書時的一些思考。小文草成過程中,曾承侯旭東、郭偉濤、王文豪等師友賜教,齋藤賢、孫文軒、冉艷紅、華迪威學友惠示資料;投稿後,又蒙匿名審稿專家指點。在此謹致謝忱!

作 者 信 息

（以中文姓氏筆畫爲序）

方　勇：吉林外國語大學國際傳媒學院

王　佳：湖北大學歷史文化學院

任　達：空軍航空大學軍事教育訓練系

成富磊：東華大學人文學院歷史研究所

何義軍：吉林大學考古學院

吴良寶：吉林大學考古學院古籍所

李　麗：中山大學中國語言文學系、"古文字與中華文明傳承發展工程"協同攻關創新平臺

李天虹：武漢大學簡帛研究中心、"古文字與中華文明傳承發展工程"協同攻關創新平臺

李希珺：北京師範大學歷史學院

周　波：復旦大學出土文獻與古文字研究中心、"古文字與中華文明傳承發展工程"協同攻關創新平臺

施沃慈（A. C. Schwartz）：香港浸會大學中文系、饒宗頤國學院

范常喜：中山大學中國語言文學系、"古文字與中華文明傳承發展工程"協同攻關創新平臺

韋榮越：深圳市南山實驗教育集團南海中學

孫玉榮：山東理工大學齊文化研究院

孫夢茹：武漢大學簡帛研究中心、"古文字與中華文明傳承發展工程"協同攻關創新平臺

尉侯凱：鄭州大學漢字文明研究中心、"古文字與中華文明傳承發展工程"協同攻關創新平臺

張　玲：中國傳媒大學戲劇影視學院

張文君：東北財經大學國際教育學院

張顯成：西南大學漢語言文獻研究所

曹　峰：中國人民大學哲學院

曹天江：中央民族大學歷史文化學院

郭　濤：華中師範大學歷史文化學院

陳　哲：中山大學中文系、“古文字與中華文明傳承發展工程”協同攻關創新平臺

陳　偉：武漢大學簡帛研究中心、“古文字與中華文明傳承發展工程”協同攻關創新平臺

彭　浩：荆州博物館

程　浩：清華大學出土文獻研究與保護中心、“古文字與中華文明傳承發展工程”協同攻關創新平臺

黄　傑：山東大學儒家文明省部共建協同創新中心、儒學高等研究院

黄錫全：鄭州大學漢字文明研究中心、中國錢幣博物館、“古文字與中華文明傳承發展工程”協同攻關創新平臺

楊長玉：雲南民族大學民族學與歷史學學院

雷海龍：武漢大學簡帛研究中心、“古文字與中華文明傳承發展工程”協同攻關創新平臺

熊佳暉：武漢大學簡帛研究中心、“古文字與中華文明傳承發展工程”協同攻關創新平臺

劉曉晗：清華大學人文學院

蔡　丹：湖北省文物考古研究院

鄭怡寧：山東大學儒家文明省部共建協同創新中心、儒學高等研究院

魯普平：江蘇第二師範學院文學院

魯超傑：吉林大學考古學院古籍研究所、“古文字與中華文明傳承發展工程”協同攻關創新平臺

謝明宏：北京硬糖娱樂文化傳播有限公司

羅運兵：湖北省文物考古研究院

圖書在版編目(CIP)數據

簡帛. 第二十六輯 / 武漢大學簡帛研究中心主辦
. —上海：上海古籍出版社，2023.5
ISBN 978-7-5732-0882-8

Ⅰ.①簡… Ⅱ.①武… Ⅲ.①簡(考古)—中國—文集
②帛書—中國—文集 Ⅳ.①K877.54-53②K877.94-53

中國國家版本館CIP數據核字(2023)第185130號

簡帛(第二十六輯)

武漢大學簡帛研究中心　主辦

上海古籍出版社出版發行

(上海市閔行區號景路159弄1-5號A座5F　郵政編碼201101)

(1) 網址：www.guji.com.cn

(2) E-mail：guji1@guji.com.cn

(3) 易文網網址：www.ewen.co

上海顓輝印刷廠有限公司印刷

開本787×1092　1/16　印張19.75　插頁2　字數364,000

2023年5月第1版　2023年5月第1次印刷

ISBN 978-7-5732-0882-8

K·3469　定價：98.00元

如有質量問題，請與承印公司聯繫